바울서신과 히브리서

장동수 지음

침례신학대학교출판부

저자의 글

여기에 실은 논문들은 1997년부터 지금까지 작성된 것 중에서 논문집의 제목대로 바울서신(여덟 편)과 히브리서(다섯 편)에 관한 것들만 모은 것이다. 그래서 본 논문집 제목이 「바울서신과 히브리서」(*Pauline Epistles and the Hebrews*)가 되었는데, 이러한 표제는 한글이든 영문이든 도서 목록에서 찾아보기가 힘들다. 그도 그럴 것이 오늘날 히브리서가 바울서신에 속하는 것으로 보는 이가 흔하지 않아 이렇게 묶는 예가 없기 때문이다. 그러나 바울서신의 현존하는 최고(最古) 사본인 파피루스 46번에는 로마서와 고린도전서 사이에 히브리서가 배치되어 있어서, 오랫동안 교회가 히브리서를 바울서신 중의 하나로 여겼던 적도 있었다. 하지만 히브리서 자체가 익명으로 되어 있고 또한 그 장르나 신학에서 바울서신의 그것들과는 판이하게 다르기 때문에, 오리겐 때부터 히브리서는 바울의 손에서 나온 것이 아니라고 생각하는 이들이 있었다.

저자도 히브리서가 바울서신에 속하는 것으로 보지는 않지만, 바울서신들에 관하여 쓴 논문들과 히브리서에 관하여 쓴 논문들을 함께 모아보는 것도 흥미가 있고 또한 신학적 연결점이 분명히 존재한다. 가장 비근한 예로, 바울은 자신의 신학의 중요한 증거 본문으로 로마서 (1:17)와 갈라디아서(3:11)에 하박국서 2장 4절 말씀("오직 의인은 믿음으로 말미암아 살리라")을 인용하고 있는데, 히브리서 저자 또한 자신의 설교의 중요 본문으로 이 구절을 히브리서 10장 38절에서 인용하여 강해하고 있다. 이 점에서 히브리서 연구가 바울서신 연구(특히 로마서나 갈라디아서)에 빛을 비추어줄 수 있다고 저자는 확신한다.

저자는 "히브리서의 본문"이나 "로마서의 목적"과 같이 기술적인 논문도 만들어 보고, "히브리서와 시편"과 같이 구약과 신약의 각 책을 비교해 보는 논문도 작성해 보았다. "로마서 3장 25절," "로마서 8장 28절," "디도서 3장 4-7절" 그리고 "히브리서 11장 11절" 등에 대한 연구에서 한 구절 혹은 한 단어에 매달려 궁구하기도 하고 혹은 "목회서신의 기독론" 그리고 "목회서신의 성령론," "갈라디아서의 성령론," "에베소서의 교회론," "히브리서의 기독론" 그리고 "히브리서의 구약 인용과 해석" 등에 대한 연구에서는 한 책 전체에 흐르는 신학을 조망해 보았다.

「복음과 실천」(다음에 언급하는 "히브리서와 시편"과 "로마서의 목적"을 제외한 나머지 열한 편)과 엄원식 교수님 은퇴논문집("히브리서와 시편")에 실렸던 저자의 논문들을 본 논문집에 모아 출판할 수 있도록 허락해준 학교 당국과 「신약신학 저널」(2001, 2/4: 395-410)에 실렸던 본인의 논문, "로마서의 목적"을 본 논문집에 함께 실을 수 있도록 허락해준 이레서원의 호의에 감사를 드린다. 또한 본 논문집의 논문들을 읽고 거친 표현들을 다듬고, 각주를 미주로 바꾸고, 참고자료를 하나로 통합하고, 약어표를 만드는 등의 수고를 한 박사과정의 김은혜 전도사에게도 고마움을 표현하고 싶다. 아무쪼록 하나님의 말씀을 사랑하고 원문의 섬세함을 맛보아 알기 원하는 성도들과 사역자들에게 조금이라도 도움이 되기를 소망하는 마음에서 이 부족한 글들을 처음으로 묶어 세상에 내놓는다.

2016년 병신년 정초에
하기동산에서 장동수 교수

차 례

제1장 ··· 로마서의 목적

서 론 ·· 13
I. 로마서의 목적에 대한 다양한 견해들과 그 이유 ······················· 14
II. 로마서의 구조가 서신의 목적에 미치는 영향 ···························· 19
III. 로마서의 목적은 무엇이었나? ·· 22
결 론 ·· 27

제2장 ··· 로마서 3장 25절의 ἱλαστήριον의 의미

서 론 ·· 31
I. 로마서 3장 21-26절의 번역 ··· 33
II. 유화인가 속죄인가? ··· 34
III. 구약성서의 배경 ··· 35
IV. 세속 문헌의 배경 ··· 38
V. 신약성서의 배경 ··· 40
VI. 로마서 3장 25절의 ἱλαστήριον ··· 44
결 론 ·· 50

제3장 ··· 로마서 8장 28절 연구

I. 서 론 ··· 55
II. 로마서 8장 28절에 대한 주석적인 접근 ····································· 56
  1. "우리가 안다"(οἴδαμεν)는 무슨 의미인가? ······························ 57
  2. "모든 것이 합력하여 선을 이루느니라"(πάντα συνεργεῖ εἰς ἀγαθόν)는
     정확한 해석인가? ··· 58
  3. 전후의 두 분사 구—"하나님을 사랑하는 자들에게는"(τοῖς ἀγαπῶσιν τὸν

θεὸν)과 "그의 뜻대로 부르심을 입은 자들에게는"(τοῖς κατὰ πρόθεσιν κλητοῖς οὖσιν)–는 동일한 의미인가? ………… 62
III. 결론과 제안 ………… 64

제 4 장 ··· 갈라디아서의 성령론

I. 서 론 ………… 71
II. 구원론과 연관된 성령론의 관점에서 갈라디아서 다시 보기 ………… 72
   1. 칭의(Justification) 과정의 성령 ………… 74
   2. 성화(sanctification) 과정의 성령 ………… 78
   3. 영화(glorification) 과정의 성령 ………… 82
III. 결 론 ………… 85

제 5 장 ··· 에베소서의 교회론

서 론 ………… 91
I. 용어를 통해본 교회 ………… 92
   1. 에베소서 1장 22-23절 ………… 92
   2. 에베소서 3장 10절 ………… 95
   3. 에베소서 3장 20-21절 ………… 96
   4. 에베소서 5장 21-33절 ………… 97
   5. 결론 ………… 99
II. Image를 통해본 교회 ………… 100
   1. 그리스도의 몸(엡 1:23; 2:16; 4:1-16; 5:21-33) ………… 101
   2. 한 새 사람(엡 2:15) ………… 101
   3. 하나님의 가족(엡 2:19) ………… 103
   4. 성전(엡 2:20-22) ………… 104
   5. 그리스도의 신부(엡 5:21-33) ………… 105
   6. 그리스도의 군대(militia Christi)(엡 6:10-20) ………… 106
   7. 결론 ………… 106

Ⅲ. 성령과 교회 ·· 107
　1. 에베소서 1장 3, 13-14절과 4장 30절 ····························· 108
　2. 에베소서 1장 17절 ·· 109
　3. 에베소서 2장 18-22절 ·· 110
　4. 에베소서 3장 3-7절 ·· 110
　5. 에베소서 3장 16-17절 ·· 111
　6. 에베소서 4장 3-6절(성령의 하나됨)과 11-12절(성령의 은사) ·········· 112
　7. 에베소서 4장 23, 30절과 5장 18-19절 ··························· 113
　8. 에베소서 6장 17-18절 ·· 115
　9. 결론 ··· 116
Ⅳ. 여타의 신학적 주제와 교회 ·· 117
　1. 하나님 ··· 118
　2. 그리스도 ··· 118
　3. 종말 ··· 119
　4. 구원 ··· 119
　5. 윤리 ··· 120
　6. 유대교 ··· 121
　7. 결론 ··· 121
결 론 ··· 121

제 6 장 ··· 목회서신의 기독론

서 론 ··· 131
Ⅰ. 공통적으로 나타나는 칭호와 주제 ···································· 132
　1. 목회서신의 기독론적인 특징과 공통점 ··························· 132
　2. 목회서신과 신약의 다른 책들 간의 기독론적인 공통점 ·············· 134
Ⅱ. 목회서신의 독특한 점으로 논의되는 칭호와 주제 ········· 136
　1. 디도서 2장 13절 ··· 136
　2. 로마서 9장 5절 ··· 138
　3. 예수를 "하나님"(θεός)으로 지칭한 신약의 다른 구절들 ··········· 141

4. 요약 ……………………………………………………………………… 145
  결 론 ………………………………………………………………………… 145

제 7 장 ··· 목회서신의 성령론

  서 론 ………………………………………………………………………… 151
  I. 거듭남과 새로움을 주시며 내주하시는 성령님 ……………………… 153
    1. 거듭남과 새로움을 주시는 성령님(딛 3:5-6) ………………………… 153
    2. 내주하시는 성령님(딤후 1:14) ………………………………………… 155
  II. 사명과 은사와 능력을 주시는 성령님 ………………………………… 156
    1. 사명과 은사와 능력을 주시는 성령님(딤전 1:18; 4:14; 딤후 1:6-7, 14) ·· 157
    2. 승리하신 그리스도의 존재방식이 되신 성령님(딤전 3:16) ………… 161
  III. 예언으로 교회를 보호하시고 말씀을 주시는 성령님 ……………… 162
    1. 예언으로 교회를 보호하시는 성령님(딤전 4:1-2) …………………… 162
    2. 말씀을 주시는 성령님(딤후 3:16) ……………………………………… 164
  결 론 ………………………………………………………………………… 165

제 8 장 ··· 디도서 3장 4-7절 연구

  서 론 ………………………………………………………………………… 171
  I. 디도서 3장 5절의 번역 …………………………………………………… 172
    1. 문제의 상황 ……………………………………………………………… 172
    2. 문제의 해결 방법 ……………………………………………………… 175
  II. 디도서 3장 4-7절을 전체로 보기 ……………………………………… 182
  III. 성경의 다른 말씀들에서의 도움: 신학 비교 ………………………… 185
  IV. 결론과 제안 ……………………………………………………………… 188

제 9 장 ··· 히브리서의 본문

  들어가는 말 ………………………………………………………………… 193

  1. 히브리서의 본문의 전달 …………………………………… 194
  2. 히브리서의 이문들 ……………………………………………… 200
 나오는 말 ……………………………………………………………………… 219

제 10 장 ··· 히브리서의 구약 인용과 해석

서 론 …………………………………………………………………………… 225
I. 히브리서의 구약 인용과 암시 ………………………………………… 226
  1. 직접 인용(citation) ……………………………………………… 226
  2. 암시(allusions)와 정경 이외의 원천으로부터의 인용 ……… 228
II. 히브리서의 구약 인용 방식과 해석 ………………………………… 229
  1. 히브리서의 구약 인용 방식 …………………………………… 229
  2. 히브리서의 구약 해석 …………………………………………… 231
III. 히브리서의 구조와 구약의 기능 …………………………………… 233
  1. 히브리서의 장르와 구조 ………………………………………… 234
  2. 히브리서의 구조에 미치는 구약의 기능 …………………… 236
IV. 히브리서의 신학과 구약의 기능 …………………………………… 239
  1. 히브리서의 기독론 ……………………………………………… 240
  2. 히브리서의 신학 형성에 미친 구약의 기능 ……………… 240
결론: 적용과 제안 ………………………………………………………… 241

제 11 장 ··· 히브리서 기독론의 성격과 목적

서 론 …………………………………………………………………………… 247
  1. 히브리서에 대한 개관 …………………………………………… 248
  2. 신약성서 기독론의 접근법 ……………………………………… 249
  3. 히브리서 기독론에 대한 개관 ………………………………… 250
I. 히브리서 기독론의 성격(1): 일반적 성격 ………………………… 251
  1. 고(高) 기독론: 하나님의 아들 기독론 ……………………… 251
  2. 저(低) 기독론: 사람의 아들 기독론 ………………………… 254

3. 메시야-그리스도 기독론 ································· 255
　　4. 지혜 기독론 ·· 257
　　5. 아담 기독론 ·· 258
　　6. 로고스 기독론 ·· 259
II. 히브리서 기독론의 성격(2): 독특한 성격 ···················· 260
　　1. 천사-영 기독론 ······································ 261
　　2. "아르케고스" 기독론: 챔피언 기독론 ···················· 264
　　3. 대제사장 기독론 ····································· 266
III. 히브리서 기독론의 목적 ································· 268
IV. 결론적 제안 ·· 270

제12장 ··· 히브리서 11장 11절 연구

서 론 ·· 277
I. 두 갈래로 대별되는 번역과 해석의 현황 ····················· 278
II. 사본학적인 대안 ·· 283
III. 결론과 적용을 위한 제안 ································ 286

제13장 ··· 히브리서와 시편

서론: 히브리서에서 시편의 위치 ······························ 293
I. 시편 2편 ··· 295
　　1. 시편 2편의 배경과 유대교/기독교에서의 사용 ············ 295
　　2. 히브리서에서의 시편 2편의 기능과 해석: 높이 되신 예수에게 적용 ·· 296
II. 시편 8편 ·· 297
　　1. 시편 8편의 배경과 유대교/초기 기독교에서의 사용 ········ 297
　　2. 히브리서에서의 시편 8편의 기능과 해석: 높이 되신 예수와 회복된
　　　 인간의 지위에 적용 ································· 299
III. 시편 95편 ·· 301
　　1. 시편 95편의 배경과 히브리서 본문과의 차이점 ············ 301

2. 히브리서에서 시편 95편의 기능과 해석: 히브리서의 청중들에게
       적용함 ··· 303
  Ⅳ. 시편 110편 ··· 306
    1. 시편 110편의 배경과 신약에서의 사용 ······································ 306
    2. 히브리서에서의 시편 110편의 기능과 해석: 예수 그리스도의
       대제사장직에 적용 ·· 307
  Ⅴ. 시편 40편 ··· 309
    1. 시편 40편의 배경 ··· 309
    2. 히브리서에서의 시편 40편의 기능과 해석: 왕, 대제사장,
       제물이신 예수께 적용 ·· 310
  Ⅵ. 시편 104편, 45편, 102편, 22편 그리고 118편 ··························· 312
    1. 시편 104편, 45편, 102편 그리고 118편 ····································· 312
    2. 시편 22편 ·· 313
  결 론 ··· 315

참고자료 ·· 321

약어표

AB	*The Anchor Bible*
ABD	*The Anchor Bible Dictionary*
ATJ	*The Asbury Theological Journal*
BST	*The Bible Speaks Today*
CJT	*Canadian Journal of Theology*
ECNT	*Exegetical Commentary on the New Testament*
EDNT	*Exegetical Dictionary of the New Testament*
HNTC	*Harpers New Testament Commentaries*
HTR	*Harvard Theological Review*
ICC	*International Critical Commentary*
ICQ	*Irish Theological Quarterly*
JBL	*Journal of Biblical Literature*
JETS	*Journal of the Evangelical Theology Society*
JPT	*Journal of Pentecostal Theology*
JSNTSup	*Journal for the Study of the New Testament Supplements*
JSOT	*Journal for the Study of the Old Testament*
JTS	*The Journal of Theological Studies*
KJV	*King James Version*
LCL	*Loeb Classical Library*
LXX	*Septuaginta*
NAC	*The New American Commentary*
NASB	*The New American Standard Bible*
NEB	*New English Bible*
NIBC	*New International Biblical Commentary*
NICNT	*New International Commentary on New Testament*
NIGTC	*New International Greek Testament Commentary*
NIV	*New International Version*
NovTSup	*Novum Testamentum Supplements*
NRSV	*New Revised Standard Version*
NTL	*The New Testament Library*
NTS	*New Testament Studies*
OTL	*Old Testament Library*
RSV	*Revised Standard Version*
SJT	*Scottish Journal of Theology*
TDNT	*Theological Dictionary of the New Testament*
TNTC	*Tyndale New Testament Commentary*
TOTC	*Tyndale Old Testament Commentaries*
WBC	*Word Biblical Commentary*
WTJ	*Westminster Theological Journal*
ZNTW	*Zeitschrift für Neue Testamentische Wissenschaft*

제1장
로마서의 목적*
(The Purpose of the Romans)

서 론

로마서는 신약성서의 서신 중에서 가장 긴 서신으로 몇 가지 독특한 면모를 지니고 있는 바울의 진필서신이다. 로마서는 바울이 가보았거나 자신이 세운 그리스도인 공동체에게 보낸 서신이 아니다. 고린도전서와 같이 자신에게 주어진 보고나 질문에 대한 대답도 아니며, 갈라디아서와 같이 어떤 특정한 이단적 가르침에 대한 반응도 아니다. 로마서는 다른 몇몇 서신들에 비해 집필시기와 장소, 정황 등이 복원될 수 있는 정보를 지녔지만 그 주제와 기록 목적은 로마서 연구에 있어 가장 논란이 되고 있다. 서신의 기록 목적과 주제는 서신의 내증과 발신자, 수신자들의 정황을 함께 고려해야 알 수 있으므로, 본 논문은 로마서의 목적에 대한 다양한 견해와 그 이유들을 분석하고 나서 로마서의 내증

* 출처: 「신약신학 저널」 2/4(2001): 395-410.

과 발신자와 수신자들의 정황을 고려하여 로마서의 목적을 서술하고, 이것이 로마서의 주제와도 관련이 있다는 점을 밝히고자 한 것이다.

I. 로마서의 목적에 대한 다양한 견해들과 그 이유

우리는 로마서의 목적에 대하여 지난 수세기 동안 발표된 학자들의 견해의 다양성에 대하여 놀라지 않을 수 없다. 우선 지난 세기말에 나온 대표적인 신약개론서와 로마서의 주석들에서 로마서의 목적에 대한 학자들 간의 극명한 견해의 불일치 혹은 다양성을 발견하게 된다. Luke Timothy Johnson은 바울이 로마의 그리스도인 공동체 내에 일어난 위기/문제에 대한 반응으로 로마서를 기록한 것이 아니라 단순히 그의 미래 선교와 관련한 실제적인 목적으로만 로마서를 기록함으로써 자신의 추천서와 같은 역할을 하게 했다고 주장한다.[1] 이를 더 발전시켜, Raymon E. Brown은 로마서가 Johnson의 주장대로 바울의 추천서이기도 하지만, 동시에 Helmut Koester의 주장대로 복음의 추천서이기도 하고,[2] 또한 목회적 측면에서 로마에서 서로 다른 확신을 가지고 있는 그리스도인들(롬 14:1-15:13에 나오는 강한 자와 약한 자) 간의 관계를 증진시키는 설명을 함으로써 그들로 하여금 바울은 유대교에 대한 편견을 가지고 있는 사람이 아님을 확신하게 되어 예루살렘의 지도자들과 관계를 맺고 있는 로마의 유대파 그리스도인 지도자들이 바울을 호의적으로 받아주도록 길을 닦기 위하여 기록되었다고 보고 있다.[3] D. A. Carson, Douglas Moo, 그리고 Leon Morris는 로마서의 목적을 어떤 특정한 하나로 볼 것이 아니라 복합적인 것으로 보아야 한다는 주장을 펴면서 바울의 갈라디아와 고린도에서의 투쟁, 다가오는 예루살렘의 위기, 스페인 선교의 교두보 확보, 로마의 분리된 그리스도인들이 복음을 중심으로 연합해야 하는 중요성 등이 자신이 이해한 복음을 제시하는 로마서를 기록하도록 만들었다고 본다.4) 그러나 이들보다 이전에 신약개론을 저술한 독일의 Werner Kümmel은, Gunter Bornkamm이 주장하였던 대로,5) 로마서를 바울의 유언(the testament of Paul)으로 보면서 로마의 그리스도인 공동체와 연관된 선교적 상황과 예루살렘의 유대교 대적자들의 논쟁을 예상하는 자신의 상황, 이 두 가지 모두에 대한 반응으로 보고 있다.6)

이렇게 유수한 신약개론서들의 상황과 흡사하게 로마서의 주석가들의 견해도 다양하다. James Dunn은 로마서의 목적을 세 가지로 보아 선교적, 변증적, 목양적 목적이 있었다고 언급하면서, 이러한 서신의 목적에 대한 의견의 불일치의 대부분은 이런 여러 목적들에 대한 강조점이 상이하였기 때문이었다고 주장한다.7) Moo도 그의 방대한 로마서 주석에서 로마서가 무시간적인 신학논문이 아니라 서신임을 강조하면서, 서신서의 정황과 내용을 서로 잘 맞춰봄으로써 로마서의 목적을 결정할 수 있다고 역설한다.8) 그는 로마서의 목적은 여럿이며 이것들이 모두 바울의 선교 상황이라는 공통분모를 가지고 있다고 보아 로마서의 선교적 목적을 강조한다.9) Joseph Fitzmyer도 로마서를 "에세이-서신"(essay-letter)으로 보는 것을 선호하면서도 그 목적을 여럿으로 보아야 한다고 역설한다.10)

로마서의 목적에 대한 논의는, 이미 살펴본 신약성서의 깊이 있는 개론서나 로마서의 주석들에서뿐만 아니라 소논문이나 연구서들 가운데서도 오랫동안 활발하게 펼쳐지고 있는 편이며 그 편차 또한 크다. 종교 개혁가들도 포함된 후기 중세기까지 거의 모든 이들은 로마서를 역사적인 맥락과는 분리시켜 신학적인 소논문으로 여겨 바울의 신학을 요약해 놓은 것으로 보았다. 이러한 관점을 깨고 로마서를 바울과 로마의 그리스도인 공동체의 역사적인 상황을 따라서 해석해야 한다고 처음으로 주장한 사람이 F. C. Baur였다.11) 이후 T. W. Manson은 로마서 1-15장만 로마에 보내졌고 1-16장은 에베소로 보내졌다는 소위 에베소 가설을 주장하면서, 로마서 1-15장은 로마의 상황이 아니라 이전에 갈라디아나 마케도니아에서 일어났던 유대교와 기독교 간의 관계에 대하여 바울과 그의 조력자들 간의 토론을 기록해 놓은 것이라고 주장하였다.12) Jacob Jervell은 이 서신을 로마서가 아니라 예루살렘서(The Letter to Jerusalem)라고까지 하였는데, 그 이유는 로마서의 가장 중요한 부분(1:18-11:36)이 모금에 대한 변증으로서 예루살렘에 있는 교회 앞에 보내려고 하는 변증문이며 로마교인들에게는 기도를 부탁하고 있기 때문에 실제적으로 로마서는 예루살렘서라고 볼 수 있다는 것이다.13) 또한 Günter Klein 같은 이는 로마서의 목적이 로마의 그리스도인 공동체들이 그리스도인 교회로 인정되도록 하기 위하여 기본적 선포를 제시하여 사도의 도장을 찍어준 것이라고 주장하였고,14) Robert Jewett은 로마서를 외교적 서신으로 보고 있다.15)

　지난 세기말 거의 같은 시기에 이루어진 로마서의 목적 혹은 이유에 대한 중요한 저술들이 있다. L. Ann Jervis는 로마서의 목적만을 다룬 본격적인 연구논문에서 다양한 견해를 소개하고 나서,16) 서신의 구조분석을 통한 연구결과로서 로마서의 목적은 선교적 목적에 가장 가깝고 목회적 목적에서는 가장 멀고 신학적 목적과는 유사점이 있다는 주장을 한다.17) 이와는 대조적으로 Charles D. Myers는 로마서의 목적을 어떤 것이든 한 가지로는 볼 수 없다면서 다음과 같이 넷을 열거한

다: 첫째는 로마의 유대계 그리스도인과 이방계 그리스도인들 사이의 문제에 대한 상담목적이고, 둘째는 로마 그리스도인들에게 자신을 소개하는 것이며, 셋째는 로마에 가는 것을 더디게 하는 예루살렘 방문에 대하여 설명하는 변증적 목적이고, 넷째는 로마의 그리스도인들로 하여금 기도로 자신의 사역에 동참하라고 호소하는 것이다.[18] 그리고 A. J. M. Wedderburn은 Jervis와 같이 로마서의 기록 이유만을 집중적으로 다룬 연구논문에서 로마서 기록에 대한 단일이유를 찾는다는 것은 실수하는 것이라고 말한다.[19] 로마서의 기록이유들은 상이하지만 서로 연결되어 있는 요소들에 대한 반응이기 때문에 다음의 여섯 요소들-로마서의 서론 및 결론 그리고 로마서의 본체, 바울의 상황과 그의 서신을 받은 교회의 정황, 그리고 로마서 본체에 나타나는 대로 그의 메시지에 대한 유대인들의 반대가 있었다는 점과 수신자들은 비유대인 그리스도인들이라는 점[20]-을 종합하여 풀어야 한다는 것이다. 따라서 로마서의 목적은 이 요소들에 대한 대답이어야 하므로 복합적이다.

한국의 로마서 학자들의 견해도 다양하다. 차정식은 로마서의 목적을 단일한 것으로 볼 것이 아니라 복합적인 것으로 보아야 한다는 전제하에 학자들의 견해를 바울 중심과 교인 중심의 두 축을 통한 접근에 대하여 소개한 다음, 역시 두 권의 방대한 주석을 쓴 Dunn의 견해를 따라서 세 가지 목적-선교적, 변증적, 목회적-을 제시하고 있다.[21] 이러한 차정식의 시도는 전경연의 그것과 흡사한데, 전경연은 로마서의 집필동기를 사도의 내적인 충동에 의한 것이라는 견해와 로마 교회 안의 사건과 문제들에 관련해서 쓴 것이라는 견해를 주장하는 외국학자들을 각각 거론하고 또한 로마의 유대인/그리스도인의 역사를 개괄하고 나서, "로마서는 바울이 가르치는 복음의 제요(提要)에 그치지 않고 그의 시대의 그리스도교의 상황과 그 구성원들의 수준과 환경들, 바울의 토론들의 이해 상태를 대략 점칠 수 있게 하는 원기록"이라고 결론을 내림으로서 두 가지 견해를 통합하고 있다.[22] 한편 홍인규는 "바울 자신의 상황과 또한 로마교인들의 상황에 초점을 맞추고 본문을 분석하여 로마서의 목적을 추론하는 것이 최선의 해결책"이라고 설명하면서, "한 요인만 생각하고 다른 요인들을 배제하는 것은 지혜롭지 못하다"고 주장한다.[23] 그러나 이렇게 다수의 학자들이 로마서의 목적을 여럿으로 보는 것과는 다르게, 서중석은 그의 최근의 논문집에서 로마서의 일차적인 목적은 로마교회의 정황과 관련되어 있고, 바울은 "유대인 크리스천들과 이방인 크리스천들의 대립과 분쟁을 그가 전해온 복음의 빛으로(평등사상으로) 해결하려 했다"고 봄으로서 다시금 로마서의 단일목적을 주장하고 나섰다.[24]

　이유들도 다양하다. 지금까지 거론된 견해들을 중심으로 로마서의 목적에 대한 다양한 견해를 도출한 이유들을 대략 다음과 같이 정리할 수 있을 것이다. 첫 번째 이유는 한동안 문제가 되었던 로마서 16장의 진정성과 연관되어 발생하였다. 두 번째 이유는, 이 두 부분(로마서의 서론과 결론)과 로마서의 본체(1:16-15:13)와의 관련성에 대한 견해가 다양하기 때문이다. 세 번째 이유는, 로마서의 서론인 1장 1-15절과 결론인 15장 14-33절에 진술된 바울의 목적이 상이하게 보이기 때문이다. 네 번째 이유는 로마서의 구조와 주제 혹은 강조점과 관련하여 발생하였다. 다섯 번째 이유는, 로마서의 목적을 여러 가지가 아니라 한 가지만으로 보려는 시도 때문이다.

II. 로마서의 구조가 서신의 목적에 미치는 영향

　이렇듯 로마서의 목적에 대하여 학자들간의 편차를 보이는 중요한 이유들 중 몇 가지는 로마서의 구조에 대한 견해와 관련되어 있다. 그 중에서 첫 번째는, 1940년대부터 70년대까지 로마서 16장은 로마서의 일부가 아니며 로마가 아니라 에베소로 보내진 서신으로 보는 것이 학계의 일반적인 견해였다. 로마서와 에베소서의 문제를 동시에 해결해 보려는 시도로서 1948년 T. W. Manson은 파피루스 사본 P^{46}에 의지하여 로마서 1-15장은 로마에 보내진 것이고 로마서 16장은 에베소에 보내진 것이라는 주장을 폈다.[25] 이 견해가 로마서의 구조와 목적을 서로 관련시켜 추적하도록 하였음이 분명하다. 그는 이러한 구조를 로마서의 정황과 목적의 문제에 연관시켜서, "이런 식으로 보면 로마서는 바울을 로마교회에 소개하는 자기소개서가 되는 것을 멈추게 하고, 주요 사안들에 대한 바울의 깊은 확신들을 표명하고 넓은 대중의 지지를 호소하는 선언문이 된다"고 말한다.[26] 하지만 Harry Gamble이 로마서의 사본들에 대한 연구와 로마서의 말미와 헬레니즘시대의 서신들의 서신적 결론부에 대한 비교연구를 통하여 30년 동안 학계의 중론이었던 Manson의 이론을 뒤집어 놓았다.[27] 그래서 지금의 로마서 1-16장이 모두 로마에 보내진 것으로 판명되었고, 지금은 거의 모든 학자들이 이 견해에 동의하고 있다. 이 로마서 16장(특별히 3절부터 15절까지)은 14장-15장 13절의 본문과 더불어 로마의 그리스도인들에 대한 중요한 정보를 제공하고 있다.

　또한 로마서 9-11장이 로마서에서 차지하는 위치에 대한 견해도 다양한데, 이것 또한 로마서의 목적을 결정짓는데 영향을 미친 것이 사실이다. 로마서 9-11장에 대한 태도는 다양하다. 로마서 9-11장을 단지 커다란 괄호 혹은 삽입부 혹은 부록으로 보는 이들이 있고, 또 어떤 이들은 로마서의 절정이며 진정한 중심이라고 주장하기도 한다. 그러나 대다수의 주석가들은 로마서 9-11장이 사도 바울의 논증 전개에서 필수적이며 기능상에 있어서도 로마서의 필수불가결한 부분이며 신학적으로 바울의 논의의 절정이라고 동의한다.[28] 로마서 9-11장은 이방인의 사도지만 바리새파 출신 유대인으로서 바울이 겪어야 했던 내적-외적갈등에서 나온 경험의 진술이라고 볼 수 있으며 로마 그리스도인들의 문제와도 연관이 있는 것으로 충분히 짐작할 수 있기 때문에, 이 부분에 대한 입장이 로마서의 목적에 대한 견해에 영향을 줄 수 있었다.[29]

로마서의 구조와 이와 관련되어 로마서의 주제 혹은 강조점을 어디에 두느냐의 문제는 로마서의 목적을 보는 시각에 중요한 영향을 미친다. 로마서에서 16장을 제거하고 서론과 결론을 잠깐 제쳐 둔다면, 본체(1:16-15:13)는 마치 독립된 신학논문, 선언문, 에세이 등과 같은 스타일상의 특징을 보인다. 이로 인하여 16세기에 Philip Melanchthon 같은 이는 로마서를 역사적인 정황과는 전혀 무관하게 기독교의 교리요약이라고 언급하였다. 하지만 로마서에는 종말론이나 기독론이 충분하게 진술된 것도 아니며 주의 만찬이나 교회의 질서(직분) 등은 아예 언급되지도 않았기 때문에 로마서를 기독교의 교리요약으로 보는 것은 무리이다.[30] 그렇다면 이렇게 무거운 신학적인 해설이 로마의 그리스도인들에게 왜 필요하였겠는가의 문제가 남는다. 로마서 1장과 15장에서 바울은 자신이 왜 로마에 가야 하는지 밝히지만 왜 로마서를 기록하는지는 말하지 않기 때문이다. 로마서 저작에 대하여 서신에 명시된 이유는 로마서 15장 15절의 기록이다: "그러나 내가 너희로 다시 생각나게 하려고 하나님께서 내게 주신 은혜를 인하여 더욱 담대히 대강 너희에게 썼노니." 그러나 이 구절은 로마서에서만 특별한 것이 아니라 바울이 다른 서신을 기록하는 목적에도 적용될 수 있는 일반적인 진술에 지나지 않는다. 그러므로 로마서의 목적을 알기 위한 유일한 방법은 로마서의 내용(본체)과 정황(서론과 결론)을 맞춰보는 것이다. Paul J. Achtemeier도 이를 지적하였는데, 그는 로마서의 서론과 결론에서 바울이 서신을 쓰게 된 이유와 동기를 발견할 수 있지만, 이것을 뛰어넘어 바울이 스스로 서신을 써서 보내고 있는 교회 혹은 교회들에 대하여 얼마나 알고 있었는가는 오직 서신의 내용에서만 발견할 수 있다고 주장한다.[31] 그리고 이 정황의 문제도 로마의 그리스도인들의 정황을 강조하는 견해와 바울의 정황을 강조하는 견해로 나누어진다.

이와 같이 로마서의 목적에 대한 의견차이가 나오게 하는 또 다른 중요한 이유는 로마서의 서론-결론을 서신의 본체와 분리하여 생각하거나 관련을 시켜도 그 강조점이 다르기 때문인데, 이에 대한 대표적인 예는 Ann Jervis의 연구일 것이다. 그녀는 로마서의 서신구조(로마서의 서론과 결론부에만 집중하여)를 조사하고 나서, 자신이 요약한 대안들(신학적인 목적, 선교적 목적, 목회적 목적) 중에서 로마서의 목적에 대한 자신의 결론은 선교적인 목적에 가장 가까이 있고 목회적 목적에서는 가장 멀리 있으며 목회적인 목적과는 유사점이 있다고 주장한다.[32] 그러나 이 견해는 로마서의 본체를 전혀 고려하지 않은 결과이다.

III. 로마서의 목적은 무엇이었나?

그렇다면 로마서의 목적은 무엇이었을까? 이 문제를 풀기 위하여 우리는 몇 가지 문제에 대한 입장정리가 필요하다. 첫째, 바울의 논지는 항상 어떤 상황과 연결되어 전개되었기 때문에 로마서를 역사적인 맥락과는 아무런 관련이 없는 단순한 신학소논문으로 볼 것이 아니라, 그 서신이 기록될 때의 필요와 분리해서 생각할 수 없는 정황적 문서(occasional document)로 보아야 한다는 것이다. 즉 로마서는 바울의 구체적인 정황과 로마교인들의 정황에 맞춰진 서신으로 보아야 한다.33) 그러므로 바울이 겪었고 겪고 있는 구체적인 상황과 로마의 그리스도인들의 상황과 구성 그리고 당면 문제 등을 고려해야 한다. 둘째, 로마서의 목적을 추적하는 데는 서신의 서론과 결론만으로는 충분하지 않고, 서신의 본체도 포함하여 생각할 뿐만 아니라 이 서론 및 결론과 본체와의 상호관련성을 고려해야 한다는 것이다. Carson, Moo, 그리고 Morris도 바울이 로마에 가고자 하는 목적은 서론과 결론에 분명히 기록하였지만 서신의 목적은 막연하게 언급하였기 때문에(롬 15:15), 발신자와 수신자들의 정황과 서신의 내용과의 연관성 속에서 서신의 목적을 찾아야 한다고 주장한다.34) 이와 더불어 로마서의 서론과 결론에 기술된 언급, 즉 1장 14절과 15장 20절 사이에 나타나는 불일치 문제도 해결되어야 하며 로마서의 통일성(16장의 진정성)을 전제로 하여야 한다. 셋째, 로마서의 목적은 하나가 아니라 여러 가지 목적들이 한데 묶인 다발로 생각해 보아야 한다.

위에 열거한 입장정리에 근거하여 로마서의 목적을 정리해 보면 우선, 로마서의 서론(1:1-15)과 결론부(15:14-33)에 진술된 것은 바울이 로마를 방문하고자 하는 이유이지, 로마서를 기록한 이유는 될 수 없다. 로마서를 기록한 이유에 대한 진술이 한 구절 나오지만(롬 15:15), 이것은 너무나 일반적인 것이기 때문에 별로 도움이 되지 않는다. 그러므로 로마서의 목적을 알아내는 방법은 서신의 내용(본체)과 그 정황에 맞추어 보는 것이다. 여기서 정황이라 함은 발신자와 수신자들의 정황을 모두 두고 말함이다. 발신자의 정황은 로마서의 서론과 결론 및 본체에서 그리고 수신자들의 정황은 특별히 14-15장 13절까지와 16장 3-15절 등에서 찾을 수 있다.

로마서 서론과 결론부에서 축을 이루는 세 지명은 로마(1:7, 10-13; 15:22, 32), 스페인(15:23), 그리고 예루살렘(15:19, 25, 26, 31)이다. 3차에 걸친 선교여행을 통하여 지중해 연안의 동부지방을 복음화한 바울은 이제 예루살렘을 향하면서, 로마를 거쳐 스페인까지 가고자 하는 계획을 말하고 있다. 예루살렘으로 가는 것은 자신의 이방사역에 대한 열매로서 유대인이나 이방인이나 구별 없이 예수 그리스도에 대한 믿음으로 구원에 이르는 복음 안에서의 교제를 증명하기 위하여 모금한 헌금을 가지고 가는 것인데, 그의 몸은 동방을 향하여 있지만 그의 마음은 서방을 향하여 있다. 로마서 15장 24절에는 '보내줌'(προπεμφθῆναι)을 바란다는 대목이 나오는데, 이 어휘는 여행하는 길에 채비를 차려주어 (재정적인) 지원한다는 의미를 지니고 있다. 이 부분을 통해 본다면 아마도 스페인 선교가 바울이 로마서를 쓴 주된 이유였을 것이다. 어찌 되었든 로마서는 로마 혹은 스페인에 대한 선교적 목적이 있었음을 부인할 수는 없다. 그러나 그것만이 로마서의 목적이 될 수는 없다. 왜냐하면 로마서의 서론과 결론부에 나타나는대로 바울은 미래의 계획만을 가지고 있는 것이 아니라 그가 겪은 과거와 현재 갈등과 경험을 지

니고 있기 때문이다.35)

로마서 본체의 긴 신학적인 논의도 위에서 언급한대로 독립된 신학 개요가 아니라 정황과 연결된 내용으로 파악되어야 한다. 로마서 본체(1:16-15:13)는 흔히 주제제시(1:16-17)에 이은 신학적 논증(1:18-11:36)과 실천적 교훈(12:1-15:13)으로 나뉜다. 우선 1-11장의 신학적인 논증은 서론과 결론부뿐만 아니라 바울 및 로마의 수신자들의 정황과도 연결하여 해석되어야 할 것이며, 독립적인 부분으로 잘못 여겨지고 있는 9-11장도 이미 로마서 1장 16절과 2장 9절 등에 나타난 유대인과 이방인의 구원문제와 연결되어 있는 논증으로 보아야 할 것이다.36) 12장부터 시작되는 실천적인 권면도 12장의 전반부는 일반적인 권면일지라도 후반부부터는 로마의 정치, 경제, 사회적 배경을 함축하고 있다. 그러므로 12-15장 전체는, 특별히 14-15장에서 논의되는 로마교회의 유대계 그리스도인과 이방인 그리스도인과의 갈등을 해결하고자 하는 정황과 연결된 신학적 논증으로 보아야 할 것이다.

서신의 단독 발신자인 바울의 상황을 분별하는 것은 어려운 일이 아니다. 바울이 고린도(롬 16:21-23)에서 로마서를 썼을 것이라는 것은 학자들간에 일치된 견해인데(다만 바울의 일대기의 연대 차이 때문에, 연도의 차이는 있다-주후 54/55년 혹은 57/58년), 로마서 16장 1-2절에서 겐그레아(고린도의 항구)의 여성 일꾼 뵈뵈를 추천하고 있는 것을 보면 바울이 그 도시 근처에 있었고, 뵈뵈가 로마로 갈 계획이어서 아마도 로마서를 전달한 이가 아니었을까 짐작하게 해준다. 이러므로 로마서가 기록된 시기는 네로 황제의 집권기(주후 54-68년) 중에서 네로의 선정 5년(Neronis quinquennium)이었음이 분명하다. 흔히 로마서는 바울의 두 위기(고린도 위기와 예루살렘 위기) 가운데서 기록되었다고 말한다. 이때쯤에는 바울이 지중해 연안의 동부지역을 3차에 걸친 선교여행을 통하여 복음화하였고 이미 갈라디아의 논쟁과 고린도교회 위기를 겪었으며 예루살렘을 위한 모금운동을 마무리하고 예루살렘을 향한 여행을 앞두고 로마서를 쓰고 있기 때문에, 그의 마음속에는 갈라디아, 고린도, 예루살렘, 로마가 동시에 자리잡고 있었음을 짐작할 수 있다.37) 그러므로 로마서 서론과 결론부에 나타나는 로마행과 스페인행은 로마서를 통한 그의 선교목적을 시사하고, 예루살렘행에 대하여 알리고 기도를 부탁하는 것과 복음을 통한 이방인-유대인 갈등의 문제를 해결할 수 있는 그의 확신을 길게 피력하는 서신의 본체는 로마서를 통한 그의 신학적-변증적 목적을 시사한다.

서신의 수신자들인 로마의 그리스도인들의 상황을 아는 것도 그리 어렵지는 않다. 로마서가 기록될 즈음에 로마에 거주하고 있었던 유대인의 수(주전 1세기경에 이미 로마에 거주하는 유대인의 수는 약 5,000명이었고 여러 회당이 있었다)와 그리스도인의 수가 얼마나 되며, 로마에 어떻게 복음이 전파되었고 그리스도인 공동체가 생겨났는지에 대한 정확한 결론을 내리기는 쉽지 않다. 그러나 로마서 자체와 관련 기록들을 통하여 얻을 수 있는 정보를 통하여 로마서를 받았던 수신자들의 상황을 아는 것은 그리 어렵지 않다.38) 로마서 16장(특별히 3절부터 15절까지)과 14장-15장 13절에서 우리는 수신자들에 대한 중요한 정보를 얻는다. 로마의 그리스도인들은 대략 다섯 군데의 가정교회로 모이고 있었던 것으로 추측되는데(5, 10, 11, 14, 15절),39) 그 중에서 브리스길라와 아굴라의 집에서 모이는 모임만(5절) '에클레시아'로 지칭되고 나머지 네 모임은 그렇지 않다. 이 본문은 첫째로, 바울과 로마의 여러 그리스도인들과의 개인적이며 탄탄한 인간관계가 맺어져 있음과 둘째로, 로마의 그리스도인의 구성은 이방인-유대인, 자유민-종, 남자-여자 등의 다양성을 띠며 동시에 이방인과 저층민이 다수이고 셋째로, 여성들의 역할이 두드러지게 묘사되었다는 것 등을 알게 해준다.[40]

주후 49년 유대인 사이에서 소위 지속적인 크레스투스(이때 라틴어 Chrestus는 헬라어 Christos[그리스도]와 모음 상으로 한 자만 다르므로 학자들은 그리스도인 유대인과 유대교 유대인 간의 예수에 대한 메시아 논쟁이었을 것으로 본다) 선동 때문에 글라우디오 황제가 유대인 추방령(행 18:2; Suetonius, *Claudii Vita* 25.4)을 내리자, 로마의 그리스도인들의 구성비가 유대인 그리스도인 중심에서 이방인 그리스도인 중심으로 바뀌게 되었다. 그러나 주후 54년 네로가 등극하면서 유대인에 대한 포용정책으로 다시금 로마에 돌아온 유대인 그리스도인들이 증가하자(이때 고린도에서 바울을 만나 그리스도인 사역자가 된 브리스가와 아굴라 부부도 로마에 돌아왔다; 롬 16:3-5상), 로마서 14장-15장 13절에 나타나는 로마 그리스도인 가운데 벌어진 강한 자와 약한 자간의 문제가 일어날 수 있었다는 것은 쉽게 짐작할 수 있는 일이다.[41] 이러한 로마 그리스도인들 간의 갈등을 바울이 알고 있었음을 로마서 16장을 통해서도 충분히 짐작할 수 있고, 또한 14장-16장은 이 문제를 목회적인 측면에서 권면하였을 가능성이 충분히 있음을 지지해주는 중요한 부분이다.

만약 로마서를 전체적으로 받아들인다면, 우리는 서신 전체에서 말하고 있는 목적도 함께 받아들여야 한다. 그러므로 로마서의 목적을 서신의 어떤 특정 부분만을 강조하거나, 그 부분에 근거한 특정 목적만을 서신의 목적으로 볼 것이 아닌 것이다. 로마서가 방대하고 주도면밀하게 짜여진 서신인 만큼, 그 목적도 단일목적이 아니라 다양한 목적들의 묶음으로 이루어진 다목적적 집합으로 보는 것이 합당할 것이다.

마지막으로 로마서의 목적에 대한 추적노력과 관련하여 한 가지 언급할 수 있는 것은, 로마서의 목적은 로마서의 주제를 추적하는 데도 중대한 영향을 미친다는 것이다.[42] 이처럼 서신의 목적을 추적하는 작업은 그 서신의 주제나 신학사상을 추적하는 데 크게 도움이 된다. 그리고 서신은 성격상 정황적 문서이며, 특별한 경우가 아니면 그 정황은 추적될 수 있다. 개인적인 안부가 너무 없어서 흔히 회람서신 혹은 위서라고까지 여겨지고 있는 에베소서의 경우도 그 정황에 대한 추적이 가능하며 그 추적된 정황은 에베소서의 목적이나 중심사상을 이해하는데 중요한 단서를 제공할 수 있는 것이다.[43]

결 론

본 논문에서는 로마서의 목적에 대한 학자들의 다양한 견해와 로마서의 구조가 목적에 미치는 영향을 살펴본 연후에 다시금 로마서의 목적에 대하여 추적해 보았다. 그리고 이렇게 밝혀진 로마서의 목적이 이 서신의 주제에 미치는 영향이 무엇인가를 간단히 살펴보았다. 이상의 논의에서 다음과 같은 결론을 내릴 수 있을 것이다.

첫째, 로마서의 목적에 대한 이견들의 원인들이 다양하다. 이는 주로 로마서의 구조문제, 서론-결론과 본체간의 관련성, 단일 혹은 복수 목적의 문제, 그리고 특정 목적에 대한 강조 등의 문제로부터 발생하였음을 알 수 있었다.

둘째, 서신서를 흔히 정황적 문서라고 부르는 것처럼 로마서도 발신자나 수신자들의 정황에 맞춰진 서신임이 분명하다. 로마서의 목적을 이러한 정황과 분리하여 생각하는 것은 무리이므로 서신의 목적은 바울의 정황과 로마 그리스도인들의 정황을 고려하여 추적되어야 한다. 로마서의 목적으로서는 선교목적과 목회적 목적이 두드러지고, 변증적 목적도 어느 정도는 나타나고 있다.

셋째, 로마서의 목적을 추적함에 있어서 발신자-수신자들의 정황도 중요하지만 방대한 로마서의 내용, 즉 서신의 본체의 메시지가 그 목적과 연관되어 있음을 알 수 있었다. 그러므로 로마서의 목적에 대한 추적은 서신의 서론-결론 및 본체와의 조화와 연관성 속에서 이루어져야 한다. 본체에 무게 중심을 둔다면 신학적 혹은 변증적 목적이 두드러지고, 서론-결론과 균형을 맞춘다면 선교적 목적과 목회적 목적이 부각될 것이다.

넷째, 이렇게 모든 가능성을 고려하여 발견된 서신의 목적들에 비추어 볼 때, 로마서가 담고 있는 주제를 파악하는 데도 도움을 받을 수 있었다. 이러한 시도는 다른 서신서들에 대해서도 어느 정도 적용해봄 직할 것이다.

주(註)

1) Johnson, *The Writings*, 343.
2) Koester, *Introduction*, 140.
3) Brown, *An Introduction*, 564.
4) Carson, Moo, and Morris, *An Introduction*, 151-2.
5) Bornkamm, 「사도 바울」, 134-44; "The Letter," 16-28.
6) Kümmel, *Introduction*, 312-4.
7) Dunn, *Romans 1-8*, liv-lviii; "Romans," 839-41.
8) Moo, *The Epistle*, 16.
9) Ibid., 20.
10) Fitzmyer, *Romans*, 68-84, 특히 69와 80.
11) Ibid., 74.
12) Manson, "St. Paul's Letter," 3-15.
13) Jervell, "The Letter to Jerusalem," 53-64.
14) Klein, "Paul's Purpose," 29-43.
15) Jewett, "Romans," 5-20.
16) Jervis, *The Purpose*, 14-28.
17) Ibid., 158-63.
18) Myers, "Romans," 820-1.
19) Wedderburn, *The Reasons*, 140.
20) Ibid., 5-6, 142.
21) 차정식, 「로마서 I」, 72-84, 특히 81-4.
22) 전경연, 「로마서 신학」, 22-42, 인용은 42.
23) 홍인규, 「로마서 어떻게 읽을 것인가」, 18-22, 인용은 18, 21-2.
24) 서중석, 「바울서신 해석」, 294.
25) Manson, 3-15.
26) Ibid., 15.

27) Gamble, *The Textual History*, 57-95.
28) Stott, 「로마서 강해」, 344-5; Nygren, *Commentary*, 357; Fitzmyer, 76.
29) Wedderburn, 87-91.
30) Fitzmyer, 74.
31) Achtemeier, *Romans*, 18-9.
32) Jervis, 14-28, 163-4.
33) Becker, *Paul*, 25, 71.
34) Carson, Moo, and Morris, 149-52.
35) Wedderburn, 29-43.
36) Ibid., 92-139.
37) Moo, 17-18.
38) 이러한 사항들에 대한 자세한 논의는 Fitzmyer, 26-36을 참조.
39) Banks, 「바울의 그리스도인 공동체 사상」, 67.
40) Dunn, *Romans 9-16*, 899-900.
41) Wedderburn, 44-65.
42) 이에 대한 최근의 한국학자의 짧은 언급에 대하여, 최갑종, "로마서의 중심주제," 318-9를 참조.
43) 장동수, "에베소서의 교회론," 103-5, 121; Arnold, *Ephesians*, 56-8.

제2장

로마서 3장 25절의 ἱλαστήριον의 의미*
(The Meaning of ἱλαστήριον in Romans 3:25)

서 론

   로마서는 수많은 이들의 삶의 방향을 바꾸어 놓았고 교회사뿐 아니라 세계사의 물줄기를 틀어놓은 책이다. 바울신학의 정수를 담고 있는 이 서신의 3장은 구조적으로나 내용적으로 로마서 전체의 중심으로, 특히 3장 21-26절은 로마서 전체의 주제를 기록하고 있다.[1] 로마서의 핵심 주제가 3장 21-26절에 잘 표현되어 있는 것이다. "그러나 이제는"(νυνὶ δέ)으로 시작되는 이 문단의 첫 구절인 21절은 새 시대(new aeon)의 도래를 선포하고 있다. 하지만 본 문단을 적절하게 이해함에 있어서 어려움을 주는 요소들이 있다. 그 중에 하나가 3장 25절에 나오는 ἱλαστήριον의 의미이다.

   로마서 3장 25절에 나오는 ἱλαστήριον의 의미를 바르게 해석하기 위하여 본 어휘와 그 동족어들에 대한 신-구약성서와 세속 문헌의 배경을 조사해 보고자 함이 본 논문의 목적이다. 필자는 우선 로마서 3장 25절이

* 출처: 「복음과 실천」 20(1997, 봄): 107-32.

속해 있는 문맥을 파악하기 위하여 로마서 3장 21-26절을 번역하고, ἱλαστήριον의 동족어들의 기본 개념에 대한 논쟁들을 살펴보면서 주로 유화 (propitiation)와[2] 속죄(expiation) 사이의 논쟁에 그 초점을 맞출 것이다. 이는 성서와 다른 자료에서 이 단어들이 어떻게 이해되었나를 알아보기 위한 지침이 될 것이다.

이어서 필자는 ἱλαστήριον과 그 동족어들에 대한 구약성서의 배경을 알기 위하여 칠십인 역(이후로는 *LXX*로 표기함)에서의 그 용례들을 살펴볼 것이다. 세속 문헌과 선약성서에 대해서도 동일한 작업을 수행할 것이다. 마지막에서는 지금까지의 결과를 토대로 로마서 3장 25절에 나오는 ἱλαστήριον을 어떻게 해석해야 할지를 논할 것이다.

먼저 ἱλαστήριον의 동족어들을 열거하고 그 사전적인 정의를 열거하는 것이 앞으로의 논지전개에 도움이 될 텐데, 이 정의들은 기존의 사전적인 정의이지 필자의 최종적인 의견은 아님을 밝혀둔다.[3]

- ἱλαρός: 이 형용사를 Bauer는 "기쁜, 즐거운"(cheerful, glad, merry), "친절한, 은혜스러운"(kind, gracious) 등으로 정의하고 있다.
- ἱλαρότης: 추상명사로서 "기쁨, 즐거움, 은혜스러움"(cheerfulness, gladness, graciousness) 등으로 정의된다.
- ἱλατένομαι: 동사로서 "친절하다, 은혜스럽다"(be kind or gracious)는 뜻이나, 신약성서에는 나오지 않는다.
- ἵλεως: 이는 형용사 ἱλαρός의 고전 헬라어인 Attic 방언의 형태이다. 뜻은 "은혜스러운, 자비로운"(gracious, merciful).
- ἱλάσκομαι: 동사로서 "유화시키다"(달래다, 화를 누그러뜨리다, propitiate) 혹은 "속죄하다"(expiate) 또는 "자비롭다, 은혜스럽다"(be merciful or gracious)의 뜻이 있다.
- ἱλασμός: 명사로서 "유화"(화목, propitiation) 혹은 "속죄"(expiation)의

뜻이 있다. 또한 유화 혹은 속죄의 수단, 속죄제 등을 의미한다.
- ἱλαστήριον: 명사로서 Bauer에 따르면, 유화 혹은 속죄의 수단, 유화 혹은 속죄를 얻기 위한 선물 또는 유화 혹은 속죄의 장소 등을 의미한다. 이 단어는 언약궤(Ark of Covenant) 위에 있는 속죄소 혹은 시은좌(mercy seat)를 지칭한다.

I. 로마서 3장 21-26절의 번역[4]

21 그러나 이제는 율법을 떠나서, 하나님의 의롭게 하시는 길이 나타났으니, 율법과 선지자들에 의하여 증거된 바 이다. 22 즉 예수 그리스도를 믿음으로, 믿는 자들 모두에게 주어지는 하나님의 의롭다 하심이다. 여기에는 차별이 있을 수 없으니, 23 이는 모든 사람이 죄를 지어 하나님의 영광에서 떨어져 있었기 때문이다. 24 이 의롭다함을 얻게 됨은 그리스도 예수 안에 있는 구속함을 통하여 그의 은혜로 값없이 되었다. 25 하나님은 이 예수를 그의 피로, 믿음을 통한 ἱλαστήριον으로 세워 놓으셨으니, 이는 전에 지은 죄를 간과하심으로 그의 의로우심을 나타내기 위함이다. 26 하나님의 용서로, 그의 의로우심을 현세에 나타내기 위하여, 그도 의로우시고 그리스도를 믿는 자들을 의롭다 하시기 위함이다.

25절의 ἱλαστήριον은 필자가 번역하지 않은 채 그냥 남겨 두었다. 이는 어떤 번역이 이 단어에 가장 적합한 의미를 부여할 수 있을지 아직 결정되지 않았기 때문이다. 22절 하반부와 23절은 내용상 괄호 안에 묶어도 좋을 듯하다.

II. 유화인가 속죄인가?

ἱλαστήριον이나 그 동족어들의 특별한 뜻을 확정하기 이전에 그 기본적인 뜻을 결정하는 것이 먼저일 것이다.[5] 사전적인 의미에서 나타나듯이, ἱλάσκομαι 동족어들의 해석을 두고 속죄(expiation) 혹은 유화(propitiation) 사이에서 긴 논쟁이 있어 왔다.

유화는 상처를 준 측이 상처를 받은 측(offended party)을 향하여 그 화를 누그러뜨리려는 행위(act of appeasement)이다. 이 유화 혹은 화해하는 사람은 잘못을 범한 측이며, 그 잘못으로 인하여 피해를 입은 측이 노하거나 화를 내면 그 위험을 당할 처지에 놓여 있는 사람이다. 그런데 여기서 피해를 입은 측은 주로 신들(deities)을 의미한다. 여기서 신을 달랜다(유화 한다)는 것(유화의 개념)은 그 노를 누그러뜨린다는 뜻이다.

한편 속죄는 그 행위의 방향이 잘못의 원인(the cause of offense)을 향하고 있다. 잘못한 자나 피해를 입은 자나 어느 쪽에서든지 그 잘못을 속죄할 수 있다. 종교적으로 속죄의 개념은 신에게 잘못을 범한 그 죄를 없이한다는 의미이다.

이 개념이 하나님과 그의 백성간의 관계에 적용될 때, 성서학자들 간에는 그 일치점을 찾지 못하고 오랫동안 논쟁이 되어 왔다. 유화의 개념을 지지하는 대표적인 학자로는 Leon Morris를,[6] 속죄의 개념을 지지하는 학자로는 C. H. Dodd를[7] 들 수 있다. 필자는 속죄의 개념이 신약성서에 사용된 ἱλάσκομαι와 그 동족어들이 의미하고 있는 개념이라고 여기는데, 그 이유는 다음과 같다.

헬라 세계에서 ἱλάσκομαι와 그 동족어들은 일반적으로 사용되었는데 이 용어들에 대한 이방 세계의 개념과 히브리적인 개념 사이에는 차이가 있었다.[8] 유화의 개념은 이방 세계에서 더 일반적인 개념이었다. 유화는 하나님의 태도 변화에 영향을 주어야 하는 반면, 속죄는 인간의 죄를 해결하는 일을 한다. 이방 세계의 개념은 이 유화가 "악을 도모하는 신의 임의적인 화"(arbitrary anger of a malevolent deity)를 누그러뜨리는 인간의 노력을 의미했다.9) Morris에게 있어서 이방 세계의 개념인 이 유화가 "신성한 뇌물"(celestial bribery) 이상의 것은 아니다.10) 그러나 여기서 주목해야 할 것은 이방 세계의 용례들에서는 신이 그 목적어가 되고 있다는 사실이다.

하지만 히브리 신앙에서는 전면적인 재정의(redefinition)가 이루어졌다. LXX에서는 하나님이 ἱλάσκομαι 동사의 목적어가 된 적이 없다.11) 시편 106편 30절과 말라기 1장 9절, 이 두 구절에서만 하나님을 유화한다(노를 달래다)는 의미로 해석할 수 있을지 모른다. 그러나 여기에서도 이방신의 개념과는 다른 신관에서의 유화 개념으로 쓰였다. 하나님의 (진)노는 임의적인 것이 아니고, 오히려 "모든 죄에 대한 참을 수 없는 일관된 태도"(a consistent attitude of intolerance to all sin)를 의미하고 있다.12) 더욱이 인간의 죄를 다룸에 있어서 하나님은 그 죄를 없이 하는 과정에서 주도권을 가지고 계신다. 그러므로 유화의 개념을 하나님에게 적용한다면 순환론적인 논리가 요구된다. 하나님은 그 자신의 진노를 누그러뜨리고 또한 그 자신의 화를 없이 해야 하는 것이다.

조사한 자료들을 토대로 필자는, 유화는 이방 세계의 개념이고 속죄는 유대 신앙의 개념이라는 것을 전제로 한다면, ἱλάσκομαι 동족어들의 의미를 속죄와 유화, 이 두 가지를 다 가지고 있는 것으로 보는 것이 최선이라고 여긴다. 인간의 죄가 속죄된다면, 하나님의 그 노가 누그러뜨려지고 또한 그 노는 없어질 것이다. 그러나 하나님이 그 주도권을 가지고 있기 때문에 강조점은 속죄 쪽에 두어야 할 것이다.

III. 구약성서의 배경

LXX에서는 ἱλαστήριον과 ἱλάσκομαι의 다른 동족어들에 대한 유대적 이해가 어떠했었는지를 추적해 볼 수 있는 기회를 제공해 준다. 바울은 "이방인의 사도"였지만 자신이 최선의 유대인 이상으로 될 수 있다고 생각한 적이 결코 없었다. 이것이 그의 종교, 문화 또한 세계를 형성하는 것이었다. 이것이 또한 그의 말하는 법이었고, 그의 언어였다.

ἱλάσκομαι는 LXX에서 열두 번 쓰였고[13] 항상 하나님이 주어로 나온다. 일곱 번은 "용서하다"의 의미가 있는 히브리어 단어 חלס의 번역이다. 세 번은 כפר의 번역인데, 그 뜻은 "덮다"(cover), "지우다"(wipe out) 혹은 관용구적으로 "죄를 없애다"(remove sin)이다. 한 번은 "미안하다, 불쌍히 여기다"(be sorry, be moved with pity)의 뜻이 있는 מחנ을 번역하기 위하여 사용되었다. 나머지 한 번은 에스더서 4장 17절에서 쓰였으나, 이곳은 아람어로 기록된 부분이기에 이에 해당되는 히브리어 단어가 없다.

ἱλασμός는 LXX에서 열 번 나오는데, 주로 כפר의 분사형을 번역하기 위하여 사용되었으며 대속, 제의적 속죄, 속죄제(ransom, cultic expiation, sin offering)를 의미한다. 또한 חלס의 분사형을 번역하면서 "용서"(forgiveness)라는 뜻으로도 쓰였다.

ἵλεως는 LXX에서 35번 사용되었다. 동사 구조와 함께 사용되었는데, 동사 חלס와 מחנ을 번역하기 위하여 쓰였다. 여기서 주목해야 할 것은 그 주어가 항상 하나님이라는 사실이다. 외경의 대부분의 용례들도 역시 하나님의 자비를 언급하고 있다.

LXX에서 כפר를 번역하기 위하여 ἐξιλάσκομαι가 가장 많이 사용되었는데, 이는 ἱλάσκομαι의 파생어이며 제사장의 제의활동을 언급하는 데 사용되었다. 그 행위의 방향은 하나님을 향하고 있고, 유화(propitiation)로 해석할 수 있는 가능성도 열려 있다. 그러나 이 용어가 제사장의 기능을 언급하는 데만 사용된 것은, 이 단어가 한 가지 특별한 의미로만 사용된 기술적인 용어임을 의미한다. 유수한 영어 번역들(KJV, NIV, NASB, RSV, NRSV 등)은 모두 이 ἐχιλάσκομαι를 "make atonement"(속죄하다)로 번역하고 있다. 출애굽기 30장 10절과 32장 30절과 레위기 5장 10절 등이 그 예들이다.

본고에서 주된 관심을 두고 있는 용어는 ἱλαστήριον이다. 이 단어는 마카비 4서를 포함한다면, *LXX*에서는 28번 나오고 있다. 22번은 언약궤 위에 있는 כפרת를 언급하는 데 사용되었다.14) כפרת는 덮다, 지우다의 의미가 있는 כפר에서 파생된 단어로서, כפרת가 궤의 덮개나 뚜껑을 형성하고 있기 때문에 그렇게 명명되었을 것이다. 그러나 이 부분이 속죄소 혹은 시은좌(the Mercy Seat)로 알려진 것은 그 이름이 궤의 이 부분이 하는 기능에서 파생된 것일 수도 있다. 이에 대해서는 논란이 많지만, 제의적 기능에 기초를 둔 정의는 속죄일(Day of Atonement)을 염두에 둔 것이다. 제의적 기능을 강조한 것은 지성소가 בֵּית־כפרת (כפרת의 집)으로 알려진 사실과 출애굽기 25장 22절과 30장 6절은 כפרת를 하나님의 임재와 연결시킨 사실 등을 생각하게 한다.

이 제의적 기능에 관한 한 속죄소는 대속죄일(the Day of Atonement)에 드려지는 제사의 핵심적인 장소이다. 제물이 죽임을 당하면, 그 피는 속죄소에 뿌려지기 위하여 대제사장이 지성소로 가져간다. 피를 그곳으로 옮기는 이유는 "구약성서에서 이 כפרת는 살아 계신 하나님께서 거하시는 곳이며, 하나님께서 그의 계명을 주시는 장소이며, 그의 백성을 은혜로 만나 그들의 죄를 용서하시는 장소이기 때문이다."15)

에스겔서 43장에서 다섯 군데 모두 ἱλαστήριον은 에스겔 제단의 가장자리(ledge, 히브리어 단어는 הרצא)를 지칭하는 데 사용되었다. 여기에서

에스겔 시대에는 언약궤가 더 이상 존재하지 않았던 때이고, 하나님께서 에스겔에게 만들라고 명령하신 것은 제사를 드릴 제단이었다는 사실을 주목해야 한다. 위 가장자리에는 כפרת에 그렇게 한 것처럼 제물의 피가 뿌려졌다. 그리하여 LXX의 번역자는 이 הכפרת를 그 기능을 따라서, "하나님의 구원하시는 임재와 은혜로운 계시가 인간에게 나타난" 장소라고 여겨 ἱλαστήριον으로 번역한 것이다.16)

LXX에 나오는 ἱλαστήριον의 마지막 예는 마카비 4서 17장 22절에서 찾을 수 있다. 이 책은 엘르아살과 그 칠형제 및 그들의 모친의 죽음을 기록하고 있다. *The Oxford Annotated Apocrypha*에 게재된 마카비 4서의 서론에 따르면, 이 책은 "헬라 철학의 형식을 빌려온 유대주의 해석의 고전적인 예이다. 그 사상들은 스토아적이므로(몇몇 중요한 차이점들을 포함해서) 그 용어들도 스토아적이다."17) 그러므로 마카비 4서를 이해하기 위해서는 ἱλαστήριον의 세속적인 해석을 알아야만 한다. 이것을 바로 다음에 알아보도록 한다. 하지만 여기서 알아두어야 할 것은 마카비 4서 17장 22절에서는 ἱλαστήριον은 유화/화목 제물(propitiatory sacrifice) 혹은 속죄 제물(expiatory sacrifice)을 지칭하고 있다는 사실이다.

IV. 세속 문헌의 배경

지금까지는 ἱλαστήριον과 ἱλάσκομαι의 다른 동족어들의 히브리적인 배경을 살펴보았다. 하지만 이 단어들은 헬라 세계에서 그 자체의 의미들을 가지고 있었던 헬라어이다. 그러므로 이 단어들이 어떻게 사용되었을지를 살펴보는 것은 그 역사적인 맥락을 재구성해 보는 데 도움이 될 것이다.

ἱλάσκομαι는 호머(Homer, B.C. 7~8세기)부터 쓰였고, 신들의 노를 달래

거나(appeasement) 인간을 회유한다(conciliation)는 의미로 사용되었다. 이는 분명히 유화(propitiation)나 화해(placation)를 언급하고 있음이 확실하다. 이러한 행위들은 신들이나 병을 앓고 있는 백성들을 향하여 행해질 수 있었다. 심지어는 공직자들에게 뇌물을 주는 행위를 묘사하는 데도 이 동사가 사용되었다. 더 많은 예들이 거론될 수도 있겠지만 고전 헬라어의 수많은 예들을 요약하면, "ἱλάσκομαι는 '달래다, 노를 풀다, 회유하다, 화해하다, 호의를 얻다'" 등의 의미로 사용되었다.[18] ἱλασμός를 조사해 보아도 같은 결과를 얻게 된다. 즉, 이 단어도 동일하게 달램, 화해의 수단 등을 의미했다.

ἵλεως는 원래 "기분이 좋은"이란 의미에서 발전하여 "은혜스러운"이란 뜻으로 고전 헬라어 시대를 지나게 된다. 아마도 이 단어 때문에 ἱλάσκομαι 동족어 군에 자비(mercy)라는 개념이 들어온 듯하다.

ἱλαστήριον은 원래는 유화 혹은 속죄의 장소를 언급하였던 것 같다. 그 이유로서는 ἱλαστήριον의 어미인 -τήριον이 고전 헬라어 시대에는 중요한 장소를 표시하는 어미였기 때문이다. 그러나 세속 사회에서는 지배적으로 봉헌 혹은 유화의 선물을 의미했다. PFay(Payum Towns and Their Papyri) 337.1.3에서는 ἱλαστήριον이 유화하는 것을 의미하고 있다.[19] 유대-로마의 역사학자인 Flavius Josephus는 언약궤를 묘사하는 데 ἱλαστήριον을 사용하지도 않았다.[20] 그는 이 ἱλαστήριον을 헤롯이 미신적인 두려움 때문에 다윗의 무덤에 세운 돌기념비를 지칭할 때 쓰고 있다.[21] 코스(Cos)의 백성들은 황제를 위하여 기념비를 세웠는데, 그 비문에서 코스(Cos 1891.81) 황제의 구원을 위해 신들에게 드리는 ἱλαστήριον(votive-gift, oblation, 봉납, 제물)이라고 적고 있다.[22]

이제 여기서 마카비 4서 17장 22절에 대하여 논의할 필요가 있다. 여기에서 어머니와 일곱 형제들의 죽음을 말하면서, "그리고 이 경건한 이들의 피와 속죄의 죽음을 통하여, 신성한 섭리가 고난을 받아오던 이스라엘을 보존하였다"라고 쓰고 있다. 여기서 ἱλαστήριον은 헬라적인 이해로서 봉헌의 선물, 속죄 혹은 유화의 수단 등의 의미를 가지고 있다.

본 단락에서 논의된 내용을 요약해 보면 ἱλάσκομαι의 동족어들, 특히 ἱλαστήριον의 세속적인 용법은 LXX에서 쓰인 예들과는 극적으로 차이가 있음이 분명해진다. 이 세속적인 용법의 두드러진 의미는 유화 혹은 신들의 노를 달랜다는 뜻으로 쓰였다. 그렇다면 이 의미가 신약성서와 그리고 로마서 3장에는 어떤 영향을 미쳤을지가 의문으로 남게 된다.

V. 신약성서의 배경

바울이 로마서 3장 25절에서 ἱλαστήριον을 어떤 의미로 사용했는지를 알기 위해서, 먼저 그 동족어들이 신약성서에서는 어떻게 사용되었는지를 살펴보는 것이 도움이 될 것이다. ἱλάσκομαι 동족어들은 마태복음, 누가복음, 로마서, 고린도후서, 히브리서 그리고 요한일서에서 총 열 번 나오고 있다.[23]

마태복음

마태복음 16장 22절에 ἵλεως가 나온다. 예수께서 그의 제자들에게 자신이 예루살렘에 올라가서 고난을 받고 죽임을 당하고 또한 부활할 것을 말씀하시고 나자마자 베드로가 22절에서 반응하고 있다: "그러자 베드로는 주님을 옆으로 데리고 가서 책망하기 시작하며 말하기를, '주여, 당신에게 ἵλεως; 결코 이 일이 당신께 일어나지 않을 것입니다!'라고 했다." 이 ἵλεως σοι라는 어구에서 구조상으로는 ἵλεως가 수식하는 것이 아무것도 없기 때문에 아무 의미가 없다. 하지만 이 어구는 관용구적으로 쓰여서

"하나님께서 당신에게 자비로우시길"의 뜻을 가질 수 있다. 그 의미는 마치 바울이 말하는, μὴ γένοιτο(일반적으로 "하나님께서 금하신다"로 번역함)의 의미와 아주 가깝다. 이 관용구는 하나님의 자비를 호소하는 것이다.

누가복음

누가복음 18장 13절에 ἱλάσκομαι가 나오고 있다. 바리새인과 세리의 비유에서, "그러나 세리는 멀리 서서 하늘을 향하여 그의 눈을 들 수도 없다고 생각하고 다만 그의 가슴을 치며 말하기를, '하나님, 죄인인 저에게 ἱλάσθητι'라고 기도한다" 자신이 죄인이라고 알고 있는 그 사람은 하나님께서 자신을 향하여 자비로우시고 은혜로우시기를 호소하고 있다.

로마서

로마서 3장 25절의 ἱλαστήριον 이외에도 다른 ἱλάσκομαι의 동족어가 12장 8절에 나오고 있다. 여기서 바울은 교회인 몸 안에서 다양한 은사들을 활용해야 하는 것에 대해서 말한다: "혹 격려하는 자는 격려하는 일에, 구제하는 자는 관용함으로, 인도하는 자는 부지런함으로, 자비를 베푸는 자는 ἐν ἱλαρότητι" 6절부터 시작된 은사들에 대한 연속적인 언급들 중, 이 8절의 마지막 세 가지 언급은 봉사자들이 가져야 할 합당한 태도에 대하여 말하고 있다. 구제하는 자는 후한 마음으로 해야 하며 인도하는 자는 자신의 직무를 수행함에 있어서 부지런해야 한다. 자비를 베푸는 일이 구체적으로 무엇이었는지는 확실하지 않지만 가난한 자, 병자, 노약자, 죄수 등을 방문하여 돌보는 일, 혹은 이를 다 포함한 기독교 사회사업 전반을 말하는 것으로 주석가들은 언급하고 있다.[24] 자비를 베푸는 자의 태도를 언급하는 ἐν ἱλαρότητι에 사용된 명사 ἱλαρότητι는 "즐거움" 혹은 "은혜스러움"의 뜻이 있다. 두 가지 뜻이 다 이 문맥에 맞겠으나 "즐거움"이 더 지배적인 위치를 차지한다. 즐거운 모습이나 은혜스러운 모습 모두 자비를 베푸는 자의 태도로 어울린다.

고린도후서

고린도후서 9장에서 바울은 예루살렘 교회를 위한 모금에 대해 말하면서 고린도 교인들에게 헌금할 것을 상기시키고 있다. 그는 고린도 교인들에게 7절에서 헌금하는 태도에 대해 말하고 있다: "각 사람은 그 마음에 정해놓은 대로 할 것이며, 슬퍼하거나 억지로 해서는 안 된다. 왜냐하면 하나님은 ἱλαρόν 내는 자를 사랑하시기 때문이다." 이 ἱλαρόν은 "즐거운" 혹은 "은혜로운"의 뜻이 있는 ἱλαρός의 대격이다. 하지만 여기서는 "슬퍼하거나 억지로" 드리는 태도와 대비한 "즐거운"의 뜻이 적합할 것이다.

히브리서

히브리서에는 ἱλάσκομαι 동족어가 세 번 나오고 있다. 2장에서 히브리서 기자는 인간을 구하시기 위하여 인간으로 오신 그리스도에 관하여 말하고 있다. 2장 17절에서 기자는 "그러므로 그도 모든 면에서 그 형제들과 동일하게 되는 것이 마땅하다. 이는 그가 하나님의 일에 자비롭고 충성스런 대제사장이 되어 백성의 죄를 ἱλάσκεσθαι하기 위함이다"라고 말한다. 즉, 백성의 죄를 속죄하기 위함이라는 뜻이다.

히브리서 8장에서, 기자는 예레미야서 31장 31-34절(*LXX*, 31:30-33)의 새 언약에 관한 구절을 인용하고 있다. 8장 12절에서 기자는 *LXX*의 예레미야서 31장 33절의 하반절을 인용하여, "이는 내가 그들의 불의에 대해 ἵλεως 할 것이며 그들의 죄를 더 이상 기억치 않을 것이기 때문이다"라고 쓰고 있다. 여기서 의미하는 바는 하나님께서 그들의 죄에 대하여 자비로우실 것이라는 의미이다. 하지만 이 구절은 구약성서의 인용이기 때문에 ἱλάσκομαι 동족어에 대한 신약성서에서의 의미를 결정하는 데 있어서 그 가치가 제한될 수밖에 없다.

히브리서 9장에서 기자는 히브리인의 성막 예배에 관하여 말하고 있다. 9장 5절에 ἱλαστήριον이 나오고 있는데 이것은 로마서 3장 25절을 제외하면 신약성서에서 이 단어가 나오는 유일한 곳이다. 여기서 이 용어는 기술적인 용어로서, 언약궤 위에 있는 속죄소를 지칭하고 있다. 여기에 나오는 ἱλαστήριον의 용법은 아주 중요하다. 그 이유는 당대의 유대 역사가인 요세푸스가 속죄소를 지칭하기 위하여 이 용어를 사용하지 않았기 때문이다.[25] 요세푸스는 덮개 혹은 가장자리를 의미할 때 ἐπίθημα라는 용어를 쓰고 있다. 히브리서는 LXX에서 이해된 ἱλαστήριον의 의미가 신약시대로 옮겨갔음을 시사하고 있는 것이다. 또한 이러한 이해가 적어도 유대 배경의 그리스도인 진영에는 보존되어 있었음을 말해주고 있는 것이다.

요한일서

요한일서에는 ἱλασμός가 2장 2절과 4장 10절에서 두 번 나오고 있다. 2장 2절에서 기자는 그리스도를 아버지께 대한 우리의 παράκλητος라고 말한다. 저자는 계속하여 말하기를, "그리고 그(그리스도)는 우리의 죄를 위한 —우리의 죄만 위한 것이 아니라 온 세상의 죄를 위한— ἱλασμός이다"라고 말한다. 이 구절에서는 속죄와 유화의 개념이 함께 있을 수 있다. 대표적인 영어 번역 성서들을 살펴보면, KJV와 NASB는 "propitiation"(유화)으로, RSV는 "expiation"(속죄)으로, NIV와 NRSV는 "atoning sacrifice"(속죄 제물)로 번역되어 있다. 하지만 어떤 경우이든, 이 구절은 그 수단에 관하여 말하고 있다. Lunceford는 παράκλητος를 법적인 용어인 "advocate"

대신 "helper"로 번역하면서 속죄의 개념에 더 무게를 두고 있다.[26] 본 필자도 이 견해에 동의한다.

요한일서 4장 7-21절에서, 기자는 독자들에게 하나님의 사랑에 기초를 두어 사랑할 것을 호소하고 있다. 10절에서 그는 이렇게 말한다: "여기에 사랑이 있으니, 우리가 하나님을 사랑한 것이 아니라, 하나님 자신이 우리를 사랑하셔서 그의 아들을 우리의 죄를 위하여 ἱλασμόν으로 보내신 것이다" 여기서 또 다시 수단의 개념이 분명히 나타나 있다. 하나님 쪽에 그 주도권이 주어져 있고 속죄의 수단의 개념이 있다.

종합적으로, 신약성서에 나오는 ἱλάσκομαι 동족어들의 쓰임에 대하여 요약한다면, 자비의 개념이 그 중심에 있다고 할 수 있겠다. 세리가 호소한 것도 자비였고, 섬기는 자들에게 요구되는 태도도 자비스러움이었다. 그러나 더 중요한 사실은 속죄소를 지칭하는 데 ἱλαστήριον이 사용되었다는 사실이다. 더욱이 요세푸스가 동일한 맥락에서 이 용어를 사용하지 않은 때 신약성서에 이 ἱλαστήριον이 사용되었다는 사실은 구약성서의 ἱλαστήριον에 대한 이해가 존재하고 있었고, 특히 유대인과 그리스도인 사이에서는 더욱 그러하였다는 사실을 시사하고 있는 것이다. 그러나 문제는 이것이 로마서에서는 어떤 역할을 하였는가에 있다.

VI. 로마서 3장 25절의 ἱλαστήριον

로마서 3장 25절을 말하기 전에 이전 문맥에서 무엇을 말하고 있는지를 살펴보는 것이 도움이 될 것이다. 로마서 1장 18절-3장 20절에서, 바울은 유대인뿐만 아니라 이방인에게도 내려지는 하나님의 진노에 대하여 진술하고 있다. 그는 죄가 우주적인 진리이며, 하나님의 진노 또한 그러하며, 여기에는 의심의 여지가 없다고 말한다. 이러한 강조점은

ἱλαστήριον을 죄에 대한 진노하신 하나님의 피할 수 없는 진노를 누그러뜨리는 유화적인 희생 제물이라고 주장하고 싶은 학자들에게 호소력이 있는 내용이다.

그러나 3장 21절부터 바울은 상이한 주제를 말하고 있다. "그러나 이제는"(νυνὶ δέ)으로 시작되는 이 구절은 두 시대를 대별하는 묵시적인 의미가 듬뿍 담겨 있다.27) 율법과 진노의 시대와는 판이하게 다른 새로운 시대의 도래가 로마서 3장 21-26절에서 선포되고 있다. 의롭게 되는 것이 이제는 모든 이에게 열리게 되어서 의로움이 더 이상 민족을 구별하는 기능을 하지 않는다. 왜냐하면 모든 이에게 그것이 필요하기 때문이다 (3:21-23).

24-25절은 사용된 언어의 독특성 때문에 몇 학자들에게는 바울 이전 형식(pre-Pauline formula)으로 인식되고 있다. 그러나 이 문제가 여기서 두드러진 차이를 주지는 못한다. 필자는 이 두 구절이 바울 이전 형식이라고 하더라도 그가 말하고자 하는 것을 정확하게 담고 있기 때문에 채택되었을 것이라는 견해를 견지한다.

이 두 구절은 그리스도의 죽음에 대한 세 가지 강력한 유비(analogy)를 제공한다. 즉, 법정의 유비, 시장의 유비, 성전의 유비가 그것들이다. 24절에 나오는 "의롭다함을 얻음"(δικαιούμενοι)은 법정 용어에서 온 것이다. 인간은 죄인일지라도 죄가 없다고 선포될 수 있다.

하지만 하나님의 의가 죄를 단순히 떠나게 하지는 않는다. 속박에 묶여 있는 자들에게 자유를 주기 위하여 값이 지불되어야 한다. 이것이 같은 절의 ἀπολύτρωσις의 개념이다. 시장에서 노예를 살 때 값을 지불한다는 뜻, 즉 구속의 대가이다. 이 ἀπολύτρωσις는 유대인들에게는 계약적인(covenantal) 의미를 가지고도 있었다. 그 동사 λυτρόω는 구약성서에서 하나님께서 애굽의 속박으로부터 자기 백성을 구속하셨다는 것을 묘사할

때 두드러지게 사용되었다.28)

세 번째 유비는 본 논고의 주제인 ἱλαστήριον과 관계된 유비이다. 25절에 나오는 그리스도가 ἱλαστήριον이라고 한 바울의 언사가 무엇을 의미하는지에 대해서 실로 논쟁이 많이 되어 왔다. 여러 가능성이 있을 수 있다. 그리스-로마적 개념(Greek/Roman understanding)인 "유화의 수단"(means of propitiation), 헬라-유대적인 개념(Hellenistic Jewish understanding) "속죄의 수단"(means of expiation), 그리고 전통적 유대적 개념(traditional Jewish understanding) "속죄의 장소"(place of atonement), 즉 "속죄소" 혹은 "시은좌"(mercy seat) 등을 들 수 있다.

첫 번째 대안인 ἱλαστήριον을 "유화의 수단"으로 해석하는 것은 유대인들의 이해로서는 적당한 것이 아니기에 고려의 대상이 될 수 없다. 왜냐하면 1세기경에 이방 사회에서는 ἱλαστήριον은 신들의 호의를 얻기 위하여 세워진 돌기념비 같은 것을 지칭하는 데에 사용되었기 때문이다. 게다가 로마서 3장 25절에서는 하나님께서 ἱλαστήριον을 세우신 분으로 묘사되고 있기 때문에 이러한 물건을 봉헌한다는 개념을 가진 세속적인 이해와는 조화점을 찾을 수 없는 것이다.

두 번째로 ἱλαστήριον이 "속죄의 수단"이라는 해석이 가능성이 높은 대안이다. 예수님의 희생이(요한 일서 같은 곳에서) 속죄하는 능력을 가지고 있다고 보는 것은 사실이다. 마카비4서 17장 22절의 배후에 깔려 있는 사상도 이와 동일하다. 이 구절과 로마서 3장 25절을 비교하여 보면 여러 가지 흡사한 점을 발견할 수 있다. 즉, 1) 두 구절 다 하나님의 진노와 연관이 있다; 2) 두 구절 모두 피흘림에 관하여 언급하고 있다; 3) 두 경우가 말하는 죽음이 모두 죄를 해결하기 위한 것이다; 4) 두 경우 모두 구원(구출)을 가져다주는 죽음을 다루고 있다; 그리고 5) 둘 다 하나님이 그 주도권을 가지고 계신 것으로 말한다.29)

이 중에서 첫 번째 점은 이미 다루었다. 진노는 로마서 3장 21-26절에서 말하고 있는 주된 내용이 아니다. 여기에서는 바울이 더 중요한 다른 논지, 즉 그리스도에 대하여 말하고 있다는 사실을 기억해야 한다. 바울은 여타의 "속죄의" 죽음에 관한 이야기를 주 예수의 죽음에 대한 표본으로 삼은 것 같지가 않다. 또한 바울이 마카비4서에 나오는 죽음의 교리를 의지하여 그리스도의 죽음에 대하여 말한 곳은 아무 곳에도 없다.30) 마지막으로 마카비4서는 헬라 스토아학파의 철학의 관점에서 쓰였고, 이는 유대적인 메시아 상을 묘사하는 유대교 바리새인의 관점과는 거리가 멀다.

세 번째로 가능한 대안은 ἱλαστήριον을 "대속의 장소"(place of atonement) 혹은 "속죄의 장소"(place of expiation)로 해석하는 것이다. ἱλαστήριον은 구약성서에서 언약궤 위에 있는 "속죄소"(혹은 시은좌)를 지칭하는 데에 압도적으로 사용되었다. 그렇지 않은 대부분의 경우에도 여전히 속죄 혹은 대속의 제의가 이루어지는 장소를 지칭하고 있다(에스겔서처럼). 이 ἱλαστήριον은 신약시대에도 속죄소를 지칭하는 용어로 계속하여 사용되고 있었음을 히브리서 기자에 의하여 보여졌다. 이때 로마적인 유대사회에서는 ἐπίθημα라는 새로운 용어가 대신 사용되고 있었다.

로마서 3장 21절 앞의 내용은 크게 보면(수사학적으로 볼 때), 그 후반부는 주로 이방인들을 겨냥하고 있고, 전반부는 유대인들을 대상으로 말하고 있다. 저자는 말하고 있는 대상들이 이 용어를 전통적인 해석으로 해석할 것을 전제하는 것 같다. 로마서 3장 21-26절에 나오는 계약적인 언어(covenantal language)들이 이 주장을 강하게 뒷받침해 준다. 구속(ἀπολύτρωσις)의 유비에 대해서는 이미 언급한 바 있다. ἱλαστήριον을 세우기 위하여 사용된 동사 προέθετο는 구약에서 성전 안에 있는 진설병을 진설한다고 할 때 사용된 동사이다. "그의 피"를 ἱλαστήριον과 연결시킨 것은, 피가 지성소로 옮겨져 속죄소(ἱλαστήριον)에 뿌려지던 날인 구약의 대속죄일(Day of Atonement)을 연상케 한다.

이제 하나님의 자비와 구원을 계시하시던 장소였던 그곳에 새로운 일이 일어난 것이다. 그 장소가 이제 유대교의 깊숙한 장막의 어둠을 걷어내고 모든 이가 볼 수 있게 언덕 위에 높이 세워진 것이다. 왜냐하면 "모든 사람이 죄를 지어 하나님의 영광에서 떨어져 있는 연유로" 모든 사람이 이것을 보아야 하기 때문이다. 여러 학자들이 이 견해를 지지하고 있다. J. Roloff는 그의 주장의 결론으로 다음과 같이 적고 있다.

십자가에 못 박히신 분은 이제 하나님께서 몸소 모든 이들을 위한 속죄를 공공연히 나타내신 장소가 되셨다. 그러므로 성 금요일(Good Friday)은 대 속죄일(the great Day of Atonement)이 되었다. 언어학적인 측면도 이 해석을 지지한다: 속죄 혹은 속죄적인 희생제물은 거의 지지를 받지 못하고 있다. 그러므로 우리는 이렇게 이 구절을 번역할 수 있다: "하나님께서 그(그리스도)를 그 피로 믿음을 통한 속죄의 장소로 공공연히 세우신 것이다(God has publicly set him forth as the place of expiation through faith in his blood)."[31]

Fryer 같은 학자도, ἱλαστήριον은 장소를 나타내는 단어로서 "반대의 의견들도 있지만 사도가 십자가상의 그리스도에게 kapporet(속죄소를 표시하는 저자의 표기를 존중하여 사용함)의 어떤 특성들을 부가시키고 있다는 전형적인 견해가 가장 자연스럽고 가장 만족스러운 해결책인 것 같다"고 말한다.[32]

유수한 주석가들도 마찬가지이다. Barrett는 이 ἱλαστήριον을 유화로 해석할 수 없음을 밝히면서 자신은 속죄의 수단으로 해석하고 있지만, 바울이 언약궤의 덮개인 속죄소를 염두에 두고 있었을 가능성을 배제하지 않는다.[33] Fitzmyer는 "다시 말해서, 우리는 바울에게서 십자가에 못 박힌 그리스도의 공공연한 전시를 주장하고도 있지만, 그가 확실히 시도한 것 같은 – "속죄소"(시은좌)를 상징적이며 비유적인 의미로 사용했을 가능성을 박탈해서는 안 된다"라고 주장하고 있다.34) 가장 최근에 1,000쪽이 넘는 방대한 주석을 낸 Moo는 중도적인 입장을 취하면서도, 로마서 3장 25절의 ἱλαστήριον에 대하여 속죄의 장소로 해석하는 의견에 대하여 신중하게 다루고 있다.35)

이제 필자는 로마서 3장 25절의 ἱλαστήριον을 "속죄의 장소"(속죄소, place of expiation) 혹은 "대속의 장소"(place of atonement)로 번역하고 해석해야 한다고 결론을 내린다. 그리스도가 하나님께는 인간을 대속하는 수단인 것이 사실이지만, 수단이라는 개념은 로마서를 좀 더 큰 단위로 볼 때 가능한 개념이 된다.

여기서 참고적으로 대표적인 영어 번역과 한글 번역의 상황을 살펴보면, KJV과 NASB은 "유화"(a propitiation)로, RSV는 "속죄"(an expiation)로, NIV는 "속죄제물"(a sacrifice of atonement)로, NEB는 "속죄의 수단"(a means of expiation)으로 각각 번역되어 있다.36) 그러나 특기할 만한 사실은 NRSV는 "속죄제물"(a sacrifice of atonement)로 번역되었으나 하단의 난외주에는 "속죄의 장소"(a place of atonement), 즉 "속죄소"로 번역될 수도 있는 가능성이 추가되어 있다. 또한 여러 가능성이 나열되기로 그 특색이 있는 *The Amplified Bible*에는 "속죄소(시은좌) 그리고 유화"(mercy seat and propitiation)로 번역되어 있다.

한글 번역의 상황을 살펴보면, 개역표준 성경과 현대어 성경은 "화목제물"로, 새번역은 "속죄의 제물"로, 공동번역과 현대인의 성경은 "제물"로 각각 번역되어 있다. 편위익의 신약젼셔는 "긔독예수씨를노푸실도록 드리는것스로"라고 번역됨으로써 유화의 개념이 취해졌는데,37) 이는 아마도 영어흠정역(KJV)의 영향을 받은 것 같다. 새성경은 "속죄소"로 번역되어 있다.

결 론

지금까지 로마서 3장 25절의 ἱλαστήριον에 대한 여러 해석들을 살펴보았다. 많은 이들이 그것을 유화(propitiation)로 해석한다. 그러나 이 유화의 개념은 전통적인 히브리 사상에는 낯선 세속의 개념에 기초를 두고 있다는 사실이 밝혀졌다. 구약성서와 신약성서에 나오고 있는 ἱλάσκομαι 동족어들에 대한 연구결과는 이 단어군들에는 하나님의 자비의 개념과 또한 그분의 주도권에 대한 개념이 두드러지게 나타나고 있음을 밝혀 주었다. 그러므로 유화의 개념은 취할 수 없는 개념이다.

필자는 속죄의 수단으로 해석할 수도 있는 가능성에 대해서도 조사해 보았다. ἱλάσκομαι 동족어 중의 하나인 ἱλασμός가 그 뜻으로 사용되었기 때문이다. 그러나 ἱλαστήριον을 수단의 의미로 사용하는 것은 그리스로마 세계의 산물임이 드러났다.

남아 있는 마지막 해석인 속죄의 장소(속죄소) 혹은 대속의 장소가 구약성서, 전통적인 유대교, 그리고 신약성서에 유일하게 나오고 있는 동일한 용례의 지지를 받고 있다는 사실이 밝혀졌다. 그러므로 로마서 3장 25의 ἱλαστήριον에 대한 번역과 해석은 "속죄의 장소"(속죄소) 혹은 "시은좌"이어야 한다.

주(註)

1) William S. Campbell, "Romans iii as a Key to the Structure and Thought of the Letter," *Novum Testamentum* 23 (1981), 22-40을 참고; 또한 이 동일한 article이 Karl P. Donfried, ed., *The Romans Debate*, rev. ed. (Peabody: Hendrickson Publishers, 1991), 251-64에 실려 있음.
2) Propitiation은 "화목" 혹은 "화목제물"로 많이 번역되었고, 또 그 의미도 가지고 있지만, 본고에서는 속죄개념과 대조하는 목적과 또한 이방 세계의 개념인 신들의 노를 달랜다는 의미로 사용한 예를 설명하기 위하여 화나 노를 달랜다는 의미를 포함하고 있는 "유화"라는 용어를 지속적으로 사용하였음을 밝혀둔다.
3) 여기에 실린 정의들은 Walter Bauer, *A Greek-English Lexicon of the New Testament and Other Early Christian Literature*, trans. and ed. William Arndt and Wilbur Gingrich (Chicago: University of Chicago Press, 1957); H. G. Liddell and R. Scott, *A Greek-English Lexicon with Revised Supplement* (Oxford: Clarendon Press, 1996); J. H. Moulton and G. Milligan, *The Vocabulary for the Greek New Testament Illustrated from the Papyri and Other Non-Literary Sources* (London: Hodder and Stroughton, 1914) 등에서 취하거나 그 정의에 기초를 두었다.
4) 이 번역은 Barbara Aland, Kurt Aland, Johannes Karavidopoulos, Carlo M. Martini, and Bruce M. Metzger, *The Greek New Testament*. 4th rev. ed. (Stuttgart: United Bible Societies, 1993)의 로마서 본문을 토대로 한 필자의 사역이다. 이후에 나오는 신약성서의 인용도 특별한 언급이 없을 경우 필자가 헬라어 원문을 토대로 번역한 것임.
5) ἱλαστήριον 보다 동사형인 ἱλάσκομαι가 더 포괄적이기에 이 동사를 포함하여 그 동족어들을 앞으로는 "ἱλάσκομαι와 그 동족어들"이라고 지칭한다.
6) Leon Morris, "The Meaning of HILASTHRION in Romans III. 25," *New Testament Studies* 2 (1955-56), 33-43. 그러나 이 주장은 차후에 그의 저서, *The Apostolic Preaching of the Cross*, 3rd rev. ed. (Grand Rapids: Eerdmans, 1965), 144-213에서 자세히 확장되어 있다.
7) C. H. Dodd, *The Epistle of Paul to the Romans*(New York: Harper and Brothers, 1932), 54-5 및 동일한 저자의 "Hilaskesthai, Its Cognates, Derivatives, and Synonyms in the Septuagint." *The Journal of Theological Studies* 32 (1931): 352-60.
8) Timothy Rayborn, "The Meaning of ἱλαστήριον in the New Testament," (Ph.D.

Diss., New Orleans Baptist Theological Seminary, 1980), 69.
9) Joe Lunceford, "An Historical and Exegetical Inquiry into the New Testament Meaning of the ἱλάσκομαι Cognates," (Ph.D. Diss., Baylor University, 1979), 27.
10) Leon Morris, *Apostolic Preaching of the Cross*, 178.
11) Rayborn, 23.
12) Lunceford, 28.
13) Edwin Hatch and Henry A. Redpath, *A Concordance to the Septuagint and the Other Greek Versions of the Old Testament*, vol. 1 (Grand Rapids: Baker Book House, 1987), 684-5에서 ἱλάσκομαι의 동족어들의 쓰인 곳을 찾을 수 있다.
14) 출애굽기 25장 17-32절, 레위기 16장 2절 등을 보라.
15) Lunceford, 52.
16) Rayborn, 52.
17) Bruce Metzger, ed., *The Oxford Annotated Apocrypha* (New York: Oxford University Press, 1977), 309; 또한 Bruce Metzger, and Roland E. Murphy, eds., *The New Oxford Annotated Bible with the Apocryphal/Deuterocanonical Books* (New York: Oxford University Press, 1991), 341(AP)을 보라.
18) Lunceford, 5.
19) Bauer, 375.
20) Josephus, *Antiquities of the Jews*, 3.134-38.
21) Ibid., 16.182.
22) Moulton and Milligan, 303; Bauer, 375; Joseph A. Fitzmyer, *Romans*, AB (New York: Doubleday, 1992), 350; W. R. Paton and E. L. Hicks, *The Inscriptions of Cos* (Oxford: Clarendon, 1891; repr. Hildersheim and New York: Olms, 1990) (본서는 Fitzmyer, 350의 주를 참고함); Friedrich Büchsel, "ἱλαστήριον," *TDNT*, vol. 3: 320.
23) Horst Bachmann and H. Slaby, eds., *Computer-Concordance of the Greek New Testament According to Nestle-Aland, 26th Edition, and of the Greek New Testament*, 3rd ed. (Berlin/New York: Walter de Gruter, 1980), 906; William F. Moulton and A. S. Geden, *A Concordance to the Greek Testament According to the Texts of Westcott and Hort, Tischendorf and the English Revisers*, 5th rev. ed. by H. K. Moulton, with a supplement (Edinburgh: T. & T. Clark, 1978), 486.
24) James D. G. Dunn, *Romans 9-16*, WBC (Dallas: Word Books, Publishers, 1988), 731-2; Fitzmyer, 649; Douglas Moo, *The Epistle to the Romans*, NICNT (Grand Rapids: Eerdmans, 1996), 769; Dodd와 Murray는 구체적인 행동인 것에 동의하면서 Dodd는 병자를 방문하는 일이라고 해석한다. Dodd, *The*

Epistle of Paul to the Romans, 194와 John Murray, *The Epistle to the Romans*, vol. 2 (Grand Rapids: Eerdmans, 1968), 127을 보라.
25) Josephus, *Antiquities*, 3.134-38.
26) Lunceford, 126, 131.
27) C. K. Barrett, *A Commentary on the Epistle to the Romans*, HNTC (New York: Harper & Row, 1957), 72-3; C. E. B. Cranfield, *The Epistle to the Romans*, ICC, vol. 1 (Edinburgh: T. & T. Clark, 1982), 201; Paul Achtemeier, *Romans*, Interpretation (Atlanta: John Knox Press, 1985), 66-7; Dunn, *Romans 1-8*, 164 ; Fitzmyer, 341-4; Moo, 221 등을 보라.
28) Dunn, *Romans 1-8*, 169.
29) Rayborn, 94-95.
30) Ibid., 95. 또한 Durn, Romans 1-8, 171을 보라.
31) J. Roloff, "ἱλαστήριον," *EDNT*, ed. by Horst Balz and Gerhard Schneider, vol. 2 (Grand Rapids: Eerdmans., 1991), 185-6.
32) Nico S. L. Fryer, "The Meaning and Translation of Hilasterion in Romans 3:25," *Evangelical Quarterly* 59/2 (1987), 113.
33) Barrett, 77-8.
34) Fitzmyer, 350.
35) Moo, 231-6.
36) 여타의 영어 및 독일어 번역의 예들을 보기 위하여, Fryer, 99를 참조 바람.
37) 편위익,「신약젼셔」(서울: 침례회출판사, 1983), 451.

제3장

로마서 8장 28절 연구*

(An Investigation on the Romans 8:28)

I. 서 론

  로마서 8장은 성령 하나님의 위로와 승리의 메시지가 담겨 있어 그리스도인들에게 하나님의 사랑에 대한 강한 확신을 주는 바울의 복음 변증의 절정에 있는 장이다. 그 중에서도 마지막 열두 구절은 로마서 8장뿐만 아니라 로마서 전반부 여덟 장의 결론이면서 바울 신학의 핵심으로 거론되기도 한다.[1] 바로 이 문단의 시작에 있는 로마서 8장 28절은 그리스도인들에게 말할 수 없는 위로와 확신을 준 구절인 동시에,[2] 본문해석에서는 많은 논의를 일으켰고 실천적인 적용에 있어서는 다양한 오해를 낳은 구절이기도 하다.[3] 이 구절은 교부시절부터는 물론이거니와,[4] 로마서가 기록된 바로 다음 세기부터 해석상의 논란이 일어났던 것으로 추정된다. 왜냐하면 그 연대가 200년경으로 추정되는 바울서신의 최고(最古)의 사본인 파피루스 사본 46번(P^{46})의 이 구절에 나타나는 이문들의 흔적을 볼 때 충분히 짐작해 볼 수 있기 때문이다. 필사자들은 단순히 필사에만 그친 것이 아니라 본문의 해석과 관련하여 이문을 만들어내는

* 출처: 「복음과 실천」 49(2012, 봄): 35-52.

해석자의 역할도 했기 때문에, 사본들이 가진 이문들의 흔적은 본문 해석과정을 들여다보는 창이 되기도 한다. 본고의 목적은 로마서 8장 28절에 대한 면밀한 주석적인 연구를 통하여 해석상의 난점에 대한 해결책을 찾고 그에 근거하여 실천 가능한 제안을 하고자 함에 있다.

II. 로마서 8장 28절에 대한 주석적인 접근

로마서 8장 28절(개역개정판, "우리가 알거니와 하나님을 사랑하는 자 곧 그의 뜻대로 부르심을 입은 자들에게는 모든 것이 합력하여 선을 이루느니라": οἴδαμεν δὲ ὅτι τοῖς ἀγαπῶσιν τὸν θεὸν πάντα συνεργεῖ εἰς ἀγαθόν, τοῖς κατὰ πρόθεσιν κλητοῖς οὖσιν.)은 그리스어 원문에서 접속사 δέ로 시작되는 것으로 보아 앞 문장과의 연관성(반의적이든 부가 설명이든)이 있음을 짐작케 한다.[5] 이 구절의 원문은 기본적으로 주어를 포함하는 본동사 οἴδαμεν과 동사의 목적어절인 ὅτι절로 이루어진 단순한 문장이다. 그리고 목적절에는 중간에 위치한 네 단어(πάντα συνεργεῖ εἰς ἀγαθόν)를 중심으로 앞과 뒤에 분사를 포함하는 두 개의 여격구(τοῖς ἀγαπῶσιν τὸν θεὸν와 τοῖς κατὰ πρόθεσιν κλητοῖς οὖσιν)가 자리 잡고 있다. 이를 문장흐름도로 표시해보면 다음과 같다:[6]

우리가 알거니와
(οἴδαμεν δὲ ὅτι)(주어 + 동사)
    모든 것이 합력하여 선을 이루느니라
    (πάντα συνεργεῖ εἰς ἀγαθόν)(목적절: 혹은 주어 + 동사 + 혹은 목적어)
        하나님을 사랑하는 자
        (τοῖς ἀγαπῶσιν τὸν θεὸν)

곧 그의 뜻대로 부르심을 입은 자들에게는
(τοῖς κατὰ πρόθεσιν κλητοῖς οὖσιν)

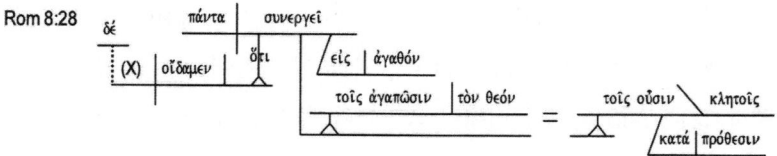

이하의 내용에서는 차례대로 로마서 8장 28절의 본동사(οἴδαμεν), ὅτι 이하의 목적절 중간의 네 단어, 그리고 이 목적절 전후에 자리 잡고 있는 여격구들이 각각 무엇을 의미하는지에 대하여 논의할 것이다.

1. "우리가 안다"(οἴδαμεν)는 무슨 의미인가?

일반적으로 이 οἶδα 동사는 같은 뜻으로 번역되는 γινώσκω 동사와 구별되기도 하고 그렇지 않기도 하다.[7] 이 구절을 더 잘 이해하기 위해서는 이 동사들에 대한 바울의 용법이 더 중요하다.[8] 바울은 여기서 자신을 포함한 일인칭 복수형인 "우리가 안다"(οἴδαμεν)는 동사형을 사용함으로써, 그가 지금 일반적으로 인식되고 있는 어떤 내용을 진술하고 있다는 점을 시사한다. 그는 이미 이 동사를 로마서 8장 22절에서 그리스도인들이 당하고 있는 고난에 대하여 "우리가 알고 있다"고 표현함으로써 28절에서와 같은 동일한 형태로 사용했고 이보다 더 먼저는 로마서 2장 2절에서 사용했는데, 모두 믿는 자들이 자연스럽게 인식하고 있는 바 일반적으로 알려진 영적인 지식에 대하여 묘사하고 있다.

2. "모든 것이 합력하여 선을 이루느니라"(πάντα συνεργεῖ εἰς ἀγαθόν)는 정확한 해석인가?

로마서 8장 28절의 중간부분인 이 구절, πάντα συνεργεῖ εἰς ἀγαθόν에서는 특히 본문비평적인 논의가 많았다. 이 문장은 문법적인 측면과 사본적인 복잡성 때문에 다양한 해석이 가능하여 심지어는 여덟 가지 해석이 제시되기도 하였다.9) 문법적인 측면이란 동사 συνεργεῖ의 주어를 무엇으로 볼 것인가, 그리고 이 동사를 자동사 혹은 타동사로 볼 것인가의 문제이다.10) 가장 가능성이 있는 대안은 다음과 같이 네 가지로 나누어 볼 수 있다.11)

첫째는, ὁ θεός가 없는 본문(시내 사본, 에프라임 사본, 베자 사본 등 많은 대문자 사본과 비잔틴 사본계열, 그리고 수많은 교부들이 택한 본문)을 택하여 πάντα를 주격(nominative)이며 주어로 보고 συνεργεῖ를 자동사로 보는 해석이다. 그래서 로마서 8장 28절의 πάντα συνεργεῖ εἰς ἀγαθόν은 "모든 것이 선을 위하여 함께 역사한다"로 번역될 수 있다. 이는 가장 널리 받아들여지는 해석이며, 불가타역도 동일한 의미인 "omnia cooperantur"로 번역되었고 KJV도 그 조상들(Tyndale, the Great Bible, 그리고 Genevan Bible)을 따라서 "all things work together for good"이라고 번역되었다. 한글 번역의 경우 개역개정판에서는 "모든 것이 합력하여 선을 이루느니라"라는 번역이 본문에 실려서 이 첫 번째 경우를 따라가는 것으로 보이지만 "어떤 사본에 하나님이 모든 것을 합하여 선을 이루느니라"라는 각주를 둠으로써 또 다른 경우를 고려하고 있는 듯하다. 공동개정("모든 일이 서로 작용해서 좋은 결과를 이룬다")과 새번역("모든 일이 서로 협력해서 선을 이룬다")은 이 첫 번째 경우를 따라 가면서, 개역개정판과는 달리 각주에는 아무 언급도 없다. 유럽과 미국의 유명한 주석가들, 즉 Nygren,12) Murray,13) Barrett,14) Cranfield,15) Hodge,16) Käsemann,17)

Barth,[18] Moo,[19] Dunn,[20] Fitzmyer,[21] Witherington[22] 등이 이 해석을 따르고 있다. 한국에서는 이한수,[23] 박익수,[24] 이재현[25] 등이 이 해석의 편에 서 있다. 하지만 Dodd는 이 해석이 바울이나 다른 어떤 신약 기자의 사상이 아닌 '진화론적 낙관론'(evolutionary optimism)을 의미한다며 이 해석을 거절하고 다음에 논의 되는 두 번째 대안을 제시한다.[26] 그 뒤를 이어 이 구절에 대한 심도 있는 논문에서 Osburn도 Dodd의 견해를 강조하여, συνεργεῖ 동사의 암시된 주어는 "하나님"(ὁ θεός)이며 πάντα는 내적 대격(inner accusative)으로 보아, 이 구절을 "God works in all things for good"으로 번역하는 것이 가장 탁월한 번역이라고 주장한다.[27]

둘째는, 쉽게 무시할 수 없는 초기 주요 사본들(파피루스 P^{46}, 알렉산드리아 사본, 바티칸 사본 그리고 81번)이 지지하는 대로, ὁ θεός를 주어로 하고 συνεργεῖ를 자동사로 보는 해석이다. 이 해석이 KJV의 대안으로 떠오르던 RSV("in everything God works for good")에서 대두되면서 Sanday가 그의 주석에서 이 해석을 받아들이게 된다.[28] 즉 "하나님께서 모든 것 안에서 역사하신다"라고 번역할 수 있는데, 이 경우 πάντα를 전치사구로 간주하는 해석이다. 현대 영어번역본 중에서는 NIV("in all things God works for the good")이 동일한 해석에 입각한 번역이다. 현대 주석가 중에서는 F. F. Bruce가 RSV와 NIV의 본문을 채택하고 이 번역을 지지하며[29] J. Stott도 이 견해를 강하게 주장한다.[30] NIV를 중심으로 하는 주석 시리즈에서 R. H. Mounce는, "모든 것"(πάντα)이 독립적인 행동을 취할 수 없기 때문에 KJV(all things가 주어)이나 NIV(God이 주어)는 동일한 결론에 이르는 번역이라고 주장한다.[31] 한국의 주석가 중에서는 차정식이 이 견해를 피력하고 있다.[32] NRSV("all things work together for good")는 본문에서는 RSV를 벗어나 KJV을 따르면서 각주에 "God makes all things work together"와 "in all things God works for good"의 두 가지 대안

번역을 싣고 있다. 이 대안의 본문상의 약점은 이 이문을 지지하는 증거 본문들의 무게가 주목할 만하지만, 너무 제한적인 지지를 받고 있다는 점이다. 더구나 ὁ θεός가 없는 위의 첫 번째 경우가 더 광범위한 지지를 받고 있고, 동사 συνεργεῖ는 인칭주어(그, 그것 혹은 하나님, 성령 등)를 포함하고 있는 것으로 해석될 수 있기 때문에 알렉산드리아 편집자들이 자연스러운 설명으로 첨가한 듯하다.[33]

셋째는, 위의 두 번째 경우와 같이 ὁ θεός를 주어로 하지만 συνεργεῖ를 타동사로 보는 해석이다. 이 경우는 첫 번째 경우와는 달리 πάντα를 직접목적어로 보아 "하나님께서는 모든 것이 함께 일하도록 하신다"라고 번역할 수 있다. 영어번역본 중에서 NASB("God causes all things to work together for good")가 이 해석을 따른 번역을 싣고 있다. 한글 번역에서는 개역개정판의 각주에서만 "하나님이 모든 것을 합하여 선을 이루느니라" 라고 언급되고 있다. 이 세 번째 경우는 위에서 논의한 두 번째 경우와 동일한 것으로도 볼 수 있지만,[34] 이 대안은 συνεργεῖ를 타동사로 보고 또한 πάντα를 직접목적어로 봄으로써 모든 환경이나 사물 위에서 역사하시는 하나님의 역동성을 더 강조하게 된다.

넷째는, 위의 두 번째 경우와 같이 보되 주어를 성령으로 보는 해석이다. 즉, "그가(성령께서) 모든 것과 더불어 일하신다"라고 번역할 수 있다. 이 해석은 이 어구의 주동사(συνεργεῖ)에서도 앞 절(롬 8:26-27)의 주동사들과 같이 성령이 주어로 작동하고 있다고 보는 데서 기인한다. 영어 성경 중에서는 NEB이 "... in everything ... he cooperates for good..."으로 번역되어서, 앞 절들(26-27절)에서와 같이 성령을 지칭하는 인칭 대명사 'he'가 사용된 번역을 싣고 있다. 하지만 NEB의 각주에는 "all things work together for good"과 "in everything ... God himself co-operates for good"이라는 두 대안 번역이 나와 있다. J. P. Wilson[35]과 M. Black[36]에 이어서 최근에는 Fee,[37] Jewett[38] 같은 학자들이 이 견해를 적극적으로 지지하고 있다.

증거를 댈 수는 없으나 바울이 성령을 이 문장의 주어로 의도했을 것으로 믿는 이유에 대하여 말하고 있는 Fee의 논지는 설득력이 있다. Fee는 첫째로, 바울은 위의 첫 번째 경우와 같이 πάντα를 동사의 주어로 사용한 적이 없다고 예시하면서,[39] πάντα가 동사의 주어가 되는 것이 자연스럽다고 주장하는 위의 첫 번째 경우의 해석에 반대한다. 그러므로 그는 둘째로, 주어는 πάντα가 아니라 그분(하나님 혹은 성령님)이 되는 것이 자연스럽다고 주장하면서, 본 절에서 이미 하나님이 언급되어서 다음 구절부터 주어로 등장하고 있기 때문에 하나님도 자연스럽고 또한 이미 성령님이 앞 절에서 주어로 역할을 해왔기 때문에 성령님도 자연스럽다고 주장한다. 마지막으로, 로마서 8장 1절부터 시작된 논의에서 성령의 역할이 두드러지고, 특히 바로 앞 문단인 16절부터 27절까지에서 성령을 주어로 두고 있는 동사들이 로마서 8장 28절의 συνεργεῖ 동사와 동일한 합성 동사들(16절의 συμμαρτυρεῖ["더불어 증언하시나니"], 26절의 συναντιλαμβάνεται ["도우시나니"] 등)이라는 점에서 볼 때, Fee는 여기에서도 이 동사의 주어가 성령이라고 볼만한 충분한 이유가 있다고 주장한다.[40]

하지만 이렇게 해석하는 데 있어서 여전히 걸림돌이 되는 것은 바로 다음 구절들(롬 8:29-30)에 나오는 동사들의 주어는 성령이 아니라 하나님이라는 사실이다. 더구나 28절의 내용은 앞부분(26-27절)보다는 오히려 뒷부분(29-30절)과 더 밀접한 관련이 있기 때문에 συνεργεῖ의 주어를 성령으로 보는 해석의 설득력을 약화시킨다는 의견도 있다.[41] 그러나 다음에 논의되는 것처럼 로마서 8장 29-30절은 28절 전체보다는 마지막 부분인 "곧 그의 뜻대로 부르심을 입은 자들에게는"(τοῖς κατὰ πρόθεσιν κλητοῖς οὖσιν)의 설명으로 보는 것이 더 적합하고, 더욱이 이 모든 반론의 무게가 위에서 언급한 Wilson, Black, 그리고 Fee 등이 제시하는 논거들의 설득력에는 못 미친다고 여겨진다. 그러므로 필자는 이 모든 대안들을 비교하는 과정에서 사본적인 증거와 문법적인 타당성, 그리고 신학적인 전제 등을 감안한다면, πάντα συνεργεῖ εἰς ἀγαθόν의 주어는 적어도 πάντα는 분명히 아니고 "하나님(ὁ θεός)" 혹은 "성령님(τὸ πνεῦμα)"이라고 본다. 그 중에서 같은 구절의 바로 앞에 나온 하나님(τὸν θεόν)보다는 최고 근접 문맥(26-27절)에 나오고 있는 성령님(τὸ πνεῦμα)이 이 문장의 가장 적절한 내재적 주어(implied subject)라고 판단하였다.

이 중에 어느 대안을 취하든지 상관없이 "모든 것"(πάντα)과 "선"(εἰς ἀγαθόν)이란 각각 무엇인가의 문제가 우리 앞에 남아 있다. 바울이 말하는 "모든 것"은 그가 바로 앞 절들에서(롬 8:18-25) 피력하고 바로 뒤에서 (롬 8:35-39) 열거하는 이 땅에서 경험하는 신자들의 고난 혹은 모든 삶의 경험의 총체로 보인다. "선"(εἰς ἀγαθόν)은 그 앞에 사용된 전치사와 단수형으로 볼 때 하나님의 백성이 집합적으로 경험하는 종말론적인 어떤 것으로 보이는데,[42] 이는 믿는 자들의 몸의 구속의 완성, 즉 구원의 완성으로 해석하는 것이 가장 문맥에 적합하다. Witherington이 적절하게 지적하는 것처럼,[43] 이 두 단어-"모든 것"(πάντα)과 "선"(εἰς ἀγαθόν)-의 연결점의 초점은 "모든 것"이 꼭 그리스도인들의 현세적인 위로나 안이함이 아니라[44] 종말론적인 구속의 완성을 위하여 사용된다는 것이다.

3. 전후의 두 분사 구-"하나님을 사랑하는 자들에게는"(τοῖς ἀγαπῶσιν τὸν θεόν)과 "그의 뜻대로 부르심을 입은 자들에게는"(τοῖς κατὰ πρόθεσιν κλητοῖς οὖσιν)-는 동일한 의미인가?

이 두 어구는 형태적으로나 내용적으로 모두 동일한 실체를 표기하는 동격구이다. 전자는 인간 측면의 주관적인 표현이고, 후자는 하나님의 주권적인 측면에서 표현된 것으로 보이지만, 각각 그 의미하는 바를 살펴볼 필요가 있다.

(1) "하나님을 사랑하는 자들에게는"(τοῖς ἀγαπῶσιν τὸν θεόν): 사람이 하나님을 사랑하는 것은 하나님께서 먼저 인간을 사랑해 주신 결과임에 틀림이 없다.[45] 로마서에서 사랑이 동사형(ἀγαπάω)으로 나오는 것은 여기를 처음으로 이어서 37절과 9장 13절과 25절 그리고 13장 8-9절에 나오며, 명사형(ἀγάπη)은 이미 5장 5절과 8절에서 나왔다. 특히 로마서 5장 5절과 8절만을 보더라도 하나님을 사랑하는 것은 그분의 사랑 먼저 받았다는 증거이며 표지이다. 하나님을 사랑하는 것의 구약성경과 유대교적인 배경이 풍부한 점을 미루어 볼 때,[46] 바울이 그 영향을 받았을 것이라고 충분히 짐작할 수 있다.

(2) "곧 그의 뜻대로 부르심을 입은 자들에게는"(τοῖς κατὰ πρόθεσιν κλητοῖς οὖσιν): 문장의 서두에 이미 나온 내용("하나님을 사랑하는 자들")을 더 명확히 하고자 하는 의도가 분명한 이 구절에 대하여 몇 가지 공통된 질문은 이러하다. 첫째로, 바울이 왜 이렇게 부연설명을 더 해야 했나? 둘째로, 그는 왜 "부르심을 받은 자들"(τοῖς κλητοῖς οὖσιν)을 "뜻대로"(κατὰ πρόθεσιν)[47]라는 어구로 한정을 했나? 셋째로, 그렇다면 그 "뜻"(πρόθεσιν)은 무엇을 언급하는가? 여기서 마지막 질문을 풀어보면 앞의 두 질문도 해결될 수 있다.

"뜻"으로 번역된 πρόθεσις라는 어휘는 일반적으로 진설, 제시, 계획, 목적 및 의도 등의 의미로 사용되는 어휘인데,[48] 이 구절에서 관심의 초점이 되는 것은 사람의 선택이냐 혹은 하나님의 계획이냐이다. Balz는, 이 어구(κατὰ πρόθεσιν)는 "역사를 초월하는 구원에 대한 하나님의 작정"(a divine decision for salvation that transcends history)이라고 정의를 내린다.[49] 그리스도인 됨이 인간의 선택이 아니라 하나님의 주권적 계획임을 분명히 하기 위하여 바울은 이 어구를 첨가하였고 이어서 29-30절에서 이를 더 설명하고 있는 것 같다. 로마서 8장 28절 뒷부분인 "곧 그의 뜻대로 부르심을 입은 자들에게는"(τοῖς κατὰ πρόθεσιν κλητοῖς οὖσιν)의 설명으로 볼 수 있는 29-30절에서 하나님의 자녀들이 그리스도(아들)의 형상을 본받게 하기 위한 하나님의 계획을 위하여 하나님께서 주도적으로 활동하시는 내용이 다섯 개의 단순과거형(aorist) 동사로 묘사되고 있다. 즉 하나님은 이제는 "하나님을 사랑하게 된 자들을"(롬 8:28상) "미리 아시고(προέγνω), 미리 정하시고(προώρισεν), 부르시고(ἐκάλεσεν), 의롭다하시고(ἐδικαίωσεν), 영화롭게 하셨다(ἐδόξασεν)(롬 8:29-30)." 이 구원의 과정(process of salvation)에서 인간의 행위를 강조한 것으로 유명한 펠라기우스(Pelagius)조차도 로마서 8장 28-30절에 대한 그의 주석에서 하나님의 주도권이 나타나고 있음이 분명하다고 밝히고 있다.50) 즉 바울은 이 동격 분사구를 첨가함으로써, 인간의 측면에서 묘사된 앞의 어구인 "하나님을 사랑하는 자들에게는"(τοῖς ἀγαπῶσιν τὸν θεόν)을 부연 설명함으로써 그리스도인의 유효적인 부르심(effective calling)을 강조하여 하나님의 주권적인 역사를 돋보이게 하고 있다.

지금까지의 논의의 결과를 모아서 로마서 8장 28절의 새로운 번역을 제안한다면 다음과 같다: "그러나 우리는, 하나님을 사랑하는 자 곧 그 뜻대로 부르심을 입은 자들을 위하여 성령님은 이 모든 것을 합하여 선이 되도록 일하신다는 사실을 압니다."

III. 결론과 제안

로마서 8장 28절에 대하여 본문비평적인 측면을 포함한 주석적 연구를 수행한 필자는 본고의 결과물을 다음과 같이 요약하면서 몇 가지 제안이 가능하다고 본다. 첫째로, 이 구절에서 가장 논란이 되는 중간부분의 그리스어 네 단어로 이루어진 문장 πάντα συνεργεῖ εἰς ἀγαθόν의 주어는 "모든 것"(πάντα)이 아니라 오히려 3인칭 단수로 나오는 동사 자체(συνεργεῖ)에 포함된 주어("그/그녀" 혹은 "그것")인 "하나님"(ὁ θεός는 남성단수) 혹은 "성령님"(τὸ πνεῦμα는 중성단수)이 더 적합하며, 그 중에서도 "성령님"이 문맥이나 신학적으로 더 자연스럽다고 생각된다. 둘째로, 본고의 모든 논의를 포함하여 로마서 8장 28절을, "그러나 우리는, 하나님을 사랑하는 자 곧 그 뜻대로 부르심을 입은 자들을 위하여 성령님은 이 모든 것을 합하여 선이 되도록 일하신다는 사실을 압니다"로 번역할 수 있다. 셋째로, 앞으로 한글 번역 성서들 중에서 로마서 8장 28절의 중간부분의 동사의 주어를 "하나님 혹은 성령님"으로 하든지 아예 "성령님"으로 정하는 번역들이 나오게 되기를 기대하며 부족하지만 위에 제시한 번역 대안을 제안한다. 넷째로, 지금까지는 로마서 8장 28절에 대한 주석적인 논의를 했지만, 이 논의의 이면에는 신인협력설(divine-human synergism), 진화론적 낙관론 혹은 하나님의 주권과 섭리, 유효한 부르심(effective calling) 등의 신학적인 전제가 깔려 있음이 감지된다.

한편 이 구절은 목회현장에서 흔히 그리스도인들의 물질적인 축복을 기원하거나 삶에 대한 개인의 책임을 전가하는 방편으로 해석되기도 한다. 그러므로 이 구절을 해석하거나 설교하고 인용하여 가르치는 현장에서, 우선은 이 구절의 이면에 있는 신학에 대한 건전한 이해를 근본으로 갖추는 것이 필요하다. 나아가 물질적인 축복이나 현세적인 형통이 아니라 본문과 앞뒤의 문맥이 포함하고 있는 내용대로, 고난의 현장에서 그리스도인들의 종말론적인 구원을 위하여 일하시는 성령 하나님의 은혜와 사랑의 손길이 더 강조되어야 한다는 것을 제안한다.

주(註)

1) 그 대표적인 주창자로 Beker가 있다. 그는 로마서 8장 28-39절의 열두 구절은 바울신학의 핵심이며 그 내용은 "예수 그리스도의 부활을 통한 하나님의 승리"라고 주장하고 있다. J. Christiaan Beker, *Paul the Apostle: The Triumph of God in Life and Thought* (Philadelphia: Fortress Press, 1980)를 참조하라.
2) 한 청교도 목회자는 이 한 구절에만 초점을 맞추어 은혜로운 책을 저술할 정도였다: Thomas Watson, 「안심하라」(*All Things for Good*), 조계광 역 (서울: 규장, 2009)과 동일 저자의 「모든 것이 합력하여 선을 이룬다」(*A Divine Cordial*), 김기찬 옮김 (서울: 생명의 말씀사, 1997)을 참조하라.
3) 필자가 참고자료에 싣고 있는 대로 현대의 대표적인 주석가들이 이 한 구절만을 위하여 많은 양의 지면을 할애하는 것은 물론이거니와 그간 이루어진 이 한 구절에 대한 논문들의 수만 헤아려 봐도 그 치열했던 논의를 짐작할 수 있다.
4) Black은 이 구절에 대한 연구논문의 서두에서 "초기 교부시절부터(early patristic times)" 해석가들의 주목을 받아온 구절이라고 소개하고 있다. M. Black, "The Interpretation of Romans viii 28," *Noetestamentica et Patristica: Eine Freundesgabe*, Herrn Professor Dr. Oscar Cullmann, Novum Testamentum Suppliment, 6 (Leiden: Brill, 1962), 166을 보라.
5) Hiebert는 이 접속사의 기능을 역접이라기보다는 순접으로 본다. D. Edmond Hiebert, "Romans 8:28-29 and the Assurance of the Believer," *Bibliotheca Sacra*, 148 (1991): 172-3.
6) 밑에 나오는 diagram은 Bibleworks7.0에서 옮겨온 것인데, 여기서는 πάντα가 주어로 되어 있지만 동사 συνεργεῖ의 목적어로 표기할 수도 있다.
7) Hiebert는 위에 인용한 자신의 논문 서두에서 이 동사와 연관하여 이 "앎"은 단순한 지적인 조사결과가 아니라 믿음의 지식이며 "로마서 8장 28-29절에 표현된 확신은 차가운 이성의 논리적 추론이 아니라 성경말씀에 기반을 두고 역사하시는 성령의 역사와 개인의 경험 속에서 확인되어 믿는 자들의 가슴에서 이루어지는 내적 확신"이라고 강조하고 있다. Hiebert, "Romans 8:28-29 and the Assurance of the Believer," 170.
8) 흔히 경험적인 지식(γινώσκω 동사)과 직관적인 지식(οἶδα 동사)을 강조하여 표현한다고 여겨지는 이 두 동사에 대한 바울의 용법을 조사한 Erickson은 바울이 이 두 동사를 특별히 구별하여 사용하지는 않았다는 결론을 내린다. A. Horstmann, "οἶδα," *EDNT*, vol. 2: 493-4; Richard J. Erickson, "Oida and Ginosko and Verbal Aspect in Pauline Usage," *Westminster Theological Journal*,

44 (1982): 110-22 등을 참조하라.
9) 이 사안에 대하여 논문과 주석에 비교적 자세하게 피력하고 있는 Cranfield는 πάντα συνεργεῖ에 대한 해석 가능성을 주어의 대안(ὁ θεός πάντα, 그리고 성령)과 동사의 대안(자동사 혹은 타동사) 등의 조합을 모두 제시하여 여덟 가지를 제시한다. C. E. B. Cranfield, "Romans 8.28," *Scottish Journal of Theology*, 19 (1966): 204-15와 동일 저자의 *The Epistle to the Romans*, ICC, vol. 1 (Edinburgh: T. & T. Clark, 1982), 425 등을 보라.
10) 신약에서는 이 동사가 동사형보다는 명사형이 더 많이 사용되었으며 그 쓰임새에 대한 논의는 Wolf-Henning Ollrog, "συνεργός, συνεργέω," *EDNT*, vol. 3: 303-4를 참조하라.
11) 가장 최근의 로마서 주석이나 연구서를 낸 Jewett과 이재현은 세 가지로 단순화시키는 경향이 있으나, Osburn과 Fitzmyer 등은 네 가지로 제안하고 있다. Robert Jewett, *Romans*, Hermeneia (Minneapolis: Fortress Press, 2007), 526-7과 Jae Hyun Lee, *Paul's Gospel in Romans: a Discourse Analysis of Rom. 1:16-8:39* (Leiden: Brill, 2010), 412, 그리고 Carroll D. Osburn, "The Interpretation of Romans 8:28," *Westminster Theological Journal*, 44 (1982): 99-109; Joseph A. Fitzmyer, *Romans*, AB (New York: Doubleday, 1992), 523 등을 보라.
12) Anderson Nygren, *Commentary on Romans* (Philadelphia: Muhlenburg Press, 1949), 839-40.
13) John Murray, *The Epistle to the Romans*, NICNT (Grand Rapids: Eerdmans, 19820, 313-5.
14) C. K. Barrett, *A Commentary on the Epistle to the Romans*, HNTC (SanFrancisco: Harper & Row, 1957), 158-9.
15) Cranfield, *The Epistle to the Romans*, 425-9.
16) Charles Hodge, *Commentary on the Epistle to the Romans* (Grand Rapids: Eerdmans, 1955), 280-3.
17) Ernst Käsemann, 「로마서」, 국제성서주석 36 (서울: 한국신학연구소, 1982), 397-9.
18) Karl Barth, 「로마서 강해」, 조남홍 역 (서울: 한들, 1997), 477과 481-2를 참조.
19) Douglas Moo, *The Epistle to the Romans*, NICNT (Grand Rapids: Eerdmans, 1996), 527-31.
20) James D. G. Dunn, *Romans 1-8*, WBC (Dallas: Word Books, 1988), 480-2.
21) Fitzmyer, *Romans*, 521-4.
22) Ben Witherington, III, *Paul's Letter to the Romans: A Socio-Rhetorical Commentary* (Grand Rapids: Eerdmans, 2004), 226.

23) 이한수, 「복음은 구원을 주시는 하나님의 능력」(서울: 이레서원, 2008), 840-1.
24) 박익수, 「로마서 주석 II」(서울: 대한기독교서회, 2008), 73-4.
25) Jae Hyun Lee, *Paul's Gospel in Romans*, 412의 각주 26을 참조하라.
26) C. H. Dodd, *The Epistle of Paul to the Romans* (London: Hodder & Stoughton and Brothers, 1947), 137-40.
27) Osburn, "The Interpretation of Romans 8:28," 103-5와 109를 참조.
28) Sanday가 자신만의 주석에 이 해석을 채택한 것은 1877년의 일이지만, 그 결과물은 W. Sanday, and A. C. Headlam, *A Critical and Exegetical Commentary on the Epistle to the Romans*, ICC (Edinburgh: T. & T. Clark, 1962), 215에서 찾아볼 수 있다.
29) F. F. Bruce, *Romans*, rev. ed., TNTC (Grand Rapids: Eerdmans, 1985), 165-6.
30) John R. W. Stott, *The Message of Romans*, BST (Downers Grove: IVP, 1994), 247-8.
31) Robert H. Mounce, *Romans*, NAC (Nashville: Broadman & Holman Publishers, 1995), 187.
32) 차정식, 「로마서 II」, 성서주석 (서울: 대한기독교서회, 1999), 56-7, 그리고 76을 보라.
33) Bruce M. Metzger, 「신약 그리스어 본문 주석」, 장동수 역 (서울: 대한성서공회 성경원문연구소, 2005), 444.
34) 몇몇 주석가들은 이 두 번째와 세 번째를 구분하지 않고 한 범주에 넣고 있다. 몇몇 실례에 대하여는 위의 각 주 11번을 참조하라.
35) J. P. Wilson, "Romans viii.28: Text and Interpretation," *Expository Times*, 60 (1948-49), 110-11.
36) Black, "The Interpretation of Romans viii 28," 166-72.
37) Gordon D. Fee, *God's Empowering Presence: The Holy Spirit in the Letters of Paul* (Peabody: Hendrickson Publishers, 1994), 587-9.
38) Jewett, *Romans*, 504와 527을 보라.
39) 바울이 πάντα를 사용한 구절들은 다음과 같다: 살전 5:21; 고전 2:10; 9:12; 9:23; 9:25; 10:31; 11:2; 13:7(4번); 14:26; 15:27; 16:14; 고후 6:10; 7:14; 엡 1:22; 6:21 등인데, πάντα가 주어로 등장한 경우는 전무하다.
40) Fee, *God's Empowering Presence*, 588-9.
41) Cranfield, *The Epistle to the Romans*, 425-6.
42) Paul J. Achtemeier, *Romans*, Interpretation (Atlanta: John Knox Press, 1985), 147-8; Dunn, *Romans 1-8*, 480 등을 참조. 또한 이 구절을 포함하는 설교를 열일곱 편을 싣고 있는 Martin Lloyd-Jones는 "모든 것"을 성도들이 당하는 고

난뿐만 아니라 신앙의 회의나 물러남으로 인하여 발생할 수 있는 실수까지도 포함한다고 말하고, "선"에 대하여는 줄기차게 로마서 29-30절과 연관하여 종말론적인 구원의 완성으로 강조하고 있다. Martin Lloyd-Jones, 「로마서 강해 (VI): 성도의 견인(롬 8:17-8:39)」, 서문강 역 (서울: 기독교문서선교회, 1983), 221-498을 참조하라.

43) Witherington, *Paul's Letter to the Romans*, 227.

44) 위대한 설교자 John Chrysostom도 이 구절에서 현세적인 축복을 말하는 것이 아니라 오히려 "바울은 하나님을 사랑하는 자에게는 슬픔이 없다는 말을 쓰지 않고, … 사람이 납득할 수 없는 난제도 하나님께서 유익하게 이끌어 주신다는 뜻으로 봅니다"라고 설교하고 있다: John Chrysostom, 「크리소스톰 로마서 강해」, 송종섭 역 (서울: 지평서원, 2005), 312-3 참조.

45) 바울은 하나님께서 인간을 사랑하신다는 표현을 더 많이 사용하였으나, 인간이 하나님을 사랑한다는 표현을 여기 이외에 고린도전서에서 두 번(2:9; 8:3) 더 사용한다. J. B. Bauer, "τοῖς ἀγαπῶσιν τὸν θεὸν: Rm 8,28 (ICor 2,9; ICor 8,3)," *Zeitschrift für Neue Testamentische Wissenschaft*, 50 (1959), 106-12.

46) 구약의 구절들과 유대적인 자료에 대하여는 Cranfield, *The Epistle to the Romans*, 424의 각주 4번을 참고하라.

47) 그리스어 원문에는 보는 바와 같이 "그의"라는 속격은 없고 다만 "뜻에 따라"(κατὰ πρόθεσιν)이다.

48) H. Balz, "πρόθεσις," *EDNT*, vol. 3: 155-6을 참조.

49) Ibid., 155.

50) Theodore De Bruyn (trans.), *Pelagius's Commentary on Saint Paul's Epistle to the Romans* (Oxford: Clarendon Press, 2002), 45-6과 112-3을 참조.

제4장

갈라디아서의 성령론*
(Pneumatology of the Galatians)

I. 서 론

갈라디아서는 그리스도인의 자유의 헌장, 로마서의 축소판 등의 별명이 붙은 책으로, 종교개혁 이후 줄곧 이신칭의(以信稱義) 혹은 이신득구(以信得救)의 관점, 즉 율법의 행위와 대조되는 믿음으로 의롭게 되거나 구원 받는다는 측면만을 강조하는 서신으로 이해되어 왔다. 갈라디아서의 독자들이 구원론에서도 칭의(justification)의 관점으로만 이 서신을 보았기 때문에, 이 서신은 자연스레 전반부에 그 강조점을 두고 이해되었다.[1] 따라서 갈라디아서 3장부터 6장의 논의의 핵심에 서 있는 성령에 대한 강조는 거의 이루어지지 않았다. Lightfoot은 갈라디아서 5장 25절의 "우리가 성령으로 살면 성령으로 행할지니"(εἰ ζῶμεν πνεύματι, πνεύματι καὶ στοιχῶμεν)라는 말씀은 "실제 생활이 아니라 이상적인 삶"을 의미한다고 해석하였고,[2] Barrett는 갈라디아서 3장 1-5절에서 성령에 대하여 바울이 말하는 것은 "잠시 곁길로 간 것"이라고 언급하였으며,[3] Drane은 이 구절을 "짧은 막간"(brief interlude)이라고 일축하였다.[4] Betz도 갈라디아서 3

* 출처: 「복음과 실천」 47(2011, 봄): 35-54.

장 2절의 "너희가 성령을 받았다"(τὸ πνεῦμα ἐλάβετε)라는 말씀은 단지 "열광주의자 혹은 황홀경의 경험을 의미하는 것"이라는 결론을 내리는 동시에 갈라디아서 6장 1절의 "신령한 자들"(οἱ πνευματικοί)이라는 어휘가 그러한 자들을 의미하는 전문용어라고 보는 우를 범하기도 하였다.5)

그러나 최근에 들어서 갈라디아서의 후반부를 강조하는 목소리가 높아지고 이와 연관된 논의들이 많이 나오고 있는 점은 고무적인 현상이라고 볼 수 있다. 몇 가지 예를 들어본다면, 박사학위 논문에서 이 점을 주장하였던 Lull,6) Cosgrove,7) Russell,8) 최갑종,9) Rand10) 등과 바울서신의 성령을 "능하게 하시는 하나님의 임재"로 명명한 Fee가 갈라디아서의 성령을 진정한 그리스도인의 표지(identity marker)로 보는 논의 등이라 할 수 있다.11) 하지만 이러한 학자들은 갈라디아서의 전반부보다는 갈라디아서의 후반부를, 그리고 이신칭의보다는 성령론을 더 강조하였다는 점에서는 공통점이 있으나, 구체적인 관점이나 방법론에서는 다양한 상이점들을 보인다. 그러므로 본고에서는 갈라디아서의 후반부에 중점을 두고 구원론보다는 이 구원론과 밀접한 관계에 있는 성령론의 관점에서 갈라디아서를 이해해야 한다는 논지를 가지고 갈라디아서의 성령론에 대하여 살펴보고자 한다. 본고에서는 갈라디아서에서 성령에 대한 명시적 언급이 나오는 구절을 중심으로 해석 작업을 하면서 다음에 제시한 소제목이 암시하는 것처럼 구원론과 연관된 갈라디아서의 성령론 이해라는 목표에 도달하고자 한다.

II. 구원론과 연관된 성령론의 관점에서 갈라디아서 다시 보기

갈라디아서에는 성령을 지칭하는 것으로 보이는 어휘인 πνεῦμα가 열

여섯 번 (혹은 열일곱 번) 나오고, 성령 현상으로 보이는 측면을 묘사한 곳이 세 군데 정도 있다.[12] 이를 종합해보면, 갈라디아서 2장 후반부에서부터 암시되기 시작한 성령 주제는, 갈라디아서 3장 2절의 명시적인 언급을 시작으로 6장 8절에 이르기까지 서신의 논의에 핵심적으로 중요한 역할을 하고 있음이 쉽게 감지된다. 바울이 갈라디아서에서 자신의 논의를 펼치는데 성령에 대한 언급을 얼마나 많이 의지했는지는 아무리 과장해도 지나침이 없을 정도이다. Lull이 지적하였듯이,[13] 갈라디아서 3장 1절부터 6장 10절에서 이루어지는 수사학적인 연쇄질문 단락(3:1-5), 구약과 전승으로부터의 논증 단락(3:6-14; 4:1-7, 21-31), 교훈 단락(5:1-6:10) 등에서 바울은 핵심적인 내용으로 성령을 언급하고 있다. 바울은 단순히 성령에 대한 전승 어구를 인용하는 것이 아니다. 갈라디아서에 등장하는 성령에 대한 담화는 바울의 논의의 중심에 있고 또한 그의 설득 과정에서 가장 핵심적인 기능을 하고 있다. 갈라디아서의 성령 담화의 중요성은 또한 갈라디아서 3-6장에서 바울이 성령과 1) 율법의 행위들(3:2); 2) 율법(4:5-6; 5:18); 3) 육체의 욕심들(5:16-17, 24-25); 4) 육체의 일들(5:19-23); 그리고 5) 육체(비교. 3:3; 6:8) 등과 대치시켜 보여주는 장면에서도 감지된다.[14]

위에서 언급한 Lull은 갈라디아서의 성령론을 구원론, 기독론, 종말론적인 측면으로 나누어서 논의한 바 있는데,[15] 필자는 오히려 다음과 같이 구원론에만 국한하여 구원의 세 가지 측면으로도 갈라디아서의 성령론을 조망할 수 있다고 본다. 필자가 선택한 구원의 세 가지 측면은 결국 바울의 구원론 전체를 관통하는 "이미(already)와 아직은 아닌(not yet)"이라는 종말론적인 긴장의 틀인데, 이는 정도에 차이가 있을 뿐 학자들이 대체로 인정하는 관점이다.[16] 이러한 종말론적인 틀은 신약 혹은 바울서신에서 구원론뿐만 아니라 성령론에서도 나타나는 현상이다.[17]

1. 칭의(Justification) 과정의 성령:
그리스도인의 탄생과 정체성 표지로서의 성령(갈라디아서 3-4장)

갈라디아서 1-2장에서 바울은 전기적인 접근을 통하여 자신의 사도권 변증을 마무리하면서, (물론 2장 말미(갈 2:19-21)의 1인칭 단수로 표현된 자신의 유명한 신앙고백에서 성령에 관하여 암시를 하였지만), 갈라디아서 3장 1-5절에서 처음으로 성령에 대한 명시적인 언급을 한다. 바울은 갈라디아인들의 어리석음을 대여섯 개의 거듭되는 수사학적인 질문을 사용하여 책망하면서 성령과 연관된 세 가지 질문을 한다. 첫째는 2절의 "너희가 성령을 받은 것이 율법의 행위로냐 혹은 듣고 믿음으로냐"(ἐξ ἔργων νόμου τὸ πνεῦμα ἐλάβετε ἢ ἐξ ἀκοῆς πίστεως;)이고, 둘째는 3절의 "성령으로 시작하였다가 이제는 육체로 마치겠느냐"(ἐναρξάμενοι πνεύματι νῦν σαρκὶ ἐπιτελεῖσθε;)이며, 셋째는 5절의 "너희에게 성령을 주시고 너희 가운데 능력을 행하시는 이의 일이 율법의 행위에서냐 혹은 듣고 믿음에서냐"(ὁ οὖν ἐπιχορηγῶν ὑμῖν τὸ πνεῦμα καὶ ἐνεργῶν δυνάμεις ἐν ὑμῖν, ἐξ ἔργων νόμου ἢ ἐξ ἀκοῆς πίστεως;)이다. 이 구절들에서 바울의 주요 논지는, 대척점에 있는 어구들—2절과 5절의 "율법의 행위들"(ἐξ ἔργων νόμου) 대(對) "듣고 믿음"(ἐξ ἀκοῆς πίστεως)과 3절의 "성령으로"(πνεύματι) 대(對) "육체로"(σαρκί)—을 강하게 대조시킴으로써 율법주의자들의 가르침을 반박하는 내용이다. Fee가 지적하는 것처럼, 바울은 갈라디아서 3장 1-5절에서 갈라디아교인들이 잊을 수도 없고 부인할 수도 없는 갈라디아에서의 성령의 역동적인 경험을 상기시킴으로써 율법주의자들의 속임수에 빠진 그들의 어리석음을 책망하고 있다.[18]

이 구절들이 의미하는 바는 함께 사용된 어구들과 인접 문맥을 고려해보면, 흔히 이해되는 대로 황홀경에 빠지는 경험이 아니라 갈라디아 교인들이 바울의 복음을 듣고 믿어(2절과 5절) 그리스도인으로 거듭날 때 일어났던 역사적인 사건(성령을 처음 받음)에 대하여 묘사하는 것이다. 역사적인 사건을 표현하는 부정과거 동사가 사용된 2절의 "너희가 성령을 받았다"(τὸ πνεῦμα ἐλάβετε)라는 어구는, Dunn이 지적하는 것처럼[19] 초대교회 그리스도인들이 회심의 순간을 표현할 때 사용했던 전문용어에 가깝다(비교. 롬 8:15; 고전 2:12; 고후 11:4; 갈 3:14; 요 7:39; 20:22; 행 2:38; 10:47; 19:2). 그러므로 2-3절의 성령 언급은 갈라디아 교인들이 바울의 복음 선포를 듣고 회심할 때 성령을 받은 사건을 말하고 있음이 분명하다. 이 구절의 사건을 회심의 순간으로 보는 또 다른 이유는 "ἀκοῆς πίστεως"라는 어구와도 관련이 있다. 다양한 해석이 가능한 이 어구는,[20] 로마서 10장 17절과 연관할 때 "(바울이 전하는 복음을) 들음을 통하여 생겨난 믿음"으로 보는 것이 가장 자연스럽기 때문이다.

3절의 두 동사 "시작하였다가"(ἐναρξάμενοι)와 "마치겠느냐"(ἐπιτελεῖσθε;)는 빌립보서 1장 6절, "너희 안에서 착한 일을 <u>시작하신</u> 이가 그리스도 예수의 날까지 <u>이루실 줄을</u> 우리는 확신하노라"(πεποιθὼς αὐτὸ τοῦτο, ὅτι ὁ ἐναρξάμενος ἐν ὑμῖν ἔργον ἀγαθὸν ἐπιτελέσει ἄχρι ἡμέρας Χριστοῦ Ἰησοῦ·)에서 사용된 두 개의 분사와 동일하게 그리스도인 삶의 시작과 종말론적인 <u>완성</u>(consummation)을 언급하는 동사이다. 그리고 5절에서 사용된 두 개의 현재분사(ἐπιχορηγῶν와 ἐνεργῶν)는 하나의 관사(ὁ)에 연결되어 있으므로 동일한 분 하나님(혹은 승천하신 그리스도)을 가리키며, 이 절의 내용은 회심 때 받은 성령의 지속적인 활동을 의미한다.[21] 이렇게 3절과 5절에 사용된 두 개의 분사가 말해주는 바와 같이 신자들의 회심의 순간 이후에 지속적으로 이루어지는 성령의 활동은 이제 시작된 구원이 완성을 향하여 가는 과정임을 강화해준다.

바울은 갈라디아서 3장 14절에서 다시 성령에 대하여 언급한다: "이는 그리스도 예수 안에서 아브라함의 복이 이방인에게 미치게 하고 또 우리로 하여금 믿음으로 말미암아 성령의 약속을 받게 하려 함이라"(ἵνα εἰς τὰ ἔθνη ἡ εὐλογία τοῦ Ἀβραὰμ γένηται ἐν Χριστῷ Ἰησοῦ, ἵνα τὴν ἐπαγγελίαν τοῦ πνεύματος λάβωμεν διὰ τῆς πίστεως.).

"그리스도 예수 안에서 이방인에게 미치게 된 아브라함의 복"이 언급된 전반 절은 앞에서(6-13절) 이루어진 논의의 요약인 동시에 후반 절은 그보다 더 앞에서(1-5절) 이루어진 성령에 관한 논의의 재확인이다. 바울은 변함없이 율법의 행위가 아닌 "믿음으로"(διὰ τῆς πίστεως) "그리스도 예수 안에서"(ἐν Χριστῷ Ἰησοῦ) 믿음의 조상 아브라함과 이방인이 하나로 연결된다는 사실을 강조하고 있다. 그래서 Dunn은 갈라디아서 3장의 성령 구절에서 성령에 대한 바울의 강조점 두 가지를 "종말론적인 성령 주심과 받음, 그리고 이방인들에게도 성령을 거저주심"이라고 주장한다.[22]

갈라디아서 4장에서도 성령에 대한 언급이 두 번(6절과 29절) 나온다. 첫째는 3장의 신학적인 기조가 지속되고 있는 초반부에 나오고, 두 번째는 강렬한 논쟁이 이삭과 이스마엘(혹은 성령과 육체)의 대비 속에서 "모형론의 색채가 강한 풍유"[23]로 이루어지고 있는 후반부에 나온다.

흥미롭게도, 첫 번째인 갈라디아서 4장 6절 "너희가 아들이므로 하나님이 그 아들의 영을 우리 마음 가운데 보내사 아빠 아버지라 부르게 하셨느니라"("Ὅτι δέ ἐστε υἱοί, ἐξαπέστειλεν ὁ θεὸς τὸ πνεῦμα τοῦ υἱοῦ αὐτοῦ εἰς τὰς καρδίας ἡμῶν κρᾶζον, Αββα ὁ πατήρ.)는 로마서 8장 15절 "너희는 다시 무서워하는 종의 영을 받지 아니하고 양자의 영을 받았으므로 우리가 아빠 아버지라고 부르짖느니라"(οὐ γὰρ ἐλάβετε πνεῦμα δουλείας πάλιν εἰς φόβον ἀλλὰ ἐλάβετε πνεῦμα υἱοθεσίας ἐν ᾧ κράζομεν, Αββα ὁ πατήρ)와 비교할 점이 많다. 성령(πνεῦμα)에 대한 언급, 아빠 아버지(Αββα ὁ πατήρ)를[24] 향하여 아들 됨에 대한 탄성 (κράζω 동사) 등이 대표적인 유사점이다.[25]

갈라디아서 4장 6절에서 아들 됨(로마서에서는 양자 됨)이 먼저냐 혹은 성령을 보내심/받음이 먼저냐 하는 뜨거운 논쟁이 있으나,[26] 여기 사용된 접속사("Οτι)가 암시하는 것은, 아들 됨의 후속적 조치로 오는 것이 성령을 보내주심이라는 사실이다. 하지만 이 두 가지 현상, 즉 양자를 삼으시는 하나님의 주권적인 역사와 마음속에서 우리를 거듭나게 하시는 성령의 사역은 우리가 경험하는 동일한 실제 사건에 대한 두 가지 측면이다.[27] 갈라디아서 4장 6절 앞에 나오는 두 구절(4-5절)은 기독론적인 동시에 구원론으로 유명하며, 4절의 "때가 차매"(τὸ πλήρωμα τοῦ χρονοῦ)어구에서 암시하듯이 6절에 나오는 성령의 종말론적인 성격을 예고하고 있다.[28] 성령을 보내시는 분은 하나님 아버지시지만, 믿는 자들 안에서 그 하나님을 아버지로 알고 부르게 하시며 그리스도를 형상화하고 성자 하나님의 형상이 이루어지도록 역사하시는 분은 성령 하나님이시다.

갈라디아서 4장의 두 번째 성령 구절은 4장 29절, "그러나 그 때에 육체를 따라 난 자가 <u>성령을 따라 난 자</u>를 핍박한 것 같이 이제도 그러하도다"(ἀλλ' ὥσπερ τότε ὁ κατὰ σάρκα γεννηθεὶς ἐδίωκεν <u>τὸν κατὰ πνεῦμα</u>, οὕτως καὶ νῦν.)이다. 이 구절은 하갈-사라 유비(갈 4:21-31)의 결론부에 해당하는데, 23절에 나왔던 아브라함의 두 아들간의 대비를 다시금 "육체를 따라 난 자"와 "성령을 따라 난 자"간의 대비로 묘사한다. 이 구절에서 두 가지 점을 주목할 필요가 있다. 첫째는, 두 아들로 대표되는 두 가지 유형의 인간—율법의 규정을 따라 사는 사람과 성령의 지도를 따라 사는 사람—이 있다는 점이다. 둘째는, 역사적인 병행사건을 통한 묘사로서 이삭으로 대표되는 성령을 따라 난 갈라디아 교인들이 이스마엘로 대표되는 육체를 따라 난 유대주의자들에 의하여 핍박을 받고 있다는 점이다.29) 하지만 이 구절에서도 기본적으로 성령의 역할에 대하여 전제되어 있는 점은, 수동태형 동사 "태어나다"(γεννηθείς)가 암시하듯이, 갈라디아서 3장 2-3절과 5절에서와 마찬가지로 성령의 거듭나게 하는 사역이다. 그러므로 갈라디아서 4장에 나오는 두 곳의 성령구절에서 공통적으로 발견할 수 있는 핵심적인 성령의 사역은, 흔히 강조되는 것처럼 신자들을 은사적인 사람으로 만들어가는 것이라기보다는 신자들의 하나님과의 관계(아버지와 자녀)를 발생하게 하거나 그에 대한 증언(하나님과 신자를 향하여 동시에)을 하는 일임을 알 수 있다.

요약하자면, 본 단락에서 살펴본 갈라디아서 3장 2-3, 5, 14절과 4장 6, 29절의 성령에 관한 내용은 주로 회심의 순간(칭의 과정)에 역사하시는 성령의 활동과 그리스도인의 신분을 증거해 주시는 성령의 활동이었다. 물론 갈라디아서 3장 3, 5절과 4장 6, 29절에서는 종말론적인 틀 속에서 칭의 이후에 역사하시는 성령의 활동에 대한 암시도 있었다.

2. 성화(sanctification) 과정의 성령:
그리스도인의 성장의 주관자이신 성령(갈라디아서 5장)

갈라디아서 5장은 시작부터 로마서 5-8장과 흡사한 면이 많은데, 특히 육체와 대척점에 있는 성령의 활동(σάρξ/πνεῦμα)이 논의되고 있는 로마서 6장(육체의 문제), 7장(율법과 육체의 문제), 그리고 8장(육체와 성령의 대립)과의 연관성이 깊다.30) 갈라디아서 5장의 성령 담화는 5절, 16-18절, 그리고 22-25절에서 나온다.

1) 갈라디아서 5장 5절, "우리가 <u>성령으로</u> 믿음을 따라 의의 소망을 기다리노니"(ἡμεῖς γὰρ πνεύματι ἐκ πίστεως ἐλπίδα δικαιοσύνης ἀπεκδεχόμεθα.). 이 구절을 주안점의 설명을 첨가하여 번역해보면, "우리(바울과 유대 그리스도인들)는 성령을 통하여(도구적 여격) 믿음으로 의의 소망(의가 가져올 소망하는 실체, 심판의 날에 하나님만이 주실 수 있는 모든 것)을 간절히 기다리고 있다"가 된다. 이 구절의 동사 "기다린다"(ἀπεκδεχόμεθα)는 바울이 종말론적인 기대(eschatological expectation), 즉 하나님의 최종적인 구속사역(redemption)을 표현할 때 항상 사용한 동사이다(비교. 롬 8:19, 23, 25; 고전 1:7; 빌 3:20).31) 그리고 "의의 소망"(ἐλπίδα δικαιοσύνης)은 "신자들의 칭의가 그들에게 미래를 향하여 가리켜주는 희망이다(the hope to which the justification of believers points them forward)."32) 그러므로 믿음에 의한 칭의와 교회에 성령을 부어주시는 일은 모두 종말론적인 사건이다.33) 바울서신에서 표현되는 종말론적인 사건인 칭의와 구원은 자주 현재성(혹은 이미 일어난 역사성)과 미래성을 동시에 함유하고 있다(롬 5:1, 9-10; 8:23-25, 28-30). 이것이야말로 바로 앞장의 하갈-사라 유비(갈 4:25-26)에서 대조된 하늘의 예루살렘과 지금 여기 아래에 있는 예루살렘과 같이 Martin이 표현한 "묵시적인 자가당착(apocalyptic antinomies)"이다.34) 달리 말하자면 갈라디아서 5장 5절은, 고린도후서 1장 21-22절과 에베소서 1장 13-14절에서처럼, "종말론적인 성령(eschatological Spirit)은 최종적인 종말론적 구원의 보증(guarantee of final eschatological salvation)"이라는 점을 말해주고 있다.35)

2) 갈라디아서 5장 16-18절, "내가 이르노니 너희는 <u>성령을 따라 행하라</u> 그리하면 육체의 욕심을 이루지 아니하리라 육체의 소욕은 성령을 거스르고 성령은 육체를 거스르나니 이 둘이 서로 대적함으로 너희가 원하

는 것을 하지 못하게 하려 함이니라 너희가 만일 <u>성령의 인도하시는 바가 되면</u> 율법 아래에 있지 아니하리라"(Λέγω δέ, πνεύματι περιπατεῖτε καὶ ἐπιθυμίαν σαρκὸς οὐ μὴ τελέσητε ἡ γὰρ σὰρξ ἐπιθυμεῖ <u>κατὰ τοῦ πνεύματος</u>, <u>τὸ δὲ πνεῦμα</u> κατὰ τῆς σαρκός, ταῦτα γὰρ ἀλλήλοις ἀντίκειται, ἵνα μὴ ἃ ἐὰν θέλητε ταῦτα ποιῆτε εἰ δὲ πνεύματι ἄγεσθε, οὐκ ἐστὲ ὑπὸ νόμον.). 갈라디아서에서 유일하게 여기에서 사용된 16절의 "너희는 성령을 따라 <u>행하라</u>"(πνεύματι περιπατεῖτε)라는 표현은 바울도 자주 사용한 삶의 방식을 묘사하는 유대교적 표현인데,36) 바울이 의도적으로 "율법의 율례를 따라 <u>행하라</u>"(출 16:4; 레 18:4; 렘 44:23; 겔 5:6-7)라는 구약의 표현이 메아리치게 한 것으로 보인다. 특히 17절은 로마서 7장 후반부의 갈등과 고뇌의 상황이 연상되면서도 오히려 긍정적으로 빌립보서 2장 12절하-13절 "… 두렵고 떨림으로 <u>구원을 이루라</u> 너희 안에서 행하시는 이는 하나님이시니 자기의 기쁘신 뜻을 위하여 너희에게 소원을 두고 행하게 하시나니"(μετὰ φόβου καὶ τρόμου τὴν ἑαυτῶν <u>σωτηρίαν κατεργάζεσθε</u>· θεὸς γάρ ἐστιν ὁ ἐνεργῶν ἐν ὑμῖν καὶ τὸ θέλειν καὶ τὸ ἐνεργεῖν ὑπὲρ τῆς εὐδοκίας.)라는 말씀과 연관하여, 성령을 통하여 하나님께서 신자들 가운데 역사하여 구원을 이루어 가시는 과정으로 볼 수도 있다.

3) 갈라디아서 5장 22-25절, "오직 <u>성령의 열매</u>는 사랑과 희락과 화평과 오래 참음과 자비와 양선과 충성과 온유와 절제니 이같은 것을 금지할 법이 없느니라 그리스도 예수의 사람들은 육체와 함께 그 정욕과 탐심을 십자가에 못박았느니라 만일 우리가 <u>성령으로 살면</u> 또한 <u>성령으로 행할지니</u>"('Ο δὲ <u>καρπὸς τοῦ πνεύματος</u> ἐστιν ἀγάπη χαρὰ εἰρήνη, μακροθυμία χρηστότης ἀγαθωσύνη, πίστις πραΰτης ἐγκράτεια· κατὰ

τῶν τοιούτων οὐκ ἔστιν νόμος οἱ δὲ τοῦ Χριστοῦ [Ἰησοῦ] τὴν σάρκα ἐσταύρωσαν σὺν τοῖς παθήμασιν καὶ ταῖς ἐπιθυμίαις εἰ ζῶμεν πνεύματι, πνεύματι καὶ στοιχῶμεν.)에서 성령의 열매는 이미 앞에서(19-21절) 열거된 육체의 일들(τὰ ἔργα τῆς σαρκός)과 강하게 대비된다. 집합적인 단수로 표현되었으나 아홉 가지 속성이 나열된 성령의 열매는 결국 육체로 대표되는 죄성과 인간적인 행위(율법의 행위) 등이 함축된 자아와의 싸움, 그리고 대인 관계 속에서 성령의 인도함을 받아 이루어지는 그리스도인의 인격으로 볼 수 있다.[37] 성령의 열매의 핵심은 가장 처음에 등장하는 사랑(ἀγάπη)이다. 사랑은 이미 6절에서 대두되고 13-14절에서 본격적으로 논의되다가 결정적으로 육체와 성령이 대립(σάρξ/πνεῦμα)하는 가운데 본문(16-26절)의 중심(22절)에서 다시 등장한다. 이러한 점에서 사랑은 성령의 역사를 통해서만 형성될 수 있는 그리스도인의 인격적 속성이다.

갈라디아서 5장에 나오는 성령 담화를 살펴본 본 단락을 요약해보면 다음과 같다. 첫째로, 갈라디아서 5장 5절은 종말론적인 기대가 묘사되어 있는 측면이 있지만, 여기에는 현재의 삶의 긴장이 강하게 전제되고 있음을 알 수 있는 구절이다. 둘째로, 이 종말론적인 긴장관계는 뒤에서 성령과 육체(혹은 율법)가 강하게 대비되는 논의에서 나오는 16-18절이나 21-25절에서 명시적으로 묘사되었는데,[38] "성령을 따라 행하라"(πνεύματι περιπατεῖτε), "성령의 인도함을 받아라," "성령으로 살고 행하라"(εἰ ζῶμεν πνεύματι, πνεύματι καὶ στοιχῶμεν) 등의 명령문에서는 신자들의 현재의 삶 속에서 육체를 이기고 성화를 이루어가도록 (즉, 구원을 이루어가도록) 강력하게 그리고 유일하게 도와주시는 분으로서의 성령을 말하고 있다. 하나님께서는 이 구속사역을 이 악한 세대에 그의 아들과 그 아들의 영을 보내사 성취하도록 하고 계신다(갈 1:4).[39] 특별히 "성령의 열매"(ὁ καρπὸς τοῦ πνεύματος)는 신자 자신과 대인관계 속에서 빚어지는 신자의 인격 형성을 의미하는 것이라면, 그리고 죄성이자 첫 사람 아담의 속성을 이기고 마지막 아담의 속성을 이루어가는 영적 전투를 통하여 맺어지는 결과라면(비교. 롬 5:21-21; 고전 15:45), 이는 성령의 역사가 아니고는 이루어질 수 없는 것임이 분명하다.

3. 영화(glorification) 과정의 성령:
종말론적인 구원의 완성자로서의 성령(갈라디아서 6장)

갈라디아서 6장에 나오는 성령 구절은 첫 절(1절)과 마지막 절(18절), 그리고 8절이다. 흡사한 점이 있는 첫째 구절과 세 번째 구절을 함께 먼저 다루고, 8절을 마지막으로 살펴보기로 한다. 갈라디아서 6장은 "형제들아 사람이 만일 무슨 범죄한 일이 드러나거든 <u>신령한 너희는 온유한 심령</u>으로 그러한 자를 바로 잡고 너 자신을 살펴보아 너도 시험을 받을까 두려워하라"('Αδελφοί, ἐὰν καὶ προλημφθῇ ἄνθρωπος ἔν τινι παραπτώματι, <u>ὑμεῖς οἱ πνευματικοὶ</u> καταρτίζετε τὸν τοιοῦτον <u>ἐν πνεύματι πραΰτητος</u>, σκοπῶν σεαυτὸν μὴ καὶ σὺ πειρασθῇς.)(1절)로 시작하여 "형제들아 우리 주 예수 그리스도의 은혜가 <u>너희 심령</u>에 있을지어다 아멘"('Η χάρις τοῦ κυρίου ἡμῶν Ἰησοῦ Χριστοῦ μετὰ <u>τοῦ πνεύματος ὑμῶν</u>, ἀδελφοί· ἀμήν)(18절)로 끝이 난다. 갈라디아서 6:1의 "신령한 너희"(<u>ὑμεῖς οἱ πνευματικοὶ</u>) 혹은 "온유한 심령"(<u>ἐν πνεύματι πραΰτητος</u>) 그리고 갈라디아서 6장 18절의 "너희의 심령"(<u>τοῦ πνεύματος ὑμῶν</u>) 등은 성령의 지배를 받고 있는 갈라디아 교인들 혹은 그들의 마음이나 내적인 자아를 표현하는 용어들이다. 즉, 갈라디아서 6장 1절에 나오는 "신령한 너희"(<u>ὑμεῖς οἱ πνευματικοι</u>)는 갈라디아서 5장 16절, 18

절, 25절 등에서 나왔던 성령으로 행하고 성령에 의하여 인도함을 받고 성령을 쫓아 행하는 사람들을 의미하며(비교. 2:15-3:4), 이들은 또한 갈라디아서 6장 16절에서 사용된 또 다른 표현인 "하나님의 이스라엘"('Ισραὴλ τοῦ θεοῦ)이다.

갈라디아서 6장의 핵심적인 성령 구절인 6장 8절은 다음과 같이 주어-동사-목적어-수식어구들이 분명한 대조(육체/성령, 썩어질 것/영생)를 이루는 두 문장이 함께 있는 구조이다.

"자기의 육체를 위하여 심는 자는 육체로부터 썩어질 것을 거두고
(ὅτι ὁ σπείρων εἰς τὴν σάρκα ἑαυτοῦ ἐκ τῆς σαρκὸς θερίσει φθοράν,)
성령을 위하여 심는 자는 성령으로부터 영생을 거두리라"
(ὁ δὲ σπείρων εἰς τὸ πνεῦμα ἐκ τοῦ πνεύματος θερίσει ζωὴν αἰώνιον.)

바울은 7절 후반부에서 모든 사람에게 적용되는 "사람이 무엇으로 심든지 그대로(바로 그것을) 거두리라"(ὃ ἐὰν σπείρῃ ἄνθρωπος, τοῦτο καὶ θερίσει)라는 격언적 진술을 하고 나서, 이 원리를 8절에서 자신이 지금까지 핵심적으로 사용해왔던 육체/성령(σάρξ/πνεῦμα)이라는 반대명제에 적용하고 있다. "자기의 육체를 위하여"(εἰς τὴν σάρκα ἑαυτοῦ)라는 어구가 의미하는 바를 이기적이고 자기중심적인 행위로 볼 수도 있겠지만, 서신 전체에서 이루어지고 있는 논의에 비추어볼 때 유대주의자들의 할례를 의미하는 것으로 볼 수 있다.40) "썩어질 것"(φθοράν)은 단순한 사망이라기보다는 영생 혹은 부활과 반대되는 개념인 영원한 사망을 의미하는 것으로 보인다(비교. 고전 15:42, 50).

바울은 이미 앞에서(갈 5:2-4) 이러한 자들은 "그리스도에게서 끊어지고 은혜에서 떨어진 자"라고 선포하고 있다. 여기서 사용된 동사 "거두리라"(θερίσει)가 미래형인 것에 주목할 필요가 있는데, 이는 종말론적인 성취와 완성을 암시하여 하나님의 완전한 통치에 들어가는 미래적인 영

원한 생명을 의미하기 때문이다. 미래형 동사 "거두리라"(θερίσει)를 볼 때, 그 목적어인 "영생"(ζωὴν αἰώνιον)은 현재적인 구원이라기보다는 미래적이며 종말론적인 구원을 의미한다고 볼 수 있다. 이와 같은 소위 "이미"(already)와 "아직은 아닌"(not yet), 혹은 "시작"(inception)과 "완성"(fulfillment 혹은 consummation)이라는 종말론적인 구도가 배어 있는 이 구절은 갈라디아서 3장 3절(빌 1:6)과 5장 5절(롬 5:1-11) 등에서 이미 언급되었는데, 이 구절도 갈라디아서 5장 22절의 성령의 열매 개념과 더불어 구원의 종말론적인 완성의 개념이 두드러지는 구절이다.

  Ladd는 "그리스도의 죽음과 부활에 연합하는 것, 그리스도께서 영으로 내주하시는 일, 그리고 영생의 축복 등은 동일한 실재를 다른 방식으로 묘사하는 것"이라고 결론을 지으면서, 바울에게 있어서 요한과 마찬가지로 "영생이라는 말은 보통 종말론적으로 완성될 생명을 가리킨다"(롬 2:7; 6:22; 갈 6:8; 딤전 1:16; 딛 1:2; 3:7)고 주장한다.[41] 즉, 바울은 갈라디아서 6장 8절하에서 "성령은 미래에 영원한 생명을 공급하시는 분(it is the Spirit who is the dispenser of eternal life in the future)"이라고 말하고 있는 것이다.[42] 또한 갈라디아서 6장 8절에 나오는 성령 담화에서 성령은 열매(καρπός)로서의 구원의 완성자인 성령(πνεῦμα)으로 묘사되었다는 점에서 로마서 8장(12-30절)과의 연관성이 깊다. 갈라디아서의 성령을 살펴본 우리의 결론은, Fee가 주장하는 것처럼[43], "그리스도께서 자신의 죽음과 부활을 통하여 허락하신 생명(영생, 구원)을 살아가는 과정에서 성령은 모든 일에서 열쇠가 된다: 회심, 윤리, 공동체 생활, 기적, 계시, 종말론 등이다. 성령이 없이는 진정한 그리스도인의 삶이란 존재하지 않는다"라는 점이다.

III. 결 론

갈라디아서의 성령론은 구원론과 밀접하게 연결되어 있다. 더불어 갈라디아서의 구원론은 점적인 동작을 의미하는 일순간의 사건(event)과 같은 흔히 말하는 칭의 단계의 구원만이 아니라 종말론적인 완성을 향하여 가는 과정(process)으로 전제되어 있음을 알 수 있다. 물론 칭의 자체도 이러한 과정을 거쳐 가는 측면이 있다고 볼 수 있다. 즉, 칭의의 결정적인 시작은 최후의 무죄 평결이 있을 때까지 계속해서 발전해야 된다는 의미이다(비교. 갈 5:5). 본고를 통하여 발견할 수 있는 갈라디아서에 나타난 이러한 구원론과 성령론 간의 관계에 관하여 다음과 같이 결론을 내릴 수 있을 것이다.

첫째로, 갈라디아서에서 성령은 칭의 단계에서 결정적인 역할을 하는 것으로 확언되었다. 이러한 측면을 말해주는 대표적인 성령 구절은 갈라디아서 3-4장에 자리 잡고 있다. 갈라디아서의 성령도 다른 신약의 증언과 동일하게 불신자들이 복음을 듣고 거듭나게 하고(갈 3:2-3; 요 3:5; 딛 3:5), 믿는 자들에게 부어지며(갈 3:5; 행 2:38), 하나님을 아버지로 부르고 자신은 그분의 자녀임을 확신하게 해주는 분이시다(갈 4:6; 롬 8:15).

둘째로, 갈라디아서에서 성령은 그리스도인의 삶 속에서 영과 육체의 치열한 대립 속에서 이루어지는 성화 단계에서도 지속적으로 활동하신다는 점이 분명하게 표현되었다. 구원(칭의)을 시작하신 성령님이 이를 완성할 것을 암시한 갈라디아서 3장 2절부터 시작하여 5장 5절에는 그 완성을 갈망하는 모습 속에서 지속적으로 활동하신다는 점이 강조되었다. 육체와 영이 가장 극명하게 대비되는 구절인 갈라디아서 5장 16-25절에서 성령의 활동은 성화단계의 그리스도인들의 유일한 승리의 해결책으로 제시되었다.

셋째로, 갈라디아서에서 성령은 종말론적인 구원의 완성을 이루어주시는 분으로 묘사되었다. 이러한 성령의 활동은 갈라디아서 3장에서부터 지속적으로 암시되었고(갈 3:3; 4:6; 5:5, 16-18, 22-25), 결정적으로 갈라디아서 6장 6절에서 분명하게 나타나고 있다. "하나님을 사랑하는 자 곧 그 뜻대로 부르심을 입은 자들에게는 모든 것이 합력하여 선을 이루느니라"(롬 8:28)는 말씀처럼 단수의 "선"($ἀγατόν$) 즉, "종말론적인 구원의 완성"을 이루어 주시는 분이 바로 성령님이시다(롬 8:26-30).

본고의 논의를 통한 필자의 종합적인 결론과 제안은 다음과 같다. 우선, 갈라디아서 이해에 있어서 우리가 종교개혁가들의 훌륭한 공헌들을 잘 이어받아야 하지만, 이신칭의라는 그들의 렌즈로만 갈라디아서의 구원관을 볼 필요는 없다는 점이다. 오히려 칭의 문제도 일순간의 사건만으로가 아니라 과정으로 보는 종말론적인 틀이 더 설득력이 있다. 다음으로는 교회 강단에서나 신학교에서 갈라디아서의 구원론을 종말론적인 틀로 보는 것과 연관하여, 구원의 초기부터 완성에 이르기까지 지속적으로 강력하게 역사하시는 성령의 관점에서 갈라디아서를 조망하여 가르칠 필요가 있다고 제안한다.

주(註)

1) 이러한 지적은 Gordon D. Fee, *God's Empowering Presence: The Holy Spirit in the Letters of Paul* (Peabody: Hendrickson, 1994), 367-70이나 Richard N. Longenecker, *Galatians*, WBC (Dallas: Word Books, 1990), 101-2의 언급과 제시된 자료들을 보면 더 잘 알 수 있다.
2) J. B. Lightfoot, *Saint Paul's Epistle to the Galatians* (London: Macmillan, 1986), 214.
3) C. K. Barrett, *The Holy Spirit and the Gospel Tradition* (London: SPCK, 1947), 2.
4) J. W. Drane, *Paul, Libertine of Legalist? A Study in the Theology of the Major Pauline Epistles* (London: SPCK, 1975), 24.
5) Hans Dieter Betz, *Galatians*, Hermeneia (Philadelphia: Fortress, 1979), 132.
6) David John Lull, *The Spirit in Galatia: Paul's Interpretation of Pneuma as Divine Power* (Eugene: Wipf & Stock, 1980).
7) Charles H. Cosgrove, *The Cross and Spirit: A Study in the Argument and Theology of Galatians* (Mercer: Mercer University Press, 1988).
8) Walter Bo Russell, *The Flesh/Spirit Conflict in Galatians* (Lanham: University Press of America, 1997).
9) Choi Gab Jong, "Living by the Spirit: A Study of the Role of the Spirit in Paul's Letter to the Galatians" (Ph.D. diss., The Iliff School of Theology and the University of Denver, 1998).
10) Thomas Alden Rand, "The Rhetoric of Ritual: Galatians as Mystagogy" (Ph.D. diss., Northwestern University, 2000).
11) Fee, *God's Empowering Presence*, 367-471.
12) 이 πνεῦμα라는 어휘가 나오는 곳은 갈라디아서 3:2, 3, 5, 14; 4:6, 29; 5:5, 16, 17(두 번), 18, 22, 25(두 번); 6:1, 8(두 번)이다. 갈라디아서 6:1에는 신령한 사람들(οἱ πνευματικοί), 갈라디아서 2:2의 κατὰ ἀποκάλυψιν(계시를 따라)라는 표현은 성령의 활동을 의미한다고 볼 수 있다. 갈라디아서 2:20의 그리스도(Χριστός)라는 용어와 연관된 내용도 바울신학(로마서 8:9-10)에서는 성령의 활동을 의미한다고 여겨진다. 갈라디아서 2:20의 논의에 대하여는 Fee, *God's Empowering Presence*, 373-7을 참조.
13) Lull, *The Spirit in Galatia*, 25.
14) Ben Witherington, III, *Grace in Galatia: A Commentary on Paul's Letter to the Galatians* (Grand Rapids: Eerdmans, 1998), 211.

15) Lull, *The Spirit in Galatia*, 99-185.
16) 제임스 D. G. 던, 「바울신학」, 박문재 역 (고양: 크리스챤다이제스트, 2003), 628-636. 이보다 전에 Achtimeier는 이러한 종말론적인 틀로 로마서의 주석을 쓴 적이 있다: Paul J. Achtimeier, *Romans*, Interpretation (Louisville: John Knox Press, 1985).
17) Dunn은 이러한 현상을 바울서신에서 사용된 은유들을 들어서 잘 설명해주고 있는데, 구원론에서는 구속(救贖)을 소유하고 있지만 몸의 구속을 기다리고 있음(롬 8:23; 엡 1:14; 4:30), 자유를 누리고 있지만 아직 "썩어짐의 종노릇"을 하고 있음(롬 6:18, 22; 8:2; 갈 2:4; 5:1, 13; 롬 8:21), 칭의를 받았지만 아직 완성을 기다리고 있음(롬 5:1-11; 갈 5:5). 등의 은유를 예로 들고 있으며, 성령론에서는 "양자"(υἱοθεσία) 은유(롬 8:15, 8:23), 장사와 관련된 "보증"(ἀρραβών) 은유(엡 1:13-14), 농사와 관련된 "처음 익은 열매"(ἀπαρχή) 은유(롬 8:23) 등을 들고 있다: 던, 「바울신학」, 629-33.
18) Fee, *God's Empowering Presence*, 384-9.
19) James D. G. Dunn, *The Epistle to the Galatians* (Peabody: Hendrickson, 1993), 152-3.
20) 이 어구는, "믿음을 가지고 들음으로부터" 혹은 "믿음으로부터 나오는 들음으로부터" 혹은 "믿음에 대하여 들음으로부터" 혹은 "믿는 결과를 가져오는 메시지로부터," "믿음에 관한 메시지로부터" 등으로 해석이 될 수 있는데, 이에 대한 자세한 논의는 R. B. Hays, *The Faith of Jesus Christ* (Chico: Scholars Press, 1983), 143 이하와 S. K. Williams, "The Hearing of Faith: AKOH PISTEOS," *New Testament Studies* 35 (1989): 82-93 등을 보라.
21) 첫 번째 분사 ἐπιχορηγῶν의 명사형은 신자들의 삶에 지속적으로 역사하는 성령의 활동을 묘사하는 빌립보서 1:19("예수 그리스도의 성령의 도우심으로," ἐπιχορηγίας τοῦ πνεύματος Ἰησοῦ Χριστοῦ)에서 "예수 그리스도의 영"이 주어적 의미를 지닌 어구에서 사용되었다.
22) Dunn, 「바울신학」, 570-3.
23) 갈라디아서 4:24에 개역성경에는 "비유"로 번역된 어휘는 "알레고리"(ἐστιν ἀλληγορουμενα), 즉 풍유(allegory)이나, 갈라디아서 4:21-31의 내용은 역사적인 근거를 지니고 있다는 점에서는 모형론(typology)의 색채가 짙다. J. Louis Martyn, *Galatians*, AB (New Haven: The Anchor Yale Bible, 2004), 436을 참조 바람.
24) 갈라디아서와 로마서에서 동시에 나오는 "아빠 아버지"(Αββα ὁ πατήρ)라는 표현은 신자들의 하나님과의 새로운 관계를 극명하게 표현해주는 어구이다. Abba는 히브리어나 아람어의 강조형의 헬라식 음역이고 ὁ πατήρ는 순수한 헬라어로서 초대교회의 이중 언어 습관을 보여주고 있는 어구이다(비교. 막 14:36).
25) 하지만 상이한 점도 더러 있다. 우선 갈라디아서 4장 6절에서는 신자 안에

내주하는 성령께서 (아빠 아버지라고) 부른다(중성단수 분사 κράζον)고 하였고, 로마서 8장 15절에서는 성령을 받은 신자들이 (아빠 아버지라고) 부르짖는다(직설법 2인칭 복수 현재형동사 κράζομεν)고 하였다. 다음으로 갈라디아서에서는 하나님께서 신자들에게 성령을 보내셨다고 하였고, 로마서에서는 신자들이 성령을 받았다고 한 점이다. 마지막으로 갈라디아서에서는 그의 아들의 영(τὸ πνεῦμα τοῦ υἱοῦ αὐτοῦ)이라고 하였고, 로마서에서는 양자의 영(πνεῦμα υἱοθεσίας)이라고 한 점 등이다. 갈라디아서 4:6에 사용된 "그 아들의 영"(τὸ πνεῦμα τοῦ υἱοῦ αὐτοῦ)이라는 표현은 여기가 유일한데, 바울이 다른 곳에서 "하나님의 영(πνεῦμα θεοῦ)" 혹은 "(예수) 그리스도의 영(πνεῦμα Ἰησοῦ Χριστοῦ)"(롬 8:9; 빌 1:19), "주의 영(τὸ πνεῦμα κυρίου)"(고후 3:17), "양자의 영(πνεῦμα υἱοθεσίας)"(롬 8:15) 등으로 표현한 내용과 흡사하다고 볼 수 있다. "아들의 영"에 관한 부가적인 설명 이외에 한 가지 예를 더 든다면, 갈라디아서는 문법적인 구조로 볼 때 성령께서 직접 하나님을 부르고 있고 로마서는 내주하시는 성령의 도우심으로 신자들이 하나님을 "아빠 아버지"라고 부른다. 그러나 위의 내용들은 상이점이라기보다는 동일한 실체에 대한 강조점의 차이라고 볼 수 있다.

26) Betz, *Galatians*, 209-11; Longenecker, *Galatians*, 173; F. F. Bruce, *The Epistle to the Galatians*, NIGTC (Grand Rapids: Eerdmans, 1982), 198 등을 참조.
27) Timothy George, *Galatians*, NAC (Nashville: B&H, 1994), 306-7.
28) Dunn, 「바울신학」, 570-1.
29) Longenecker, *Galatians*, 216-7.
30) 갈라디아서의 육체/성령(σάρξ/πνεῦμα) 대립주제를 다룬 탁월한 논의를 보려면, Russell, *The Flesh/Spirit Conflict in Galatians*, 특히 119-94를 참조하라.
31) M. E. Glasswell, "ἐκδέχομαι, ἀπεκδέχομαι," *EDNT*, vol. 1: 407.
32) Geerhardus Vos, *The Pauline Eschatology* (Grand Rapids: Eerdmans, 1930), 30.
33) George, *Galatians*, 361.
34) J. Louis Martin, "Apocalyptic Antinomies in Paul's Letter to the Galatians," *New Testament Studies*, 31 (1985): 410-24.
35) Fee, *God's Empowering Presence*, 419.
36) R. Bergmeier, "περιπατέω," *EDNT*, vol. 3: 75-6.
37) Logenecker는 성령의 열매를 세 가지씩 세 그룹으로 나누어 사랑, 희락 화평은 마음의 상태를, 오래 참음, 자비, 양선은 인간관계에 영향을 주는 성품을 충성, 온유, 절제는 행동을 인도하는 원리 등을 의한다고 해설한다: Longenecker, *Galatians*, 259-60. 성령의 열매에 대한 자세한 논의는, William Barclay, *Flesh and Spirit: An Examination of Galatians 5.19-23* (London: SCM, 1962)을 참조 바람.
38) Dunn은 "종말론적인 관점에서 보면, 그리스도인은 현세 및 내세의 세력의 각축장이요, 죄와 성령이 서로에 대하여 전쟁을 벌여 획득하고자 하는 전리

품이며 그리스도인은 이 우주적 전투의 양쪽에 다 연루되어 있다"라고 말한다: 「바울신학」, 647-8.
39) Martyn, *Galatians*, 492.
40) Witherington, *Grace in Galatia*, 431.
41) G. E. Ladd, 「신약신학」, 신성종, 이한수 역 (서울: 기독교서회, 2001), 611-2.
42) Witherington, *Grace in Galatia*, 432.
43) Fee, *God's Empowering Presence*, 471.

제5장
에베소서의 교회론*
(Eccleciology of the Ephesians)

서 론

본고의 목적은 에베소서에[1] 나타난 교회론을 용어, 이미지, 성령을 위시한 다른 가르침과의 연관성 연구를 통하여 살펴보고 오늘날의 교회 모습과 대조해 봄으로써 그 적용방안을 제시하고자 함에 있다. 우선 에베소서와 본고의 서론적인 문제를 다루고 나서, 용어를 통해본 교회, 이미지를 통해본 교회, 성령과 교회, 기타 신학적 주제와 교회 등의 순서로 논의하여 그 결과를 약술하고 오늘날의 교회에 적용할 수 있는 방안을 제시하는 것으로 결론을 지을 것이다.

에베소서는 몇 가지 면에서 그 독특성을 지니고 있다. 에베소서에는 바울사상의 정수가 배어 있다.[2] 그러나 골로새서와의 관계성과 함께 제기되는 저작권의 진정성 문제로 인해 학자들 간에 가장 심각하게 그 입장이 갈려 있는 책이기도 하다.[3] 에베소서를 바울의 진필 서신으로 보지 않는 학자들의 주된 견해는 에베소서의 언어와 스타일, 신학, 바울과

---

* 출처: 「복음과 실천」 27(2001, 봄): 103-44.

에베소의 수신자와의 관계, 골로새서와의 연관성 등이 바울의 진필서신의 그것들과 상이하다는 것이며 3년 이상 사역한 교회에 보낸 편지로 보기에는 개인적인 언급이 너무 없다는 것이다.[4] 여기서 맨 마지막과 세 번째 문제는 에베소서가 에베소 교회와 주변교회(들)에게 보내진 회람서신으로 본다면 어렵지 않게 해결될 수 있는 문제이다.[5] 본고는 에베소서는 골로새서를 포함하여 특정한 문제들이 야기되고 있는 실제적인 교회(들)에게 보내진 서신이며 바울에 의하여 기록된 것을 전제로 한다. 하지만, 에베소서의 바울저작의 진정성을 의심하는 다른 문제들도 논의하는 가운데 살펴볼 수 있을 것이다.

I. 용어를 통해본 교회

신약성서에는 교회를 의미하는 용어 ἐκκλησία가 총 114번 나오고 있는데,[6] 복음서에는 마태복음에서만 3번 사용되었고, 사도행전(23번)과 요한 계시록(20번, 2-3장에서만 19번)을 제외한다면 바울서신에서 주로(46번) 사용되었다.[7] 에베소서는 ἐκκλησία가 9번 사용됨으로써 신약성서에서 이 용어가 나오는 빈도수 면에서 사도행전, 고린도전서(22번), 계시록 다음으로 고린도후서와 함께 4위를 차지하고 있다. 달리 말하면 에베소서에 나오는 ἐκκλησία의 빈도수는 5번밖에 안 나오는 로마서보다 높고 서신서의 분량으로 본다면 고린도전서에도 뒤지지 않는다. ἐκκλησία는 에베소서에서 1:22; 3:10, 21; 5:23, 24, 25, 27, 29, 32절에 나오고 있는데, 다음은 이 어휘가 나오고 있는 구절(혹은 문단)들을 각각의 문맥 속에서 주석적으로 조사해봄으로써 에베소서에 묘사된 교회에 관하여 살펴본 것이다.

1. 에베소서 1장 22-23절

에베소서에서 우리가 처음 만나는 ἐκκλησία는 1장 마지막에 나오는 장엄한 묘사문에 등장한다. 즉, 에베소서 1장 22-23절(22 그리고 모든 것을 그의 발아래 복종하게 하시고 그를 교회에게 모든 것 위에 있는 머리로 주셨는데, 23 이 *교회*는 그의 몸, 즉 모든 것 안에서 모든 것을 충만하게 하는 자의 충만입니다; 22 καὶ πάντα ὑπέταξεν ὑπὸ τοὺς πόδας αὐτοῦ καὶ αὐτὸν ἔδωκεν κεφαλὴν ὑπὲρ πάντα τῇ ἐκκλησίᾳ, 23 ἥτις ἐστὶν τὸ σῶμα αὐτοῦ, τὸ πλήρωμα τοῦ τὰ πάντα ἐν πᾶσιν πληρουμένου.)에서 ἐκκλησία는 22절의 맨 마지막에 놓여 있다.[8] 여기서 ἐκκλησία는 절의 마지막에 놓였을 뿐만 아니라 관계대명사로 시작된 23절 전체가 이를 묘사하는 문장이기 때문에 이 두 절에서 ἐκκλησία는 구문론적으로 아주 강조되고 있다.

우선 22절에서 모든 것 위에 머리인 그리스도가 교회에게 주었다는 것과 23절에서 이 교회는 그의 몸이라는 묘사를 종합하면 머리와 몸, 즉 교회가 분리된 실체로 묘사되었다. "몸"(σῶμα)은 신약성서에서 시체나 사람의 몸을 지칭하는 데 쓰였으나, 바울은 믿는 자들의 공동체를 위하여 희생된 그리스도의 몸(롬 7:4; 골 1:22)과 그래서 얻어진 교회를 또한 그리스도의 몸(고전 12:14-27)을 지칭하는 데 사용하였다. 골로새서 1장 18절에는 그리스도가 몸인 교회(αὐτός ἐστιν ἡ κεφαλὴ τοῦ σώματος τῆς ἐκκλησίας)를 포함한 만물의 으뜸으로 표현되어 있다. 이어서 골로새서 2장 10절과 에베소서 2장 22절(비교. 엡 1:10)에는 그리스도가 모든 것 위의 머리이며 교회를 위한 머리이고 교회는 그의 유일한 몸으로 묘사된다. 골로새서와 에베소서에서 고린도전서 12장 21절과는 달리 머리인 그리스도와 몸인 교회가 분리되어 묘사된 것은, 모든 것 위에 뛰어나신 그리스도를 머리로 교회에게 주신 은혜를 강조하는 동시에 교회의 책임을 부각시키는 것이다.[9]

22절은 시편 8편 6절의 인용으로 시작되는데, 원래 창조세계 가운데의 인간을 묘사하는 것이었던 이 시는 초대 교회에서는 기독론적으로 해석되었다(히 2:6-9; 고전 15:27). 그리스도는 이미 언급된(20-21절)대로 모든 어두움의 세력들을 부활을 통하여 제압하고 이제 "모든 것 위에 있는 머리"(κεφαλή ὑπὲρ πάντα)가 되셨는데,10) 이분이 교회에 주어진 것이다. 이는 교회도 이 그리스도의 통치 하에 있지만, 다른 한 편으로는 부활을 통하여 어두움의 세력을 이기신 그리스도의 승리가 교회에게 선물로 주어졌다는 의미도 되는 것이다.11)

이 두 구절에 그려진 교회의 개념을 파악하기 위하여 우리는 아직도 "모든 것 안에서 모든 것을 충만하게 하시는 이의"(τοῦ τὰ πάντα ἐν πᾶσιν πληρουμένου), "충만"(πλήρωμα) 등이 의미하는 바를 이해해야 한다. 이 어구는 에베소서에서 가장 해석하기 어려운 구절 중의 하나이다. 그 어려움은 두 단어(πλήρωμα와 πληρουμένου)의 태(수동태, 중간태)와 τὰ πάντα ἐν πᾶσιν의 문법적 기능(부사구 혹은 형용사구)의 다양성 때문에 발생하는 것으로,12) 크게 두 가지 가능성으로 압축된다: 1) "교회는 온전히 충만해지고 있는(수동태) 자(그리스도)의 충만(능동태)이다"(=교회가 그리스도를 보완하는 것이다)와 2) "교회는 모든 것을 온전히 충만케 하는(능동태) 자(그리스도)의 충만(수동태)이다"(=그리스도가 교회에게 모든 것을 공급하고 만물을 채운다)이다. 여러 가지를 고려하면 2)번의 해석이 타당한데 그 이유는 다음과 같다. πλήρωμα는 에베소서에 4번(엡 1:10, 23; 3:19; 4:13) 골로새서에서 2번(골 1:19; 2:9)나오고, 다른 바울서신에서도 6번(롬 11:12, 25; 13:10; 15:29; 고전 10:26; 갈 4:4) 나오는데, 바울의 용법에서는 예외 없이 수동태의 의미로 사용되었다(가장 분명한 예는 엡 1:10과 갈 4:4의 "때의 충만"일 것이다).

그리고 이 어휘의 태를 결정하는 문제는 πληρουμένου와 함께 생각해야 한다. 에베소서의 다른 곳에서는 오직 그리스도(엡 4:10)/하나님(엡 3:19-이곳에서는 명사와 동사가 함께 사용되었다)과 성령(엡 5:18)만이 능동적으로 충만하게 하는 분으로 묘사되어 있기 때문에, 에베소서 1장 23절에서의 이 어휘(πληρουμένου)도 그리스도가 능동적으로 충만케 하는 분으로 묘사된 것으로 보아야 한다. 이는 골로새서 2장 10절에서도 교회가 신적 충만의 수혜자로 묘사되었기 때문에, 위의 1)번 해석은 에베소서나 골로새서에서 뿐만 아니라 신약성서의 사상과는 맞지 않는다.13)

에베소서 1장 23절에서 동일하게 관사(τό)와 함께 나열된 πλήρωμα는 σῶμα의 동격이다. 즉 교회는 그리스도의 충만이며 몸(엡 4:15이하; 5:23)인 것이다. 그러므로 에베소서 1장 22-23절에서 교회는 그리스도의 충만이며 그리스도는 우주를 충만하게 하고 있다고 묘사된다. 교회는 우주 가운데 그리스도의 현존과 통치의 초점이며 동시에 수단으로 나타나고 있다.

2. 에베소서 3장 10절

에베소에서 우리가 두 번째로 만나는 ἐκκλησία는 하나님의 경륜을 선포하는 바울 자신의 역할을 말해주는 문단(3:1-13)가운데 위치한 3장 10절(이는 이제 교회로 말미암아 하늘에서 정사와 권세들에게 하나님의 다양한 지혜가 알려지게 하려 하심이니; ἵνα γνωρισθῇ νῦν ταῖς ἀρχαῖς καὶ ταῖς ἐξουσίαις ἐν τοῖς ἐπουρανίοις διὰ **τῆς ἐκκλησίας** ἡ πολυποίκιλος σοφία τοῦ θεοῦ,)에서인데,14) 실제로 10절은 8절에서 시작되어 12절에서 끝이 나는 하나의 긴 문장의 한 부분이다. 에베소서 3장 10절의 문법적 주어인 "하나님의 각종 지혜"(ἡ πολυποίκιλος σοφία τοῦ θεοῦ,)는 바로 앞 절(9절)에 나온 "비밀의 경륜"(ἡ οἰκονομία τοῦ μυστηρίου)을 달리 표현한 것이며, 이는 1장의 찬송시(1:3-14)에서부터 이미 진술되었고 2장 전체에서 설명된 내용이다.15) 또한 서신의 기자는 바로 앞(엡 3:2-6)에서 이 "하나님의 경륜"이란 이방인과 유대인이 그리스도 예수 안에서 한 몸으로 연합되는 것을 의미한다고 설명함으로써 에베소서 2장 11-22절의 내용을 다시 상기시킨다.

에베소서 3장 10절에는 교회론이 우주론과 연결되어 나타난다. 즉 "교회를 통하여"(διὰ τῆς ἐκκλησίας) "하늘에 있는 정사와 권세들에게"(ταῖς ἀρχαῖς καὶ ταῖς ἐξουσίαις ἐν τοῖς ἐπουρανίοις) 하나님의 각종 지혜가 알려지게 하신 것이다.16) 이제 교회는 그 자체가 구원의 비밀이 되었다. 교회는 그 자신과 사도의 선포에 의하여 세상 속에서 자라 가는 것이다(골 1:23; 2:19; 엡 3:10; 4:12, 16). 에베소서 3장 10절에서는 교회의 우주적 기능을 강조한 우주론적 교회론(cosmic eccleciology)을 언급하고 있는데 그 이유는 "교회만이 홀로 그리스도의 몸이기 때문이며 또한 교회만이 정사와 권세들에게 그리스도의 주되심을 분명하게 보여줄 수 있는 충만이기 때문"이다.17)

3. 에베소서 3장 20-21절

에베소서에서 우리가 세 번째 만나는 ἐκκλησία는 에베소서 3장 20-21절의 "우리 가운데서 역사하시는 능력대로 우리의 온갖 구하는 것이나 생각하는 것에 더 넘치도록 능히 하실 이에게, 교회 안에서와 그리스도 예수 안에서 영광이 대대로 영원 무궁하기를 원하노라 아멘"("Τῷ δὲ δυναμένῳ ὑπὲρ πάντα ποιῆσαι ὑπερεκπερισσοῦ ὧν αἰτούμεθα ἢ νοοῦμεν κατὰ τὴν δύναμιν τὴν ἐνεργουμένην ἐν ἡμῖν, 21 αὐτῷ ἡ δόξα ἐν τῇ **ἐκκλησίᾳ** καὶ ἐν Χριστῷ Ἰησοῦ εἰς πάσας τὰς γενεὰς τοῦ αἰῶνος τῶν αἰώνων, ἀμήν.")에 놓인 송영(doxology)에서이다. 이 송영의 특이한 점은 세 가지이다: 1) 교회와 그리스도 예수(참고. 롬 16:25-27; 유 24, 25 등에는 "예수 그리스도를 통하여")가 함께 언급(ἐν τῇ ἐκκλησίᾳ καὶ ἐν Χριστῷ Ἰησοῦ)된 것, 2) 교회가 먼저

오고 그 다음에 그리스도의 순서로 언급되었다는 것, 3) γενεά라는 단어가 포함되었고 또한 단어 αἰών의 단수와 복수가 조합(보통은 εἰς τοὺς αἰῶνας τῶν αἰώνων의 형태로 사용되었다)되어 있다는 것 등이다.

에베소서 기자의 주된 신학적 관심사가 3장의 송영에도 반영되어 있다. 이 송영에서도, 다른 부분에서와 같이, 교회를 하나님의 영광이 인정되는 영역으로 보고 있다(1:22하, 23; 2:22; 3:10). 교회와 그리스도가 함께 나오고 문장이 교회와 그리스도의 순서로 배열된 것(엡 4:4-6에서도 몸이 성령, 주, 하나님보다 앞서 나오고 있다)은, 그리스도의 몸인 교회가 하나님의 현재 활동의 일차적인 영역(보이는 영역)이라는 것과 승귀된 그리스도(보이지 않는 영역)가 교회의 머리라는 것, 그리고 교회의 활동과 존재 자체가 그리스도에게 달려 있는 것을 뜻하기 때문이다.[18] '세대'라고 번역되는 γενεά(3:5에 이미 한번 나왔다)는 앞으로 올 인간의 세대들을 말하며, '영원' 혹은 '세상'으로 번역될 수 있는 αἰών(이미 1:21; 2:7; 3:9, 11에서 이미 나왔다)은 미래에 무한대로 뻗어 있는 시간을 의미한다. 그러므로 이 송영에서 하나님께 돌려지는 영광은 앞으로 올 인간의 세대와 무한한 영원까지 있을 것이라는 의미이다.

송영의 마지막 단어 ἀμήν은 기도나 송영의 마무리 어휘인데, 여기서는 송영뿐만 아니라 에베소서의 전반부를 마무리하는 어휘이다. 에베소서의 기자는 이 강력한 송영을 통하여 그의 주제인 교회-그리스도 안에 기초를 둔 구원받은 이들의 공동체-를 다시 한 번 인상 깊게 상기시키고 있다.

4. 에베소서 5장 21-33절

ἐκκλησία가 가장 많이(6번) 사용된 곳은 에베소서 5장 21-33절의 교회에 대한 신부 은유(bride metaphor)에서이다(5:23, 24, 25, 27, 29, 32). 에베

소서 5장 21-33절은 아내-남편(5:21-33), 자녀-부모(6:1-4), 종-주인(6:5-9)간의 관계에 대한 교훈으로서 소위 가정 법전(household code, Haustafel)으로 불리는 큰 문단인 에베소서 5장 21절-6장 9절의 첫 부분에 놓여 있는 아내-남편관계에 대한 교훈으로 시작한다. 본 문단에는 두 가지 논란점이 있다: 1) 문단의 경계를 어디로 볼 것인가, 21절인가 아니면 22절인가? 2) 교회의 아내-남편에 대한 교훈이 우선인가, 아니면 교회-그리스도의 관계에 대한 것이 우선인가?

첫 번째 논점에 대하여, 21절은 다리의 역할을 하는 구절이지만, 21-33절을 한 문단으로 하는 경우 21절의 ἐν φόβῳ Χριστοῦ과 33절의 φοβῆται τὸν ἄνδρα가 수사학적 도구인 연결쇠(inclusio)로서 한 문단 단위를 묶어주는 역할을 하며 상호복종(사랑을 복종과 상응하는 것으로 보아서)을 가르치는 문단으로서 21-33절이 한 단위가 된다.[19] 또한 22절에는 동사가 없고 21절에 나오는 ὑποτασσόμενοι가 실질적인 동사의 역할을 하고 있기 때문에 21절이 이 문단에 포함되는 것이 자연스럽다.

두 번째 논점에 대하여, 에베소서 5장 21-33절은 교회와 그리스도의 관계를 예로 들어서 아내와 남편의 관계에 대한 교훈을 주는 문단이지만, 사람의 결혼관계에 대한 표준과 원모형은 하늘의 신랑(그리스도)과 신부(교회)간의 관계임을 말해주는 문단이다. 그러므로 에베소서의 아내-남편간의 관계는 골로새서의 평행구절(골 3:18-19)과는 달리 교회론에 의하여 확장된다.[20] 에베소서 기자는 교회론적인 모티브를 가지고 아내와 남편간의 관계를 권면하고 있다. 바울은 부부관계를 그리스도에 대한 교회관계로 보고 있다(비교. 고후 11:2; 롬 7:1-4). 이곳에서는 머리로서의 그리스도와 몸으로서의 교회에 대한 언급이 신랑-신부 관계의 가르침과 밀접하게 연결되어 나타나고 있다. 구문론적으로 ὡς (καί)("-같이 [-되]"; 엡 5:22, 23, 24, 28, 33), οὕτως (καί)("이와 같이 [-되]"; 엡 5:24, 28, 33),

καθὼς καί("-처럼 -도"; 엡 5:25, 29) 등의 빈번한 사용도 이 사실을 더 분명하게 해준다.

그러면 이 문단에 나타난 부부관계/그리스도-교회에 관한 가르침은 무엇인가? 첫째로, 그리스도는 교회의 머리(κεφαλὴ τῆς ἐκκλησίας)와 그 교회 즉, 몸의 구주(σωτὴρ τοῦ σώματος)이며, 이와 같이 남편이 아내의 머리(κεφαλὴ τῆς γυναικός)이다(엡 5:23; 비교. 고전 11:3). 둘째로, 그리스도가 교회의 순종을 요구하듯이, 아내도 남편에게 복종해야 한다(엡 5:22, 24; 그러나 이는 에베소서 5장 19-21절에서 나타나듯이 그리스도를 경외함으로 서로 복종함을 포함한다). 셋째로, 그리스도는 교회를 사랑하고 그것을 구속하시듯이, 남편은 아내를 이같이 사랑해야 한다(엡 5:25-28; 5:1-2). 넷째로, 그리스도가 그의 교회를 자신의 일부와 몸으로 보아 보살피듯이, 남편도 아내에게 이 의무를 다해야 한다(엡 5:29-30).[21]

5. 결론

에베소서에 사용된 교회(ἐκκλησία) 용어와 그 문단을 살펴본 이상의 논의에서 다음과 같은 결론을 얻을 수 있을 것이다. 첫째, 에베소서에서는 ἐκκλησία가 단수로만 사용되었다. 바울에게 있어서 ἐκκλησία는 아주 소수의 경우를(갈 1:13; 고전 10:32; 12:28; 15:9; 빌 3:6) 제외하고 모두 정기적으로 모이는 지역회중 혹은 지역 그리스도인들의 실제적인 모임을 의미하는 용어로 사용되었다. 그러나 에베소서가 가진 회람서신의 특성상 여러 교회들을 대표 단수로 표현한 것일 수도 있다.[22] 에베소서에 심화된 비밀스런 교회에 관한 가르침이 있는 것도 사실이다. 하지만 이것은 이 서신을 받는 교회 공동체(들)가 직면한 상황이 전혀 없는 가운데 우주적인 교회론이나 제도화된 교회에 대한 신학을 논술하고 있는 것으로 볼 수는 없다.

둘째, 에베소서에서 교회는 늘 그리스도와 연관되어 나타나고 있다. 즉, 에베소서에서 교회에 대한 진술은 그리스도에 대한 진술도 된다. 에베소서의 교회론은 기독론과 연관되어 있다. 다시 말하면, 교회는 그리스도의 몸이며 충만이고, 하나님의 영광이 인정되는 영역으로 그려져 있다. 에베소서에서 그리는 교회는 그리스도의 몸으로서 하나님의 현재 활동의 일차적인 영역이며 그리스도는 교회의 머리이고, 교회의 활동과 존재 자체도 그리스도에게 달려 있다.

셋째, 에베소서의 교회론은 교회들의 삶의 현장에 맞게 적용되어 나타난다. 특히 가정 법전에서 처음 나오는 아내-남편에 관한 교훈에는 교회론이 활용되었고, 교회 또한 아내-남편간의 유비를 통하여 설명된다. 모든 영의 세력 위에 뛰어나신 그리스도가 교회에 머리로 주어진 것과 교회가 모든 영의 세력들에게 하나님의 지혜(교회자체)가 알려지는 통로로 삼으셨다는 것은 에베소서를 받는 공동체의 정황과도 연결된다. 저들이 이 부활하신 그리스도와 함께 하늘에 앉혀 있다는 사실(엡 2:6)은 악의 세력들과 싸우는 에베소서의 수신자들에게 위로의 메시지가 되었을 것이 분명하다.

II. Image를 통해본 교회

위에서는 용어를 통하여 에베소서에 그려진 교회의 모습을 살펴보았다. 에베소서에는 교회 용어뿐만 아니라 교회에 대한 이미지도 다양하게 사용되고 있다. 여기에서는 위에서 언급한 용어와 부분적으로 겹치는 곳도 있을 것이나, 다음과 같이 에베소서에서 사용되었다고 볼 수 있는 교회에 대한 이미지 여섯 가지를 살펴보았다.

1. 그리스도의 몸(엡 1:23; 2:16; 4:1-16; 5:21-33)

그리스도의 몸은 에베소서에서 사용된 교회에 대한 이미지 중에서 가장 중요한 자리를 차지하고 있는 이미지다. 이는 이미 고린도전서 12장과 로마서 12장에서 언급된 이미지이다. 그러나 에베소서의 독특성은 골로새서와 더불어 머리와 몸을 분리한 데 있다. 또한 머리의 위대성과 몸의 기능이 더 심화되었다. 에베소서에는 몸(σῶμα)이라는 단어가 공교롭게도 교회(ἐκκλησία)라는 어휘와 동등하게 도합 9번 나오고 있는데(1:23; 2:16; 4:4, 12, 16[x 2]; 5:23, 28, 30; 골로새서에도 8번 사용되었다), 거의 모두(5:28은 제외) 교회를 말하거나 설명하는 구절에서 사용되었다.

이 모든 구절들의 가르침을 종합하면 다음과 같다. 교회는 우주 가운데 그리스도의 충만을 드러내는 그의 몸이며(1:23), 이방인과 유대인이 함께 그리스도의 십자가를 통하여 하나님께 나아갈 수 있는 유일한 몸(ἐν ἑνὶ σώματι)이다(2:16). 그리스도는 이 몸의 머리이며 구주이다(5:23). 그리스도의 몸인 교회는 하나/유일하며(ἓν σῶμα)(4:4; 2:16), 이 몸은 머리인 그리스도를 통하여 그에게까지 자라야 한다(4:15-16; 13). 부활을 통하여 높아지신 몸의 머리 그리스도가 주신 은사들과 이 몸에 속한 모든 지체들(5:30)은 이 몸을 세우는 데 사용되어야 한다(4:7-11). [23] 이 몸을 얻기 위하여 자신을 내어주신 몸의 구주 그리스도는 마침내 이 몸(교회)을 정결하고, 거룩하고, 영광스럽고, 흠이 없는 그의 신부로 만들어 내는 큰 신비를 이루어낼 것이다(5:21-33).

2. 한 새 사람(엡 2:15)

교회에 대한 이 두 번째 이미지는 이방인과 유대인이 함께 하나님께 나아가는 주제를 다루고 있는 유명한 문단 2장 11-22절에서 나온다. 에베소서 2장의 전반부(1-10절)에서 독자들의 과거(1-3절, 죄로 인하여 죽었고 공중 권세 잡은 자의 종이었다)와 현재의 모습(4-10절, 그리스도와 함께 살리심을 받아 하늘에 함께 앉힌 바 되었다)이 언급되고, 후반부(11-22절)에는 이방인과 유대인이 함께 하나님의 한 백성(교회)이 되었다는 주제가 다루어진다. 여기에는 교회에 대하여 적어도, 한 새 사람(15절), 하나님의 가족(19절), 하나님의 성전(20-22절)이라는 세 가지 이미지가 사용되었다. 여기서는 우선 한 새 사람에 대하여 살펴본다.

에베소서 2장 11-18절에서는 서신의 수신자들인 이방인 그리스도인들이 그리스도 밖에 있었던 과거의 상태를 하나님의 이스라엘(유대인)과 대비하여 회상시키며(11-12절), 이제는 그리스도를 통하여 하나님뿐만 아니라 유대인과 이방인이 화목하게 되고 하나가 되어 함께 하나님께 나아감을 얻게 되었다고 기록되었다(13-18절). 이것이 가능하게 된 것은 물론 그리스도의 십자가 사역임(참조. 13절의 "그리스도의 피"와 15절의 "자기의 육체" 16절의 "십자가" 등)을 확언하는데, 13-18절에는 성전을 염두에 둔 언어들이 많다: 즉, "멀리-가까이," "중간에 막힌 담," "원수-화평," "아버지께 나아감" 등이다.[24)]

이 중에서 "한 새 사람"(ἕνα καινὸν ἄνθρωπον)을 이해하기 위하여 14-16절을 함께 자세히 살펴볼 필요가 있다. 우선 14-16절의 원문을 문자적으로 번역하면, "14 그는 우리의 화평이며 이 둘을 하나로 만든 분입니다. 그는 나누는 담, 즉, 울타리를 헐어버리고 그의 육체로 원수된 것, 15 즉, 계명과 교조들의 율법을 폐기하였는데, 이는 그가 이 둘을 자신 안에서 한 새 사람으로 창조하여 화평을 누리도록 하기 위함이며 16 또한 원수된 것을 자신 안에서 죽여 버려 이 둘을 십자가를 통하여 한 몸 안에서 하나님과 화목시키려 함입니다"(14 Αὐτὸς γάρ ἐστιν ἡ εἰρήνη ἡμῶν, ὁ ποιήσας τὰ ἀμφότερα ἓν καὶ τὸ μεσότοιχον τοῦ φραγμοῦ λύσας, τὴν ἔχθραν ἐν τῇ σαρκὶ αὐτοῦ, 15 τὸν νόμον τῶν ἐντολῶν ἐν δόγμασιν καταργήσας, ἵνα τοὺς δύο κτίσῃ ἐν αὐτῷ εἰς ἕνα καινὸν ἄνθρωπον ποιῶν εἰρήνην 16 καὶ ἀποκαταλλάξῃ τοὺς ἀμφοτέρους ἐν ἑνὶ σώματι τῷ θεῷ διὰ τοῦ σταυροῦ, ἀποκτείνας τὴν ἔχθραν ἐν αὐτῷ.)이다.

그렇다면 여기서 이 "한 새 사람"은 무엇을 말하는가? 우선 이것은 새로운 창조인데(참조. 엡 2:10에서는 믿는 자들이 하나님의 창조물로 그려져 있다), 여기서는 연합적 인간으로 그려진 이 새로운 인간은 그리스도의 죽음을 통하여 그에 의하여 창조된 것으로 묘사되었다. 이 연합적 인간은 바울의 아담 기독론에서 이미 언급되었는데(고전 15:45-47에서 첫 아담과 마지막 아담간의 비교; 엡 4:13에 나오는 완전한 사람(ἄνηρ τέλειος)도 이와 흡사한 점이 있다), 그는 그리스도 안에서는 할례나 무할례가 아무것도 아니고 오직 새로운 피조물뿐이라고 주장한다(고후 5:17; 갈 6:15). 여기의 "한 새 사람"은 유대인도 아니고 이방인도 아니지만 그리스도 안에서 이 둘을 다 포함하는 "제3의 인종"이다.[25] 그러므로 에베소서 2장 15절의 "한 새 사람"은 기독론적 교회론을 표현하기 위한 이미지임을 알 수 있는데, 그리스도 안에서 그에 의하여 창조된 교회이며 이방인과 유대인이 하나로 화평을 이루어 한 하나님께 나아가는 새로운 연합적 사람인 것이다.[26]

3. 하나님의 가족(엡 2:19)

에베소서 2장의 결론부분(19절)에 교회에 대한 또 다른 중요한 이미지가 둘이 더 나오는데, 그 중의 하나가 다른 어휘로는 "성도들과 동일한 시민"(συμπολῖται τῶν ἁγίων)으로도 표현된 "하나님의 가족"(οἰκεῖοι τοῦ θεοῦ) 이미지다. 하나님의 가족 이미지는 새로운 것이 아니다(비교. 갈 6:10; 딤전 5:8). "성도들과 동일한 시민"(빌 3:20)이라는 이미지는 정치적인 이미지이지만, "하나님의 가족(식구)"이라는 이미지는 가정적 이미지이다. "성도들과 동일한 시민"이라고 할 때 이 "성도들"(ἅγιοι)은 누구인가? 이 어휘는 이미 에베소서 1장 12절에 나왔던 것인데, 먼저 그리스도 안에서 소망을 가진 자들을 지칭한다.27) 이 구절에서는 서신의 독자들인 이방인 그리스도인들이 이제는 외인이나 손님도 아니고 유대인이나 이방인이나 먼저 믿은 자들과 함께 천국의 시민이며 하나님의 가정의 식구임을 대조적으로 설명되고 있다. 이제 이방인 그리스도인들도 교회의 온전한 소속원인 것이다.

4. 성전(엡 2:20-22)

에베소서 2장의 결론부분(20-22절)에 나오는 교회에 대한 마지막 이미지는 다른 어휘로 "건물의 연합체"(πᾶσα οἰκοδομὴ συναρμολογουμένη), "하나님의 거하실 처소"(κατοικητήριον τοῦ θεοῦ) 등으로도 표현된 "성전"(ναὸς ἅγιος) 이미지이다. 성전 이미지도 새로운 것이 아니다(고전 3:16-17; 고후 6:16-18).

그러나 여기서 20절에 언급된 "사도들과 선지자들의 터 위에"(ἐπὶ τῷ θεμελίῳ τῶν ἀποστόλων καὶ προφητῶν)와 "그리스도가 모퉁이 돌이다"(ὄντος ἀκρογωνιαίου αὐτοῦ Χριστοῦ)라는 어구해석에 어려움이 있다. 우선 엡 2:21-22에서 각 절 처음에 언급된 ἐν ᾧ ("그 안에서")와 ἐν κυρίῳ("주 안에서") 등의 어구를 통하여 그리스도가 구문론적으로 강조된 것을 알 수 있다. 어휘 ἀκρογωνιαῖος에 대한 학자들 간의 의견은 둘로 나뉜다. 한 진영은 시편 118편 32절을 인용하면서 건물의 위 중앙에 박히는 왕관석(crown of the building)으로 보고, 다른 진영에서는 건물의 기초가 되고 또한 그것을 기반으로 하여 자라가는 모퉁이 돌(cornerstone)이라고 보는데, 이 문단과 에베소서 전체 주제를 비교하면 후자가 더 합당한 것 같다.28) 선지자들과 사도들은 이 기초가 아니라 다만 이 기초를 놓는 사람들이다(2:20; 3:5).

　이 성전은 각 건물(지체)(πᾶσα οἰκοδομή)이 함께 연합되어서 주 안에서 자라가야 되고(αὔξει ἐν κυρίῳ) 이 서신의 수신자들도 성령 안에서 하나님의 거처로(εἰς κατοικητήριον τοῦ θεοῦ ἐν πνεύματι) 함께 지어져 가야 한다(21-22절). 이 이미지에서 성전은 물리적인 건물이라기보다는 생명이 있는 유기체와 같이 표현된 것을 알 수 있다. 이 성전 이미지를 통하여 우리가 알 수 있는 것은 교회의 성결과 연합과 성장, 교회에 대한 삼위일체 하나님의 은혜, 소유, 보호, 통치 등이다.

5. 그리스도의 신부(5:21-33)

　위에서 이미 논의한대로 교회라는 어휘가 가장 많이 나오는 문단인 에베소서 5장 21-33절은 교회를 그리스도의 신부라는 이미지로 묘사되어 있다. 신약성서에서 그리스도는 많은 경우 신랑으로 비유되기도 하였지만(막 2:19-20; 요 3:29), 에베소서 5장 21-33절에서는 깊은 비밀(5:32)로 묘사되고 있다. 이 부분은 이미 교회의 용어를 살펴보는 과정에서 논의된 바가 많기 때문에, 여기서는 그리스도와 교회와의 관계가 남편과 아내(신부) 이미지로 그려진 특징만을 살펴보았다. 상호의존관계인 신랑-신부 이미지가 여기서는 그리스도−교회의 이상적인 관계로 묘사되었으며 그 반대의 경우도 사실이다. 그리스도는 자신의 몸과 신부인 교회의 구원자(5:23)이며 보호자이다. 그는 교회를 위하여 자신을 주셨고(5:25), 마침내는 그는 교회를 거룩하게 하여 영광스러운 신부로 자신 앞에 세울 것이다(5:27). 창세기 2장 24절의 인용문이 그리스도와 교회의 관계에 적용되어 깊은 연합을 강조하고 있지만(참고. 고전 6:16-19), 부부와 같은 성관계는 포함되어 있지 않다.[29] 교회는 그리스도에게 순종하고, 정결하게 그의 신부로 자라야 한다.

6. 그리스도의 군대(militia Christi)(엡 6:10-20)

에베소서에 나타나는 교회에 대한 마지막 이미지는 서신의 결론부인 에베소서 6장 10-20절에서 찾을 수 있다. 이 문단의 내용은 악의 세력에 대하여 하나님의 무기로 싸워야 할 필요성(10-13절), 하나님의 전신갑주의 구성요소(14-17), 성도들과 사역자를 위한 깨어 있는 기도(18-20) 등이다. 여기에 나오는 악에 대한 전쟁은유(the metaphor of battle)는 보통 그리스도인 개인의 영적 싸움으로 해석되어 왔다. 그러나 이 그림은 모든 악의 세력을 향한 교회의 전쟁이라는 우주론적인 관점이 일차적이며 이 관점이 본문의 원래 의도를 흐리게 하는 것이 아니다. 모든 성도들을 위하여 기도하는 것(18-20절)은 하나님이 주신 대의명분을 위한 교회의 전쟁을 지원하는 것이 되어서 교회는 이렇게 세상에서 하나님의 싸우는 군대(God's fighting force)가 되는 것이다.[30] 역설적으로 화해와 평안의 복음이 그리스도의 군대(militia Christi)가 전진하게 해주는 검이 되는 것이다.[31] 교회에 은사를 주신 그리스도를 묘사하는 (해석하기 어려운) 에베소서 4장 8절도 이 전쟁 이미지의 배경에서 해석될 수 있을 것이다.[32] 이 영적 전쟁은 교회가 두 세대와 두 영역에 존재하기 때문에 싸워야 하는 전쟁이며, 에베소교회를 위시한 소아시아 교회들이 당면한 상황과도 일치한다. 에베소서 6장 10-20절에서는 명령법이 5번이나 사용되기 때문에 이는 실제상황에 대한 교훈으로 보아야 한다.[33]

7. 결론

이상에서 에베소서에 나타나는 교회 이미지 여섯 가지를 살펴보았다. 1) 이 중에서 가장 두드러진 이미지는 교회가 그리스도의 몸이라는 것이다. 이는 그리스도와 교회가 동일시된 것이며, 교회 구성원간의 유기적 관계와 일치 등을 포함한다. 에베소서에서는 몸과 머리의 구별이 특징적인데, 이는 부활을 통하여 모든 영의 세력 위에 뛰어나신 그리스도가 교회에 머리로 주어진 은혜를 강조하는 것이다. 2) 또한 교회는 이방인과 유대인이 함께 하나님께 나아가는 한 새 사람-제3의 인종이며, 3) 이제는 이방인도 손님도 아닌 하나님의 가족의 일원으로 온전한 구성원이 되는 곳이다. 4) 교회가 하나님의 성전 이미지로 표현되어 있는 것은 하나님과 동일시된 것이며, 교회의 거룩성과 하나님의 임재가 강조된 이미지이다. 그렇지만 이것은 물리적인 건물로서의 성전이 아니라 생명체와 같은 유기체를 말한다. 5) 부부관계의 교훈 속에 제시된 신부-신부 이미지는 몸 이미지와 겹치는 면도 있지만, 교회의 그리스도께 대한 순종, 성결, 연합 등이 강조되고 그리스도의 교회에 대한 사랑, 양육, 보호, 공급하심 등이 표현된 이미지이다. 6) 마지막 이미지는 그리스도의 군대로서의 교회이다. 여기서는 영의 세력에 대한 전쟁을 암시하고 이미 그리스도의 부활을 통하여 공급된 승리의 능력을 누리는 것이 암시되어 있다. 이 모든 이미지는 에베소서의 수신자들이 삶의 정황과 맞물려 있다고 볼 수 있다.

III. 성령과 교회

에베소서에는 어휘만 놓고 본다면 ἐκκλησία보다(9번) πνεῦμα가 더 많이 (14번: 1:13, 17; 2:2, 18, 22, 3:5, 16; 4:3, 4, 23, 30; 5:18; 6:17, 18) 나온다.[34] 이 중에서 사탄을 의미하는 2장 2절과 사람의 영으로 볼 수도 있는 4장 23절을 제외시킨다고 하더라도 12번은 최소한 성령을 언급하고 있다고 볼 수 있다. 또한 성령에 대한 것으로 볼 수 있는 형용사 πνευματικός도 2번(1:3; 5:19, 동일한 어휘가 6:12에도 나오는데 이는 사탄에 대한 것이다) 나온다. 직접적인 용어를 제외하더라도 특별히 거짓 영과 능력들에 대항

함에 관하여 언급하는 문단에서는 간접적으로 성령에 대한 언급이 주어지고 있다. 또한 에베소서의 사고의 흐름 가운데 다양한 모습으로 서신 전반에 걸쳐서 성령은 중요한 역할을 하고 있다. 다음은 본고의 관심사인 교회와 성령의 관계에 대하여 성령언어가 나타나는 구절을 중심으로 살펴본 것이다.

1. 에베소서 1장 3, 13-14절과 4장 30절

에베소서 1장 3-14절(eulogy, 찬양)은 에베소서 전체의 서론이며 독립된 한 단위를 형성하는 문단이다. 여기서 첫 문장 3절은 이 문단의 주제("모든 신령한 복; πάση εὐλογία πνευματική")를 언급하는 주제제시 혹은 제목의 역할을 하고 나머지 절들은 이를 설명해 주는 기능을 한다. 그리고 13-14절(13 그 안에서 여러분도 진리의 말씀, 즉 여러분의 구원의 복음을 듣고, 그 안에서 또한 믿어 약속의 성령으로 인치심을 받았습니다. 14 이 *성령은 여러분의 상속의 보증이며, 얻으신 것의 구속을 위하여 또한 그분의 영광의 찬송을 위함입니다*; ᾧ καὶ ὑμεῖς ἀκούσαντες τὸν λόγον τῆς ἀληθείας, τὸ εὐαγγέλιον τῆς σωτηρίας ὑμῶν, ἐν ᾧ καὶ πιστεύσαντες ἐσφραγίσθητε τῷ πνεύματι τῆς ἐπαγγελίας τῷ ἁγίῳ, 14 ὅ ἐστιν ἀρραβὼν τῆς κληρονομίας ἡμῶν, εἰς ἀπολύτρωσιν τῆς περιποιήσεως, εἰς ἔπαινον τῆς δόξης αὐτοῦ.)은 이 문단의 절정이라고 볼 수 있다. 바로 이곳에서(1:13) 에베소서에는 처음으로 성령(τὸ πνεῦμα τὸ ἅγιον)이 실제적으로 언급되었고, 이미 1장 3절에서 그 형용사(πνευματική)로 성령언어가 사용되었다.

여기 1장 3-14절에 묘사된 신령한 복의 핵심은 "그리스도 안에서"(ἐν Χριστῷ, 1:3-13에서 무려 11번이 나오는 어구) "하나님의 때가 찬 경륜"(1:9)을 이루는 것으로, 하나님의 아들들의 공동체(1:5)를 형성하는 것이다. 1장 13-14절에서 성령에 대하여 사용된 이미지는 하나님의 인,[35]

상속의 보증36) 등이고 또한 약속의 성령(비교. 갈 3:14)이라고 언급됨으로써 하나님의 아들의 공동체, 즉 교회를 (새로운) 이스라엘에 견주고 있음이 암시된다.37) 즉, 신령한 복(성령을 통하여 주시는 복, 혹은 성령 자신이 될 수도 있다)은 하나님께서 믿는 자들에게 그리스도의 구속과 성령의 선물을 통하여 주시는 복이다. 하나님은 교회(아들들의 공동체)를 계획하시고, 예수 그리스도는 그 기반을 닦으시고, 성령은 시간 속에서 그것을 수행하시는 역할을 하는 것이다.

2. 에베소서 1장 17절

에베소서 1장 15-23절은 에베소서의 수신자들을 위한 감사(15-16)와 기도(17-19)와 교회를 위하여 권세들을 이기고 이루신 그리스도의 승리(20-23)를 언급하고 있다. 실제적인 기도의 시작인 1장 17절("우리 주 예수 그리스도의 하나님, 영광의 아버지께서 여러분에게 지혜와 계시의 영을 주사 그분을 알게 하시기를; ἵνα ὁ θεὸς τοῦ κυρίου ἡμῶν Ἰησοῦ Χριστοῦ, ὁ πατὴρ τῆς δόξης, δῴη ὑμῖν πνεῦμα σοφίας καὶ ἀποκαλύψεως ἐν ἐπιγνώσει αὐτοῦ,")에 πνεῦμα가 나오고 있다. 그러나 이 단어가 "정신"으로 번역된 한글 개역성경은 이 본문에 대하여 오해하게 하는 번역이다. 여기서 "지혜와 계시의 영"이라고 할 때, 전자인 지혜(σοφίας)는 이사야서 11장 2절을 생각나게 하며 후자인 계시(ἀποκαλύψεως)의 동사와 명사를 포함한 동족어 군은 신약에서는 "예수 그리스도를 통하여 역사 속에 나타나진 하나님의 결정적인 행위"를 표현할 때 사용된 어휘이다.38) 또한 17절의 지식(ἐπιγνώσει)과 18-19절로 이어지는 기도내용에 나오는 "마음 눈을 밝히다"(πεφωτισμένος)는 어휘에서도 성령의 은사적인 활동을 알 수 있다(비교. 고전 12:8; 14:6, 26; 2:6-16).39) 그러므로 17-19절에 나타난 바울의 위대한 중보기도의 핵심은 신자들 가운데서 그들의 하나님, 부르심의 소망, 믿는 자들 가운데 있는 기업의 풍성함, 주어진 능력의 지극히 큼을 알 수 있게 하는 현재와 미래의 활동은 성령의 몫이라는 것이다.

3. 에베소서 2장 18-22절

에베소서 2장의 전반부(1-10절)에는 에베소서에서 유일하게 성령이 직접적으로 언급되지 않는 문단이나, 후반부(11-22절)에는 예수 그리스도의 십자가 사역을 통하여 중간에 막힌 담이 헐려 이방인과 유대인이 하나님과 서로 간에 화목하게 되었음을 말하고 있다(11-17절). 이제는 한 성령을 통하여(ἐν ἑνὶ πνεύματι) 이 둘이 하나님의 가족(οἰκεῖα τοῦ θεοῦ)으로서 아버지께(πρὸς τὸν πατέρα) 나아감을 얻게(ἔχομεν τὴν προσαγωγήν) 되었고(18-19절), 또한 주 안에서(ἐν κυρίῳ)와 성령 안에서(ἐν πνεύματι) 거룩한 성전(ναὸς ἅγιος), 즉 이 땅위에서의 하나님의 거처(κατοικητήριον τοῦ θεοῦ)가 되었다(20-22절). 이 구절에서 그리스도 안에서의 구원은 삼위일체 용어로 전달되는데, 그리스도의 사역과 성령의 현재의 사역을 통하여 우리 그리스도인은 아버지께 나아감을 가질 수 있는 것이다. 즉, 주 예수 그리스도를 통하여 교회는 존재하게 되어 그 안에서 거룩한 성전으로 자라 가는데, 이와 같이 그의 성령에 의하여 하나님의 거처가 되어가는 것이다.[40]

4. 에베소서 3장 3-7절

에베소서 3장 1-13절은 하나님의 은혜(비밀)의 경륜을 맡은(3:2, 9) 바울의 사도직(3:7)을 설명하는 문단이다. 계시로 바울에게 알려진 이 비밀(3:3)은 2장에서 이미 설명된 이방인과 유대인이 함께 하나님께 나아가는 교회에 관한 것이다(3:6, 10-11). "이(*비밀*)는 다른 세대에게는 사람의 아들들에게는 알려지지 않았고 이제 그의 거룩한 사도들과 선지자들에게 성령으로 알려진 것이다"(ὃ ἑτέραις γενεαῖς οὐκ ἐγνωρίσθη τοῖς υἱοῖς τῶν ἀνθρώπων ὡς νῦν ἀπεκαλύφθη τοῖς ἁγίοις ἀποστόλοις αὐτοῦ καὶ προφήταις ἐν πνεύματι,)(3:5). 여기서 3절과 5절을 연결하여 생각하면 이미 언급된 에베소서 1장 17절의 기도내용("지혜와 계시의 영")과 사도와 선지자들이 교회의 기초를 놓는 이들이라는 사실(2:20)을 이해하는 데 도움이 된다. 즉, 그 핵심에 교회가 놓여 있는 하나님의 은혜의 경륜을 바울에게 알리고 그를 사도와 일군으로 삼은 일은 성령의 사역을 통하여 이루어진 것이다.

5. 에베소서 3장 16-17절

에베소서 3장 14-21절은 바울이 자신의 사명을 언급(3:1-13)한 이후에 감격하여 다시금 드리는 기도(14-19)와 송영(20-21)이다. 전반부의 결론부분이기도 한 이 부분은 에베소서 1장을 떠올리게 하면서 동시에 4장부터 전개되는 후반부를 생각나게 한다. 실질적인 기도의 시작은 3장 16절 ("그(*하나님*)의 영광의 풍성을 따라 그의 성령으로 말미암아 여러분의 속 사람을 능력으로 강건하게 하옵시며; ἵνα δῷ ὑμῖν κατὰ τὸ πλοῦτος τῆς δόξης αὐτοῦ δυνάμει κραταιωθῆναι διὰ τοῦ πνεύματος αὐτοῦ εἰς τὸν ἔσω ἄνθρωπον,")인데, 여기에 성령이 언급되고 있다. 이 문장의 구조에서 "강건하게 되다"는 의미의 부정사(κραταιωθῆναι)를 중심으로 좌우에 배열되어 있는 두 어구, "능력으로"(δυνάμει)와 "성령으로 말미암아"(διὰ τοῦ πνεύματος)의 관계에 대하여, 후자는 전자의 원천으로 볼 수 있을 것이다. 또한 성령의 강건하게 하는 일은 "속 사람"(τὸν ἔσω ἄνθρωπον) 속에서 이루어지는 것이고, 이어지는 기도내용에서 "그리스도를 믿음으로 여러분의 마음 속에 계시게 하옵시고"(κατοικῆσαι τὸν Χριστὸν διὰ τῆς πίστεως ἐν ταῖς καρδίαις ὑμῶν)라는 구절을 종합하면 성령은 곧 교회인 믿는 자들 가운데 내주 하시고 그들을 강건하게 하여 사랑의 열매를 맺게 하시는 그리스도

의 영/하나님의 영이라고 볼 수 있을 것이다(고후 1:22; 롬 8:9; 엡 2:22).[41]

6. 에베소서 4장 3-6절(성령의 하나됨)과 11-12절(성령의 은사)

에베소서 4장 1-16절의 주제는 에베소서 전체가 그러하듯이 교회의 하나 됨이다. 교회의 하나 됨은 성령의 역사이자 또한 선물이다(4:3, τὴν ἑνότητα τοῦ πνεύματος). 즉, 하나 됨은 성령에 의하여 결정되고 또한 유지되는 것인데(고전 12:12이하; 빌 2:1; 엡 2:18), 이 성령의 하나 되게 하심의 역사는 4장 4-6절에 열거된 위대한 일곱 하나에서 잘 설명된다. 흥미롭게도 이 일곱 하나의 구조는 3 (ἓν σῶμα, ἓν πνεῦμα, μία ἐλπίς) : 3 (εἷς κύριος, μία πίστις, ἓν βάπτισμα,) : 1 (εἷς θεός)의 구조로 배열되면서 각 줄의 첫 자리에 성령-주하나님의 구조를 예상하게 하나, 첫 줄에는 예상을 깨고 성령이 가운데 자리에 놓여 있다. 이러한 배치는 우연이 아님을 첫 줄에서 알 수 있는데, 이는 성령이 가운데 놓여 있는 것은 몸(교회)의 하나 됨은 성령에 의하여 효력을 발생하고 유지되며(4:3) 또한 성령은 그리스도인의 소망의 본질이며 보증이 되기 때문이다(1:18, 14).[42] 이러므로 성령이 에큐메니칼 운동(Ecumenical Movement)의 중심에 서있는 것이다.

또한 에베소서 4장 11-12절("11 또한 그가 어떤 이들에게는 사도들로, 어떤 이들에게는 선지자들로, 어떤 이들에게는 복음 전하는 자들로, 어떤 이들에게는 목사(자)와 교사로 주셔서, 12 섬기는 일, 그리스도의 몸을 세우는 일을 위하여 성도들을 온전케 하도록 하셨습니다"; 11 καὶ αὐτὸς ἔδωκεν τοὺς μὲν ἀποστόλους, τοὺς δὲ προφήτας, τοὺς δὲ εὐαγγελιστάς, τοὺς δὲ ποιμένας καὶ διδασκάλους, 12 πρὸς τὸν καταρτισμὸν τῶν ἁγίων εἰς ἔργον διακονίας, εἰς οἰκοδομὴν τοῦ σώματος τοῦ Χριστοῦ,)은 교회에 주어진 성령의 은사(직분)와 그 목적/기능이 설명된 구절이나, 성령에 대한 직접적인 언급은 없다. 그러나 에베소서 4장 7절부터 여기까지 이어지는 문맥과 다른 곳(고전 12:4-11, 28; 롬 12:3-8)에서의 내용을 견주어 본다면 이 구절은 몸을 세우기 위하여 주어진 성령의 은사를 언급하는 본문으로 보아야 한다. 처음 세 가지(사도, 선지자, 복음전하는 자)는 더 넓은 교회들을 위하여 주어진 은사이며 마지막 둘(목자와 교사)은 흔히 한 사람에게 동시에 주어지는 경우인데 지역교회에서의 사역을 위한 것으로 보인다. 바울은 이러한 성령의 은사들을 어떤 직책으로서의 기능이라기보다는 교회 안에서 섬기고 다른 사람들로 하여금 교회의 사역을 하도록 해주는 기능으로 보았다.[43] "은사 공동체로서 교회는 다양성 안에서 혹은 다양성을 통한 통일성을 의미한다—은사들의 다양성 안에서 혹은 다양성을 통한 은혜의 통일성인 것이다(the church as charismatic community means unity in and through diversity-the unity of chris in and through the diversity of charismata.)"[44]

7. 에베소서 4장 23, 30절과 5장 18-19절

에베소서 4장 17절-6장 9절은 1-3장에서 이루어진 가르침을 실제 삶에 실천하도록 권면하는 부분이다. 다시 말하면 그리스도인 공동체의 윤리를 언급하고 있다. 이 긴 문단에 출현하는 성령언어는 πνεῦμα(4:23, 30; 5:18)와 πνευματικός(5:19)이다. 에베소서 4장 23절("그러나 여러분의 마음의 영/성령으로 새롭게 되어서; ἀνανεοῦσθαι δὲ τῷ πνεύματι τοῦ νοὸς ὑμῶν")에 나오는 πνεῦμα가 사람의 마음 안에 있는 사람의 영인지 성령인지를 두고 논란이 심하다. 에베소서 1장 13절, 3장 16절, 4장 30절, 6장 17절 등에는 πνεῦμα 앞에 정관사가 붙어 있으나 여기는 그렇지 못한 것도 성령이라는 결론을 내리는 것을 힘들게 한다. 그러나 23절에 나오는 πνεῦμα는 사람의 영을 언급한다고 하더라도, 바로 이어지는 24절이나 로마서 12장 1-2절과 견주어서 본다면 사람의 심령이 새롭게 되는 작업은 인간의 영

안에서 이루어지기 때문에 성령이 직접적으로 혹은 간접적으로 이 사역에 관여한다고 하는 사실을 부인할 수 없을 것이다.

그리스도인 공동체의 윤리문단(4:17-6:9)에서 두 번째로 나오는 성령언어는 4장 30절("또한 하나님의 성령으로 하여금 근심하게 하지 마십시오, 여러분은 구속의 날까지 그 분으로 인침을 받았습니다; καὶ μὴ λυπεῖτε τὸ πνεῦμα τὸ ἅγιον τοῦ θεοῦ, ἐν ᾧ ἐσφραγίσθητε εἰς ἡμέραν ἀπολυτρώσεως.")에서이다. 이 구절은 이사야서 63장 10절("그들이 반역하여 주의 성신을 근심케 하였으므로 그가 돌이켜 그들의 대적이 되사 친히 그들을 치셨더니"-한글 개역성경)의 흔적이 보이는데, 어휘뿐만 아니라 이사야서 63장 1-19절의 관심사와 에베소서의 그것이 흡사하다. 이스라엘의 반역이 주의 성신을 근심하게 하였듯이 우리 그리스도인들의 잘못들은 성령을 근심하게 하는 것이다. 이 구절에서 "여러분이 인침을 받았다(ἐσφραγίσθητε)"는 어구는 1장 13-14절(비교. 고후 1:21-22)에 이미 나왔듯이 확증이나 소유권을 의미하는 이미지이며, "구속의 날까지(εἰς ἡμέραν ἀπολυτρώσεως)"라는 어구는 종말론적 측면을 보여주며 로마서 8장 23절을 연상케 하는데, 이 두 가지 표현 속에는 성령의 사역의 현재성과 미래성이 함께 암시되어 있다.

에베소서 4장 17절-6장 9절에서 마지막으로 발견되는 성령언어는 5장 18-19절(각각 πνεῦμα와 πνευματικός)에서 인데, 5장 18절("또한 술에 취하지 마십시오, 이는 방탕한 것입니다. 오히려 성령으로 충만함을 받으십시오; καὶ μὴ μεθύσκεσθε οἴνῳ, ἐν ᾧ ἐστιν ἀσωτία, ἀλλὰ πληροῦσθε ἐν πνεύματι,")의 명령과 그 결과로 주어지는 여러 현상들을 설명하며 분사들로 구성된 부분(5:19-21)의 첫 구절인 5장 19절("시와 찬송과 신령한 노래들로 서로에게 말하며, 여러분의 마음으로 주께 노래하며 찬송하며; λαλοῦντες ἑαυτοῖς ἐν ψαλμοῖς καὶ ὕμνοις καὶ ᾠδαῖς πνευματικαῖς, ᾄδοντες καὶ ψάλλοντες τῇ καρδίᾳ ὑμῶν τῷ κυρίῳ,")에서이다. 에베소서 5장 18절은 4장 17절부터 시작된 그리스도인 공동체 윤리문단을 마무리 짓는 문단(18-21절)의 첫 문장이며 19-21절과 같이 분사들이 아닌 실제 명령형들로 구성되었다. 바울은 이 서신을 받는 공동체들에게 하나님의 성령에 의하여 하나님의 충만함으로 충만되도록 권면하고 있는 것이다. 성령 충만의 결과는 예배와 순종과 경외함에 있다(5:19-21). 그러므로 그리스도인 공동체의 윤리는 어떤 규례나 도덕률의 제시가 아니며, 그리스도의 부활을 통하여 믿는 자들 안에 새 생명이 시작되고 성령을 보내주심으로 시작되고 그 능력으로 그리스도인의 윤리(신적 명령들)는 이루어질 수 있는 것이다.[45]

8. 에베소서 6장 17-18절

에베소서 6장 10-20절은 서신의 결말부분으로 수신자들에게 지금까지 주어진 교훈에 비추어서 그리스도의 구속을 통하여 주어진 전신갑주를 입고(13-17상) 성령의 무기들(17하-20, 하나님의 말씀과 기도)을 가지고 악한 세력을 대항하라고 권면 하는 부분이다. 에베소서 6장 17절("그리고 구원의 투구와 성령의 검, 즉 하나님의 말씀을 가지십시오."; "καὶ τὴν περικεφαλαίαν τοῦ σωτηρίου δέξασθε καὶ τὴν μάχαιραν τοῦ πνεύματος, ὅ ἐστιν ῥῆμα θεοῦ.")은 영적인 무장에서 공격무기에 해당하는 성령의 검 즉, 하나님의 말씀을 언급하는 절이다. 관계대명사(ὅ)의 성(중성)을 보면 선행사(τὴν μάχαιραν)의 성(여성)과 일치하지 않는데, 이런 경우는 관계대명사로 이끌리는 절이 앞 문장 전체에 대한 설명이나 진술의 기능으로 사용되었거나, 선행사의 서술어(여기서는 τοῦ πνεύματος)가 더 중요한 뜻이 있다고 여겨질 때 발생하는 경우이다.[46] 이는 검보다는 성령에 더 강조점이 주어진 것으로 이해된다. 또한 여기에 사용된 말씀(ῥῆμα)이라는 어휘는 신약성서에 더 많이 사용된 λόγος와 유사어이나 전자는 어떤 특정한 시점에서 주어진 말씀임을 강조할 때 사용되었다. 즉, 성령의 검은 성령에 의하여/으로부터 특정한 때에 주어지는 생동하는 하나님의 말씀인 것이다.

또한 6장 18절의 "모든 기도와 간구로 무시로 성령 안에서 기도하며, 이를 위하여 깨어 구하기를 항상 힘쓰며 모든 성도들을 위하여 구하고"(διὰ πάσης προσευχῆς καὶ δεήσεως προσευχόμενοι ἐν παντὶ καιρῷ ἐν πνεύματι, καὶ εἰς αὐτὸ ἀγρυπνοῦντες ἐν πάσῃ προσκαρτερήσει καὶ δεήσει περὶ πάντων τῶν ἁγίων)의 전반부는 "성령(영) 안에서" 혹은 "성령(영)으로 기도하라"로 번역할 수 있을 것이다. 이는 성령과 우리 영이 함께 부르짖는 아바-기도(abba-prayer)(롬 8:15; 갈 4:6)와 성령의 신음(롬 8:26-27)을 암시하는 것은 의심할 여지가 없다.47)

9. 결론

이상에서 에베소서에 나오는 성령에 관한 구절들을 살펴보았다. 에베소서 1장 3절에서 언급된 대로 하나님께서 우리 모두를 위하여 그리스도 안에서 하늘에 예비하신 모든 신령한 복을 나누어 주는 사역-즉 하나님의 아들들이 일어나 교회가 세워지는 사역-은 이제 성령께 주어진 것이다. 약속의 성령은 그리스도인의 삶의 시작과 지속되는 삶과 또한 종말론적인 완성을 보장하는 보증이며 인이다(1:13-14; 4:30). 성령은 하나님과 하나님이 하시는 일을 깨닫게 하는 결정적인 역할을 한다(1:17-21).

또한 성령은 교회-믿는 자들의 공동체-에 중심적인 역할을 한다(2:18, 22; 4:3-4; 5:18-19). 믿는 자들의 공동체 가운데 그의 임재는 하나님께서 이제 세상에 현존하시는 방식이며(2:22). 성령은 그리스도의 사역을 토대로 한 교회의 형성(4:4)과 하나 됨의 열쇠이다(4:3-4).

성령은 그리스도인의 윤리에서도 중심적인 역할을 한다. 성령은 그리스도인들의 속사람을 강건하게 하며(3:16-19), 그들이 그와 같은 모양으로 형성되도록 재창조를 해나가며(4:23-24, 30), 그들이 그와 같이 되가는 데 실패할 때 근심한다(4:30). 그리스도인들이 성령으로 지속적이고 반복적으로 충만하게 될 때 그들이 주의 뜻을 아는 지혜를 얻고 서로 가르침을 받고 하나님을 찬양하게 되는 노래와 찬양의 형태를 지닌 예배가 형성된다(5:18-20). 교회의 영적 전쟁에서 힘써야 할 중요한 일은 성령으로 기도하는 일이다(6:18).

그러므로 오늘날의 교회론은 성령론의 바른 이해 속에서 정립되어야 함을 에베소서의 교회론이 성령론과 밀접하게 연결되어 있음을 볼 때 알 수 있게 된다. 이러한 맥락 속에서 "반응할 줄 아는 회중"(The Responsible Congregation), "영들을 분별함-무시된 은사"(Discernment of Spirits-A Neglected Gift), "사역과 그 사역: 전통적인 교회관을 향한 은사적 쇄신에의 도전"(Ministry and the Ministry: The Charismatic Renewal's Challenge to Traditional Ecclesiology), "성령과 그리스도의 몸"(The Spirit and the Body of Christ) 등과 같은 J. Dunn의 80년대의 여러 도전적인 글들은 현대교회와 한국교회가 지금도 들어야 하고 실천해야 할 목소리일 것이다.[48]

IV. 여타의 신학적 주제와 교회

에베소서에서 교회만이 유일한 신학적 주제는 아니다. 이 교회론은 위에서 살펴본 대로 성령과 특별한 연관성이 있고, 또 다른 신학적 주제들과도 깊은 관련성 속에 기술되어 있다. 그러면 여기서는 성령에 관한 가르침을 제외하고 에베소서에서 다루어지고 있는 중요한 신학적 주제들을 교회와의 연관성 속에서 살펴보기로 한다.

1. 하나님

에베소서에 하나님(θεός)은 무려 32번이나 나온다(1:1, 2, 3, 17; 2:4, 8, 10, 16, 19, 22; 3:2, 7, 9, 10, 19; 4:6, 13, 18, 24, 30, 32; 5:1, 2, 5, 6, 20; 6:1, 6, 11, 17, 23). 에베소서는 하나님의 뜻으로 하나님의 비밀의 경륜인 교회의 사도와 일꾼 된 바울(1:1; 3:7-10)에 의하여 기록되었고, 이 하나님을 향한 찬송시(eulogy)로 시작된다(엡 1:3-14). 하나님은 그 기쁘신 뜻을 따라 그리스도 안에서 또한 그를 통하여(1:3) 자기의 백성(교회)을 위한 모든 일을 하셨다. 하나님의 비밀의 경륜/때가 찬 경륜의 핵심에 교회가 놓여있다. 이 모든 것은 전지전능하신 하나님이 그의 사랑에 기초하여 하신다(1:4; 2:4). 하나님은 그리스도를 죽은 자 가운데 부활시키시고 모든 것 위에 머리로 교회에 주심으로 교회가 그 능력을 누리게 하셨다(1:20-23). 하나님은 이제 교회와 그리스도 안에서 영광을 받으시며(3:20-21), 자신의 거처(2:22)인 교회를 그 아들의 신부로 온전하고 영화롭게 하실 것이다.

2. 그리스도

에베소서에는 모든 것 위에 뛰어난 그리스도를 여러 가지 방법으로 묘사하는 이른바 우주적 기독론(cosmic Christology 혹은 Christ's cosmic lordship)이 서신 전반에 걸쳐 강조되고 있다.[49] 예수 그리스도는 부활을 통하여 모든 정사와 권세 위에 뛰어나신 분이 되었고, 바로 이분이 자신의 몸인 교회의 머리로 주어졌다(1:21-22; 4:15-16). 교회를 향한 하나님의 모든 계획은 아들 그리스도 안에서 세우시고(1:4), 우주가 아들 안에서 통일되게 하시고(1:10), 믿는 자들은 그리스도 안에서 그 피로 죄사함과 구속과 은혜를 받고(1:7), 그의 십자가를 통하여 화목을 이루게 되었다(2:16). 그리스도는 그의 신부인 교회를 기르고 보살피며(5:29) 또한 교회가 대적을 이기도록 강한 그리스도의 군대가 되게 하는 분이다(6:10). 에베소서의 기독론은 우주적 기독론일 뿐만 아니라 교회적 기독론(ecclesiological Christology)이다. 또한 교회론도 기독론적 교회론(christological eccleciology)이다.50)

3. 종말

에베소서에는 실현된 종말론(realized eschatology)이 두드러지게 강조된다.51) 에베소서 2장 5, 8절에 사용된 현재완료형 동사 ἐστε σεσῳσμένοι (완곡법으로 σῴζω[구원하다]동사의 현재완료 수동태 직설법)는 분명히 구원의 완료성과 현재성을 강조하는 표현이다. 또한 에베소서 2장 6절에는 믿는 자들이 승귀된 그리스도와 하늘에 이미 앉혀져 있다고 표현된다. 이러한 사상은 바울의 다른 서신에서도 나타나며(롬 6:1-13; 고후 5:17), 소아시아 교회들의 실제상황에서도 필요한 가르침이었기 때문이었다.52)

에베소서에는 주의 날이나 재림 혹은 미래의 부활 등을 지칭하는 특별한 용어들은 없지만, 성령에 의하여 믿는 자들에게 보증이 되어 있는 "구속의 날"(1:13; 4:30)이나 "악한 날" 등의 미래 요소(2:7; 5:5; 6:8, 13)가 있어서 미래 종말론적 요소가 없는 것은 아니다. 그 구속의 날에는 영광스럽고 거룩하고 순결한 교회(5:27)를 자신에게 내어놓을 것이다. 이 미래의 날에 하나님은 불순종하는 자들에게 진노를 부으실 것이다(5:8).

4. 구원

에베소서의 구원론은 교회론이라고 보아도 별로 틀림이 없을 것이다. 에베소서의 구원론은 위에서 언급한 종말론의 현재성과 미래성이 있듯이 동일한 양상을 보이고 있다. 믿는 자들은 이미 구원받았고(2:5, 8) 그리스도와 함께 하늘에 앉힌바 되었지만(2:6) 또한 구속의 날을 기다리고 있다(1:14; 4:30). 에베소서에서는 다른 바울서신과 동일하게 율법의 행위가 아니라 믿음으로 구원받는다는 사상이 강조되고 있다(2:8-9). 또한 그리스도의 화목케 하는 십자가 사역이 강조되어(2:16), 그것에 기초하여 믿는 자들이 하나님께 나아감을 얻게 되었다(2:18; 3:12). 에베소서의 구원론은 종말론적이며, 그리스도 중심적이며, 또한 우주적이다.[53] 특히 에베소서에서는 믿는 자들과 그리스도와의 연합이 강조되었고,[54] 이를 통하여 신자들은 구속, 죄사함, 하나님께 나아감, 성령의 인, 성령의 은사, 하늘의 지위 등을 얻었고 의와 진리로 하나님에 의하여 지음을 받은 새로운 존재가 되었다(4:24)

5. 윤리

일반적으로, 에베소서의 전반부(1-3장)는 교리적인 가르침이며 후반부(4-6장)는 윤리적인 가르침으로 인식된다. 이 후반부는 교회의 거룩성을 전제로 하여 믿는 자들의 행실이 주위의 죄악사회의 그것들과는 대조를 이루며(4:17-24; 5:3-14), 믿는 자들이 빛의 자녀로서 또한 새로운 인간으로서 세상 가운데 일상생활의 관계(5:21-6:9) 속에서 이루어야 할 윤리를 말하고 있다.[55] 이방인 그리스도인들이었던 수신자들은 믿기 전의 여러 행실들로 집약되는 옛 사람을 이제는 벗어 던지고 새 사람을 입어야 한다(4:22-24). 에베소서의 소위 가정법전으로 주어진 윤리적 교훈들(5:21-6:9)은 교회론(5:21-33), 성령론, 종말론과 밀접한 연관성이 있다. 그리스도인의 윤리는 그리스도의 오심으로 시작되며 성령의 능력(3:16; 4:30; 5:18; 6:10-20)으로 가능하며 완성의 구속의 날을 바라보고 있기 때문이다(4:30; 6:13). 그리스도인의 윤리는 교회에게 머리이신 그리스도가 주는 은사와 또한 은사 받은 자들을 통한 그리스도의 지도력과 공급하심으로 가능하며(4:11-16) 또한 그 섬김과 자기희생의 모범이 그리스도 안에서 발견된다(5:2).[56]

6. 유대교

교회는 유대인과 이방인이 함께 하나님께 나가는 제3의 인종, 새 사람이다(2:15). 그리스도는 십자가의 사역을 통하여 중간에 막힌 담을 허물고 모든 계명의 율법을 폐하고 자기 안에 이 새 사람을 지어 유대인과 이방인을 한 몸 안에 있는 동일한 하나님의 식구로, 한 성전으로 지으셨다(2:11-22; 3:6). 에베소서는 구약 인용이 적고, 있어도 약속-성취의 구도 속에서 이루어진 것은 아니다. 교회는 원래 이스라엘에 초점이 맞추어져 있던 하나님의 계획의 역사적 증인으로서, 이제는 이방인과 유대인을 모두 포함한 새로운 사회(new society)가 된 것인데 이는 다른 바울서신에 언급된 대로 "제3의 인종"이다(고전 10:32).[57]

7. 결론

이상에서 간단하게 살펴보았듯이 에베소서에는 교회론이 두드러진 신학적 주제로 드러나지만, 성령론을 위시하여 신론, 기독론, 종말론, 구원론, 윤리, 유대교 등의 다른 신학적 주제도 풍부하게 함축되어 있음을 알 수 있다. 또한 이 모든 주제들이 교회론과 밀접한 관계에 있을 뿐만 아니라 서로 간에도 긴밀한 관계에 있음이 발견된다.

결 론

본고는 에베소서에 나타난 교회에 관한 가르침에 대한 성서신학적인 접근으로서, 체계적 접근(systematic approach)이라기보다는 기술적 접근(descriptive approach)을 취하였다. 필자는 우선 에베소서에서 교회 용어가 사용된 문단을 주석적으로 살펴보고, 교회 이미지들을 찾아 조사해 보았다. 이어서 에베소서에서 교회와 연관된 중요한 신학적 주제로서 성령을 위시하여 하나님, 그리스도, 종말, 구원, 윤리, 유대교 등을 살펴보았다. 또한 각 부분에서 이미 결론적인 진술이 이루어졌으므로 여기서는 본 연구를 통한 몇 가지 종합적인 결론과 오늘날 교회를 위한 제안을 나열해 본다.

첫째, 에베소서는 교회용어뿐만 아니라 교회의 이미지도 풍부하고, 교회와 연관된 다양한 신학적 주제가 정교하게 잘 짜여진 책이기 때문에 깊고 건전한 교회관 확립에 중요한 책이다. 물론 사도행전이 초대교회 이해에 중요한 역할을 하고 있고 고린도전서도 초대교회를 이해하는 반면교사로 훌륭한 기능을 하지만, 에베소서는 또 다른 삶의 정황 속에서 계시된 풍성한 교회관을 보여준다. 예를 들면, 에베소서의 교회관이 모든 것 위에 뛰어나신 그리스도를 그리는 우주적 기독론적으로 주어졌을 때, 소아시아 이방세계의 영적 세력과의 대치 가운데 있는 그리스도인 공동체들에게 큰 위로와 소망이 되었을 것이다. 오늘날과 같이 교계가 혼탁한 때는 더욱이 에베소서의 높고 고결한 교회에 대한 메시지에 귀를 기울여야 할 것이다.

둘째, 교회관은 단순히 그 한 가지만을 따로 떼어놓고 생각할 수 없다는 것이다. 에베소서의 교회관은 성령, 하나님, 그리스도, 구원, 종말, 윤리 등과 같은 중요한 신학적 주제와 그물같이 짜여져 있다는 사실에서, 건전하고 깊은 교회관은 다른 가르침과의 균형과 조화 속에서 온전해진다는 것을 알 수 있다. 교회사 초기에 그리스도의 인성/신성문제가 이단과의 논쟁의 전면에 놓여 있었지만 사실상 바로 그 이면에는 구원관, 교회관, 종말론, 윤리 등과 밀접한 관계를 맺고 있었던 것이 사실이며, 종교개혁기에 대두된 이신칭의론은 구원관의 싸움 같지만 그 이면에는 교회관, 성경관, 윤리 등과 같은 신학적 주제와 깊은 연관성이 있었다는 사실에서 우리는 에베소서의 현상을 공감할 수 있을 것이다.

셋째, 에베소서의 몸 이미지에서 우리는 교회가 건물이나 조직이 아니라 생명체요 유기체임을 알고 다양성 속에서의 통일성과 연합과 성숙을 도모해야 한다. 또한 성전 이미지에서는 교회의 거룩성을 절감해야 하며, 한 새 사람/가족 이미지에서는 소외된 자들을 생각해야 한다. 그리스도의 군대 이미지에서 우리는 영적 전투를 생각하며 하나님이 이미 마련하신 능력을 덧입어야 한다. 그리스도의 신부 이미지에서 교회는 순종과 정결함과 그리스도와의 깊은 연합을 실천해야 한다. 그리고 교회의 연합과 일치를 생각할 때 우리는 성령의 중심성을 상기해야 한다. 한국교회의 연합과 나아가서 통일 한국을 바라보고 있는 한국교회는 교회의 진정한 연합을 생각해 보아야 할 것이다. 에베소서의 메시지를 통해 중간에 막힌 담을 헐고 도저히 하나 될 수 없었던 이방인과 유대인이 한 하나님께 나갈 수 있게 되었던 능력을 우리도 얻을 수 있게 되기를 바란다.

주(註)

1) 필자가 M.Div.시절 은사이신 백민호(Don McMinn) 선교사―교수의 "에베소서 원강(Exposition in English)"을 들은 적이 있었는데, 본 논문집이 백민호 교수의 은퇴를 기념하고자 함을 목적으로 삼고 있기에 본고의 연구주제를 에베소서에서 잡게 되었다.
2) Bruce, F. F. Bruce, *The Epistles to the Colossians, to Philemon, and to the Ephesians*, NICNT (Grand Rapids: Eerdmans, 1984), 229.
3) Markus Barth조차도 에베소서를 "문 앞에 선 손님: 바울의 수수께끼 서신"(A Stranger at the Door: Paul's Puzzling Epistle)으로 표현하고 있다: Markus Barth, *The Broken Wall: A Study of the Epistle to the Ephesians* (London: The Judson Press, 1960), 9이하; 그러나 그는 방대한 주석에서는 여전히 에베소서의 바울저작을 인정하고 있다: Markus Barth, *Ephesians 1-3*; *Ephesians 4-6*, AB (New York: Doubleday, 1974).하지만 Andrew Lincoln 같은 학자는 바울 저작으로 보지 않는다: Andrew T. Lincoln, *Ephesians*, WBC (Dallas: Word Books, 1990). 그러나 F. F. Bruce, Gordon D. Fee, Clinton E. Arnold 같은 학자들은 강력하게 바울저작을 옹호하고 있다: Bruce, 229-46; Clinton E. Arnold, *Ephesians, Power and Magic: The Concept of Power in Ephesians in Light of Its Historical Setting* (Grand Rapids: Baker, 1992); Gordon D. Fee, *God's Empowering Presence: The Holy Spirit in the Letter of Paul* (Peabody: Hendrickson Publishers, 1994), 658-64.
4) Victor Paul Furnish, "Epistle to the Ephesians," *ABD*, vol. 2: 539-41.
5) 에베소서 1장 1절에 나오는 ἐν Ἐφέσῳ("에베소에 있는")라는 어구는 중요한 초기 사본들(P^{46} ℵ B)에는 누락되어 있는데, Bruce M. Metzger는 에베소서가 에베소 교회(가장 큰 교회)를 위시한 주위의 교회들에게 보내지는 회람서신이었기에 이 어구를 넣지 않았고, 후에는 에베소 교회에 보관하였을 가능성이 높기 때문에 위에 언급한 초기 사본들을 제외한 대부분의 사본에 이 어구가 있게 됐다고 주장한다: Bruce M. Metzger, *A Textual Commentary on the Greek New Testament*, 2nd ed. (Deutsche Bibelgesellschaft, 1993), 532. 이 견해는 여러 학자들에 의하여 받아들여지는 견해이다: Ralph P. Martin, *Ephesians, Colossians, and Philemon*, Interpretation (Louisville: John Knox Press, 1991), 3-6. 또한 에베소서 1장이 신약의 다른 서신들의 도입부와 상이한 것도 이방인 그리스도인들에게 보내는 "사도의 일반적인 관심사(general apostolic concern)"의 표현이었기 때문인 것을 감안한다면 회람서신의 가능성이 높아진다: Peter O'brien, "Ephesians I: An Unusual Introduction to a New Testament Letter," *New Testament Studies* 25 (1979): 515.
6) ἐκκλησία는 "불려 내어진 무리"라는 뜻으로, 이 말은 헬라 도시국가의 민회와 같이 정치적인 용어로 사용된 적도 있지만(행 19:39), 칠십인역에서는 하나님 앞에 모여

있는 이스라엘 백성(회중)을 번역하는 말로 사용되었다. 신약에서는 예수 그리스도를 통하여 탄생된 교회를 하는 말로 주로 사용되었는데, 바울은 실제적으로 모이고 있는 지역교회를 의미할 때 주로 사용하였다: J. Roloff, "ἐκκλησία," *EDNT*, vol. 1: 410-515; Robert Banks, *Paul's Idea of Community: The Early House Churches in Their Historical Setting* (Grand Rapids: Eerdmans, 1981), 39-61.

7) H. Bachmann and W. A. Slaby, eds., *Computer-Konkordanz zum Novum Testamentum Graece* (Berlin: Walter de Gruyter, 1980), 586-9.

8) 본고에서 성경인용은 기존 번역을 인용하는 경우도 있겠으나, 논의를 용이하게 하기 위하여 필자의 사역을 싣는 것을 원칙으로 하며 이해를 돕기 위하여 헬라어 원문도 함께 병기하였다. 필자는 성경을 번역함에 있어서 원칙적으로 원문과 내용과 형식의 일치를 두고자 했고, 원문에는 없으나 문장 구조상 어쩔 수 없이 들어가는 어구는 이탤릭체로 표기하였다.

9) Robert H. Gundry, *Sōma in Biblical Theology* (Cambridge: Cambridge University Press, 1976), 223-44; E. Schweizer, "σῶμα," *EDNT*, vol. 3: 324.

10) 이 "머리"(κεφαλή)라는 어휘는 신약성서에서 사람의 신체인 머리를 지칭할 때 사용되었으나, 주로 바울서신에서 신학적인 의미가 담긴 의미로도 사용되었는데, 골로새서 1:18-19와 2:10 등에서는 우주와 모든 정사와 권세를 포함한 교회의 머리로 그리스도를 지칭할 때 사용되었다. 에베소서에는 이곳과 4:15와 5:23에 나오는데, 거의 동일하게 교회의 머리로서 그리스도를 언급할 때 사용되었다. 하지만 이곳 (2:22)에서는 교회의 머리이기도 하지만 골 1:19; 2:10 등에서 언급된 것과 마찬가지로 모든 우주와 그 가운데 있는 모든 영적 세력들의 머리임을 언급하고 있다. 에베소서 1장은 서론-찬양시(3-14절)와 기도(15-19)와 그리스도의 부활의 능력을 설명하는 내용(20-23)으로 되었는데 이 세 부분 모두에는 모든 것 위에 높아진 예수 그리스도가 묘사되어 있다(3, 15절의 '주,' 10절의 '그리스도 안에서 만물을 통일하기[ἀνακεφαλαιώσασθαι τὰ πάντα ἐν τῷ Χριστῷ],' 특히 20-23절에서 그려진 부활 후 그리스도의 지위): M. Lattke, "κεφαλή" *EDNT*, vol. 2: 284-6; Walter Wink, *Naming the Powers: The Language of Power in the New Testament* (Philadelphia: Fortress Press, 1986), 13-35; 60-4(Wink는 신약성서에서 보이거나 보이지 않는 영적 세력을 지칭하는 어휘와 구절들에 대한 진지한 연구를 하였다); Arnold, *Ephesians*, 70-85(Arnold는 Wink의 연구를 활용하면서 영적 세력의 구도 속에서 에베소서를 이해하려고 시도하였다).

11) Wink, 63-4.

12) P. D. Overfield, "Pleroma: A Study in Content and Context," *New Testament Studies* 25 (1979): 393-4; George Howard, "The Head/Body Metaphors of Ephesians," *New Testament Studies* 20 (1974): 351-4.

13) Arnold, *Ephesians*, 82-5.

14) 에베소서 3장 10절의 주어는 "하나님의 다양한 지혜(ἡ πολυποίκιλος σοφία τοῦ θεοῦ)"이며 동사(γνωρισθῇ)는 γνωρίζω('알리다')의 부정과거 수동태 가정법 3인칭 단수로 되어 있으므로 이를 살려서 번역하는 것이 바람직하다. 이 절에 나오는 동사

(γνωρισθῇ)는 그 행위자(agent)가 생략되었으나 그 실제적 행위자는 하나님임이 암시되어 있는 소위 신적 수동태(divine passive)이기 때문이다. 한글 개역성경의 번역에는 경어가 들어감으로써 하나님의 행위가 암시되어 있지만 수동태를 살린 것은 아니다. 참고. Maximilian Zerwick, *Biblical Greek* (Rome: Scripta Pontificii Instituti Biblici, 1963), 76; Joachim Jeremias, *New Testament Theology: The Proclamation of Jesus* (New York: Charles Scribner's Sons, 1971), 9-14.

15) 찬송시(eulogy)인 에베소서 1:3-14는 에베소서의 서론인데 여기에 묘사된 신령한 복의 핵심은 "그리스도 안에서"(ἐν Χριστῷ, 1:3-13에서 무려 11번이 나오는 어구) "하나님의 때가 찬 경륜"(엡 1:9, οἰκονομίαν τοῦ πληρώματος τῶν καιρῶν)을 이루는 것인데, 하나님의 아들들의 공동체(엡 1:5; 비교. 롬 8:29-30)를 형성하는 것이다. 에베소서 1:10을 위시하여 에베소서 3:2, 9 등에 '경륜'으로 번역된 οἰκονομία는 누가복음 16:1-9에서 볼 수 있듯이 청지기(οἰκονόμος), 청지기의 직분과 활동(οἰκονομία, 동사는 οἰκονομέω)으로 이루어지는 파생어 군에 속하면서, 일차적으로는 가정경제를 경영(household management)하는 의미가 있었으나 교회의 일꾼(οἰκονόμος, 고전 4:1; 9:17; 골 1:25 등)이나 하나님의 구원계획(οἰκονομία, 엡 1:10, 3:2, 9)의 뜻으로 사용되었다. 엡 1:10의 '하나님의 때가 찬 경륜'은 9절(또한 3:10)에 언급된 비밀이 이제 역사의 한 시점에서 성취되었음을 강조하는 하나님의 계획의 완성을 의미하는데, οἰκονομία의 영어의 상대어휘는 음역과도 일치하는 economy(경제)이며, 동양권의 경제라는 원의는 경세제민(經世濟民, '세상을 다스리고 경영하고 백성을 구제한다')의 뜻으로 본다면, 하나님의 경륜은 죽었던 자들을 아들 안에서 불러 생명을 주어 거대한 가족(교회/나라)을 이루고 풍성한 복으로 복 주어 살게 하시는 하나님의 經世濟民의 계획이라 볼 수 있을 것이다: 참조. H. Kuhli, "οἰκονομία," *EDNT*, vol. 2: 498-500; Charles J. Robbins, "The Composition of Eph 1:3-14," *Journal of Biblical Literature* 105/4 (1986): 677-87.

16) Wink, 89-96; Arnold, *Ephesians*, 63-64.

17) Lincoln, *Ephesians*, 188-9.

18) Barth, *Ephesians 1-3*, 375-6.

19) Martin, *Ephesians*, 67-8; Lincoln, *Ephesians*, 352; 하지만 이를 확증하기 위하여 엡 5:21-33의 내용들이 사도 후 전승이라고 주장하는 것은 설득력이 없다: William O. Walker, "The "Theology of Woman's Place" and the "Paulist" Tradition," *Semeia* 28 (1983): 111; Bruce는 5:21과 5:22을 분리하여 문단을 나누었지만, 5:22-5:9까지의 내용을 상호복종의 가르침으로 보고 있다: 참조. Bruce, 383.

20) Winsome Munro, "Col. III.18-IV.1 and Eph. V.21-VI.9: Evidences of a Late Literary Stratum?" *New Testament Studies* 18 (1972): 434-47.

21) Martin, *Ephesians*, 67-72.

22) 이를 두고 학자들은 에베소서의 ἐκκλησία는 지역교회를 지칭하는 것이 아니라 우주적 교회(universal church)를 의미한다고 주장한다: Lincoln, *Ephesians*, xciv. 그러나 골로새서에서는 단수로서 에베소서에서 사용된 의미(골 1:18, 24)와 지역교회(4:15, 16)의 의미로 다 사용하였다. 또한 바울의 용례는 주로

실제로 모인 회중을 의미할 때 사용되었으나, 더 넓은 지역의 교회에 대하여 나 에베소서와 같은 의미로 사용된 적이 있다(갈 1:13; 고전 10:32; 12:28; 15:9; 빌 3:6).
23) 에베소서 4장 1-16절에 나타나는 몸 이미지에서 우리는 교회의 성숙과 연합과 사명(maturity and unity and mission)으로 요약될 수 있을 것이다: Ballenger, Isam E. "Ephesians 4:1-16," *Interpretation* 51 (1997): 292-5.
24) Neil J. McEleney, "Conversion, Circumcision and the Law," *New Testament Studies* 20 (1974): 337-40.
25) Lincoln, *Ephesians*, 143-4.
26) Rudolf Schnackenburg, *Ephesians: A Commentary* (Edinburgh: T & T Clark, 1991), 115-6.
27) Lincoln은 다섯 가지 가능성 -1) 이스라엘, 2) 유대 그리스도인, 3) 최초의 그리스도인, 4) 모든 믿는 자들, 5) 천사들-을 제시하고 이 중 네 번째 "모든 믿는 자들"을 의미한다고 하고(Lincoln, *Ephesians*, 150-1), Bruce는 "그리스도 안에 먼저 소망을 둔 자들"이라고 본다(Bruce, 302).
28) James E. Howard, "The Wall Broken: An Interpretation of Ephesians 2:11-22," In *Biblical Interpretation: Principles and Practice*, eds. F. Furman Kearley, Edward P. Myers, and Timothy D. Hadley (Grand Rapids: Baker, 1986), 306; H. Krämer, "gwni,a(avkrogwniai/oj." *EDNT*, vol. 2: 268.
29) 교회와 그리스도와의 연합은 믿는 자들이 그리스도와 전인격적으로 연합되는 것이지만 개인의 정체성 유지가 깨어지거나 밀의종교가 말하는 "신비스러운 하나 됨(mystical henosis)"에 삼킨바 되는 것이 아니다. 이 연합의 결과는 물론 믿는 자들 안에 형성되는 "하나님의 의와 거룩함으로 지음을 받은 새로운 성품의 창조"일 것이다(엡 4:24): Richard Batey, "Jewish Gnoticism and the 'HIEROS GAMOS' of Eph. V:21-33." *New Testament Studies* 10 (1963): 121-7; "The Mia Sarx Union of Christ and the Church," *New Testament Studies* 13 (1966-67): 280-81.
30) Schnackenburg, *Ephesians*, 285.
31) Lincoln, *Ephesians*, 451; Adolf Harnack, *Militia Christi: The Christian Religion and the Military in the First Three Centuries* (Philadelphia: Fortress Press, 1981), 35-6.
32) Arnold, *Ephesians*, 56-8.
33) Ibid., 122; Robert A. Wild, S.J., "The Warrior and the Prisoner: Some Reflections on Ephesians 6:10-20," *Catholic Biblical Quarterly* 46 (1984): 298.
34) Bachmann and Slaby, 1566.
35) 이곳에 사용된 '인을 치다'(σφραγίζω, 명사로는 σφραγίς)는 어휘는 신약에서 문자적(마 27:66; 계 20:3)으로와 회화적으로 사용되었다. 핵심적인 뜻은 '법적인 확증'(요 3:33; 6:27)이나 '소유'를 의미하였는데, 이곳(또한 엡 4:30)에서와 고린도후서 1:22에서는 성령에 대하여 묘사하면서 보증(ἀρραβών)이라는 말과 함께 사용되었

다. 즉, 믿는 자들은 성령으로 인 쳐져서 하나님의 소유가 되었음을 의미하기 때문에 침례를 언급하는 것으로 이해되기도 하였다: T. Schramm, "σφραγίζω, σφραγίς," *EDNT*, vol. 3: 316-7.

36) '보증'(ἀρραβών)이라는 말은 원래 상업적인 용어로서, '계약금(down payment, pledge)'이란 뜻이 있는 셈어에서(창 38:17, 18, 20) 차용된 어휘인데, 신약에서는 고린도후서 1:22; 5:5와 이곳에서 사용되었다. 성령은 우리 그리스도인들의 미래의 상속에 대한 보증이 된다: A. Sand, "ἀρραβών," *EDNT*, vol. 1: 157-8.

37) James D. G. Dunn, *Baptism in the Holy Spirit* (Philadelphia: The Westminster Press, 1970), 161.

38) T. Holtz, "ἀποκαλύπτω," *EDNT*, vol. 1: 130-2.

39) James D. G. Dunn, *Jesus and the Spirit* (London: SCM Press Ltd., 1975), 221-2.

40) Fee, 685, 690; Rudolf Schnackenburg, *The Church in the New Testament* (London: Burns & Oates, 1974), 159-60.

41) Fee, 695-7.

42) Dunn, *Baptism in the Holy Spirit*, 161-2: Dunn은 두 번째 줄도 마찬가지로, 믿음이 주와 침례를 함께 묶어주는 역할을 하는데, 이는 한 주를 향한 믿음도 하나이며, 그 한 주는 그 믿음의 근거와 내용이며, 그 한 믿음을 표현하는 침례도 하나이기 때문이라고 설명한다; Fee, 702-5; Francis Martin, "Pauline Trinitarian Formulas and Church Unity," *Catholic Biblical Quarterly* 30 (1968): 217-9.

43) Fee, 708; Ernest Best, *Essays on Ephesians* (Edinburgh: T & T Clark, 1997), 176-7.

44) Dunn, *Jesus and the Spirit*, 265.

45) Martin, *Ephesians*, 55-67.

46) A. T. Robertson, *A Grammar of the Greek New Testament in the Light of Historical Research* (Nashville: Broadman Press, 1934), 411-2; 712-3; 954.

47) Dunn, *Jesus and the Spirit*, 245-6.

48) 이 글들은 James D. G. Dunn, *The Christ & the Spirit: Volume 2 Pneumatology* (Grand Rapids: Eerdmans, 1998), 245-357에 성령과 교회론(The Spirit and Ecclesiology)이라는 제하에 수록된 글들이다.

49) Clinton E. Arnold, "Letter to the Ephesians," *Dictionary of Paul and His Letters*, ed. Gerald F. Hawthorne, Ralph P. Martin, and Daniel G. Reid (Downers Grove: InterVarsity Press, 1993), 246; Lincoln, *Ephesians*, xc-xci; Andrew T. Lincoln and A. J. M. Wedderburn, *The Theology of the Later Pauline Letters* (Cambridge: Cambridge University Press, 1993), 96-7.

50) Arnold, *Ephesians*, 166.

51) Andrew T. Lincoln, *Paradise Now and Not Yet* (Cambridge: Cambridge University Press, 1981), 166-8.

52) Andrew. T. Lincoln, "A Re-examination of 'the Heavenlies' in Ephesians," *New*

Testament Studies 19 (1973): 483.
53) Lincoln, *Ephesians*, xci-xcii.
54) 에베소서에는 그리스도 안에서(ἐν Χριστῷ)라는 표현이 34번이나 나오고 '-함께'(σύν)라는 어휘까지 고려한다면 그리스도와의 연합사상이 강조되고 있음을 헤아릴 수 있다.
55) Lincoln, *Ephesians*, xcv.
56) Arnold, "Letter to the Ephesians," 247.
57) Martin, *Ephesians*, 9; Lincoln, *Ephesians*, xciii; Best, 87-101.

제6장

목회서신의 기독론*

(Christology of the Pastorals)

서 론

필자는 성령론을 중심으로 목회서신(Pastoral Epistles, 디모데전서, 디모데후서, 디도서를 통합하여 부르는 일반적인 방식)이 후기에 바울의 제자들이 그의 이름을 사용한 위서가 아니라 바울의 진필 서신임을 주장한 바가 있다.[1] 본고에서는 필자가 이전의 논문과 성격상 유사한 목적을 가지고 목회서신의 기독론을 소위 바울의 다른 서신과 비교하여 살펴봄으로써 목회서신이 바울의 저작임을 논증하고자 한다.

Dibelius가 목회서신의 기독론을 독창성도 통일성도 없으며 자유분방하다고 폄하한 이래[2] 최근까지 목회서신의 기독론 연구에서 이와 반대되는 훌륭한 시도들이 많이 있었다.[3] 그러나 목회서신이 바울의 진필 서신이라는 주장과 바울의 다른 서신들과의 비교를 통해 목회서신의 기독론을 조망하려는 시도는 미미한 것으로 보인다. 그러므로 필자는 목회서신에 나타난 기독론을 신약의 관련 문구나 문단들과 주석적으로 연구

* 출처: 「복음과 실천」 45(2010, 봄): 61-84.

비교함으로써 목회서신의 기독론이 바울의 진필 서신이나 신약성경의 다른 책들에 나타나는 기독론과 그다지 다르지 않다는 논지를 증명하고자 한다.

I. 공통적으로 나타나는 칭호와 주제

목회서신은 디모데전서, 디모데후서, 그리고 디도서 이 세 개의 서신을 한데 묶어 부르기 때문에 각각의 특징보다는 공통점이 부각되기 마련이다. 그러나 엄밀하게 말하면 이 세 서신은 서로 다른 도시에서 바울을 대신하여 사역하고 있는 두 명의 사역자들에게 보낸 서신이며, 디모데에게 보내진 두 개의 서신 간에도 시차와 상황적인 차이점이 있다. 그러므로 본 단락에서는 논의의 토대와 진전을 위하여 세 서신의 기독론적인 칭호와 주제상의 독특성과 공통점을 살펴보고, 더 나아가서 목회서신과 다른 바울서신 및 신약의 책들 간의 공통점을 조사해보고자 한다.

1. 목회서신의 기독론적인 특징과 공통점

그리스도를 묘사하는 칭호들 자체만을 근거해서 평가할 때, 목회서신에 나타난 칭호들은 초기 바울서신보다는 다양하지 않기 때문에 목회서신은 본질적으로 단순한 기독론을 함유하고 있다고 볼 수 있다. 목회서신에는 예수 그리스도의 인성을 강조하는 저 기독론(low christology)의 대표적인 칭호인 "예수"(Ἰησοῦς)만을 독립적으로 지칭하는 구절 자체가 없으며, 신성을 강조하는 고 기독론(high christology)의 대표적인 칭호인 "하나님의 아들"(ὁ υἱοῦ τοῦ θεοῦ)도 나타나지 않는다는 것이 주목할 만한 현상이다. 그러나 디모데서신들과 디도서에서 "그리스도 예수"(Χριστός Ἰησοῦς)라는 호칭은 25번이나 나오며(딤전 1:1x2, 2, 12, 14, 15; 2:1, 5;

3:13; 4:6; 5:21; 6:13; 딤후 1:1x2, 2, 9, 10, 13; 2:1, 3, 10; 3:12, 15; 4:1; 딛 1:4), 순서를 바꾼 "예수 그리스도"(Ἰησοῦς Χριστός)라는 호칭도 6회에 걸쳐 나온다(딤전 1:16; 6:3, 14; 딛 1:1; 2:13; 3:6). "주"(ὁ κύριος)라는 칭호가 "그리스도 예수"에 세 번(딤전 1:2, 12; 딤후 1:2), "예수 그리스도"에 두 번(딤전 6:3, 14) 덧붙여지기도 하였으나, 그리스도를 지칭하기 위하여 "주"(κύριος)라는 칭호가 단독으로 나오는 경우도 14번이나 있다(딤전 1:14; 딤후 1:8, 16, 18; 2:7, 19x2, 24; 3:11; 4:8; 14, 17, 18, 22). 하지만 "그리스도"(Χριστός)라는 칭호가 단독으로 나오는 경우는 오직 한 번 뿐이다(딤전 5:11).

목회서신에서 사용된 "그리스도 예수"와 "예수 그리스도" 사이에는 특별한 차이가 없는 것으로 보이고, 더욱이 이 두 호칭과 "그리스도"라는 호칭은 바울의 신학적인 의미와 전혀 차이가 없이 사용되고 있음을 알 수 있다. 이는 특히 구원론적인 어구에서 그러하다(딤전 1:15-16; 2:5; 딤후 1:9-10; 2:8; 딛 2:13; 3:6).

목회서신 간의 공통점은 위 문단에서 살펴본 통계적인 조사에서도 나타나고 있다. 그러나 이 외에도 세 서신들 간에만 독특하게 연관성이 있는 기독론적인 특성은 "구원자"(σωτήρα)라는 호칭과 "현현"(ἐπιφάνεια) 모티브이다.[4] 이 "구원자"라는 호칭은 신약에서 모두 25번 사용되었는데, 하나님을 지칭하여서는 8번(눅 1:47; <u>딤전 1:1; 2:3; 4:10; 딛 1:3; 2:10; 3:4</u>; 유 25), 그리스도를 지칭할 때는 17번(딤전 1:15의 동사형 포함) 사용되었다(눅 2:11; 요 4:42; 행 5:31; 13:23; 엡 5:23; 빌 3:20; <u>딤후 1:10; 딛 1:4, 2:13; 3:6</u>; 벧후 1:1, 11; 2:20; 3:2, 18; 요일 4:14). 위의 밑줄 친 구절들에서 우리가 발견할 수 있는 한 가지 독특한 점은 목회서신에서 이 어휘가 두드러진다는 점이다. Schelkle는 빌립보서 3장 20절이 신약에서 그리스도를 "구원자"(σωτήρα)로 지칭하는 최초의 구절이며, 특히 목회서신에서는 이미 이 어휘가 그리스도에 대한 호칭으로 정착되었다고 주장한다.5) 디모데전서에서는 이 어휘가 그리스도의 호칭으로는 한 번도 나오지 않지만, 그리스도와 연관하여 이 어휘의 동사형이 나오고 있는 점을 감안한다면(딤전 1:15), "구원자" 호칭은 목회서신의 기독론적인 공통점이자 특징임에 틀림이 없다.

두 번째로 목회서신에 공통으로 나타나는 기독론적인 특징은 "현현"(ἐπιφάνεια) 모티브인데,6) 이 어휘는 명사 ἐπιφάνεια(딤전 6:14; 딤후 1:10; 4:1, 8; 딛 2:13, 비교. 살후 2:8)와 동사 ἐπιφαίνω(딛 2:11; 3:4)로 세 개의 목회서신에서 모두 나오고 있다. 명사 ἐπιφάνεια는 신약에서 6번 나오는데 모두 그리스도의 현현을 표현하고 있고, 데살로니가후서 2장 8절을 제외하고는 모두 목회서신에서 사용된 목회서신의 특징적인 용어임이 분명하다. 이 현현 개념은 "구원자" 개념과 평행을 이루면서 신의 나타남을 표현하는 의미로 헬라세계에서는 사용되었는데, 목회서신서는 그리스도의 미래적인 현현, 즉 재림(딤전 6:14; 딤후 4:1, 8; 딛 2:13)과 구원자로서의 역사적인 현현 즉 초림(딤후 1:10; 딛 2:11; 3:4)을 언급하는 두 가지 초점에 맞추어져 있다. 그러나 이 현현 모티브는 기독론적인 호칭이라기보다는 목회서신들에 공통으로 나타나는 기독론적인 현상을 표현하는 용어로 보아야 한다.

2. 목회서신과 신약의 다른 책들 간의 기독론적인 공통점

위에서 언급한 대로 목회서신에서 그리스도를 묘사하는 칭호들은 초기 바울서신보다 다양하지는 않다. 목회서신에서 기독론적인 칭호는 "구원자"(σωτήρ), "중보자"(μεσίτης), 그리고 "사람"(ἄνθρωπος, 딤전 2:5)이라는 세 가지 점 이외에는 별다른 발전이 없음을 알 수 있다. 이 중에서 "중보자"(μεσίτης) 개념은 목회서신만의 독특한 점은 아니다. "중보자"(μεσίτης)

라는 명사는 신약에서 여섯 번 나오는데, 갈라디아서 3장 19-20절, 디모데전서 2장 5절, 그리고 히브리서 8장 6절과 9장 15절, 그리고 12장 24절에서 사용되었다. "중보자"(μεσίτης)의 동사형(μεσιτεύω)은 신약에서 단 한 번 히브리서 6장 17절에 나온다. 동일한 개념이 갈라디아서 3장 19-20절에서도 사용되었다. 갈라디아서의 초점은 중보자로서의 모세의 기능에 있다기보다는 하나님의 약속과 율법과의 관계에 있으며, 히브리서에서 예수 그리스도는 더 나은 언약과 더 나은 약속을 위한 제물이자 제사장, 중재자 혹은 중보자로 묘사되고 있다.7) 디모데전서 2장 5절에서는 이 용어가 제의적으로 사용되어 사람이 되신 그리스도 예수가 하나님과 사람 간의 언약의 중재자로 묘사된다.

"중보자"(μεσίτης)와 동일한 구절(딤전 2:5)에서 사용된 "사람 그리스도 예수"(ἄνθρωπος Χριστὸς Ἰησοῦς) 호칭도 그 인접 문맥(특히 디모데전서 2장 6절상: "ὁ δοὺς ἑαυτὸν ἀντίλυτρον ὑπὲρ πάντων,"-"모든 사람을 위한 대속물")의 내용을 보면, 이미 바울이 사용한 "아담 기독론"(Adam Christology; 롬 5:12-21; 고전 15:45; 특히 로마서 5장 15절의 "καὶ ἡ δωρεὰ ἐν χάριτι τῇ τοῦ ἑνὸς ἀνθρώπου Ἰησοῦ Χριστοῦ εἰς τοὺς πολλοὺς ἐπερίσσευσεν"-"한 사람 예수 그리스도")이나 대속 개념과 동일하며, 공관복음서의 "인자"(ὁ υἱὸς τοῦ ἀνθρώπου) 전승(막 10:45-"ὁ υἱὸς τοῦ ἀνθρώπου οὐκ ἦλθεν διακονηθῆναι ἀλλὰ διακονῆσαι καὶ δοῦναι τὴν ψυχὴν αὐτοῦ λύτρον ἀντὶ πολλῶν"-"많은 사람의 대속물")의 개념과도 일맥상통함을 알 수 있다. 인간되신 예수 그리스도의 죽음(갈 4:4; 롬 8:3; 빌 2:7-8)이나 대속물의 개념(갈 4:4; 2:20; 엡 5:2)은 바울서신에도 많이 나타나는 개념이다.

이렇게 볼 때 목회서신에서 기독론적인 호칭의 발전이라고 볼 수 있는 세 가지 호칭 중에서 "구원자"(σωτήρα)만이 독특한 점으로 남게 된다. 그러나 이 구원자 호칭은 위 단락에서 살펴보았듯이 목회서신에서 하나님보다는 예수 그리스도를 지칭할 때 더 많이 사용되었으며 특별히 디도서 2장 13절의 하나님과 예수 그리스도가 동시에 나오는 구절에서 사용된 특별한 경우도 있어서 논의의 필요를 더한다. 이는 목회서신의 기독론 이해뿐만 아니라 진필 바울서신(특히 로마서 9장 5절)과의 관계에서도 중요한 사안이기 때문이다.

II. 목회서신의 독특한 점으로 논의되는 칭호와 주제

목회서신에서 가장 두드러진 기독론적인 독특성 혹은 발전으로 거론되는 점은 "중보자"와 "사람"(딤전 2:5 εἷς γὰρ θεός, εἷς καὶ μεσίτης θεοῦ καὶ ἀνθρώπων, ἄνθρωπος Χριστὸς Ἰησοῦς), 그리고 "구원자"(σωτήρα)이다. 그러나 같은 구절(딤전 2:5)에 나오는 처음 두 가지 주제는 이미 위에서 논의한 대로 분명히 바울적인 것임을 알 수 있었다. 그러나 "구원자"와 함께 사용되어 그리스도를 하나님으로 지칭하는 어구, 즉 디도서 2장 13절은 지금도 많은 논란을 일으키고 있는 구절이다. 특히 로마서 9장 5절의 해석 및 연관성의 관점에서는 더욱 그러하다. 그러므로 본 단락에서는 이 두 성경구절(디도서 2장 13절과 로마서 9장 5절)을 집중적으로 논의하고 이어서 예수를 하나님으로 본 신약의 다른 구절들을 살펴봄으로써 목회서신과 바울의 진필 서신과의 관계뿐만 아니라 목회서신의 기독론적인 특징을 고찰할 것이다.

1. 디도서 2장 13절

디도서 2장 13절(προσδεχόμενοι τὴν μακαρίαν ἐλπίδα καὶ ἐπιφάνειαν τῆς δόξης τοῦ μεγάλου θεοῦ καὶ σωτῆρος ἡμῶν Ἰησοῦ Χριστοῦ)의, 특히 밑줄 친 부분에서 기독론적으로 중요한 점은 한 분(우리의 크신 하나님이시며 구

원자이신, 예수 그리스도)의 현현(ἐπιφάνεια)이냐 혹은 두 분(우리의 크신 하나님과 우리의 구원자 예수 그리스도)의 현현을 말하고 있느냐 하는 점이다. 이것은 하나님과 예수 그리스도를 한 분으로 보느냐 분리하여 보느냐의 문제이다. 그래서 이 부분이 개역개정에는 "<u>우리의 크신 하나님 구주 예수 그리스도</u>의 영광이 나타나심을…"이라고 번역되어 한 분으로 되었지만, 공동개정에는 "<u>위대하신 하느님</u>과 <u>우리 구세주 예수 그리스도</u>께서 영광스럽게 나타나실…"이라고 번역되어 두 분으로 분리되었다. 신약에서 그리스도와 하나님을 동격으로 보는 경우가 아주 희귀하기 때문에 이처럼 후자로 보는 경향이 있으나 다음과 같은 연유로 개역개정의 번역처럼 전자로 볼 수 있다.

그 이유로는 첫째로, 바로 뒤에 이어서 논의하겠지만 바울도 로마서 9장 5절에서 그렇게 했으며 신약의 몇몇 곳에서도 그리스도를 하나님(θεός)으로 호칭한 적이 있다. 둘째로, "하나님과 구원자"라는 호칭은 동시에 함께 사용되어 신격(deity)이나 로마 황제를 지칭하는 데 폭넓게 사용되었다.[8] 셋째로, 문법적으로는 이 두 칭호가 하나의 관사로 묶여져 있기 때문에 동격으로 보는 것이 자연스럽다. 넷째로, 목회서신에서 "현현"(ἐπιφάνεια) 모티브는 그리스도에게만 사용되었다. 다섯째로, 성부 하나님의 미래적 현현에 대하여는 선례가 없다. 그러므로 디도서 2장 13절 후반부의 현현 언급은 "우리의 하나님과 구주이신 예수 그리스도"의 현현으로 보아야 한다.[9]

대다수의 연구자들이 이러한 결론에 동의한다. 그리스도를 θεός로 지칭하는 구절들을 집중적으로 탐구한 Harris는, 약간의 반대의 목소리는 있지만, 거의 모든 문법학자들과 사전학자, 그리고 많은 주석가들과 신약신학자들이 이 견해를 견지하고 있다고 역설한다.[10] Cullmann도 이 구절에서 "'하나님'과 '구세주 예수 그리스도'를 구별해서는 안 된다"고 단호히 말하고 있으며,[11] 주석가 Marshall도 균형 잡힌 긴 논의 끝에 이 어구 (ἐπιφάνειαν τῆς δόξης τοῦ μεγάλου θεοῦ καὶ σωτῆρος ἡμῶν Ἰησοῦ Χριστοῦ)는 한 분 즉 하나님이신 우리의 구세주 예수 그리스도의 현현으로 보아야 한다고 분명한 결론을 내리고 있다.[12] 위에서 이미 인용한 주석학자 Fee 나 Towner도 동일한 견해를 견지하고 있다. 그러므로 목회서신의 공통적인 기독론적 모티브인 "현현"(ἐπιφάνεια) 모티브를 함유하고 있는 디도서 2장 13절에서 예수 그리스도를 "하나님"으로 호칭하고 있다는 사실은 다음에 논의되는 로마서 9장 5절과의 연관성 연구에서 우리에게 중요한 단서를 제공한다. 왜냐하면 디도서 2장 13절은 로마서는 바울의 진필 서신으로 인정하지만 목회서신은 위서로 주장하는 이들에게 난처함을 주는 구절이 되기 때문이다.

2. 로마서 9장 5절

로마서 9장 5절(...καὶ ἐξ ὧν ὁ Χριστὸς τὸ κατὰ σάρκα, ὁ ὢν ἐπὶ πάντων θεὸς εὐλογητὸς εἰς τοὺς αἰῶνας, ἀμήν)은 원문에서는 구두점이 없기 때문에 번역과 주석가들이 크게 두 진영으로 나뉘어 논쟁하고 있는 형국이다. 즉 "...육신으로 하면 그리스도가 그들에게서 나셨으니 그는 만물 위에 계셔서 세세에 찬양받으실 하나님이시니라 아멘"(개역개정; KJV, NIV, NRSV. "...and of whom as concerning the flesh Christ *came*, who is over all, God blessed for ever. Amen.")"...그리스도도 인성으로 말하면 그들에게서 나셨습니다. 만물을 다스리시는 하느님을 영원토록 찬양합시다. 아멘." (공동개정; RSV; NEB. "...and from them, in natural descent, sprang the Messiah. May God, supreme above all, be blessed for ever. Amen."). 즉, 그리스도와 하나님을 동격으로 보느냐 아니면 분리시켜서 보느냐의 차이이다. 이 구절에 대한 견해는 주석가들도 두 갈래로 나뉘어 있다. 여기

에 나오는 θεός에 대하여 대표적인 주석가들 가운데 Dunn은 성부 하나님으로 보고,[13] Westcott와 Hort,[14] Sanday와 Headlam,[15] Fitzmyer,[16] Moo 등은 그리스도로 보고 있다.[17] 이 구절을 두고 많은 연구자들이 노력을 기울여 왔는데, 기본적인 이슈는 어디에 마침표를 두느냐의 문제에 있다. 즉 σάρκα나 πάντων 뒤에 마침표를 두어 그리스도(ὁ Χριστός)와 하나님(θεός)을 분리시키느냐 혹은 이 자리에 구두점을 두지 않거나 쉼표를 찍더라도 그리스도와 하나님을 동격으로 보느냐의 문제이다.

우선 원문에서는 원래 구두점이 없었기 때문에 현재 비평본문의 편집자들의 구두점을 전적으로 의지할 필요는 없다. 그래서 연합성서공회(United Bible Societies) 비평본문의 편집자이자 비평장치를 설명한 Metzger는 이 구절에 관하여 초기 사본, 번역본, 교부들의 구두점에 대한 논의를 포함해서 이례적으로 긴 설명과 논문을 제시하였는데,[18] 그는 소수의 편집자들이 다수의 이유를 들어 그리스도와 하나님을 동격으로 보는 견해가 있지만, 다수의 편집자들은 소수의 이유를 들어 그리스도와 하나님을 분리해야 한다는 견해가 있다고 설명한다. 그 이유들은 대략 다음과 같다. 첫째로, ὁ ὢν ἐπὶ πάντων θεὸς εὐλογητὸς εἰς τοὺς αἰῶνας의 문장 구조가 그리스도에 대한 언급으로 보는 것이 어울리고 성부 하나님에 대한 송영이 시작되는 것으로 보이지 않기 때문이다. 둘째로, 만일 이 어구가 접속사도 없이 시작되는 성부 하나님에 대한 송영이라면 ὁ ἐπὶ πάντων θεός와 같이 시작되어야지 분사 ὤν은 잉여적이기 때문이다. 셋째로, 바울의 송영은 접속사가 생략된 적이 없고 항상 앞의 내용에 연결되어 있기 때문이다(참조. 롬 1:25; 고후 11:31; 갈 1:5 등). 넷째로, 접속사가 생략된 송영일지라도 동사 혹은 동사적인 형용사(εὐλογητός)는 항상 하나님 앞에 오는 구조를 지니기 때문이다. 다섯째로, 바울이 이스라엘의 불신을 슬퍼하는 문맥인 로마서 9장 1-5절에서 성부 하나님에 대한 송영이 도입된 점을 설명할 심리적 방법이 없기 때문이다. 그리고 위에서 언급한 다수 편집자들의 소수의 이유로서 단지 디도서 2장 13절을 제외하고는 바울의 서신 어디에도 그리스도(ὁ Χριστός)를 하나님(θεός)으로 지칭한 적이 없다는 점이 거론되고 있다.

위에서 언급한 문법적인 면을 좀 더 살펴볼 필요가 있는데, 문법학자 Turner가 이 구절을 적절하게 설명하고 있다.[19] 즉, 어느 누구도 여기 나오는 분사구문(ὁ ὢν ἐπὶ πάντων θεὸς εὐλογητὸς εἰς τοὺς αἰῶνας)으로 완전히 다른 존재를 소개하지는 않을 것이며 더욱이 새로운 소망이나 선포를 할 수 없을 것이기 때문에, 이 구문은 앞에 나온 주어(ὁ Χριστός)를 언급한다고 보아야만 한다는 것이다. 고린도후서 11장 31절에서도 바울은 뒤에 나오는 분사구문이 앞에 나온 주어를 수식하는 동일한 형식을 취한다: "주 예수의 아버지 영원히 찬송할 하나님께서 아신다."(ὁ θεὸς καὶ πατὴρ τοῦ κυρίου Ἰησοῦ οἶδεν, ὁ ὢν εὐλογητὸς εἰς τοὺς αἰῶνας,) 그러므로 로마서 9장 5절에서 그리스도는 하나님이시다.

이러한 결론을 다수의 연구자들이 견지하고 있다. Witherington은 "여기 로마서 9장 5절에서 θεός는 그리스도가 본질적으로 신성에 속한다는 점을 표현해 주는 그분의 속성을 진술하는 동격명사이다"라고 설명한다.[20] 로마서 9장 5절을 다른 신약의 구절들과 함께 이 주제만을 한 권으로 연구한 Harris도 이 구절에 대한 심도 있는 논의 끝에 그리스도가 하나님(θεός)으로 지칭되었다고 명쾌하게 결론을 내리고 있다.[21] Moo는 로마서 9장 5절의 "θεός를 그리스도로 보는 것이 주석적으로 선호되고, 신학적으로 받아들일만하며, 문맥적으로 적합하다"라고 역설한다.[22] 이렇게 볼 때 우리는 로마서 9장 5절을 기록한 바울이 디도서 2장 13절, 즉 목회서신도 기록한 저자임을 부인할 이유가 없다고 볼 수 있다.

3. 예수를 "하나님"(θεός)으로 지칭한 신약의 다른 구절들

성경에서 예수 그리스도의 신성을 언급하는 구절들이 많이 있고, 호칭 중에도 "하나님의 아들"이나 "주" 그리고 심지어는 "인자"라는 호칭까지도 예수 그리스도의 신성을 전제하고 있다는 것은 주지의 사실이다.[23] 그러나 명시적으로 예수 그리스도를 하나님으로 지칭한 구절들은 그리 많지 않다. 대표적인 구절이 위에서 논의한 로마서 9장 5절과 디도서 2장 13절인데, 그 외에 중요한 구절들은 요한복음 1장 1절과 18절, 20장 28절, 사도행전 20장 28절, 히브리서 1장 8-9절, 베드로후서 1장 1절, 그리고 요한일서 5장 20절이다.[24] 이들 구절들에 대하여 간략하게 살펴봄으로써 로마서 9장 5절과 특히 디도서 2장 13절에 나타난 예수 그리스도에 대한 "하나님"(θεός) 호칭을 이해하는 길을 찾아보도록 한다.

요한복음에는 예수를 하나님으로 호칭한 곳이 두 군데에서 두드러진다. 하나는 요한복음 서두(1:1-18)이고 다른 하나은 요한복음 20장 28절의 도마의 신앙고백에서이다. 이 두 구절은 요한복음을 한 책으로 묶어주는 묶음쇄(inclusio)를 이루기도 한다. 요한복음 서두의 첫 구절인 요한복음 1장 1절(Ἐν ἀρχῇ ἦν ὁ λόγος, καὶ ὁ λόγος ἦν πρὸς τὸν θεόν, καὶ θεὸς ἦν ὁ λόγος)의 후반부 "이 말씀은 곧 하나님이시니라"라는 어구와 성육신의 가장 간단한 표현인 요한복음 1장 14절의 전반부 "말씀이 육신이 되었다(ὁ λόγος σὰρξ ἐγένετο)"라는 어구를 함께 보면, 예수는 하나님(θεός)이라는 표현이 된다. 또한 요한복음 1장 18절 후반부(아버지 품속에 있는 독생하신 하나님이 나타내셨느니라: μονογενὴς θεὸς ὁ ὢν εἰς τὸν κόλπον τοῦ πατρὸς ἐκεῖνος ἐξηγήσατο)는 본문적인 논쟁이 있는 구절인데, 여기에서 μονογενὴς υἱός보다는 μονογενὴς θεός가 더 사본적 외적지지도가 우세하고 어려운 이문이기 때문에 원문이었을 가능성이 더 높다.[25] 어느 경우이든 간에, 요한복음 1장 18절의 "θεός"는 요한복음 1장 1절의 무관사 용법과 동일하기 때문에, 예수 그리스도를 지칭하는 호칭이라기보다는 신성, 즉 속성을 의미하는 명사로 보기도 한다. 그러나 요한복음 1장 1절의 어순에서나 무관사 "θεός"를 형용사로 번역하여 "The Word was divine"이라고 하지 아니하고 동격 명사로 번역하여 "The Word was God"이라고 번역하는 경향, 그리고 요한복음 1장 18절의 호칭 등을 종합적으로 볼 때, 요한복음 저자는 단순히 예수 그리스도의 신성을 말하는 것이 아니라 "그분은 하나님이시다"라고 선언하는 것이다.[26]

요한복음 1장 1절 혹은 18절과 요한복음의 묶음쇄(inclusio)를 이루는 요한복음 20장 28절(ἀπεκρίθη Θωμᾶς καὶ εἶπεν αὐτῷ, Ὁ κύριός μου καὶ ὁ θεός μου)에서는 관사도 함께 사용된 표현이 나오고, 예수 그리스도는 "주"와 "하나님"으로 호칭되고 있다.[27] 도마의 신앙고백인 이 문구는 분명히 예수 그리스도를 자신의 주요 하나님이라고 고백한다. 요한복음의 기록 시기는 일반적으로 1세기 말경으로 추정하지만, 이 도마의 고백의 순간을 예수 그리스도의 부활 직후인 것으로 본다면, 그 시기는 바울의 진필 서신이나 목회서신, 그리고 그 어느 신약의 책보다는 앞서는 시기이다.

사도행전 20장 28절(προσέχετε ἑαυτοῖς καὶ παντὶ τῷ ποιμνίῳ, ἐν ᾧ ὑμᾶς τὸ πνεῦμα τὸ ἅγιον ἔθετο ἐπισκόπους ποιμαίνειν τὴν ἐκκλησίαν <u>τοῦ θεοῦ</u>, ἣν περιεποιήσατο <u>διὰ τοῦ αἵματος τοῦ ἰδίου</u>)의 괄호 속의 밑줄 친 부분인 "하나님이 자기 피로 사신 교회를"이라는 구절은 두 종류의 아주 까다로운 본문의 문제가 포함되어 있다.[28] 사안의 핵심은 두 번째 이문단위인 "자신의 피로"(διὰ τοῦ αἵματος τοῦ ἰδίου)를 그리스도의 피로 본다면 당연히 첫 번째 이문단위가 "하나님"(τοῦ θεοῦ)이 되든지 "주"(τοῦ κυρίου)가 되든지 상관없이 그리스도를 지칭해야만 하기 때문에 이 구절도 예수 그리스도를 하나님으로 호칭한 구절이 될 수 있다.[29]

히브리서 1장 8-9절(πρὸς δὲ τὸν υἱόν, Ὁ θρόνος σου <u>ὁ θεὸς</u> εἰς τὸν αἰῶνα τοῦ αἰῶνος, καὶ ἡ ῥάβδος τῆς εὐθύτητος ῥάβδος τῆς βασιλείας σου Ἀ ἠγάπησας δικαιοσύνην καὶ ἐμίσησας ἀνομίαν· διὰ τοῦτο ἔχρισέν σε ὁ θεὸς <u>ὁ θεός</u> σου ἔλαιον ἀγαλλιάσεως παρὰ τοὺς μετόχους σου)은 기본적으로 시편 45편(LXX, 44) 7-8절의 인용이다. 히브리서의 문맥에서는 천사보다 뛰어난 예수를 묘사하고 있는 고 기독론(high christology)적인 분위기에서 이 시편이 사용되었다. Attridge는 히브리서 기자가 이 시편을 하나님의 아들을 하나님으로 호칭하는 해석학적 전승에 서 있으며, 이는 그리스도의 신성을 명시적으로 인정하는 경우가 희박하지만 로마서 9장 5절과 더불어 디도서 2장 13절, 요한복음 1장 1절과 20장 28절, 베드로후서 1장 1절과 함께 초기 문서에 나타나는 현상으로 보고 있다.30)

베드로후서 1장 1절(Συμεὼν Πέτρος δοῦλος καὶ ἀπόστολος Ἰησοῦ Χριστοῦ τοῖς ἰσότιμον ἡμῖν λαχοῦσιν πίστιν ἐν δικαιοσύνῃ <u>τοῦ θεοῦ ἡμῶν καὶ σωτῆρος Ἰησοῦ Χριστοῦ</u>)의 마지막 밑줄 친 부분인 "우리 하나님과 구원자이신 예수 그리스도의 의"(개역개정, 공동개정도 비슷한 번역을 싣고 있다)도 본고의 논의에 있어 핵심적인 논쟁거리이다. 이 구절의 논의의 핵심은 이 호칭 부분을 한 분으로 볼 것인가 두 분으로 볼 것인가의 문제인데, σωτῆρος 앞에 관사가 없기 때문에 한 분으로 보아야 한다는 의견이 우세하다. 베드로후서 1장 1절에서 예수를 하나님으로 지칭하는 것을 지지하는 또 다른 이유들은 우선 동일한 서신 다른 곳에서 예수를 이중호칭으로 고백하고 있으며(1:11; 3:18), 또한 베드로후서 3장 18절에서 예수에게 돌려진 송영이 베드로후서 1장 1절과 묶음쇠(inclusio)를 이루고 있기 때문이기도 하다.31)

요한일서 5장 20절(οἴδαμεν δὲ ὅτι ὁ υἱὸς τοῦ θεοῦ ἥκει καὶ δέδωκεν ἡμῖν διάνοιαν ἵνα γινώσκωμεν τὸν ἀληθινόν, καὶ ἐσμὲν ἐν τῷ ἀληθινῷ, ἐν τῷ υἱῷ αὐτοῦ Ἰησοῦ Χριστῷ. οὗτός ἐστιν ὁ ἀληθινὸς θεὸς καὶ ζωὴ αἰώνιος)은 원문에서 두 문장으로 구성되었다. 두 번째 문장의 지시대명사(οὗτός)가 첫 번째 문장의 어느 부분을 선행사로 받느냐에 따라 이 문장의 해석이 달라지고 있으나 학자들의 결론은 명확하다.[32] 즉, 문법학자인 Robertson 도 일찍이 이 지시대명사는 바로 앞의 ἐν τῷ υἱῷ αὐτοῦ, 즉 이와 동격인 예수 그리스도(Ἰησοῦ Χριστῷ)를 지칭하고 있으며 그렇게 보는 데 아무런 어려움도 존재하지 않는다는 결론을 내려놓고 있다.[33] 주석학자 Brown 도 네 가지 이상의 논거를 대면서 자신은 지시대명사(οὗτός)가 예수 그리스도를 지칭한다는 것을 선호한다고 말하였고,[34] Strecker도 οὗτός가 바로 앞에 있는 Ἰησοῦ Χριστῷ를 지칭한다는 것을 반대할 수 없을 것이라고 확언하고 있다.[35] 그러므로 요한일서 5장 20절은 정관사까지 동원하여 예수 그리스도가 "참 하나님이시며 영원한 생명이심"(ὁ ἀληθινὸς θεὸς καὶ ζωὴ αἰώνιος)을 선언하고 있다.

Brown은 그리스도를 하나님으로 지칭하는 신약의 구절들을 몇 가지 경우로 나누어서 위에 언급한 구절들을 포함하여 총 17개의 구절을 들고 있다. 그는 그중에서 요한복음 1장 18절과 사도행전 20장 28절은 본문상의 문제 때문에, 그리고 디도서 2장 13절, 로마서 9장 5절, 요한일서 5장 20절, 베드로후서 1장 1절은 문장론적인 모호함 때문에 확실하지 않은 경우로 보고,[36] 히브리서 1장 8-9절, 요한복음 1장 1절과 20장 28절의 세 가지만을 확실히 그리스도를 하나님(θεός)으로 지칭한 경우로 보고 있다.[37] 또한 본 단락에서와 위에서 논의한 구절들을 관사의 유무로만 분류하자면, θεός가 관사 없이 사용된 요한복음 1장 1절과 18절, 로마서 9장 5절 등은 속성적인 측면이 강조되었고, 관사가 사용된 경우(ὁ θεός)인 요한복음 20장 28절, 디도서 2장 13절, 히브리서 1장 8절, 베드로후서 1장 1절, 요한일서 5장 20절 등에서는 호칭적인 측면이 두드러진다고 볼 수 있을 것이다.38) 하지만 위에서 논의한 대로 요한복음 1장 18절이나 로마서 9장 5절은 꼭 관사가 없어도 호칭적인 특성이 함유되어 있음을 부인할 수 없다.

4. 요약

이상에서 로마서 9장 5절과 디도서 2장 13절 이외의 신약의 구절들을 집중적으로 살펴보았을 때, 예수 그리스도를 하나님으로 지칭한 구절들은 적어도 요한복음 20장 28절, 히브리서 1장 8절, 베드로후서 1장 1절, 요한일서 5장 20절이다. 이 구절들이 속한 책들이 모두 일반적으로 주장하는 대로 바울의 진필 서신들보다는 후대의 것이기 때문에, 이 점이 디도서 2장 13절이 속해 있는 목회서신은 이들 책들과 동시대 혹은 그 이후에 기록되었다고 주장하는 이들에게는 합리적인 이유를 제공할 수 있을 것이다. 그러나 히브리서와 베드로후서는 목회서신과 거의 같은 시기에 기록되었을 가능성도 있다는 점을 고려해야 한다. 무엇보다도 요한복음이 1세기 마지막 10년에 기록되었다는 주장을 받아들인다고 하더라도 위에서 언급하였듯이 도마의 신앙고백인 요한복음 20장 28절의 내용은 시간적으로 예수 그리스도의 부활 직후의 현상이다. 그러므로 바울이 로마서 9장 5절에서나 디도서 2장 13절에서 예수 그리스도를 "하나님"(θεός)으로 호칭한 것은 초대교회의 신앙고백적인 현상을 반영한 것으로 볼 수 있을 것이다.

결 론

본고는 목회서신의 기독론과 소위 바울의 진필 서신의 기독론과의 비교연구였는데, 이상에서 살펴본대로 목회서신의 기독론과 연관하여 우리는 다음과 같은 결론을 내릴 수 있다. 첫째, 목회서신은 기록 시기의 차이가 있고 수신자 혹은 수신지가 서로 상이함에도 불구하고 공통적인 기독론적 특징들이 존재한다. 가장 두드러진 특징은 "구원자"(σωτήρα)라는 호칭과 "현현"(ἐπιφάνεια) 모티브인데, 이것들을 통하여 세 개의 목회서신은 모두 동일 저자에 의하여 집필되었다고 보는 것이 가장 자연스럽다. 둘째로, 목회서신의 기독론적 칭호의 사용에 있어서는 소위 바울의 진필 서신들 및 더 나아가서는 신약의 다른 책들과 공통적인 전승을 함유하고 있어서 상이한 점이 없음을 알 수 있었다. 심지어 목회서신의 기독론적인 발전이라고 여겨지는 "사람"이나 "중보자" 그리고 "구원자"라는 호칭도 바울의 진필 서신이나 다른 신약의 책들과 그 맥락을 같이 하는 것으로 보인다. 셋째로, 본고의 핵심적인 논구인 로마서 9장 5절과 디도서 2장 13절에 공통으로 나타나는 예수 그리스도에 대한 "하나님"(θεός) 칭호의 사용은 동일한 저자의 손끝에서 나왔을 뿐만 아니라 초대교회 신약성서의 공통적인 전승의 맥락에 있음을 알 수 있었다. 넷째로, 목회서신의 기독론적인 내용이 바울의 진필 서신들이나 신약의 다른 책들의 정경(情景)과 동일한 맥을 이루고 있다는 이러한 사실들에서 추론할 수 있는 당연한 결론은 목회서신이 진필로 여겨지는 다른 바울서신과 마찬가지로 바울의 저작임을 의심할 이유가 없다는 것이다.

주(註)

1) 장동수, "목회서신의 성령론,"「복음과 실천」, 41 (2008 봄): 361-80.
2) Martin Dibelius and Hans Conzelmann, *The Pastoral Epistles*, Hermeneia (Philadelphia: Fortress Press, 1972), 8-10.
3) 대표적인 예를 들자면, Philip H. Towner, "Christology in the Letters to Timothy and Titus," Richard N. Longenecker, (ed.), *Contours of Christology in the New Testament* (Grand Rapids: Eerdmans, 2005), 219-44, 동일저자의 *The Letters to Timothy and Titus*, NICNT (Grand Rapids: Eerdmans, 2006), 62-8과「목회서신: 우리에게 무엇을 교훈하는가?」, 이한수 역 (서울: 선교횃불, 2006), 109-17; Frank L. Matera, *New Testament Christology* (Louisville: Westminster John Knox Press, 1999), 158-72; Marinus De Jonge, *Christology in Context: The Earliest Christian Response to Jesus* (Philadelphia: The Westminster Press, 1988), 127-9 등이다.
4) Matera, *New Testament Christology*, 164-6, 172.
5) K. H. Schelkle, "σωτήρ," *EDNT*, vol. 3: 326; Oscar Cullmann, *The Christology of the New Testament* (London: SCM Press, 1983), 241-5.
6) P. G. Müller, "ἐπιφάνεια," *EDNT*, vol. 2: 44-5.
7) D. Sänger, "μεσίτης," *EDNT*, vol. 2: 410-1.
8) K. H. Schelkle, "σωτήρ," *EDNT*, vol. 3: 326-7.
9) Towner, "Christology in the Letters to Timothy and Titus," 236; Matera, *New Testament Christology*, 171; Gordon D. Fee, 1 & 2 Timothy, Titus, NIBC (Massachusetts: Hendrickson, 1988), 195-6.
10) Murray J. Harris, *Jesus as God: The New Testament Use of "Theos" in Reference to Jesus* (Grand Rapids: Baker, 1992), 173-85, 특히 185를 보라.
11) Cullmann, *The Christology*, 313-4.
12) I. H. Marshall, *The Pastoral Epistles*, ICC (London: T & T Clark, 1999), 276-82.
13) James D. G. Dunn, *Romans 9-16*, WBC (Dallas: Word Books, 1988), 535-6과 동일저자의 *Unity and Diversity in the New Testament: An Inquiry into the Character of Earliest Christianity* (London: SCM, 1993), 226 등을 보라.
14) Brooke Foss Westcott and Fenton John Anthony Hort, *The New Testament in the Original Greek: Introduction and Appendix* (New York: Harper & Brothers, 1882), 109-10(appendix page).

15) William Sanday and A. C. Headlam, *A Critical and Exegetical Commentary on the Epistle to the Romans*, ICC, 5th ed (Edinburgh: Clark, 1962), 233-8.
16) Joseph A. Fitzmyer, Romans, AB (New York: Doubleday, 1992), 548-9.
17) 영어권과 독일어권의 주석가와 학자들의 이분되는 현상은 Douglas Moo, *The Epistle to the Romans*, NICNT (Grand Rapids: Eerdmans, 1996), 565-8(특히 각주 66번을 참조); John Piper, *The Justification of God: An Exegetical & Theological Study of Romans 9:1-23* (Grand Rapids: Baker, 1993), 43-4 등을 참조하라. Piper는 로마서 9장 5절에서 바울은 이제 그리스도인의 계시적 관점에서 그리스도를 만유의 주로 보고 있어서 그리스도는 인성 면에서 이스라엘인이지만 그분은 만유위에 계신 하나님이시라고 선포하고 있다고 확언한다. 한국에서도 이한수는 개역개정의 번역을, 박익수는 공동번역의 번역을 따르고 있다: 이한수, 「복음은 구원을 주시는 하나님의 능력」 (서울: 이레서원, 2008), 898-900; 박익수, 「로마서 주석 II」 (서울: 대한기독교서회, 2008), 114-5를 각각 참고하라.
18) Bruce M. Metzger, 「신약그리스어본문주석」, 장동수 역 (서울: 대한성서공회 성경원문연구소, 2005), 445-8; Bruce M. Metzger, "The Punctuation of Rom. 9:5," Lindars, Barnabas, and Stephen S. Samlley (eds.), *Christ and Spirit in the New Testament: Studies in honour of C. F. D. Moule* (Cambridge University Press, 1973), 95-112.
19) Nigel Turner, *Grammatical Insights into the New Testament* (Edinburgh: T&T Clark, 1983), 15.
20) Ben Witherington, III, "Jesus as the Alpha and Omega of New Testament Thought," in *Contours of Christology in the New Testament*, ed. Richard N. Longenecker (Grand Rapids: Eerdmans, 2005), 36; idem. *The Many Faces of the Christ: The Christologies of the New Testament and beyond* (New York: The Crossroad Publishing Company, 1998), 109-11도 참조하라.
21) Harris, *Jesus as God*, 143-72, 특히 170-2를 보라.
22) Moo, *The Epistle to the Romans*, 568.
23) 이에 대한 대표적인 논의는, Robert L. Reymond, 「개혁주의 기독론」, 나용화 역 (서울: 기독교문서선교회, 2007), 127-225를 보라.
24) Harris, Jesus as God, 7-10; Cullmann, *The Christology*, 306-14; Raymond E. Brown, *An Introduction to New Testament Christology* (New York: Paulist Press, 1994), 171-95; Reymond, 「개혁주의 기독론」, 254-5 등을 참조하라.
25) Metzger, 「신약그리스어본문주석」, 164-5.
26) 이 구절에 대한 무관사 문제, 어순, 신학적인 의미 등에 대한 논의는 Leon Morris, *The Gospel according to John*, NICNT (Grand Rapids: Eerdmans, 1984), 76-8; Ernst Haenchen, *John 1*, Hermeneia (Philadelphia: Fortress Press, 1984), 109-11; Raymond E. Brown, *The Gospel according to John I-XII*, AB (New

York: Doubleday, 1966), 3-5 등을 보라.
27) Morris, *The Gospel according to John*, 853-4; Harris, *Jesus as God*, 105-29, 특히 129 등을 참조하라.
28) 두 종류의 복잡한 이문에 대한 해설은 Metzger, 「신약그리스어본문주석」, 413-5를, 사도행전 20:28의 자세한 논의는 Harris, *Jesus as God*, 131-41을 참조하라.
29) Harris, *Jesus as God*, 141.
30) Harold W. Attridge, *Hebrews*, Hermeneia (Philadelphia: Frotress Press, 1989), 58-9.
31) 물론 바로 다음 절인 베드로후서 1:2에서는 예수와 하나님을 분리하고 있으며, 빌립보서 1:11을 예외로 하고 하나님의 의라고 하였지 그리스도의 의를 말하고 있는 구절이 없으며, 또한 예수를 하나님으로 지칭하는 구절이 별로 없기 때문에(요 1:1-3; 20:28 등), 여기서는 두 분으로 보아야 한다는 견해도 있으나, 설득력이 그리 높아 보이지 않는다. 더 자세한 논의는 Jerome H. Neyrey, 2 Peter, Jude, Anchor Bible (New York: Doubleday, 1993), 147-8; Richard J. Bauckham, Jude, 2 Peter, Word Biblical Commentary (Waco: Word Books, Publishers, 1983), 168-9; Harris, Jesus as God, 229-38; Turner, Grammatical Insights, 16; Cullmann, The Christology, 314 등을 보라.
32) Harris, *Jesus as God*, 239-53, 특히 253을 보라.
33) A. T. Robertson, *A Grammar of the Greek New Testament in the Light of Historical Research* (Nashville: Broadman Press, 1934), 703.
34) Raymond E. Brown, *The Epistles of John*, AB (New York: Doubleday, 1982), 625-6.
35) Georg Strecker, *The Johannine Letters*, Hermeneia (Minneapolis: Fortress Press, 1996), 212의 각주 59번.
36) Brown, *An Introduction to New Testament Christology*, 177-85.
37) Ibid., 185-9.
38) Witherington, "Jesus as the Alpha and Omega," 36.

제7장
목회서신의 성령론*
(The Holy Spirit of the Pastorals)

서 론

소위 목회서신(Pastoral Epistles 혹은 줄여서 Pastorals)으로 불리는 디모데전서, 디모데후서, 디도서는 많은 학자들이 몇 가지 이유를 들어서 바울의 글이 아니며 후기에 그의 제자들이 바울의 이름을 사용한 위서라고 본다. 하지만, 바울의 진필 서신으로 보는 목소리들도 만만치 않기 때문에 그러한 가설은 설득력을 잃어가고 있다.[1] 목회서신이 바울의 진서가 아니라는 논거 중의 하나는 목회서신의 빈약한 성령론은 초대교회 혹은 바울의 진필 서신들이나 사도행전의 그것과는 사뭇 다르다는 주장이었다. 단적인 예로, 성령이라는 어휘를 80번 가량 쓰고 또한 로마서 8장이나 갈라디아서 5장 등을 기록한 저자가 분명하게 성령을 의미하는 어휘가 각각의 책에 한두 번밖에 나오지 않는 목회서신들을 쓴 것 같지 않다는 말이다.

하지만 일찍이 Jerome Quinn은 목회서신을 누가복음과 사도행전을 뒤

---

* 출처: 「복음과 실천」 41(2008, 봄): 361-80.

따라오는 세 번째 누가의 책이라고까지 주장하면서,[2] "목회서신의 성령론"이라는 글을 쓰기도 했다.[3] 한편 Michael Haykin은 목회서신에는 여전히 성령의 활발한 역사로 이루어지는 다양한 예언을 권위적인 것으로 여기고 있고(딤전 4:1-2), 성령이 모든 믿는 자들에게 부어지고 있으며(딛 3:5-6), 디모데에게 역사하시는 성령은 타오르는 불로 비유되고 있기 때문에(딤후 1:6-7), 목회서신이 바울의 저작이 될 수 없다고 보는 견해는 근거가 없다고 주장했다.[4] Marshall과 Towner도 이를 따르면서, 목회서신에 나타난 성령의 역사는 지도자들에게만 국한시켜서도 안 되고 예언의 역사를 과거지사로만 보아서도 안 된다면서 디도서 3:5-6에 사용된 언어들은 바울의 성령에 대한 어떤 묘사보다도 강력하다고 주장하는 동시에 목회서신의 성령론은 바울의 성령론과 일치한다고 피력하고 있다.[5] 목회서신을 바울서신에 포함시켜 방대한 바울서신의 성령론을 저술한 바 있는 Gordon Fee의 견해도 이러한 학자들의 주장과 일맥상통한다.[6]

그러므로 필자는, 목회서신에 나타난 성령론을 목회서신과 더불어 관련된 신약의 해당 문구나 문단들을 주석적으로 연구 비교함으로써 목회서신의 성령론이 초대교회, 즉 바울의 진필서신이나 사도행전, 나아가 신약성경의 다른 책들에 나타나는 성령론과 그리 다르지 않다는 논지를 증명하고자 한다. 목회서신에서 영(πνεῦμα) 혹은 성령(πνεῦμα ἅγιον)에 관하여 직접적으로 혹은 암시적으로 언급한 구절들은 디모데전서 1:18; 3:16; 4:1-2; 4:14; 디도서 3:5-6; 디모데후서 1:6-7; 1:14; 3:16; 4:22 등이다. 이 중에서 확실히 사람의 영을 언급하는 디모데후서 4:22('Ο κύριος μετὰ τοῦ πνεύματός σου Ἡ ἡ χάρις μεθ' ὑμῶν)를 제외하고 나머지 영 혹은 성령에 관한 구절들을 주제를 따라 다음과 같이 크게 세 가지로 느슨하게 분류하여 목회서신의 성령론을 논의했다.

I. 거듭남과 새로움을 주시며 내주하시는 성령님

위의 소제목의 전반부와 후반부에 어울리는 목회서신의 구절은 각각 디도서 3장 5-6절과 디모데후서 1장 14절이다. 이 구절들에는 소제목에 제시된 어휘들이 포함되었을 뿐만 아니라 그 이상의 내용이 함축되어 있다.

1. 거듭남과 새로움을 주시는 성령님(딛 3:5-6)

디도서에 성령에 대하여 직접적으로 언급된 구절은 디도서 3장 5-6절뿐이다. 디도서 3장 5-6절은 "우리의 구원자 성부 하나님의 사랑"(ἡ φιλανθρωπία τοῦ Σωτῆρος ἡμῶν Θεοῦ)(4절)과 동시에 "우리의 구원자 성자 예수님의 사역"(διὰ Ἰησοῦ Χριστοῦ τοῦ σωτῆρος ἡμῶν)(6절)을 언급하면서 우리의 구원을 감동적으로 묘사하는 아름다운 시인 디도서 3장 4-7절의 핵심부분이다. 그래서 디도서 3장 5-6절(οὐκ ἐξ ἔργων τῶν ἐν δικαιοσύνῃ ἃ ἐποιήσαμεν ἡμεῖς ἀλλὰ κατὰ τὸ αὐτοῦ ἔλεος <u>ἔσωσεν ἡμᾶς διὰ λουτροῦ παλιγγενεσίας καὶ ἀνακαινώσεως πνεύματος ἁγίου</u>, οὗ <u>ἐξέχεεν ἐφ' ἡμᾶς πλουσίως διὰ Ἰησοῦ Χριστοῦ τοῦ σωτῆρος ἡμῶν</u>)도 여전히 "우리의 구원"(ἔσωσεν ἡμᾶς)에 대한 이야기를 하면서 자연스럽게 성령 하나님에 대해 언급하고 있다. 인류 구원에 대한 삼위 하나님의 사역을 노래하는 디도서 3장 4-7절은 동일한 내용을 지닌 찬송시인 에베소서 1장 3-14절과 아주 많이 닮아 있다.

디도서 3장 5절("<u>우리를 구원하시되</u> 우리가 행한 바 의로운 행위로 말미암지 아니하고 오직 그의 긍휼하심을 따라 <u>중생의 씻음과 성령의 새롭게 하심으로</u> 하셨나니")에서 성령의 언급이 있는 "중생의 씻음과 성령의 새롭게 하심으로"(διὰ λουτροῦ παλιγγενεσίας καὶ ἀνακαινώσεως πνεύματος ἁγίου)라는 개역성경의 번역에는 문제가 있고, 이 어구의 전치사(διά)와[7] 접속사(καί),[8] 그리고 사본학적인 증거9) 등을 감안하면 "다시 남(중생)과 새롭게 하시는 성령의 씻기시는 사역을 통하여" 혹은 "성령의 새로 나게 함과 새롭게 함의 씻는 사역을 통하여"라고 번역하는 것이 더 적합하다. 즉, 중생과 새롭게 함, 이 두 가지는 한 가지 영적인 실체에 대한 두 가지 표현이며 모두 성령의 사역이다.10) 그래서 디도서 3장 5절은 요한복음 3장 5절하("사람이 물과 성령으로 나지 아니하면 하나님 나라에 들어갈 수 없느니라")와 에스겔 36장 25-27절에 묘사된 성령의 사역을 아주 생생하게 표현하고 있다.

한글개역성경에 "성령을 우리 구주 예수 그리스도로 말미암아 우리에게 풍성히 부어 주사"라고 번역된 디도서 3장 6절(οὗ ἐξέχεεν ἐφ' ἡμᾶς πλουσίως διὰ Ἰησοῦ Χριστοῦ τοῦ σωτῆρος ἡμῶν)은 디도서 3장 5절과 관계대명사로 연결되어 있다. 즉, 디도서 3장 6절은 "하나님께서 우리의 구원자(τοῦ σωτῆρος ἡμῶν) 예수 그리스도를 통하여(διὰ Ἰησοῦ Χριστοῦ) 성령님을 믿는 우리 위에(ἐφ' ἡμᾶς) 풍성히 부으셨다(ἐξέχεεν πλουσίως)"라고 직역할 수 있다. 우리는 이 구절에서 성령이 주어지는 중재자는 예수라는 사실과 "풍성히 부으셨다"(ἐξέχεεν πλουσίως)11)라는 표현에서 요엘서 2장 28-29절을 인용하여 첫 번째 오순절을 설명하는 베드로의 설교의 요점인 사도행전 2장 33절("하나님이 오른 손으로 예수를 높이시매 그가 약속하신 성령을 아버지께 받아서 너희 보고 듣는 이것을 부어주셨느니라(ἐξέχεεν)")과의 연관성을 발견할 수 있다. 디도서는 부사 "풍성히"(πλουσίως)라는 어휘를 첨가함으로써 성령을 부어주시는 하나님의 행위가 요엘서나 사도행전보다 더 풍성하게 표현되었다. 또한 이 구절은 요한복음 14장 26절의 "아버지께서 내 이름으로 보내실 성령"(τὸ πνεῦμα τὸ ἅγιον, ὃ πέμψει ὁ πατὴρ ἐν τῷ ὀνόματί μου)이라는 표현과도 일치하고 고린도전서 12장 13절의 "우리가 다 한 성령으로 침례를 받아 한 몸이 되었고 또 다 한 성령을 마시게 하셨느니라"(ἐν ἑνὶ πνεύματι ἡμεῖς πάντες εἰς ἓν σῶμα ἐβαπτίσθημεν, καὶ πάντες ἓν πνεῦμα ἐποτίσθημεν)라는 내용과도 일맥상통한다.

이렇게 디도서 3장 5-6절에는 인류 구원을 위한 삼위 하나님의 일하심이 묘사되면서 성령의 역할이 강조되어 있는데, 이는 에베소서 1장 3-14절이나 로마서 8장과 같이 바울서신의 다른 곳에서 언급된 내용과 다를 바가 없다. 특히 5절은 공교롭게도 요한복음 3장 5절과 장절의 숫자만큼이나 그 내용이 닮아있고 구약 에스겔 36장 25-27절을 떠올리게도 한다. 더욱이 6절은 구약 요엘서 2장 28-29절을 설명한 사도행전 2장 33절이나 요한복음 14장 26절, 특히 고린도전서 12장 13절을 연상하게 한다. 그래서 Holman 같은 이는 문학적 유사성과 역사적 사실들을 들어서 디도서 3장 5-6절을 "세계적인 오순절을 위한 창문"(A Window on Worldwide Pentecost)으로 보기도 한다.12)

2. 내주하시는 성령님(딤후 1:14)

바울이 기록했다면 유서의 역할을 했을 디모데후서에서, 성령에 관한 언급은 바울이 디모데에게 복음과 함께 고난을 받으라고 권하는 문단인 1장 3-18절에 두 번, 그리고 성경의 영감설의 기초가 되는 유명한 구절인 3장 16절에서 한 번 이루어졌다. 개역성경에 "우리 안에 거하시는 성령으로 말미암아 네게 부탁한 아름다운 것을 지키라"라고 번역된 디모데후서 1장 14절(τὴν καλὴν παραθήκην φύλαξον διὰ πνεύματος ἁγίου τοῦ ἐνοικοῦντος ἐν ἡμῖν)에는 신자들 안에 내주하시는 성령님에 관하여 묘사되어 있다. 이 구절에서 저자는 디모데 개인을 향하여 말하고 있지만 내주하시는 성령을 표현할 때는 "우리 안에"(ἐν ἡμῖν)라는 어구를 첨가하였고, 디모데후서의 마지막 구절에서도 "은혜가 너희들과 함께"(ἡ χάρις μεθ' ὑμῶν)라고 독자 모두를 포함하고 있는 것으로 볼 때 성령은 특정한 사람에게가 아니라 모든 믿는 이들 안에 내주하시는 것이 분명하다.

이 어구에서 우리는 "내주한다"(ἐνοικοῦντος)13)라는 용어와 "부탁한 것"(παραθήκην)14)이라는 용어에 주목할 필요가 있다. παραθήκη는 원래 법적인 공탁금이나 기탁물을 의미하였는데 목회서신에는 하나님께서 바울에게 맡기시고(딤후 1:12) 또한 바울을 통하여 디모데에게 맡겨지고 또한 디모데가 지키고(딤전 6:20) 충성된 자들을 찾아 전달해야 할(딤후 2:2) 복음의 의미로 사용되었다. 문맥 가운데서 본다면 디모데는 바울을 통하여 안수 받을 때 전수 받은 하나님의 복음(παραθήκη, 비교. 딤후 1:12)을 에베소의 거짓 교사들을 대항하여 내주하시는 성령(의 능력)으로 지켜내야 한다. 그러므로 어떤 이들은 이 구절에 묘사된 성령론이 정적(靜的)이라고 말하지만, 이미 언급한 이 구절의 핵심적인 단어 παραθήκη와 그 문맥을 감안한다면 아주 역동적임을 알 수 있다. 뿐만 아니라 이 어구는 "너희 안에 거하시는 그의 영으로 말미암아"라고 번역된 바울의 로마서 8장 11절(διὰ τοῦ ἐνοικοῦντος αὐτοῦ πνεύματος ἐν ὑμῖν)과 정확하게 평행구를 형성하며 또한 ἐνοικέω와 동일한 의미를 지닌 동사인 οἰκέω가 사용된 로마서 8장 9절(πνεῦμα θεοῦ οἰκεῖ ἐν ὑμῖν)과도 마찬가지이다. 디모데후서 1장 14절은 일차적으로 모든 신자들 안에 내주하시는 성령에 대한 언급으로서 바울의 로마서 8장 9-11절과 일맥상통하는 점이 있지만, παραθήκη를 지키라는 언급과 연관해서는 다음에 논의할 "사명과 은사와 능력을 주시는 성령님"과 관련이 있는 구절이기도 하다.

II. 사명과 은사와 능력을 주시는 성령님

두 번째로 논의하고자 하는 주제는 목회서신에 나타난 사명과 그에 필요한 은사와 능력을 주시는 성령의 사역에 관한 것이다. 여기에는 디모데전서의 세 구절과 디모데후서의 두 구절이 포함되어 있다. 디모데전서 3장 16절은 꼭 들어맞는 적당한 곳을 찾지 못하여 본 단락에 첨가하였다.

1. 사명과 은사와 능력을 주시는 성령님(딤전 1:18; 4:14; 딤후 1:6-7, 14)

위의 소제목 하에 한데 묶어 놓은 디모데전서의 두 구절과 디모데후서의 두 구절은 서로 긴밀하게 연결되어 있다. 디모데전서 1장 18절과 4장 14절은 직접적으로 성령에 대한 어휘가 나오진 않으나 성령의 사역인 "예언"(προφητείας)이라는 어휘로 연결되어 있고, 디모데후서 1장 6-7절과 1장 14절은 "영"(πνεῦμα) 혹은 "성령"(πνεύματος ἁγίου)으로 연결되어 있다. 이와 더불어 디모데전서 4장 14절과 디모데후서 1장 6-7절에는 "은사"(τὸ χάρισμα)와 "안수"(ἐπιθέσεως τῶν χειρῶν)가 동시에 언급되어서 긴밀한 연결점이 형성되고 있다. 이 네 구절이 함께, 에베소에서 바울을 대신하여 사역하는 디모데에게 성령을 통하여 주어지는 은사와 사명, 그리고 그 사명을 수행하기 위한 능력에 관하여 언급하고 있는 것으로 보이므로 이곳에서 함께 논의하기로 한다.

디모데전서 1장 18절(Ταύτην τὴν παραγγελίαν παρατίθεμαί σοι, τέκνον Τιμόθεε, κατὰ τὰς προαγούσας ἐπὶ σὲ προφητείας, ἵνα στρατεύῃ ἐν αὐταῖς τὴν καλὴν στρατείαν); 4:14(μὴ ἀμέλει τοῦ ἐν σοὶ χαρίσματος, ὃ ἐδόθη σοι διὰ προφητείας μετὰ ἐπιθέσεως τῶν χειρῶν τοῦ πρεσβυτερίου); 디모데후서 1장 6-7절(Δι' ἣν αἰτίαν ἀναμιμνῄσκω σε ἀναζωπυρεῖν τὸ χάρισμα τοῦ θεοῦ, ὅ ἐστιν ἐν σοὶ διὰ τῆς ἐπιθέσεως τῶν χειρῶν μου οὐ γὰρ ἔδωκεν ἡμῖν ὁ θεὸς πνεῦμα δειλίας ἀλλὰ δυνάμεως καὶ ἀγάπης καὶ σωφρονισμοῦ)은 디모데가 사역에로의 부르심을 받는 맥락에서 성령의 역사를 경험하는 동일한 사건을 언급하는 것으로 여겨지는데, 구체적인 사건의 내용과 경위 등에 대

하여는 논란이 있는 문단이다.15) 이 세 구절 모두 과거를 회상하는 문구로서 적어도 디모데전서의 두 구절은 그의 생애에 일어난 동일한 사건을 지칭하는 것으로 보이고, 그 사건은 디모데가 동시에 신자와 사역자로서 성령을 경험하는 자리였을 것이다. 아마도 사도행전 16장 1-5절에 나오는 대로 그가 루스드라에서 바울 선교단에 합류할 때를 지칭하는 것으로 보인다.16)

디모데전서 1장 18절에서 저자는 자신의 아들 디모데에게(τέκνον Τιμόθεε) 영적인 전투를 계속하라고 명령하면서, 전에 지도한 예언들을 따라서 그것들로(κατὰ τὰς προαγούσας ἐπὶ σὲ προφητείας와 ἐν αὐταῖς) 선한 싸움을 싸우라고 한다. 여기서 이 예언들이 언제, 누구에 의하여 주어졌으며, 그 내용이 무엇인지는 명확하지 않다. 하지만 위에 언급한대로 디모데가 바울 선교단에 합류할 때 선교단과 교회 공동체의 몇몇 사람들을 통하여 받은 예언들로17) 바울과 바나바가 사도행전 13장 1-2절에 기술된 것처럼 안디옥 교회에서 경험하였던 일이 디모데에게도 일어났던 것으로 보인다.18) 누구를 통하여 주어지든 예언은 성령의 역사임이 분명하기 때문에(고전 12:4-11), 디모데는 자신을 사역에로 부르실 때 주셨던 그 예언들의 힘과 위로로 지금 에베소에서 거짓교사들을 대항하여 영적인 싸움을 싸워야 한다. 이 권면에 이어서 "예언을 통하여 주어진 은사를 무시하지 말라"(딤전 4:14)라는 권면과 "하나님의 은사를 불일 듯 하게 하라"(딤후 1:6-7)와 "성령으로 위탁물(복음)을 사수하라"(딤후 1:14)라는 권면들이 디모데에게 더해진다.

디모데전서 4장 14절은 "예언"이라는 어휘를 통하여 디모데전서 1장 18절과 연결되지만, 디모데후서 1장 6-7절과는 은사, 예언-영, 안수 등의 어휘를 통하여 더 밀접하게 연결된다. 디모데는 여기에서 "장로회의 안수와 함께"(μετὰ ἐπιθέσεως τῶν χειρῶν τοῦ πρεσβυτερίου) "예언을 통해"(διὰ προφητείας)19) "자신에게 주어져서 자신 안에 있는 은사를"(τοῦ ἐν σοὶ χαρίσματος, ὃ ἐδόθη σοι) "무시하지 말라"(μὴ ἀμέλει)라는 권면을 받는다. 이 구절에서 은사(χαρίσματος)를 언급하면서 디모데를 지칭하는 "너"(σοι)라는 말이 두 번이나 반복되는 점과 신적수동태 동사(ἐδόθη)가 사용된 점을 감안할 때, 이미 디모데 안에 거하시는 성령께서 그에게 사역을 위한 은사를 주셨음이 강조되고 있다(비교 딤후 1:7; 고전 12:7-8).20) 이것은 두 가지 사건과 함께 일어났다: 첫째는 예언사건이고, 둘째는 장로회의 안수행위이다. 첫째 현상은 디모데에게 주어진 은사가 성령께로부터 왔다는 의미이기에 디모데 자신에게 격려가 되는 것이고, 둘째 사건은 공적인 현상이었기에 디모데뿐만 아니라 에베소 교회회중들을 향한 권면과 위로가 목적이었을 것이다.21)

디모데후서 1장 6-7절의 처음 권면은 디모데전서 4장 14절("은사를 무시하지 말라")처럼 소극적이라기보다는 "은사를 불일듯 하게하라"(ἀναζωπυρεῖν τὸ χάρισμα)라는 적극적인 권면이다. 이미 언급하였던 대로 디모데후서 1장 6-7절은 디모데전서 4장 14절과 아주 흡사하다. 다만 차이점은 안수를 수식하는 어구가 "장로회의"(τοῦ πρεσβυτερίου) 대신 "나의"(μου)로 대치되고, 은사에 "하나님의"(τοῦ θεοῦ)라는 어구가 첨가되고, 마지막 부분에 "하나님이 우리에게 주신 것은 두려움의 영이 아니라 능력과 사랑과 절제의 영이다"(οὐ γὰρ ἔδωκεν ἡμῖν ὁ θεὸς πνεῦμα δειλίας ἀλλὰ δυνάμεως καὶ ἀγάπης καὶ σωφρονισμοῦ)라는 어구가 첨가된 점이다.22) 이렇게 해석할 때 디모데후서 1장 7절의 후반 절은 로마서 8장 15절("너희는 다시 무서워하는 종의 영을 받지 아니하였고 양자의 영을 받았으므로 아바 아버지라 부르짖느니라": οὐ γὰρ ἐλάβετε πνεῦμα δουλείας πάλιν εἰς φόβον ἀλλὰ ἐλάβετε πνεῦμα υἱοθεσίας ἐν ᾧ κράζομεν· αββα ὁ πατήρ)과 평행을 이룬다. 믿는 자들 안에 내주하시는 성령은 우리에게 두려움을 주시는 것이 아니라 능력과 사랑과 근신, 즉 성령의 다양한 성품과 그 열매를 주셔서 세상을 이기고 주어진 사명을 감당할 수 있게 하신다(비교. 갈 5:22-23). 즉, 성령은 믿는 자와 사역자의 능력의 원천이시다. 8절에 나타난 대로 복음을 위하여 고난 받는 것은 성령이 주시는 능력으로만 가능하기 때문이다.[23] 이렇게 디모데후서 1장 7절에서 능력의 영을 말하는 것은, 6절의 안수를 통해 디모데에게 주어진 것은 은사라기보다는 그가 회심할 때 주어진 더 큰 개념인 성령의 선물로 해석하는 것이 바르다는 점을 상기시킨다.[24]

이 구절들에 나타나는 내용은 성령에 의하여 선교사로 지명받고 교회의 안수기도를 통하여 파송되는 바울과 바나바의 모습을 그리고 있는 사도행전 13장 1-2절과의 연관성이 보인다. 특히 디모데후서 1장 6-7절에는 성령이 사역의 능력의 원천으로 언급되어, 로마서 8장과 여호수아 1장과 흡사하다.[25] 그리고 위에서 논의한대로 디모데후서 1장 14절(τὴν καλὴν παραθήκην φύλαξον διὰ πνεύματος ἁγίου τοῦ ἐνοικοῦντος ἐν ἡμῖν)에서 내주하시는 성령님은 디모데에게 부탁한 것을 지키는 데 필요한 능력을 주시는 분으로 묘사되고 있고, 이 구절은 로마서 8장 9-11절을 연상시킨다. 역시 위에서 논의한대로 이 구절의 부탁한 것(παραθήκη)은 목회서신에서 아주 중요한 위치를 차지하면서 그리스도인의 복음과 사명에 긴밀하게 연관되어 있다. 즉, 디모데후서 1장 14절에 언급된 성령은 복음 "전승의 연속성을 보증해주는"(guarantee the continuity of the tradition) 역할을 한다.[26] 종합하여 본다면 본 단락에서 논의한 네 구절(딤전 1:18; 4:14; 딤후 1:6-7, 14)에 나타나는 성령의 은사, 사명, 능력 주시는 사역은 고린도전서 12장과 로마서 12장의 은사에 대한 바울의 가르침이나 갈라디아서 5장의 성령의 열매에 대한 가르침과 일맥상통하며, 사도행전 13장 1-2절의 안수와 선교사 파송과도 흡사한 면이 있고, 에베소서 3장 16절(ἵνα δῷ ὑμῖν κατὰ τὸ πλοῦτος τῆς δόξης αὐτοῦ δυνάμει κραταιωθῆναι διὰ τοῦ πνεύματος αὐτοῦ εἰς τὸν ἔσω ἄνθρωπον)이나 5장 18절(καὶ μὴ μεθύσκεσθε οἴνῳ, ἐν ᾧ ἐστιν ἀσωτία, ἀλλὰ πληροῦσθε ἐν πνεύματι)의 가르침과도 일치한다.

2. 승리하신 그리스도의 존재방식이 되신 성령님(딤전 3:16)

영(ἐν πνεύματι)이라는 어구가 들어 있는 디모데전서 3장 16절은, 도입부(καὶ ὁμολογουμένως μέγα ἐστὶν τὸ τῆς εὐσεβείας μυστήριον)를 빼고 다음과 같이 배열해보면, 모든 연이 부정과거 수동태 동사와 여격으로 이루어져서 리듬과 짝이 잘 맞는 여섯 행의 초대교회 그리스도 찬송시이다.

ὃς ἐφανερώθη ἐν σαρκί,   (그는 육신으로 나타난 바 되시고)
ἐδικαιώθη ἐν πνεύματι,   (영으로 의롭다하심을 받으시고)
ὤφθη ἀγγέλοις,   (천사들에게 보이시고)
ἐκηρύχθη ἐν ἔθνεσιν,   (만국에서 전파되시고)
ἐπιστεύθη ἐν κόσμῳ,   (세상에서 믿은 바 되시고)
ἀνελήμφθη ἐν δόξῃ.   (영광 가운데서 올려지셨느니라)

디모데전서 3장 16절에서 우리의 관심의 대상은 두 번째 연이다. 이 연은 바로 앞 연과 짝 혹은 대비를 이루면서 하나님의 원수갚아주심의 결과로 부활하신 그리스도의 존재방식이 "ἐν πνεύματι"(영으로)라는 어구로 표현되고 있는데,[27] 로마서 1장 4절의 "성결의 영으로는 죽은 가운데서 부활하여 능력으로 하나님의 아들로 인정되셨으니"(τοῦ ὁρισθέντος υἱοῦ θεοῦ ἐν δυνάμει κατὰ πνεῦμα ἁγιωσύνης ἐξ ἀναστάσεως νεκρῶν)라는 표현과 흡사하고[28] 고린도후서 3장 17절의 "주는 영이시니 주의 영이 계신 곳에는 자유함이 있느니라"(ὁ δὲ κύριος τὸ πνεῦμά ἐστιν· οὗ δὲ τὸ πνεῦμα κυρίου, ἐλευθερία)라는 선언과도 일맥상통한다.

III. 예언으로 교회를 보호하시고 말씀을 주시는 성령님

본고에서 세 번째로 논의하고자 하는 주제는 목회서신에 나타난 성령의 말씀사역이다. 목회서신에는 규범적인 말씀을 주신 성령의 사역과 더불어 상황에 따라 교회 안에서 혹은 개인적으로 예언의 말씀을 주시는 성령의 사역을 언급하고 있다.

1. 예언으로 교회를 보호하시는 성령님(딤전 4:1-2)

디모데전서 4장 1-2절(Τὸ δὲ πνεῦμα ῥητῶς λέγει ὅτι ἐν ὑστέροις καιροῖς ἀποστήσονταί τινες τῆς πίστεως προσέχοντες πνεύμασιν πλάνοις καὶ διδασκαλίαις δαιμονίων ἐν ὑποκρίσει ψευδολόγων, κεκαυστηριασμένων τὴν ἰδίαν συνείδησιν)은 "후일에"라는 어구(ἐν ὑστέροις καιροῖς)가 암시하듯이 디모데후서 3장 1-5절과 더불어 목회서신에서 종말론적인 배도 현상(ἀποστήσονται)을 성령께서 미리 밝히 언급하시는(Τὸ πνεῦμα ῥητῶς λέγει) 구절이다.29) 특히 이 구절을 사도행전 20장 29-30절("내가 떠난 후에 흉악한 이리가 너희에게 들어와서 그 양떼를 아끼지 아니하며 또한 너희 중에서도 제자들을 끌어 자기를 쫓게 하려고 어그러진 말을 하는 사람들이 일어날 줄을 내가 아노니")과 연관하여 볼 때, 에베소 지역에서 일어날 현상에 대하여 바울에게는 수년전에 흡사한 내용의 예언을 성령께서 이미 주셨음을 알 수 있다.

또한 이 구절에서 특히 "성령이 밝히 말씀하시기를"(Τὸ δὲ πνεῦμα ῥητῶς λέγει)이라는 관용구가 구약 인용이나 지나간 하나님의 말씀을 언급할 때 사용되었다는 주장은30) 신빙성이 희박하다.31) 바울은 구약을 인용할 때 이러한 관용구를 쓴 적이 없고 이 어구의 "밝히"(ῥητῶς)라는 헬라어 부사는 "어떤 사용 가능한 알려진 자료"(some known available source)를 언급하는 것이 아니라 "분명하게" 혹은 "거침없이"(unmistakably)라는 의미로 보아야 한다.32) 또한 히브리서 같은 곳에서 비슷한 예를 찾을 수 있다손 치더라도, 구약의 말씀을 통하여 현재의 청중들에게 지금 말씀하시는 성령의 사역을 강조하고 있다.33) 즉 디모데전서 4장 1절의 내용이 과거에 계시된 말씀이라고 하더라도, 이 구절에 나타나는 성령의 사역은 과거의 말씀을 현재에 법적으로 효력이 있게 하는 역할이다.34)

예를 들면, 히브리서 저자가 히브리서 3장 7-11절에서 시편 95편 7-11절을 인용하여 말할 지라도, "지나간 시대의 죽은 문자를 말하고 있는 것이 아니라 수천 년 전에 기록되었다 손치더라도 그 의미가 완전히 살아서 자신의 청중에게 역동적인 적용성이 있는 것으로" 말하고 있다.35) 그리고 디모데전서 4장 1-2절은 전통적으로 예언을 주시는 성령님으로 묘사되어, 사도행전(11:28; 13:2; 20:23, 29-30; 21:4, 9, 11)이나 고린도전서 11-14장,36) 그리고 계시록(2:7, 11, 17, 29; 3:6, 13:22; 14:13) 등 신약의 다른 곳에서 나타나는 모습과 아주 흡사하기 때문이다.

물론 이 구절뿐만 아니라 디모데후서 1장 18절과 4장 14절도 디모데가 안수 받던 과거의 사건으로 보아서 성령의 현재적인 예언적 사역을 암시하는 구절이 목회서신에는 없다고 주장하는 학자들이 있으나,37) 오히려 이 세 구절을 면밀히 살펴보면 성령의 예언적 사역을 높이 평가하고 있음을 알 수 있다. 이런 주장을 하는 이들은 먼저 디모데전서 4장 1-2절의 예언적 언급이 과거에 있었던 것인가? 혹은 이 서신이 기록할 당시에 일어난 일인가? 그리고 과거에 일어난 일이라면, 예언적 활동이 그리스도인의 생활에 중요한 역할을 하는 일이 중단되었는가? 등의 질문에 답해야 할 것이다.

디모데전서 4장 1-2절의 1절에 언급된 "후일에"(ἐν ὑστέροις καιροῖς)라는 어구는 예수님의 초림과 재림 기간 전체를 포함하는 말세를 언급하는 어휘이고, 2절에 나타나는 미혹하는 영의 가르침은 언제나 있는 현상이고 이러한 영적인 전쟁은 계속되기 때문에(요일 4:1-6; 엡 2:2; 6:10-17), 성령의 예언활동이 과거지사로 끝나버렸다는 주장은 설득력이 없다. 예언의 사역을 하시는 성령님은 여전히 활발하게 이러한 영적인 전투 가운데 있는 하나님의 종말론적인 교회의 상황에 대하여 말씀하고 계시고 또한 하셔야만 한다는 Fee의 주장은 합당하다.[38] 디모데전서 1장 18절과 4장 14절에 언급된 예언들은 공개적으로 알 수 있는 내용일 수도 있지만 기본적으로는 안수 받은 디모데에게 중요한 의미가 있고 그가 이 은사들을 사용하기 전까지는 알 수 없는 것일 수도 있다.[39] 이 구절들이 위치한 문맥에서 보면 이 예언들이 특별히 언급된 것은 에베소서에서의 디모데의 사역을 격려하기 위함이다. 아무튼 이 두 구절에서도 목회서신의 저자가 이러한 성령의 예언 사역을 높이 평가하고 있음을 짐작할 수 있다.[40]

2. 말씀을 주시는 성령님(딤후 3:16)

디모데후서 3:16(πᾶσα γραφὴ θεόπνευστος καὶ ὠφέλιμος πρὸς διδασκαλίαν, πρὸς ἐλεγμόν, πρὸς ἐπανόρθωσιν, πρὸς παιδείαν τὴν ἐν δικαιοσύνῃ)은 베드로후서 1:21(οὐ γὰρ θελήματι ἀνθρώπου ἠνέχθη προφητεία ποτέ, ἀλλὰ ὑπὸ πνεύματος ἁγίου φερόμενοι ἐλάλησαν ἀπὸ θεοῦ ἄνθρωποι)과 아주 흡사한 내용일 뿐만 아니라 신약성경에서 성경의 영감을 표현하는 중요한 두 구절이다. "하나님의 숨 혹은 영으로 된"(brought into existence by the breath or Spirit of God)[41](θεόπνευστος)이라는 어휘는 신약에서 디모데후서 3장 16절에만 나오지만,[42] 이와 내용이 유사한 베드로후서 1장 20-21절과 연관하여 본다면 이해에 도움이 된다. 그리고 칠십인 역에서는 민수기 24장 2절의 "하나님의 신이 그 위에 임하신지라"(ἐγένετο πνεῦμα θεοῦ ἐν αὐτῷ)이라든지 호세아서

9장 7절에서 선지자를 묘사하는 "신에 감동하는 자"(ἄνθρωπος ὁ πνευματοφόρος) 등이 θεόπνευστος에 대한 설명이 될 수 있을 것이다.43) 디모데후서의 "모든 성경"(πᾶσα γραφή)은 베드로후서의 "경의 예언"(προφητεία τῆς γραφῆς) 혹은 "예언"(προφητεία)인 것이고, 디모데후서에서 "하나님의 영으로 된 것"(θεόπνευστος)에 대한 설명이 베드로후서에서는 "성령에 의하여 움직여진 사람들이 하나님으로부터 말하였다"(ὑπὸ πνεύματος ἁγίου φερόμενοι ἐλάλησαν ἀπὸ θεοῦ ἄνθρωποι)라고 설명된 셈이다. 즉, 디모데후서에서 말하는 모든 성경(πᾶσα γραφή)이 구약만이든 혹은 이 원리가 적용된 신약을 포함하는 것이든 간에,44) 하나님의 사람으로 교육하고 구비시키는 데 유익한 규범적인 하나님의 말씀은 하나님의 영의 사역을 통하여 주어진 것만은 분명하다.

결 론

이상에서 살펴 본대로 목회서신의 성령론과 연관하여 우리는 다음과 같은 결론을 내릴 수 있다. 첫째, 목회서신에서는 성령님이 성부 하나님과 성자 그리스도와 더불어 인류 구원의 중요한 역할을 하고 있음을 묘사하고 있다. 둘째, 목회서신에 그려진 성령은 신자와 사역자에게 은사와 사명, 그리고 능력을 주시는 분으로 그려져 있다. 셋째, 목회서신은 영감을 통하여 구원과 양육 그리고 사역에 유익하고 일꾼으로 구비시키는 데 유익한 규범적인 말씀을 주셨을 뿐만 아니라 역사 속에서 여전히 교회와 개인의 상황에 맞는 예언적인 사역을 하시는 성령님에 대하여 말하고 있다. 마지막 넷째로, 이러한 모든 목회서신의 성령에 대한 내용은 바울의 진필 서신들이나 신약의 다른 책들에 언급된 내용과 동일한 맥을 이루고 있다는 사실이다. 그러므로 우리는 목회서신이 바울의 저작이라는 사실을 의심할 이유가 없다는 결론을 내릴 수 있을 것이다.

주(註)

1) 이에 대한 대표적인 예는 목회서신이 바울의 저작이 아니라고 배웠다가 다시 바울 저작으로 확신하게 되었다는 Thomas Oden의 학문적 여정을 밝히는 신앙고백적인 논의일 것이다: Thomas C. Oden, *First and Second Timothy and Titus*, Interpretation (Louisville: John Knox Press, 1989), 10-15를 보라.
2) Jerome. D. Quinn, "The Last Volume of Luke: the Relation of Luke-Acts to the Pastoral Epistles," in Talbert, C. H. (ed.), *Perspectives on Luke-Acts* (Edinburgh: T & T Clark, 1978), 62-75.
3) Jerome. D. Quinn, "The Holy Spirit in the Pastoral Epistles," in Durken, D. (ed.), *Sin, Salvation and the Spirit* (Collegeville: Liturgical Press, 1979), 345-68.
4) Michael A. G. Haykin, "The Fading Vision? The Spirit and Freedom in the Pastoral Epistles," *Evangelical Quarterly* 57 (1985), 291-305.
5) I. H. Marshall, *The Pastoral Epistles*, ICC (London: T & T Clark, 1999), 105; 필립 타우너, 「목회서신: 우리에게 무엇을 교훈하는가?」, 이한수 역 (서울: 선교횃불, 2006), 117-122; Philip H. Towner, *The Letters to Timothy and Titus*, NICNT (Grand Rapids: Eerdmans, 2006), 56 등을 참조하라.
6) Gordon D. Fee, *God's Empowering Presence: The Holy Spirit in the Letters of Paul* (Peabody: Hendrickson, 1994), 777-84.
7) 몇몇 주석가들은 "중생"과 "새롭게 함"이 개념적 유사성이 있고 전치사 διά는 단일 사건을 표현하고 있기 때문에, 영어로 "through the washing of rebirth and renewal by the Holy Spirit"이라고 번역할 지라도 의미상으로는 "through the washing of rebirth and renewal, (which washing is done) by the Holy Spirit"이라고 번역한다: Towner, *The Letters to Timothy and Titus*, 781-4; Martin Dibelius and Hans Conzelmann, *The Pastoral Epistles*, Hermeneia (Philadelphia: Fortress, 1972), 148-9 등을 보라.
8) καί를 부연 설명적(epexegetical) 접속사로 본다면 이 어구는 "중생(παλιγγενεσίας), 즉 새롭게 함(ἀνακαινώσεως)"으로 해석되어서, 성령은 이 두 가지에 동시에 연결된다: William D. Mounce, *Pastoral Epistles*, WBC (Nashville: Thomas Nelson Publishers, 2000), 448-50.
9) 베자사본(D)을 위시한 몇몇 대문자 사본과 번역본과 교부들의 글에서는 πνεύματος 앞에 διά를 둠으로써 διὰ πνεύματος ἁγίου구문이 διὰ λουτροῦ παλιγγενεσίας καὶ ἀνακαινώσεως에 대한 부연 설명이 되어서 이 두 가지 사건, 즉 다시 남과 새롭게 함을 모두 성령의 사역으로 해석하려는 시도였음을 알 수 있다.
10) Fee는 διὰ λουτροῦ를 성령에 의한 침례로 보고, "through the regenerating and

renewing work of baptism effected by the Holy Spirit"이라고 번역하든지, 중생과 새롭게 함은 한 가지 영적인 실체를 언급하는 두 가지 은유로 보아 "through the washing of regeneration and renewal, effected by the Holy Spirit" 혹은 "through the washing by the Holy Spirit that brings rebirth and renewal" 로 번역한다. Gordon D. Fee, *1 & 2 Timothy, Titus*, NIBC (Massachusetts: Hendrickson Publishers, 1988), 203-5, 209와 동일저자의 *God's Empowering Presence*, 777-84 등을 보라. 그리고 Dunn이나 Beasley-Murray도 디도서 3:5와 관련하여 "침례는 성령께서 효력을 주시는 거듭남과 새롭게 하심을 위한 씻음이다"(baptism is 'the washing for the regeneration and renewal that the Spirit effects')라고 보고있다: James D. G. Dunn, *Baptism in the Holy Spirit* (London: SCM, 1970), 165-70; George R. Beasley-Murray, *Baptism in the New Testament* (Grand Rapids: Eerdmans, 1962), 209-16; 특히 278을 보라.

11) 붓다(ἐκχέω)라는 동사는 신약에서 모두 27번 사용되어 주로 물과 피 혹은 창자를 쏟아 붓는 데 사용되었으나, 은유적으로 성령과 은사 혹은 사랑이 부어지는 것에도 사용되었다. 특히 요엘서 2:28-29를 인용한 사도행전 2:17-18과 2:33에도 "성령을 부어준다"(ἐκχεῶ ἀπὸ τοῦ πνεύματός μου)라는 표현이나 로마서 5:5에는 "하나님의 사랑이 우리 마음에 부어졌다"(ἡ ἀγάπη τοῦ θεοῦ ἐκκέχυται ἐν ταῖς καρδίαις ἡμῶν)라는 표현도 모두 은유적인 용법이다: F. G. Untergassmair, "ἐκχέω, ἐκχύννω," *EDNT*, vol. 1: 424.

12) Charles L. Holman, "Titus 3.5-6: A Window on Worldwide Pentecost." *Journal of Pentecostal Theology* 8 (1996): 53-62.

13) 이 어휘는 칠십인 역에서는 땅에 거주하는 사람이나 그 소유물을 의미하였고 하나님이 그 동사의 주어가 된 적이 없었으나, 신약에서는 그 그림이 완전히 달라져서 인간이 그 동사의 주어가 된 적이 없고 죄(롬 7:17), 하나님의 영(롬 8:11; 딤후 1:14), 그리스도의 말씀(골 3:16), 하나님(고후 6:16) 혹은 믿음(딤후 1:5)이 주어가 되고 인간은 그 목적어가 되었다(고후 6:16; 골 3:16): R. Dabelstein, "ἐνοικέω," *EDNT*, vol. 1: 456를 참조하라.

14) 이 어휘의 동사는 신약에서 19번 사용되어 주로 손 대접의 표현으로 음식을 내놓는다는 의미로 사용되었는데, 비유를 베풀거나(마 13:24, 31) 선포내용을 설명거나(행 17:3) 사도적 복음 선포 내용을 개인적으로 전수한다는 의미(딤전 1:18; 딤후 2:2) 등으로 사용되었다. 목회서신에는 동사가 두 번(딤전 1:18; 딤후 2:2) 명사가 세 번 복음을 의미하는 것으로 사용되었다(딤전 6:20; 딤후 1:12, 14): P. Trummer, "παραθήκη, παρατίθημι," *EDNT*, vol. 3: 22를 참조하라.

15) Mounce, *Pastoral Epistles*, 70-72.

16) Fee, *1 & 2 Timothy, Titus*, 175-77과 동일저자의 *God's Empowering Presence*, 759의 각주 13을 참조하라.

17) 디모데전서 4:14에는 예언이 단수로 나오지만 여기서는 복수로 되어 있어서, 여러 사람을 통하여 예언이 나오고 분별하는 작업이 있었던 것으로 보

인다.
18) Fee, *God's Empowering Presence*, 760.
19) 디모데전서 1:18에는 복수인데 반해 여기서는 예언이 단수인 것은 구체적인 예언 내용보다는 예언 사건 자체를 지칭하는 것으로 보인다: Ibid., 771의 각주 77을 보라.
20) Ibid., 772-3; Marshall, *The Pastoral Epistles*, 565-6.
21) Fee, God's Empowering Prexence, 772.
22) 이 어구의 「한글개역성경」의 "정신"보다는 개역개정판의 난외주에 실린 "영"이라는 번역이 원문을 충실히 반영한 번역이다. 그런 면에서 「성경」의 번역이 잘된 셈이다: "하느님께서는 우리에게 비겁함의 영을 주신 것이 아니라, 힘과 사랑과 절제의 영을 주셨습니다."
23) Haykin, "The Fading Vision?," 300-1.
24) 타우너, 「목회서신」, 119.
25) Towner, *The Letters to Timothy and Titus*, 56.
26) P. H. Towner, "Pauline Theology or Pauline Tradition in the Pastoral Epistles: the Question of Method," *Tyndale Bulletin* 46.2 (1995), 299.
27) 물론 이 "ἐν πνεύματι"(영 으로)라는 표현은 신원해주심(ἐδικαιώθη)의 수단이나 행위자, 즉 성령이 될 수도 있으나 1연의 육(ἐν σαρκί)과 2연의 영(ἐν πνεύματι)의 대립적인 관계가 둘 다 성령의 사역으로 특징 지워지는 그리스도의 두 단계 존재방식(혹은 영역)을 의미한다: Marshall, *The Pastoral Epistles*, 525-6; Fee, *God's Empowering Presence*, 765 등을 참조하라.
28) Towner, *The Letters to Timothy and Titus*, 56, 280-1.
29) Quinn, "The Holy Spirit in the Pastoral Epistles," 357.
30) Hill, *New Testament Prophecy*, 140.
31) 타우너, 「목회서신」, 121.
32) Fee, *God's Empowering Presence*, 769의 각주 68을 참조하라.
33) 히브리서는 바울의 구약인용 방식과는 달리 히브리서 3:7(λέγει τὸ πνεῦμα τὸ ἅγιον)과 같이 주어도 성령 혹은 주께서 지금 말씀하시는 것으로 하고 동사도 현재형을 쓰고 있다: 더 자세한 것은 장동수, "히브리서의 구약인용과 해석,"「복음과 실천」, 35 (2005 봄), 46-7을 참조하라.
34) Towner, "Pauline Theology or Pauline Tradition in the Pastoral Epistles," 299.
35) Philip E. Hughes, *A Commentary on the Epistle to the Hebrews* (Grand Rapids: Eerdmans, 1977), 141.
36) 디모데전서 4:2에 나타나는 "미혹하는 영 즉 귀신들의 가르침"(πνεύμασιν πλάνοις καὶ διδασκαλίαις δαιμονίων)이 교회에 들어오는 것을 분별하고 막기 위하여 교회나 사역자들에게는 고린도전서 12:10에 예언의 은사 바로 다음

에 언급된 분별의 영을 분별하는 은사(ἄλλῳ προφητεία, ἄλλῳ διακρίσεις πνευμάτων)가 필요하고, 교회 내에서도 고린도전서 14:29-32의 가르침처럼 예언자들의 예언은 다른 예언자들에 의해 분별되어야(προφῆται δὲ δύο ἢ τρεῖς λαλείτωσαν καὶ οἱ ἄλλοι διακρινέτωσαν) 하며 예언자들의 영은 다른 예언자들의 종속되어 있어야(πνεύματα προφητῶν προφήταις ὑποτάσσεται) 한다: Fee, *God's Empowering Presence*, 770.

37) Dunn은 이러한 구절들은 "과거로부터 전해오는 권위적인 목소리"(an authoritative voice from the past)이거나 기껏해야 안수식에서 이루어지는 형식적인 측면이라고 보았다: James D. G. Dunn, *Unity and Diversity in the New Testament: An Inquiry into the Character* (London: SCM, 1993), 130, 261; Robert Banks나 Hill도 마찬가지 주장을 한다: Robert Banks, *Paul's Idea of Community: The Early House churches in their Historical Setting* (Grand Rapids: Eerdmans, 1980), 194와 David Hill, *New Testament Prophecy* (Atlanta: John Knox Press, 1979), 140 등을 참조하라.

38) Fee, *God's Empowering Presence*, 771.

39) Wayne A. Grudem, *The Gift of Prophecy in 1 Corinthians* (Lanham: University Press, 1982). 205.

40) Haykin, "The Fading Vision?," 297.

41) John R. W. Stott, *The Message of 2 Timothy*, BST (Downers Grove: IVP, 1973), 101-2.

42) 성경의 영감성에 대하여는 B. B. Warfield, *The Inspiration and Authority of the Bible* (Philadelphia: Presbyterian and Reformed Publishing, 1948), 245-96를 참조하라.

43) Towner, *The Letters to Timothy and Titus*, 589.

44) 이 구절의 구문관계에 대한 상세한 설명에 대하여는 Marshall, *The Pastoral Epistles*, 790-3; Mounce, *Pastoral Epistles*, 56-70; Towner, *The Letters to Timothy and Titus*, 585-90 등을 참조하라.

제8장
디도서 3장 4-7절 연구*
(An Investigation on Titus 3:4-7)

서 론

소위 목회서신 중의 하나인 디도서에는 서신의 신학의 근간을 이루는 두 개의 문장이 있다. 두 문장 모두 하나님의 은혜와 긍휼 그리고 사람 사랑이 나타난 구원 이야기를 담고 있는 압축문장이다. 첫 번째는 디도서 2장 11-14절이고 두 번째가 3장 4-7절이다. 본고는 두 번째 문장에 대한 고찰이다. 원문에서 정교하게 한 문장으로 이루어진 디도서 3장 4-7절은 디도서에서 유일하게 성령(5절 말미의 πνεύματος ἁγίου)에 대하여 직접적으로 언급된 구절일 뿐만 아니라, "우리의 구원자 성부 하나님의 사랑"(4절의 ἡ φιλανθρωπία τοῦ Σωτῆρος ἡμῶν Θεοῦ)과 동시에 "우리의 구원자 성자 예수님의 사역"(6절의 διὰ Ἰησοῦ Χριστοῦ τοῦ σωτῆρος ἡμῶν)을 언급하면서 삼위 하나님의 인간 구원 활동을 감동적으로 묘사하는 아름다운 찬양 시이기도 하고 신조일 수도 있다. 하지만 이 문장은 특별히 5절 하반절의 한글 번역상의 문제점과 그로 인한 구원관과 성령의 역할에 대

---

* 출처: 「복음과 실천」 53(2014, 봄): 45-68.

한 오해를 야기하는 구절이다. 연구자가 이 문제를 목회서신의 성령론을 다룰 때 간략하게 다룬 적이 있지만,[1] 본고에서는 좀 더 세밀한 석의적인 접근을 통하여 이 문제를 다루어 볼 것이다.[2]

I. 디도서 3장 5절의 번역

1. 문제의 상황

문제의 핵심은, 5절 하반절의 "<u>ἔσωσεν ἡμᾶς διὰ λουτροῦ παλιγγενεσίας καὶ ἀνακαινώσεως</u> πνεύματος ἁγίου"라는 어구의 번역에 있는데, 특별히 밑줄 친 부분인 전치사(διά) 이후에 연속적으로 나열되는 네 개(성령을 지칭하는 πνεύματος ἁγίου를 한 개의 속격으로 봄)의 속격을 어떻게 연결할 것인가에 있다. 그래서 대표적인 한글 번역 성경에서 이 어구에 대한 번역이 다음과 같은 차이를 보인다.[3]

1) "… 우리를 구원하시되… 중생의 씻음과 성령의 새롭게 하심으로 하셨나니"(「개역」)
2) "… 우리를 구원하셨습니다…. 거듭나게 씻어주심과 성령으로 새롭게 해 주심으로 말미암은 것입니다"(「새번역」)
3) "… 성령으로 우리를 깨끗이 씻어서 다시 나게 하시고 새롭게 해 주심으로써 우리를 구원하신 것입니다"(「공동번역」)
4) "… 성령을 통하여 거듭나고 새로워지도록 물로 씻어 구원하신 것입니다"(「성경」).

기본적으로 「개역」과 「새번역」이 같은 의미의 번역이고 「공동번역」과 「성경」이 동일한 의미를 지닌 번역인데, 1-2번과 3-4번 사이에는 성령의 역할에 커다란 차이를 보이고 있다.4) 이는 이미 언급한 대로 연속적으로 이어지는 속격들을 어떻게 연결하느냐에 달려 있는 문제이다.

디도서의 대표적인 주석가들도 이 어구를 심도 있게 다루고 있다. Jerome. D. Quinn은 이 속격들을 문법과 개념의 측면에서 모두 가능한 경우만도 무려 아홉이나 된다고 나열하고 있다.5) Marshall은 이 속격들의 구문을 씻음(λουτροῦ)과 성령(πνεύματος ἁγίου)의 양대 구조로 나누어 보면서 다음과 같이 네 가지 가능성으로 좁혔다:

(1) Through a washing of rebirth and of renewal which is associated with the Holy Spirit.
(2) Through a washing of rebirth and of renewal which are associated with the Holy Spirit.
(3) Through a washing associated with the Holy Spirit which brings rebirth and renewal.
(4) Through a washing of rebirth and <u>through</u> a renewal associated with the Holy Spirit.6)

하지만 I. H. Marshall은 (3)번은 헬라어 어법상 무리한 대안이며 (4)번은 더 신뢰할 만한 사본들에는 두 번째 접속사(διά)가 없다는 점을 지적함으로써 (1)번과 (2)번이 가장 가능성이 있는 대안임을 암시한다. 여기에서 (1)번과 (4)번은 위에서 보았던 「개역」과 「새번역」의 번역과 동일하게 이 구문을 "중생의 씻음"과 "성령의 새롭게 하심"을 별 개의 두 가지 사건으로 보았고, (2)번과 (3)번은 위에서 보았던 「공동번역」과 「성경」의 번역과 대략적으로 일치하여 이 구문의 "씻음"과 "새롭게 하심"을 한 가지 사건으로 보면서 모두 성령의 사역으로 보게 하는 대안이다.

William D. Mounce는 이 어구를 아예 헬라어 도표로 그려서 다음과 같이 두 가지로 제시한다:7)

Arrangement I

παλιγγενεσίας
of regeneration

διὰ λουτροῦ   καὶ   πνεύματος ἁγίου
through the washing   and   of the Holy Spirit

ἀνακαινώσεως
renewal

Arrangement II

λουτροῦ παλιγγενεσίας
the washing of regeneration

διὰ   καὶ
through   and

ἀνακαινώσεως πνεύματος ἁγίου
renewal of the Holy Spirit

그러나 Mounce는 첫 번째 도표(Arrangement I)에서 접속사 καί가 연결접속사(copulative)일 수도 있고 설명접속사(resumptive)일 수도 있다고 지적하고, 또한 "성령"(πνεύματος ἁγίου)이 "새롭게 하심"(ἀνακαινώσεως)만을 지배할 수도 있고 "씻음"(λουτροῦ)을 수식함으로써 "중생"(παλιγγενεσίας)과 "새롭게 하심"(ἀνακαινώσεως)을 동시에 지배할 수 있다고 주장한다. 그러면 Mounce의 번역 가능성도 Marshall이나 Quinn이 제시한 만큼이나 늘어난다. 하지만 Mounce의 도표에서도 볼 수 있는 것은 우리 한글 번역 성경들 가운데 「공동번역」과 「성경」은 첫 번째 도표를 따른 번역이고, 「개역」과 「새번역」은 두 번째 도표를 따른 번역이다. 이쯤이면 우리가 이 어구의 번역상의 문제점이 무엇임을 인식하고 또한 여러 번역 대안 가운데 가능성이 있는 대안이 어느 정도로 좁혀지는 지점까지는 도달하였지만, 온전한 확증을 얻지는 못하고 있다. 그러므로 이 문제를 해결하려는 다음의 시도가 필요하다.

2. 문제의 해결 방법

연구자는 이 문제를 해결하기 위하여 이 어구를 구성하고 있는 중요 단어에 대한 관찰을 기본으로 문법과 사본들의 증거 등을 살펴볼 것이다. 또한 문맥(디도서 3장 4-7절 전체)과 성경의 다른 말씀들에 비추어보는 작업도 필요한데 이 두 가지는 다음 단락들(단락 Ⅲ, Ⅳ)에서 이루어질 것이다.

1) 어휘 조사

"씻음"(λουτρόν), "중생"(παλιγγενεσία), "새롭게 하심"(ἀνακαινώσις)이라는 어휘는 신약성경에서 이곳과 각각 차례대로 에베소서 5장 26절, 마태복음 19장 28절, 로마서 12장 2절에서 한 번씩만 더 나온다. 조사해보고자 하는 어휘들이 이렇게 신약에 사용된 빈도수가 적을 뿐만 아니라 더욱이 "중생"은 바울서신에서 그 예를 찾아볼 수 없는 어려움이 있다.

(1) 씻음(λουτρόν)

"씻음"(λουτρόν)은 신약에서 다섯 번(계시록 1장 5절의 후대 사본들의 증거를 인정한다면 여섯 번) 사용된 동사(λούω)의 명사형이다. 신약에서

이 동사형 λούω는 문자적으로 시체나 상처 혹은 더러운 것을 "씻다"(wash) 라는 뜻으로 네 번 사용되었고(요 13:10; 행 9:37; 16:33; 벧후 2:22), 죄에서 "정결하게 하다"(cleanse)라는 은유적인 의미로 한번 사용되었다(히브리서 10장 22절, 후대 사본증거들을 인정한다면 계시록 1장 5절이 여기에 속할 것이다). 이렇게 볼 때 신약에서 λουτρόν이 침례를 지칭한다는 주장은 매우 성급하다.[8]

그러나 이 λουτρόν이 바울서신에서 유일하게 한 번 더 사용된 곳인 에베소서 5장 26절("이는 곧 물로 씻어 말씀으로 깨끗하게 하사 거룩하게 하시고": ἵνα αὐτὴν ἁγιάσῃ καθαρίσας τῷ λουτρῷ τοῦ ὕδατος ἐν ῥήματι)을 살펴 볼 필요가 있는데, 이 구절은 교회를 성결/정결하게(ἁγιάσῃ καθαρίσας) 하는 예수의 사역을 묘사하는 구절이다. Marchus Barth,[9] Andrew Lincoln,[10] Ernest Best[11] 등은 이 구절에 나오는 λουτρόν은 정관사와 함께 사용되어 청자들이 알 수 있는 어떤 사건인 침례를 지칭하는 것이며 뒤따라오는 "말씀"(ἐν ῥήματι)은 침례식의 신앙고백이라고 주장한다. 하지만 최근의 주석가들인 Clinton E. Arnold[12]나 Stephen E. Fowl[13]은 λουτρόν이 에스겔서 16장에 나오는 신부를 정결하게 하는 씻음(목욕)을 배경으로 하는 내적인 씻음이며 뒤따라오는 "말씀"(ῥῆμα)은 서신의 후반에도(엡 6:17) 언급되는 선포된 복음이라고 해석한다. 즉, 많이 양보하여서 λουτρόν이 은유(metaphor)로 사용되었을 뿐이지, 침례를 지칭하는 환유법(metonym)으로는 결코 사용되지 않았다는 주장이다. 이러한 후자의 견해가 더 설득력이 있음을 Fee가 잘 설명해준다.[14] 그의 주장은 바울은 회심과 연관하여 침례를 거의 사용하지 않았고(비교. 고전 1:13-17), 그리스도인의 회심은 성령의 역사이지 침례와 같은 의식이 아님을 분명히 하였으며, 논란이 되는 구절들(고전 6:11; 12:13; 고후 1:21)에서도 침례를 직접적으로 지칭하고 있지 않다는 것이다. 결론적으로 말한다면, 디도서 3장 5절 후반부에 사용된 λουτρόν은 문자적으로 단순한 씻음 혹은 은유적으로 죄를 씻어내는 내적인 역사로 보아야지 침례와 같은 외적인 의식으로 볼 수는 없다.

(2) 중생(παλιγγενεσία)

이 어휘는 "다시"(πάλιν)와 "남" 혹은 "됨"(γενεσία)이 결합된 어휘로 다시 남(rebirth), 새롭게 됨(renewal), 회복(restoration) 등의 뜻이 있어서, 한자어로는 "중생"(重生)(「개역」)으로 한글로는 "거듭 남"(「새번역」) 혹은 "다시 남"으로 번역될 수 있다. 이 어휘는 신약성경에서 마태복음 19장 28절(「개역」: "··· 세상이 새롭게 되어 ···")에 한 번 더 나오는데, 거기에서는 종말론적인 만물의 회복의 의미로 사용되었고 「개역」 성경에는 오히려 이 구절 바로 뒤에 나오는 "새롭게 하심"(ἀνακαινώσις)과 같은 의미로 번역되었다. 또한 "중생"(παλιγγενεσία)이라는 어휘가 의미상에 있어서 "다시 나다"(ἀναγεννάω) 혹은 "위로부터 혹은 거듭"(ἄνωθεν) 혹은 "하나님으로부터(ἐκ θεοῦ) 나다"(γεννάω)와 유사어로 볼 때 신약에서 그 예들을 찾아볼 수는 있는데, 베드로전서 1장 3절과 23절("거듭나다"), 요한복음 3장 3절과 7절("거듭 [혹은 위로부터] 나다"), 그리고 요한복음 1장 13절과 요한일서 5장 1절("하나님으로부터 나다") 등이다. 야고보서 1장 18절("진리의 말씀으로 우리를 낳으셨다")도 이러한 예에 들어갈 수 있을 것이다. 그러므로 마태복음 19장 28절의 예에서 보듯이 "중생"(παλιγγενεσία)은 다음에 살펴볼 "새롭게 하심"(ἀνακαινώσις)과도 비슷한 의미가 있고 이 중생 혹은 회복의 사역은 하나님만이 하실 수 있는 역사이기 때문에, "중생의 씻음을 통하여"(διὰ λουτροῦ παλιγγενεσίας)라는 어구가 의미하는 바는 하나님의 "성령에 의하여 이루어지는 새롭게 하심"(ἀνακαινώσεως πνεύματος ἁγίου)과 본질적으로 동일하다고 보는 지적은15) 정당하다.

(3) 새롭게 하심(ἀνακαίνωσις)

이 어휘도 로마서 12장 2절(… 마음을 새롭게 함으로…)에 한 번 더 나와서 신약성경에 단 두 번 나오지만, 그 동족어들(대표적으로 형용사 καινός, 그리고 명사 καινότης, 동사 ἀνακαινόω와 ἀνακαινίζω 등으로 본질적이며 내적인 새로움을 표현하는 어휘임)은 많이 나오는 편이다. 새롭게 하심(ἀνακαίνωσις)의 동사형 ἀνακαινίζω는 히브리서 6장 6절("… 다시 새롭게 하여…")에 그리고 ἀνακαινόω는 고린도후서 4장 16절("… 새로워지도다")과 골로새서 3장 10절("… 새롭게 하심을 입은…") 등에 나오고 있어서 "새롭게 하심"(ἀνακαίνωσις)은 기본적으로 성령께서 하시는 역사로 보아야 한다.16)

2) 문법 관찰

지금까지의 어휘 연구에서 어느 정도는 해석의 윤곽이 드러나고 있지만, 이 어구가 뜻하는 바를 정확하게 알기 위해서 우리는 단어들이 연결되는 구문의 문제를 더 살펴보아야 한다. 예를 들면 전치사의 수, 접속사의 기능과 수, 속격의 종류와 기능 등에 대하여 관찰할 필요가 있다.

(1) 전치사(διά)와 사본의 증거들

이 어구(διὰ λουτροῦ παλιγγενεσίας καὶ ἀνακαινώσεως πνεύματος ἁγίου)의 해석에서 처음에 놓여 있는 전치사 διά가 중요한 역할을 했던 점이 연구자들의 글에서나 사본들에서 발견된다. 몇몇 주석가들은 παλιγγενεσίας ("중생")와 ἀνακαινώσεως("새롭게 하심")가 개념적 유사성이 있고 전치사 διά는 단일 사건을 표현하고 있기 때문에, 영어로 "through the washing of rebirth and renewal by the Holy Spirit"이라고 번역할 지라도 의미상으로는 "through the washing of rebirth and renewal, (which washing is done) by the Holy Spirit"이라고 번역한다.17)

이 어구에서 특별히 보이는 사본 상의 이문은 단지 서방계열(베자사본을 위시한 몇몇 대문자 사본과 번역본과 교부들의 글)의 몇몇 증거 사본들에서 성령(πνεύματος ἁγίου) 앞에 전치사 διά를 한 번 더 둔 것이 전부이다. 이들 증거 사본들에서는 πνεύματος 앞에 διά를 둠으로써 ἀνακαινώσεως διὰ πνεύματος ἁγίου 구문이 διὰ λουτροῦ παλιγγενεσίας와 대조되게 함으로써 이를 두 가지 사건, 즉 다시 남과 새롭게 함이 동일한 성령의 사역으로 해석하려는 시도라고도 볼 수 있으나, 이 이문은 앞부분을 침례로 보고 뒷부분은 성령의 역할로 보아 두 가지 실체로 보려는 해석의 시도로 보는 것이 더 설득력이 있다.18) 또한, 더 중요한 사본들의 지지를 받지 못하고 있는 점으로 보아 그 해석도 지지를 못 받은 것으로 보인다. 이 어구에서 두 개의 διά가 아니라 하나를 사용한 점에서 우리가 발견할 수 있는 것은 저자의 마음속에서 이 어구 전체가 한 가지 사건을 묘사하고 있음이 분명하다.

(2) 접속사(καί)

디도서 3장 5절하의 διὰ λουτροῦ παλιγγενεσίας καὶ ἀνακαινώσεως πνεύματος ἁγίου 구문에서 접속사 καί에는 해석상의 중요한 열쇠가 있다. 이 접속사는 "중생"(παλιγγενεσία)과 "새롭게 하심"(ἀνακαινώσις)을 각각 구원이 이루어지는 두 가지 길("중생의 씻음"과 "성령의 새롭게 하심")로 볼 수 있게도 하고, "중생"과 "새롭게 하심"을 비슷한 말로 이어주어서 둘 다 성령의 역사로 이루어지는 "씻음"(λουτρόν)의 특성을 설명해주는 말이 되게도 할 수 있다. 앞에서 언급한 대로, 이때 접속사 καί의 전자의 기능을 연결적(copulative)이라 하고, 후자의 기능을 설명적(resumptive 혹은 epexegetical)이라고 하는데, 문법적으로는 모두 가능한 해석이다. 만약 접속사 καί를 설명적(epexegetical) 접속사로 본다면 이 어구는 "중생(παλιγγενεσίας), 즉 새롭게 함"(ἀνακαινώσεως)으로 해석되어서, 성령은 이 두 가지에 동시에 연결된다.[19] P. Trummer도 후자의 견해를 옹호하면서, λουτροῦ παλιγγενεσίας 와 ἀνακαινώσεως πνεύματος ἁγίου를 동일한 것으로 보아서, 이 어구는 "새로 나게 하는 씻음을 통하여, 즉 기본적으로 하나님의 영에 의한 새롭게 하심을 통하여" 이루어지는 하나님의 구원 행위를 상징적으로 표현하는 것으로 해석한다.[20] 그렇다면, "중생"과 "새롭게 하심" 이 두 가지는 한 가지 영적인 실체에 대한 두 가지 표현이며 모두 성령의 사역이라는 주장이 설득력이 있다.[21] 침례교 신약학자인 George R. Beasley-Murray도 여기서의 καί를 설명적(resumptive) 접속사로 보면서, 이 구문을 "through the washing of regeneration, even the renewal of the Holy Spirit"로 번역해야만 한다고 주장한다.[22] 그래서 두 단어("중생"과 "새롭게 하심")로 진술되는 두 가지 행동 모두의 행위자는 성령이기 때문에, 중생은 씻음으로 이루어지고 새롭게 함은 성령에 의하여 이루어진다고 암시하는 것은 잘못이라고 Beasley-Murray는 분명히 밝히고 있다.[23]

(3) 속격의 해석[24]

우리가 논의하고 있는 이 어구는, 위에서 언급하였듯이, 네 개의 속격이 연속적으로 나열되어 있어서 해석상의 어려움을 일으킨다. 기본적으로 속격은 서술과 분리의 개념으로 사용되지만, 의미론적인 측면에서는 그 기능과 범주가 다양하다. 그 중에서 가장 논란이 되는 기능은 속격이 동사적 명사(verbal noun)와 함께 사용될 때 그 명사의 행동의 주체인가 혹은 그 행동의 영향을 받는 객체인가에 따라서 주어적(subjective) 속격이 될 수도 있고 목적어적(objective) 속격이 될 수도 있다. 우리가 논의하고 있는 이 어구를 "중생의 씻음"(λουτροῦ παλιγγενεσίας)과 "성령의 새롭게 하심"(ἀνακαινώσεως πνεύματος ἁγίου)으로 두 가지 사건처럼 분리하여 해석할 경우, 각각의 경우에서 뒤에 나오는 속격들("중생"과 "성령")을 모두 주어적 속격으로 해석한 경우가 된다. 하지만 여기서 "성령"은 분명히 행동의 주체로서 주어적 속격이 될 수 있지만, "중생"은 행동의 영향을 받는 객체는 될 수 있어도 주체는 될 수 없기 때문에 주어적 속격이 될 수가 없고 다만 "씻음"에 의하여 영향을 받는 목적어적 속격이나 "씻음"의 속성이나 특성을 묘사하는 형용사적 기능 혹은 동사적 속격으로 사용될 수밖에 없다. 「개역」이나 「새번역」처럼 번역할 경우, 이것은 분명한 불균형이며 이 어구를 두 가지 사건으로 보는 해석이 된다. 즉, 행동의 주체가 될 수 없는 명사인 "씻음"을 침례로 보아 중생을 일으키는 혹은 중생이 일어나는 사건으로 보고자 한 해석으로 밖에 볼 수가 없게 한다.

지금까지의 관찰의 결과를 요약해서, 이 어구에서 사용된 "중생"과 "새롭게 하심"은 한 사건을 말할 수 있는 동의어이며, 접속사 καί는 설명적 기능을 하고, 전치사 διά는 하나만 사용되었으며, 문법에 맞게 속격이 사용되었을 것이라는 전제 등을 고려해 볼 때, 이상의 결과들을 함축적으로 잘 보여주는 번역이 다음에 인용한 현대 그리스어 성경(Today's Greek Version, TGV)의 번역이라고 할 수 있다:

TGV:
"Μας έσωσε με το βάφτισμα της αναγέννησης και της ανανέωσης που χαρίζει το Άγιο Πνεύμα"

연구자의 사역:
"그분(하나님)께서, 성령님이 베풀어 주시는 다시 나게 함과 새롭게 하는 씻음으로, 우리를 구원하셨다."

현대 그리스어 번역본인 TGV의 번역자들은 성서 헬라어의 상세한 문법적인 관점을 잘 반영하고 있다고 볼 수 있다. 그들은 이 구절을 번역함에 있어서 관사를 포함하는 "씻음"(το βάφτισμα) 앞에 전치사(με)를 두고 이어서 접속사(και)로 연결된 상태로 나오는 "중생"(αναγέννησης)과 "새롭게 함"(ανανέωσης) 앞에 동일한 속격 관사(της)를 각각 둠으로써 "씻음"(το βάφτισμα)이 동시에 이 두 명사들을 지배하게 하였고 관계대명사(που)와 동사(χαρίζει)가 있는 절을 사용하여 성령님(το Άγιο Πνεύμα)이 하는 역할이 이 모두(το βάφτισμα της αναγέννησης και της ανανέωσης)를 수식하도록 하였다. 영어 번역 중에서는 *Good News Bible*이 TGV의 번역과 가장 가깝다고 볼 수 있다: "he saved us, through the Holy Spirit, who gives us new birth and new life by washing."

II. 디도서 3장 4-7절을 전체로 보기

우리가 지금까지는 한 어구만을 세밀하게 살펴보았는데, 이 어구를 제대로 이해하기 위해서는 그 어구가 속해 있는 문장을 전체적으로 봐야 하며, 또한 그 문장을 제대로 이해하기 위해서는 그 문장이 속해 있는 문단을 전체적으로 보아야 한다. 다시 말해서 문맥 속에서 살펴보아야 한다는 의미인데, 문맥을 이해하기 위한 가장 좋은 방법 중에 하나는 문장 흐름도(sentence flow)를 그려보는 것이다. 디도서 3장 4-7절의 원문은 하나의 주동사로 이루어진 주 문장(main sentence)에 종속관계를 가진 문장들(시간[4절]이나 목적[7절]을 나타내는 부사절 두 개와 관계대명사들로 이루어진 형용사절 두개[5절상과 6절])로 구성된 하나의 복합문(complex sentence)이다. 이를 문장 흐름도로 그려보면 다음과 같다.[25]

(1) 시간(4절)
"자비와 사람 사랑하심이 나타날 때에"　ὅτε δὲ ἡ χρηστότης καὶ ἡ φιλανθρωπία ἐπεφάνη
"우리 구주 하나님의"　τοῦ σωτῆρος ἡμῶν θεοῦ,

(2) 기초(5절상)
"의로운 행위로 말미암지 아니하고"　οὐκ ἐξ ἔργων τῶν ἐν δικαιοσύνῃ
"우리가 행한 바"　ἃ ἐποιήσαμεν ἡμεῖς
"오직 그의 긍휼하심을 따라"　ἀλλὰ κατὰ τὸ αὐτοῦ ἔλεος

(3) 주요 행동(5절하)
"우리를 구원하시되"　ἔσωσεν ἡμᾶς

(4) 수단(5하-6절)
"씻음과"　διὰ λουτροῦ
"중생의"　παλιγγενεσίας
"새롭게 하심으로 하셨나니"　καὶ ἀνακαινώσεως
"성령의"　πνεύματος ἁγίου,
"우리에게 그 성령을 풍성히 부어 주사"　οὗ ἐξέχεεν ἐφ᾽ ἡμᾶς πλουσίως
"예수 그리스도로 말미암아"　διὰ Ἰησοῦ Χριστοῦ
"우리 구주"　τοῦ σωτῆρος ἡμῶν,

(5) 목적/결과(7절)
"우리로 의롭다 하심을 얻어… 하려 하심이라"　ἵνα δικαιωθέντες
"그의 은혜를 힘입어"　τῇ ἐκείνου χάριτι
"상속자가 되게"　κληρονόμοι γενηθῶμεν
"영생의 소망을 따라"　κατ᾽ ἐλπίδα ζωῆς αἰωνίου.

위의 문장 흐름도에서 발견할 수 있는 것은 디도서 3장 4-7절 전체가 삼위 하나님(4절의 "우리 구주 하나님-τοῦ σωτῆρος ἡμῶν θεοῦ," 5절의 "성령님-πνεύματος ἁγίου," 그리고 6절의 "우리 구주 예수 그리스도-Ἰησοῦ Χριστοῦ τοῦ σωτῆρος ἡμῶν")이 친히 행하시는 인간 구원사역(5절하의 주 문장, "우리를 구원하시되-ἔσωσεν ἡμᾶς")의 때(4절), 기초(5절상의 인간의 행위가 아니라 "하나님의 긍휼하심을 따라-κατὰ τὸ αὐτοῦ ἔλεος"), 수단(5절하의 성령의 사역), 그리고 목적/결과(7절의 "의롭게 됨"과 "영생의 소망을 따라 상속자들이 됨")에 관한 것임을 알 수 있다. 압축된 찬양 시이거나 신조일 수도 있는 이 문장에는 삼위 하나님의 성품과 역사와 목적이 초점에 있고 인간의 반응("믿음")은 나와 있지 않다. 다만 인간은 삼위 하나님의 자비와 긍휼, 구원과 은혜, 그리고 의롭게 되고 상속자가 되고 영생의 수혜자로만 기술되고 있어서 구원은 전적인 하나님의 주도적인 사역이고 은혜임이 강조되어 있다. 하지만 특별히 5-6절을 의식하여 이 문장(디도서 3장 4-7절)은 "성경의 다른 어디에서도 구원의 수단의 내용과 활동에 대하여 여기서처럼 충분하고도 명시적으로 말해주는 구절이 없다"고 말해도 과언은 아니다.26)

「개역」성경에 "성령을 우리 구주 예수 그리스도로 말미암아 우리에게 풍성히 부어 주사"라고 번역되어 있는 디도서 3장 6절(οὗ ἐξέχεεν ἐφ' ἡμᾶς πλουσίως διὰ Ἰησοῦ Χριστοῦ τοῦ σωτῆρος ἡμῶν)은 관계대명사(οὗ)로 5절과 연결되어 있는데, 이 관계대명사의 선행사는 5절의 마지막 어휘인 "성령"(πνεύματος ἁγίου)이다. 그래서 디도서 3장 6절은 "하나님께서 우리의 구원자(τοῦ σωτῆρος ἡμῶν) 예수 그리스도를 통하여(διὰ Ἰησοῦ Χριστοῦ) 성령님을 믿는 우리 위에(ἐφ' ἡμᾶς) 풍성히 부으셨다"(ἐξέχεεν πλουσίως)라고 직역할 수 있다. 이러한 문장 전체(디도서 3장 4-7절)의 맥락 속에 디도서 3장 5절 후반 구절, "ἔσωσεν ἡμᾶς διὰ λουτροῦ παλιγγενεσίας καὶ ἀνακαινώσεως πνεύματος ἁγίου"를 비추어 볼 때, 이미 위 단락에서 관찰해 보았던 대로 중생과 새롭게 하시는 씻음의 사역(λουτροῦ παλιγγενεσίας καὶ ἀνακαινώσεως)은 성령 하나님의 사역 혹은 성령님을 통하여 이루시는 하나님의 역사로 보아야 한다는 관점이 분명해진다.

III. 성경의 다른 말씀들에서의 도움: 신학 비교

삼위 하나님의 인류 구원 사역을 노래하는 디도서 3장 4-7절은, 동일한 내용을 품고 있으면서 역시 긴 한 문장으로 삼위 하나님의 사역이 압축되어 표현된 찬송시인, 에베소서 1장 3-14절과 많은 면에서 닮았다. 이 두 서신이 동일한 저자의 손에서 나온 것으로 보아야 하는 점이다. 또한 본고에서 집중적으로 논의한 디도서 3장 5절하는 요한복음 3장 5절하 ("사람이 물과 성령으로 나지 아니하면 하나님 나라에 들어갈 수 없느니라…")와 그 장절만큼이나 닮아 있다. 하지만 요한복음 3장 5절, "사람이 물과 성령으로 나지 아니하면 하나님의 나라에 들어갈 수 없느니라"(ἐὰν μή τις γεννηθῇ ἐξ ὕδατος καὶ πνεύματος, οὐ δύναται εἰσελθεῖν εἰς τὴν βασιλείαν τοῦ θεοῦ)에 나오는 "물과 성령으로"(ἐξ ὕδατος καὶ πνεύματος)라는 어구에 대한 해석이 아주 다양한데, 이는 이 구절의 "물"을 회개의 침례(요한의 침례), 회개, 물 침례 자체(침례 구원설), 물 침례(이 어구의 물과 성령을 각각 물 침례와 성령 침례로 보는 이들의 견해), 말씀(엡 5:25; 벧전 1:23), 자궁의 물(생물학적인 출생), 성령(물 즉, 성령, 비교. 요 4:14; 7:37-38; 마 1:20) 등으로 보는 여러 대안들이 있기 때문이다. 침례교 신약학자도 "'물과 성령으로'라는 어구 전체가 사람이 위로부터 나는[27] 양식을 정의하는 표현"(the whole expression "of water and Spirit" defines the manner in which one is born from above)이라고 주석하고 있으며,[28] 하나의 전치사의 지배를 받는 두 개의 명사가 무관사로 연결된 이 어구(ἐξ ὕδατος καὶ πνεύματος)의 καί를 설명적 접속사로 볼 수 있기에 "물 즉 성령으로"라고 해석할 수 있어서, 이 어구 전체를 "성령으로"로 보면 "다시"(요 3:3) 혹은 "위로부터"(요 3:31) 혹은 "하나님으로부터"(요일 3:9)와 동등한 의미이다.[29] 그렇게 되면 디도서 3장 5절과 요한복음 3장 5절은 그 장절이 공교롭게 일치하는 것만큼이나 그 의미하는 바도 동일하다.

하나님의 인간 구원에 관한 아름다운 시인 디도서 3장 5-6절은 이렇게 요한복음 3장 5절과 그 이미지와 내용이 동일한 것을 넘어서서 이스라엘의 구원과 회복(restoration)과 구속(redemption)에 대한 구약의 예언인 에스겔서 36장 25-27절에 묘사된 성령의 사역을 아주 생생하게 표현하고 있다고도 볼 수 있다. 독립된 한 문단인 에스겔서 36장 24-31절을 포로로 잡혀간 이스라엘의 백성을 회복하시는 하나님의 역사를 일곱 단계로 보는 학자도 있고,[30] 이와 겹치지만 25-27절만을 그 초점에 두고 물 침례(25절)와 새 마음과 새 영을 줌(26절), 그리고 성령 부으심(27절)의 단계들로 보는 이도 있다.[31] 그러나 25-26절의 결례 의식에 관한 용어들은 내적인 정결함인 죄 사함과 영적인 씻음과 새롭게 하심에 대한 은유로 사용되었기 때문에(비교. 민 19:13, 20; 시 51:7, 9), 이 모든 행하심은 27절에 묘사된 하나님께서 보내시는 성령의 역사로 볼 수 있다.[32] 디도서 3장 5-6절의 "하나님께서 우리에게 풍성히 부어주신 성령님께서 새로 나도록 하시고 새롭게 하시는 씻어 주심을 통하여 우리를 구원하신다"라고 표현된 여러 용어들은 성령을 보내주셔서 하나님의 백성 이스라엘을 구속하시겠다는 에스겔서 36장 25-26절의 "물을 뿌리고, 마음을 새롭게 하고, 성령을 보내주시겠다"는 생생한 이미지들과 용어들을 명확하게 반영해주고 있다.[33]

또한 디도서 3장 6절에서 성령이 주어지는 중재자는 예수라는 사실과 "풍성히 부으셨다"(ἐξέχεεν πλουσίως)라는 표현에서 요엘서 2장 28-29절을 인용하여 오순절의 성령 강림을 설명하는 베드로의 설교의 요점인 사도행전 2장 33절("하나님이 오른 손으로 예수를 높이시매 <u>그가</u> 약속하신 <u>성령을 아버지께 받아서</u> 너희 보고 듣는 이것을 <u>부어주셨느니라(</u>ἐξέχεεν)")과의 연관성을 발견할 수 있다. 디도서에서는 부사 "풍성히"(πλουσίως)라는 어휘를 첨가함으로써 성령을 부어주시는 하나님의 행위가 요엘서나 사도행전보다 더 풍성하게 표현되었다. 이러한 문학적 유사성과 역사적 사실들을 들어서 디도서 3장 5-6절을 "세계적인 오순절을 위한 창문"(A Window on Worldwide Pentecost)이라고까지 말하는 이도 있고,34) 또한 위에서 논의한 대로 에스겔서 36장과 사도행전에서 인용한 요엘서를 연상하게 하기 때문에 이러한 디도서 3장 5-6절과 에스겔서 36장 25-27절의 상호본문적인 연계를 요엘서 2장 28-29절의 메아리를 듣게 하는 배경 막으로 보는 이도 있다.35)

그리고 이 구절(딛 3:5-6)의 성부, 성자, 성령의 관계, 즉 성부 하나님께서 성자 예수 그리스도를 통하여 성령을 우리에게 부어 주셨다는 내용은 요한복음 14장 26절의 "아버지께서 내 이름으로 보내실 성령"(τὸ πνεῦμα τὸ ἅγιον, ὃ πέμψει ὁ πατὴρ ἐν τῷ ὀνόματί μου)이라는 표현과도 일치한다. 또한 이 구절의 내용은, 비록 신적 수동태(divine pasive, ἐβαπτίσθημεν)로 표현되어 있지만 하나님이 문장의 주어로 있는, 고린도전서 12장 13절의 "우리가 다 한 성령으로 침례를 받아 한 몸이 되었고 또 다 한 성령을 마시게 하셨느니라"(ἐν ἑνὶ πνεύματι ἡμεῖς πάντες εἰς ἓν σῶμα ἐβαπτίσθημεν (καὶ πάντες ἓν πνεῦμα ἐποτίσθημεν)라는 내용과도 일맥상통한다. 그래서 디도서 3장 5-6절의 번역과 해석에서 보여주는 성령의 역할이 이 본문에 대한 중요한 주석의 열쇠이기 때문에, 이 본문은 바울의 성령론의 가장 중요한 요약이라고 볼 수 있다.36)

이렇게 디도서 3장 4-7절에는 인류 구원을 위하여 삼위 하나님의 일하심이 묘사되면서 성령의 역할이 강조되어 있는데, 이는 에베소서 1장 3-14절이나 로마서 8장과 같이 바울서신의 다른 곳에서 언급된 내용과의 통일성을 보여 준다. 특히 디도서 3장 5절은 요한복음 16장 24절뿐만 아니라 공교롭게도 요한복음 3장 5절과는 장절의 숫자만큼이나 그 내용이 닮아 있고 구약 에스겔 36장 25-27절, 그리고 요엘서 2장 28-29절을 인용한 베드로의 오순절 설교(행 2:33)까지를 떠오르게 한다. 그러므로 디도서 3장 4-7절에 나타난 신학, 특별히 성령론은 바울의 다른 서신들, 신약의 다른 책들, 더욱이 구약의 에스겔서나 요엘서와 같은 책들의 성령론과 맥을 같이 하고 있음을 알 수 있다.

IV. 결론과 제안

디도서 3장 4-7절에 대한 어휘, 문법, 사본, 문맥, 신학 비교(성경의 다른 책들의 구절들과의 비교) 등의 관찰을 해본 본고에서의 가장 중요한 결론은 대표적인 개신교 번역 성경(「개역」과 「새번역」)의 디도서 3장 5절의 번역이 개선되어야 한다는 점이다. 즉 「개역」 성경의 "우리를 구원하시되 우리가 행한 바 의로운 행위로 말미암지 아니하고 오직 그의 긍휼하심을 따라 중생의 씻음과 성령의 새롭게 하심으로 하셨나니"에서 "중생의 씻음과 성령의 새롭게 하심으로"(διὰ λουτροῦ παλιγγενεσίας καὶ ἀνακαινώσεως πνεύματος ἁγίου)라는 번역에는 문제가 있고, "다시 남(중생)과 새롭게 하시는 성령의 씻기시는 사역을 통하여" 혹은 "성령의 새로 나게 함과 새롭게 함의 씻는 사역을 통하여"라고 번역하는 것이 더 적합하다.

둘째로, 본고가 디도서의 성령론 이해에 새로운 자극을 줄 수 있게 되었다. 디도서 3장 4-7절에 생생하게 표현된 성령의 역사가 신약의 다른 책들(요한복음, 사도행전, 바울서신 등)에 표현된 것과 아주 흡사함을 발견하면서, 목회서신에 표현된 성령의 역사가 초대 교회의 성령의 역사보다는 덜 생생하다는 흔한 주장이 무색해질 수 있다는 점이다.

셋째로, 부차적인 산물이지만, 디도서 3장 4-7절에서 보여주는 성령론은 소위 바울의 진필서신들의 성령론과 조금도 다르지 않음을 보여준다는 점이다. 이러한 신학적 관점이 디도서 더 나아가서 목회서신의 바울 저작을 옹호할 수 있는 근거가 될 수 있다.

마지막으로 제안하고자 하는 점은 개신교의 대표적인 번역 성경인 「개역」과 「새번역」의 디도서 3장 5절의 번역이 하루 빨리 개정되어야 한다는 점이다. 오히려 가톨릭 성경인 「공동번역」과 「성경」의 번역이 개신교의 관점을 지지하는 번역을 싣고 있는데 반하여 개신교의 번역 성경들이 가톨릭의 교리를 옹호하는 번역을 싣고 있는 점은 부끄러운 일이라고 볼 수 있다.

주(註)

1) 장동수, "목회서신의 성령론," 「복음과 실천」, 41 (2008 봄): 361-80.
2) Gordon D. Fee의 설명에 따르면, 본고에서는 잘 알려진 문제 구절의 어려움을 해결하기 위한 석의 작업에 속하고 그 과정은 Fee가 제시하는 석의 과정의 단계를 따르려고 하였다: Gordon D. Fee, 「신약성경 해석방법론」, 장동수 역 (서울: 크리스챤출판사, 2003), 28, 33-74 등을 참조.
3) 대표적인 영어 번역 성경에서도 동일한 현상들이 보인다:
   KJV: "by the washing of regeneration, and renewing of the Holy Ghost;"
   NKJV: "through the washing of rebirth and renewal by the Holy Spirit,"
   RSV: "by the washing of regeneration and renewal in the Holy Spirit,"
   NRSV: "through the water of rebirth and renewal by the Holy Spirit."
   NIV: "through the washing of rebirth and renewal by the Holy Spirit,"
4) 이 구절에 대한 번역에서 구원을 영세성사와 견진성사의 두 단계로 보는 가톨릭의 성경(3-4번)은 이 사건을 동일한 실체로 보았고 그렇지 않은 개신교의 성경(1-2번)은 두 단계로 보는 형국이다. 물론 개신교계에서도 이것을 두 단계로 보아서 각각 물 침례와 성령침례(혹은 20세기의 언어로 제2의 축복[second blessing])으로 보려는 시도들도 있다.
5) Quinn은 다음과 같이 나열한다:
   A. *through a washing that leads to regeneration and renewal*
      1. which lead to the Holy Spirit (direction, purpose, result)
      2. which consist in the Holy Spirit (appositive)
      3. which belong to the Holy Spirit (origin)
   B. *through a washing that consists in regeneration and renewal*
      1. which lead to the Holy Spirit
      2. which consist in the Holy Spirit
      3. which belong to the Holy Spirit
   C. *through a washing that effects regeneration and renewal*
      1. which lead to the Holy Spirit
      2. which consist in the Holy Spirit
      3. which belong to the Holy Spirit
   그는 위에서 A.1-2, B.1-2, C.1-2는 문법적으로 변칙이며 개념적으로는 변호할 수 없는 대안이라고 말한다: Jerome. D. Quinn, *The Letter to Titus*, AB (New Haven: Doubleday, 1990), 218-9.

6) I. H. Marshall, *The Pastoral Epistles*, ICC (London: T & T Clark, 1999), 316-7.
7) William D. Mounce, *Pastoral Epistles*, WBC (Nashville: Thomas Nelson, 2000), 441-3.
8) M. Völkel, "λουτρόν, λούω," *EDNT*, vol. 2: 361.
9) Marchus Barth, *Ephesians 4-6*, AB (Garden City: Doubleday, 1974), 691-9.
10) Andrew Lincoln, *Ephesians*, WBC (Dallas: Word, 1990), 375-6.
11) Ernest Best, *Ephesians*, ICC (Edinburgh: T & T Clark, 1998), 542-4.
12) Clinton E. Arnold, *Ephesians*, ECNT (Grand Rapids: Zondervan, 2010), 387-8.
13) Stephen E. Fowl, *Ephesians*, NTL (Louisville: Westminster John Knox Press, 2012), 189-90.
14) Gordon D. Fee, *God's Empowering Presence: The Holy Spirit in the Letters of Paul* (Peabody: Hendrickson Publishers, 1994), 780.
15) P. Trummer, "παλιγγενεσία," *EDNT*, vol. 3: 8-9.
16) J. Baumgarten, "καινός, ἀνακαίνωσις," *EDNT*, vol. 2: 229-32.
17) Philip H. Towner, *The Letters to Timothy and Titus*, NICNT (Grand Rapids: Eerdmans, 2006), 781-4; Martin Dibelius and Hans Conzelmann, *The Pastoral Epistles*, Hermeneia (Philadelphia: Fortress, 1972), 148-9 등을 보라.
18) Fee, *God's Empowering Presence*, 777-8.
19) Mounce, *Pastoral Epistles*, 448-50.
20) Trummer, "παλιγγενεσία," 8.
21) Fee는 διὰ λουτροῦ를 물 침례가 아니라 성령에 의한 침례로 보고, "through the regenerating and renewing work of baptism effected by the Holy Spirit"이라고 번역하든지, 중생과 새롭게 함은 한 가지 영적인 실체를 언급하는 두 가지 은유로 보아 "through the washing of regeneration and renewal, effected by the Holy Spirit" 혹은 "through the washing by the Holy Spirit that brings rebirth and renewal"로 번역한다. Gordon D. Fee, *1 & 2 Timothy, Titus*, NIBC (Peabody: Hendrickson Publishers, 1988), 203-5, 209와 *God's Empowering Presence*, 777-84 등을 보라.
22) George R. Beasley-Murray, *Baptism in the New Testament* (Grand Rapids: Eerdmans, 1962), 211.
23) Ibid.
24) 성서 헬라어의 5격 체계에서 속격은 일반적으로 서술(description)과 분리(separation)라는 두 가지 기능을 한다. 그래서 8격 체계에서는 전자를 속격(genitive)으로 후자를 탈격(ablative)으로 부른다. 그러나 의미론적인 측면에서는 속격이 이 두 가지 기능이나 범주보다는 더 크고 다양하게 사용된다. 특

별히 여기서 논의하고 있는 디도서 3장 5절에서처럼 동사적 명사(verbal noun, 행동 혹은 행위자를 지칭하는 어미로 끝나는 명사 혹은 동사어간에서 만들어진 명사)와 속격이 사용되는 심층 구조에서는 속격이 더 이상 서술이나 분리의 개념이 아니라, 주어적 속격(subjective genitive)이나 목적어적 속격(objective genitive), 심지어는 동사적 속격(verbal genitive)이 될 수도 있다. 이러한 성서 헬라어의 속격에 대한 더 자세한 내용은, 장동수, 「신약성서 헬라어문법: 어형론과 문장론」 (서울: 요단, 1999), 273-9, 특별히 275-6을 참조하라.

25) 이 문장 흐름도는 Marshall과 Fee의 것을 참고하여 그렸음: Marshall, *The Pastoral Epistles*, 307; Fee, *God's Empowering Presence*, 778-9 참조.

26) George W. Knight, *The Pastoral Epistles*, NIGTC (Grand Rapids: Eerdmans, 1992), 342.

27) 여기의 "위로부터 나는"이라는 어구는 요한복음 3장 3절에 나오는 "거듭 난다"(γεννηθῇ ἄνωθεν)라는 표현의 해석으로 원문에 사용된 ἄνωθεν이라는 어휘가 두 가지("거듭" 혹은 "다시" 혹은 "위로부터")로 해석이 가능한 부사이기 때문이다(비교. 요 3:31).

28) George R. Beasley-Murray, *John*, WBC (Dallas: Word Books, 1987), 48-9.

29) Raymond E. Brown, *The Gospel according to John I-XII*, AB (New York: Doubleday, 1966), 131; Morgan-Wynne, "References to Baptism in the Fourth Gospel," 121-6, 128.

30) Lamar Eugene Cooper는 이 단락에 나타난 하나님의 이스라엘의 회복(구속)을 1) 고토에로의 귀환(24절), 2) 정결하게 함과 죄 사함을 상징하는 맑은 물로 씻음(25절), 3) 새 마음과 새 영을 주어서 거듭나게 함(26절), 4) 하나님의 영을 주셔서 하나님의 법을 따르게 하심(27절), 5) 하나님의 백성이 되어 고토에서 살게 하심(28절), 6) 생산성이 더 높아지는 단계(29-30절), 7) 옛 죄악들을 기억하고 버림(31절) 등의 일곱 단계로 본다: Lamar Eugene Cooper, *Ezekiel*, NAC (Nashville: Broadman & Holman Publishers, 1994), 316-8.

31) Walther Zimmerli, *Ezekiel 2*, Hermeneia (Philadelphia: Fortress Press, 1983), 248-9.

32) Leslie C. Allen, *Ezekiel 20-48*, WBC (Dallas: Word Books, 1990), 179; Walther Eichrodt, *Ezekiel*, OTL (London: SCM Press Ltd., 1970), 497-503 등을 참조 하라.

33) Towner, *The Letters to Timothy and Titus*, 784.

34) Charles L. Holman, "Titus 3.5-6: A Window on Worldwide Pentecost." *Journal of Pentecostal Theology* 8 (1996): 53-62.

35) Towner, *The Letters to Timothy and Titus*, 785-6.

36) Robert W. Wall, *1 & 2 Timothy and Titus* (Grand Rapids: Eerdmans, 2012), 362.

제9장
히브리서의 본문*
(The Text of the Hebrews)

들어가는 말

히브리서는 여러 가지 면에서 수수께끼에 싸여 있는 책이라고 볼 수 있다. 우선 본서의 기자에 대한 정보를 위시하여 최초 독자들의 정체나 기록장소와 연대 등을 포함한 역사적 상황이 불확실하다. 또한 설교처럼 시작하여 진행되다가 서신처럼 끝이 나는 장르, 특이한 주제들, 다양하게 사용된 수사학적 기교나 해석학적 측면들 때문에 히브리서는 오랫동안 많은 연구자들의 관심을 불러 일으켜 왔다. 하지만 어느 것 하나 결론에 이르기에 쉽지 않기에 히브리서를 연구하는 이들에게는 겸손함이 요구되고 있다. 본 논문의 목적은 히브리서 연구의 다양한 측면 중에서 본문의 전달과정과 서신의 헬라어 본문 내에 존재하는 이문(different reading 혹은 variant)들을 조사해 봄으로써 히브리서의 본문에 대한 이해를 증진시키고자 하는 것이다. 이를 위하여 필자는 우선 히브리서의 본문을 담고 있는 사본들의 현황과 사본들에 나타난 히브리서의 위치가 본문의 전달에

* 출처: 「복음과 실천」 25(2000, 봄): 179-218.

미친 영향을 조사하여 본문의 전달과정을 살펴보았다. 그리고 본문 전달 과정에서 발생한 이문들의 성격을 조사해봄으로써 이문들이 구체적으로 히브리서 본문에 어떤 영향들을 끼쳤는지를 고찰하였다.

1. 히브리서의 본문의 전달

히브리서의 본문은 잘 보존된 편인데, 이는 의심할 여지없이 히브리서가 바울서신의 묶음(pauline corpus)과 함께 전달되었기 때문인 것 같다. 본 논문에서는 히브리서 본문의 전달과정을 이해하기 위하여 두 가지 측면, 즉 히브리서 본문을 포함하고 있는 사본들의 현황과 사본들과 번역본들에 나타난 히브리서의 위치가 본문의 전달과정에 미친 영향을 다음과 같이 살펴보았다.

1) 히브리서를 포함하는 사본들의 현황

신약성서의 본문을 전달해주는 자료들은 그 재료, 문자체, 연대, 용도 등을 고려하여 일반적으로 파피루스(papyrus) 사본, 대문자(uncial) 사본, 소문자(minuscule) 사본, 성구집(lectionary), 교부 인용문(patristic quotation), 번역본(versions)으로 나뉜다. 이 여섯 종류의 자료 중에서 처음 다섯 종류에는 신약성서 본문이 헬라어로 보존되어 있으나, 여섯 번째의 것은 지중해 연안 혹은 내륙의 여러 고대어로 된 신약성서의 번역들이다. 히브리서의 본문은 이 여섯 종류의 자료들 모두에 포함되어 있다. 이들 가운데는 본문의 단 한 절 혹은 일부분 혹은 전체가 포함되어 있으며, 사본의 기록시기도 2세기 혹은 3세기부터 16세기까지 다양하다.[1])

자료의 유형별로 히브리서의 본문의 사본 현황을 살펴보면, 먼저 히브리서 본문이 포함되어 있는 파피루스 사본은 여섯 개가 남아 있다. 이 중에서 P^{46}은 가장 오래된 사본 중의 하나로 바울서신 대부분과 히브리서를 포함하고 있는 아주 유명한 파피루스 사본으로서 히브리서의 단 세 절(9:17; 10:21, 31)만을 제외한 본문 모두를 포함하고 있다. 나머지 파피루스 사본들인 P^{12}(P. Amherst 3b, 3세기)에는 단 한 절(1:1)이, P^{13}(P. Oxyrhyncus 657, 3/4세기)에는 2장 14절-5장 5절; 10장 29절-11장 13절; 11장 28절-12장 17절이, P^{17}(P. Oxyrhyncus 1078, 4세기)에는 9장 12-19절이, P^{46}(P. Chester Beatty II, 약 200년)에는 1장 1절-9장 16절; 9장 18절-10장 20절, 22-30절; 10장 32절-13장 25절이, P^{79}(7세기)에는 10장 10-12절, 28-30절이, P^{89}(292년)에는 6장 7-9절, 15-17절이 각각 포함되어 있다.[2]

한편, 중요한 대문자 사본 대부분에는 히브리서 본문이 포함되어 있다. 대영박물관에 함께 보관되어 있는 시내 사본(Codex Sinaiticus, ℵ 혹은 01, 4세기)과 알렉산드리아 사본(Codex Alexandrinus, A 혹은 02, 5세기)에는 히브리서 전문이 포함되어 있으나, 그 중요도에 있어서 시내사본과 쌍벽을 이루는 바티칸 사본(Codex Vaticanus, B 혹은 03, 4세기)에는 1장에서 9장 13절까지만 남아 있고 그 뒷부분이 유실된 것은 애석한 일이다. 사본 ℵ, A, B 등은 앞에 언급한 대부분의 파피루스 사본들과 더불어 가장 신뢰할 만한 증거사본들로 알려진 알렉산드리아 본문유형(Alexandrian text-type)에 속하는 사본들이다.[3] 뒤에 언급되는 사본 K 및 L 또한 많은 소문자 사본들과 함께 비잔틴 본문유형(Byzantine text-type)에 속하는 에프라임 사본(Codex Ephraemi, C 혹은 04, 5세기)에는 2장 4절-7장 26절; 9장 15절-10장 24절; 12장 16절-13장 25절이 포함되어 있다. 서방 본문유형(Western text-type)을 대표하며 헬라어와 라틴어로 되어 있는 이중언어 사본인 클레로몬트 사본(Codex Claromontanus, D 혹은 06, 6세기)과 그 복사판 사본인 산게만 사본(Codex Sangermanesis, E 혹은 06^{abs})에는 1장 1절-13장 20절까지가 포함되어 있고, 13장 마지막 다섯 구절이 유실되었다. 이외에도 히브리서 전문이 포함되어 있는 사본으로는 F(010,

9세기), G(012, 9세기), K(081, 9세기), P(025, 9세기) 등과 히브리서 본문의 대부분 혹은 일부분이 포함되어 있는 사본 H(015, 6세기), I(016, 5세기), L(020, 9세기), Ψ(044, 8 혹은 9세기), 048(5세기), 0121b(10세기), 0122(9세기), 0227(5세기), 0228(4세기), 0252(5세기) 등이 있다.[4]

이밖에 히브리서 본문이 포함되어 있는 주요한 소문자 사본들로는 사본 33(9세기), 81(A.D. 1044년), 104(A.D. 1087), 326(12세기), 1739(10세기), 1881(14세기), 2464(10세기) 등이 있다. 이외에도 지금까지 연구되고 히브리서 본문을 포함하고 있어서 유명 비평판에 수록된 소문자 사본들은 적어도 30개 가까이 된다.[5] 또한 연대나 중요도에 있어서 소문자 사본과 거의 동일시 될 수 있는 자료로서 히브리서 본문이 포함되어 있는 성구집(lectionary)들도 다수가 있다.

전 세계적으로 폭넓게 사용되고 있는 헬라어 신약성서 비평판인 *Novum Testamentum Graece* 27th edition(소위 Nestle-Aland 27판, 보통 약어 NA 27판로 사용된다)과 *United Bible Societies* 4판(약어로 UBS 4판)의 본문비평장치(textual apparatus)에 히브리서 본문을 포함하고 있는 주요한 교부들의 저작이 상당수 있다. 그 대표적인 교부들로는 Athanasius(A.D. 373, 여기에 수록되는 년대는 교부들이 죽은 시기임), Augustin(430), Ambrose(397), (John) Chrysostom(407), Cyril of Alexandria(444), Gregory-Nyssa(394), John-Damascus(754년 이전), Theodoret(약 466), Jerome(419/420), Theodore(355), Nestorians(5세기), Nestorius(451), Lucifer(370/371), Didymus(398), Clement(서신, 150), Origen(253/254), Eusebius(339), Cyril-Jerusalem(386), Polychronius(430), Varimadum(445/480), Hesychius of Jerusalem(450), Severian(408) 등이 있다.[6]

마지막으로 히브리서 본문이 포함되어 있는 중요한 자료들은 번역본들이다. 물론 이 번역본들은 헬라어 본문은 아니지만 시기적으로 아주 초기의 것이므로 번역된 언어의 성질을 잘 알면, 역으로 추적하여 헬라어 대본을 알 수 있기 때문에 신약성서 원문을 복원하는 데 아주 중요한 자료가 된다.[7] 히브리서를 담고 있는 주요한 번역본들로는 라틴어 번역들인 구 라틴어 번역본(Old Latin, Itala, 4-13세기, 약어 it로 표기하는데, 번역본 중에서 종류도 가장 다양하고 그 수도 가장 많다. 각각의 번역본을 구 라틴 역본을 표시하는 약어 it의 어깨 위에 영어 소문자를 써서 it^d[Claromontanus 사본, 5-6세기], it^r[Monacensis 사본, 6세기] 등으로 표기한다)과 벌게이트(Vulgate, 4-5세기, 약어 vg로 표기한다), 말기 애굽어 번역본(Coptic, 4-5세기, 약어 cop로 표기하며 사히딕([Sahidic, cop^{sa}로 표기), 보하이릭[Bohairic, cop^{bo}로 표기], 파유믹[Fayyumic, cop^{fay}] 등 세 종류의 말기 애굽어 역본이 있다), 시리아어 번역본(Syriac, 4-7세기, 약어 syr로 표기하며, 페쉬타[Peshitta, syr^{p}로 표기], 팔레스타인[Palestine, syr^{pal}로 표기], 하클리안[Harclean, syr^{h}로 표기] 역 등이 있다), 에디오피아 번역본(Ethiopic, 약어 eth로 표기한다), 아르메니아 번역본(Armenian, 약어 arm으로 표기한다) 등이 있다.[8]

2) 사본과 번역본에 나타난 히브리서의 위치가 본문전달에 미친 영향

신약성서의 사본과 번역본들 사이에서 히브리서의 위치는 보기 드물게 아주 다양하다:[9]

(1) 가장 오래된 사본인 P^{46}과 여러 소문자 사본들에서는 로마서 다음에 온다.
(2) 몇몇 소문자 사본과 말기애굽어 번역본(cop^{sa})에서는 고린도후서 다음에 온다.
(3) 바티칸 사본의 1차 본(원본)에서는 갈라디아서 다음에 온다.[10]
(4) 사본 606에서는 에베소서 다음에 온다.

(5) 대문자 사본 ℵ A B C H I K P 0150 0151 등과 여든이 넘는 소문자 사본들, 다양한 번역본들 (cop^{bo} arm geo^{mss} eth^{mss})에서는 데살로니가 후서 다음에 온다. 즉, 바울이 교회에 쓴 편지들과 개인에게 쓴 편지들 사이에 위치한다.

(6) 몇몇 소문자 사본들에서는 본문이 아니라 목록으로만 디도서 다음에 온다.

(7) 사본 D L Ψ 048 056 075 0142과 대부분의 소문자 사본들, 여러 번역본들(it^d vg syr$^{p, h}$ cop^{bomss} eth^{pp})에서는 빌레몬서 다음에 위치한다.

(8) 사본 2690 2739에서는… 골로새서, 빌레몬서, 데살로니가전후서, 빌립보서, *히브리서*, 디모데전후서, 디도서의 순으로 배열되었다.

(9) 사본 1241에서는… 고린도전후서, 갈라디아서, 데살로니가전후서, 디모데전후서, 디도서, 빌레몬서, *히브리서*, 야고보서, 로마서, 에베소서, 빌립보서, 골로새서, 유다서, 베드로전후서, 요한일서의 순서로 배열되었다.

인쇄된 헬라어 신약성서의 비평판들 대부분은 (7)의 경우와 같이 전통적인 순서를 따라서 히브리서를 바울서신 직후에 두고 있다. 다른 비평판들은 (5)에 언급된 증거사본들을 따라 히브리서를 바울이 교회에 보낸 서신들과 개인에게 보낸 서신들 사이에 두고 있다.[11]

히브리서의 위치는 크게 동방교회와 서방교회 계열로도 나누어 볼 수 있다. (1), (3), (5)항이 대표하는 사본들은 주로 동방교회에 기원을 두고 있는 사본들로서 히브리서가 다양한 지점이긴 하지만 바울서신들 가운데 놓여 있음을 볼 수 있다. (1)항과 같이 히브리서가 로마서 다음에 그리고 고린도 전서 앞에 위치하게 된 것은 아마도, 고린도전서가 히브리서보다 길지만 고린도서신들을 함께 두고자 하는 이유에서였을 것이다.

그리고 로마서 다음에 히브리서를 둔 것은 가장 중요한 바울서신의 신학과 동등한 위치에 히브리서를 두고자 함이었다고 주장하는 이들도 있다.[12] (5)항의 경우에도 히브리서가 바울이 교회들에게 보낸 서신과 개인에게 보낸 서신들을 이어주는 다리역할을 하고 있다고 보는 연구자들이 있는데, 어떤 이들은 서방교회는 몰라도 동방교회에서는 바울의 저작이 아니었으면 이렇게 히브리서가 바울서신들 가운데 위치할 이유가 없었을 것이라고 성급한 결론을 내리기도 한다.[13] 그러나 히브리서가 바울서신들 가운데 위치한다는 사실이 꼭 히브리서의 바울 저작설을 지지한다고는 볼 수는 없다. 왜냐하면 아주 극소수의 사본들만이 요한복음, 요한서신, 계시록을 한데 묶어놓고 있고, 누가복음과 사도행전이 함께 묶여진 사본은 없으며, 복음서를 한데 묶어놓은 사본이 가장 많은 수를 차지하고 있다는 사실만 보더라도, 사본에 함께 묶여 있다고 하여 꼭 동일한 저자의 것이라는 결론을 내릴 수는 없기 때문이다.

서방교회에서는 (7)항이 대표하듯이 히브리서를 바울서신들이 끝나는 위치에 놓았다. 히브리서는, 동방교회에서보다는 서방교회에서 안정적인 자리매김을 했던 것을 알 수 있다.[14] 이렇게 히브리서의 위치가 바울서신들 다음으로 밀려나게 된 것은 서방교회에서 기원하였다는 것이 어느 정도 지지를 얻고 있는 주장인데,[15] 어떤 이들은 이를 두고 히브리서가 바울저작이 아니며 정경에도 들 수 없다는 결론을 내리기도 하였다.[16]

이상에서 살펴본 사본과 번역본들에 나타난 히브리서의 위치를 통하여 내릴 수 있는 결론은, 히브리서가 바울서신들 가운데 위치한다는 사실이 꼭 히브리서의 바울 저작설을 지지하는 증거가 될 수 없다는 것이다. 그러나 히브리서의 다양한 위치에도 불구하고 수많은 사본들에서 바울서신들과 함께 속해 있었다는 사실은 히브리서가 교회에 받아들여지고 정경에 속하게 되는 데 큰 영향을 주었음을 추론할 수 있다. 더 분명한 것은 히브리서가 바울서신의 모음집과 함께 속하여 전달되었기 때문에 그 본문이 더 잘 보존되었으리라는 사실이다.

3) 결론

이상에서 살펴본 바에 의하면 히브리서 본문은 아주 잘 보존되었다는 결론을 내릴 수 있다. 그 첫째 이유로는 히브리서 본문을 포함하고 있는 사본들이 연대, 사본의 종류, 분포도 등에서 다양하며 풍부하다는 사실에 기인한다. 또한, 두 번째 이유는 바울서신 모음집과 함께 전달되었기 때문이라고 말할 수 있다.

2. 히브리서의 이문들

초기 1500년 동안 신약성서의 본문은 사본(manuscript)을 통하여 전달되었기 때문에 여러 가지 연유로 이문들이 들어오게 되었다. 본문비평학에서는 이문의 종류를 의도적인 이문(intentional variant)과 비의도적인 이문(unintentional variant)으로 구별한다. 주로 필사자들의 시력, 청력, 부주의 등에 의하여 발생되는 비의도적인 이문은 본문연구에 그다지 커다란 의미를 주지 못하기 때문에 중요시되지 않고 의도적인 이문에 관심을 집중하게 되므로, 본고에서도 마찬가지로 히브리서에 나타나는 의도적인 이문들을 살펴보았다. 여러 가지 의도적인 요인에 의하여 의도적인 이문들이 신약성서의 사본들에 들어오게 되었는데, 이러한 현상은 히브리서의 본문에도 예외는 아니었기 때문이다. 흥미롭게도 가장 신뢰할 만한 사본중의 하나인 바티칸 사본(Codex Vaticanus)의 히브리서 1장 3절의 난외에 "무식하고 악한 놈아, 옛 것을 고치지 말고 그대로 두지 못할까!(ἀμαθέστατε καὶ κακε, ἄφες τὸν παλαιόν, μὴ μεταποίει)"[17)]라는 분노에 찬

일갈이 적혀 있는 것을 보면 의도적인 이문들이 상당히 많이 본문에 들어왔음을 알 수 있다.

헬라어 신약성서의 비평판들은 여러 가지가 있는데, 본 연구에서는 본문을 동일하게 사용하고 있고 전 세계적으로 폭넓게 사용되고 있는 *Novum Testamentum Graece* 27th edition 즉 소위 Nestle-Aland 27판(NA 27판)과 *United Bible Societies* 4판(UBS 4판)의 본문을 중심으로 이문들을 살펴보았다. 대다수의 비평판에서(Tischendorf 8판, Westcott and Hort, von Soden, Vogels, Merk, Bover, Nestle Aland 25판) 총 303절로 이루어져 있는 히브리서의 77.2%에 해당되는 234절에는 이문이 없고, 히브리서 본문비평 장치에 수록된 이문은 71개인데 이는 페이지 당 2.9개꼴이 된다.[18] 더욱이 UBS 4판의 본문비평장치(textual apparatus)에 수록된 히브리서의 이문의 수는 44개뿐이다. 이러한 통계 숫자들은 신약성서 전체(62.9%가 이문이 없음) 혹은 다른 책들에 비하면 이문이 적은 편임을 말해주는 것이다.

1) 히브리서 이문들의 종류

본 논문에서 다룰 이문들은 위에서 언급한 UBS 4판의 본문비평장치에 수록된 히브리서의 44개의 이문들로만 제한하였다. 이 이문들을 성격에 따라 다음의 다섯 가지 종류로 분류하여 조사하였다: (1) 문법, 철자, 스타일과 관련된 이문, (2) 조화를 위한 이문, (3) 교리적 변경을 위한 이문, (4) 자연적인 보완 및 흡사한 인접문구를 삽입하는 이문, (5) 합성 이문.

(1) 문법, 철자, 스타일과 관련된 이문

Bruce M. Metzger는 철자와 문법과 관계된 이문들이 계시록의 사본들에서 많이 발견되고 있다고 말하며,[19] Eldon J. Epp은 스타일(style)의 변화와 고유명사의 철자의 변화 등을 이 범주에 넣고 있다.[20] 필자가 조사해본 바에 의하면 히브리서에서 연구대상이 되었던 44개 이문 중에서 25개가 이 범주에 속하는 이문들로서 그 숫자가 가장 많은 것으로 나타난다(57%). 여기에 속하는 이문들을 나열하면 다음과 같다:

장소	이문들	지지하는 증거사본들
2:8	αὐτῷ	ℵ A C D ψ 다수의 소문자 사본/성구집/번역본
	omit(생략)	P^{46} B 번역본 다수
3:6	οὗ	P^{13} ℵ A C D^2 ψ 다수의 소문자 사본/성구집/번역본/교부
	ὁ	1319
	ὅς	P^{46} D^* 0243 6 424^c 번역본/교부 다수
4:2	συγκεκ(ε)ρα(σ)μένους	$P^{13vid, 46}$ (A) B C D ψ 소문자 사본 대다수, 번역본 다수, 교부
	συγκεκρασμένης	vg^{mss} Chrysostom
	συγκεκ(ε)ρα(σ)μένος	ℵ 1 1153 번역본 다수, 교부
	συγκεκραμμένοι	104 459
4:3(1)	εἰσερχόμεθα γάρ	$P^{13, 46}$ B D ψ 다수의 소문자 사본과 성구집, 번역본 다수, Chrysostom Cyril
	εἰσερχόμεθα οὖν	ℵ 1 075 0243 다수의 소문자 사본, cop^{bo}
	εἰσερχώμεθα οὖν	A C 라틴어 역본들, (Lucifer)
5:12	τινά	ψ 81 cop^{bo} 소문자 사본과 성구집, 번역본
	τίνα	B^2 D^2 소문자 사본 대다수, 번역본과 교부 대다수
	τινα(액센트 없음)	P^{46} ℵ A B^* C^* D P 33
	omit	075 6 424^c 1739 1881
6:2	διδαχῆς	ℵ A C D I 소문자 사본 대다수, 번역본과 교부 다수
	διδαχήν	P^{46} B 0150 it^d syr^{pal} (eth) $Ambrose^{vid}$

6:3	ποιήσομεν	P^{46} ℵ B I 소문자 사본 다수, 성구집, 번역본, 교부
	ποιήσωμεν	A C D 소문자 사본 다수, 성구집, 번역본, 교부
8:8	αὐτούς	ℵ* A D I K P ψ 다수의 소문자 사본, 번역본 대다수, Cyril Theodoret
	αὐτοῖς	P^{46} ℵ² B D² 소문자 사본 다수, 성구집, Chrysostom John-Damascus
9:1	καί	ℵ A D 소문자 사본 대다수, 성구집, 번역본 다수, 교부
	omit	P^{46vid} B 263 1739 1881 성구집, 번역본 다수, 교부
9:10	βαπτισμοῖς, δικαιώματα	P^{46} ℵ* A I P 소문자 사본 다수, 번역본, Cyril
	βαπτισμοῖς, δικαιώμα D* it^d	
	βαπτισμοῖς καὶ δικαιώματα	ℵ² B 424^c
	βαπτισμοῖς καὶ δικαιώμασιν	D² 075 0150 소문자 사본 다수, 성구집, 번역본, Chrysostom
9:11	γενομένων	(P^{46} γενομένων) B D* 1739 geo
	μελλόντων	ℵ A D² I^{vid} 075 0150 소문자 사본과 번역본과 교부 대다수
9:14(1)	αἰωνίου	$P^{17vid, 46}$ ℵ* A B D² 075 0150 다수의 소문자 사본과 성구집, 번역본과 교부 다수
	ἁγίου	ℵ² D P 075 0243 다수의 소문자 사본 성구집, 번역본, 교부
9:14(2)	ἡμῶν	B D* 1739 it syr geo
	ὑμῶν	P^{46} ℵ A D² I^{vid} 075 0150 대다수의 소문자 사본과 성구집, 번역본과 교부 대다수
9:17	μήποτε	ℵ² A C D² I 075^c 0150 소문자 사본/성구집/번역본/교부 대다수
	μὴ τότε	ℵ* D 075^{vid} eth
10:1(2)	δύναται	P^{46} D*,² H ψ 다수의 소문자 사본/성구집/번역본, Chrysostom
	δύνανται	ℵ A C D¹ 다수의 소문자 사본/성구집/번역본
10:11	ἱερεύς	$P^{46, 79vid}$ ℵ D ψ 다수의 소문자 사본/성구집/

	ἀρχιερεύς	번역본, Chrysostom A C P 0150 다수의 소문자 사본/성구집/번역본, Cyril
10:34(1)	δεσμίοις	A D* H 소문자 사본 다수, 번역본 다수, Chrysostom
	δεσμοῖς	P⁴⁶ ψ 075 104 256
	δεσμοῖς μου	ℵ D² 다수의 소문자 사본/성구집/번역본, Clement Origen
	δεσμοῖς αὐτῶν	it^{d, (r), z}
10:34(2)	ἑαυτούς	P¹³, ⁴⁶ ℵ A H^{vid} ψ 소문자 사본 다수, 번역본 대다수, Clement
	ἑαυτοῖς	D 대다수의 소문자 사본/성구집, slav Chrysostom
	ἐν ἑαυτοῖς	075 1881 몇몇 성구집
	ὑμᾶς	0150
	omit	P 593
11:1	ὑπόστασις, πραγμάτων	P⁴⁶ ℵ A D² (D* ὑπόστασιν) ψ 소문자 사본/성구집/번역본/교부 대다수
	πραγμάτων, ἀνάστασις	P¹³ it^b 소수의 교부
11:11	πίστει καὶ αὐτὴ Σάρρα στεῖρα δύναμιν	P⁴⁶ D* ψ geo slav
	πίστει καὶ αὐτὴ Σάρρα ἡ στεῖρα δύναμιν	D¹ 다수의 소문자 사본/번역본
	πίστει Σάρρα ἡ στεῖρα καὶ αὐτὴ δύναμιν	0150
	πίστει καὶ αὐτὴ Σάρρα στεῖρα οὖσα δύναμιν	P 075 다수의 소문자 사본, arm eth
	πίστει καὶ αὐτὴ Σάρρα δύναμιν	P^{13vid} ℵ A D² 다수의 소문자 사본/성구집, Chrysostom Augustin
11:37	ἐπρίσθησαν	P⁴⁶ 1241 성구집/번역본/교부 다수
	ἐπειράσθησαν	0150 vg^{mss} Clement
	ἐπρίσθησαν, ἐπειράσθησαν	P^{13vid} A D² 075 대다수의 소문자 사본/성구집/번역본, 다수의 교부 ψ^{vid} 소수의 성구집
	ἐπρήσθησαν, ἐπειράσθησαν	
	ἐπειράσθησαν, ἐπρίσθησαν	ℵ L P 048 33 81 syr^h cop^{boms} Jerome
	ἐπειράσθησαν, ἐπειράσθησαν	D* 소수의 성구집
12:1	εὐπερίστατον	P¹³ ℵ A D ψ 0150 대다수의 소문자 사본/성구집/번역본, Clement

	εὐπερίσπαστον	Chrysostom Cyril P⁴⁶ 1739 it^(d, z)
12:3	εἰς ἑαυτόν εἰς αὐτόν	A P 0150 소문자 사본/번역본 다수 D² ψ 대다수의 소문자 사본/성구집, slavChrysostom
	εἰς ἑαυτούς εἰς αὐτούς	ℵ* D* 소수의 소문자 사본, Dionysius P¹³, ⁴⁶ ℵ² ψ^c 048 33 81^vid 1739* 번역본 다수, Theodoret
	ἐν ὑμῖν omit	it^d eth 590 cop^sa arm geo
13:15	δι' αὐτοῦ οὖν	ℵ² A C D¹ 0150 대다수 소문자 사본/성구집/ 번역본 Chrysostom Cyril
	διὰ τοῦτο οὖν δι' αὐτοῦ	K 1751 P⁴⁶ ℵ* D* P ψ it^d cop^bomss 소수의 교부
13:21(2)	ἡμῖν	P⁴⁶ ℵ A D 소문자 사본 다수, syr^p cop^(sa, bo) arm geo slav
	ὑμῖν	C ψ 0150 소문자 사본/성구집 소수, it^(ar, b, comp, d, z) vg syr^h eth Gregory-Nyssa Chrysostom Theodoret

이중에서 문법과 관련하여 이루어진 이문들을 살펴보면, 우선 첫 번째 경우인 히브리서 2장 8절의 이문단위에서 첫 번째 이문(대명사 αὐτῷ를 넣는 경우)에 대한 외적인 증거들의 지지가 단연 압도적이지만 초기의 더 신뢰할 만한 사본들(P⁴⁶ B)과 번역본들에는 αὐτῷ가 생략되어 있다는 사실을 감안하면, 히브리서 2장 6-8절에 인용된 본문을 해설하기 위하여 문장을 문법적으로 보완해 주도록 여러 사본들에서 αὐτῷ가 삽입된 것으로 보인다.21) 히브리서 3장 6절의 경우, 주로 서방 본문계열 증거사본들의 지지를 받고 있는 마지막 이문 ὅς(who)는 논리적 확실성을 부여하기 위하여 초기의 그리고 다양한 증거사본들의 지지를 받고 있는 첫 번째 이문 οὗ(whose)를 바꾼 것으로 보는 이도 있으나,22) 역으로 ὅς가 논리적으로 맞고 οὗ는 앞에 나오는 αὐτοῦ와 일치를 이루기 위한 더 쉬운 이문일 수도 있어서 ὅς를 더 선호하는 이들도 있다.23) 아무튼 히브리서 3장 6절의 이

문은 문법적인 시도 혹은 스타일과 연관된 이문임에는 틀림없다.

히브리서 4장 3(1)절의 경우는 필사자가 문맥과 맞는 접속사를 찾고자 하는 시도에서 발생한 이문으로 보이는데, 이와 흡사한 이문으로는 히브리서 13장 15절을 들 수 있다. 두 경우 모두 문맥에 맞는 접속사를 찾고자 하여 발생한 이문으로 보인다. 히브리서 5장 12절의 경우는 초기 사본들에는 액센트가 없었기 때문에(세 번째 이문 τινα) 오직 문맥만이 해석의 기반이 되는 경우라서 이를 의문사로 볼 것인가(두 번째 이문 τίνα) 혹은 부정대명사로 볼 것인가(첫 번째 이문 τινά)의 문법적인 해석에 따라서 이문이 생겨난 것 같다.

이 외에 이문단위 6:2(διδαχῆς/διδαχήν, 속격/대격);[24] 8:8(αὐτούς/αὐτοῖς, 대격/여격);[25] 9:10(δικαιώματα/ δικαιώμα/δικαιώμασιν, 단수/복수, 주격 혹은 대격/여격); 9:17(μήποτε/μὴ τότε); 10:1(2)(δύναται/δύνανται, 단수/복수); 10:34(2)(ἑαυτούς/ἑαυτοῖς/ὑμᾶς, 대격/여격, 3인칭/ 2인칭); 12:1(εὐπερίστατον/εὐπερίσπαστον);[26] 12:3(εἰς ἑαυτόν/εἰς αὐτόν/εἰς ἑαυτούς/εἰς αὐτούς/ἐν ὑμῖν, 재귀대명사/인칭대명사, 단수/복수, 대격/여격 등이 복합되어 있음); 13장 21(2)절(ἡμῖν/ὑμῖν, 1인칭/2인칭)의 경우도 문법적인 변화 때문에 발생한 이문임에 틀림이 없다.

문법적인 변화를 시도하기 위하여 발생한 이문 중에서 가장 대표적이며 논란이 많은 경우는 아마도 히브리서 11장 11절의 경우일 것이다. 이 구절은 본문비평뿐만 아니라 문법적 혹은 사전적인 어려움 때문에도 해석상의 기로(십자로)(crux interpretum)에 놓여 있는 구절이다. Zuntz는 καὶ αὐτὴ Σάρρα στεῖρα를, (1) 사라는 변함없이 신뢰하였던 본보기가 될 수 없고; (2) καὶ αὐτή는 적절히 연결되지 않으며; (3) δύναμιν εἰς καταβολὴν σπέρματος는 남성에 대한 관용구이며; (4) 뒤이어 나오는 ἀφ' ἑνός와 νενεκρωμένου는 남성형이기 때문에, 이 구절을 아주 초기에 끼워 넣은 어구로 여긴다.[27] Matthew Black은 이 구절을 "부대상황을 나타내는 히브리어의 관용적인 부사절과 상응하는 성서 헬라어의 부사절"로 여기면서 "믿음으로, 사라는 단산하였을 지라도, 그(아브라함)는 생산하는 능력을 받았다, 그가 비록 나이가 지났을 지라도(By faith, even although Sarah was barren, he[Abraham] received strength for procreation, even though he was past the age)"라고 번역하고 있다.[28] Metzger는 αὐτὴ Σάρρα στεῖρα를 동반의 여격(dative of accompaniment, 여격이 되려면 세 단어 모두의 마지막 철자 밑에 이오타 하기-iota supscription-가 되어야 하는데, 대문자 사본에는 ΑΥΤΗΣΑΡΡΑΣΤΕΙΡΑ처럼 이오타 하기가 나타나지 않는다)으로 보고, "믿음으로 그(아브라함)도, 단산한 사라와 함께, 생산하는 능력을 얻었으니…(By faith he[Abraham] also, together with barren Sarah, received power to beget…)"라고 해석함으로 또 다른 가능성을 언급한다.[29] 주석가들도 의견이 나뉘는데, αὐτὴ Σάρρα στεῖρα를 동반의 여격으로 보는 이들도 있고,[30] 부대상황을 나타내는 부사절로 보는 이도 있으며,[31] 아예 사라를 이 구절 전체의 주어로 보는 이들도 있다.[32] 이 구절을 어떻게 해석할지는 몰라도 한 가지 확실한 것은 본 이문단위는 주어를 찾기 위한 문법적 노력 때문에 발생한 것임에 틀림이 없다는 사실이다.

위에 열거된 이문들 중에서 스타일과 관련하여 이루어진 이문들로는 6:3(ποιήσομεν/ ποιήσωμεν, 직설법/권유법); 9장 1절(καί/생략); 9장 11절(γενομένων/μελλόντων);[33] 9장 14(1)절(αἰωνίου/ ἁγίου, 영원한/거룩한); 9장 14(2)절(ἡμῶν/ὑμῶν, 1인칭/2인칭); 10장 11절(ἱερεύς/ἀρχιερεύς, 제사장/대제사장); 10장 34(1)절(δεσμίοις/δεσμοῖς/δεσμοῖς μου/δεσμοῖς αὐτῶν); 11장 37절 등을 들 수 있겠다. 이중에서 특별히 9장 14(2)절의 경우 언뜻 보면 문법적인 요인에 의한 이문인 것 같으나, 두 이문의 지지도가 아주 팽팽하고 독자들을 향하여 권면할 때 자신을 포함시키는 저자의 습관(2:1;

4:1, 11; 6:1; 7:26 등)에 맞추기 위한 시도로서 스타일을 변화시키려는 노력 때문에 빚어진 이문인 것 같다.34) 이와 흡사한 경우가 10장 11절의 경우인데, 첫 번째 이문(ἱερεύς)의 지지도가 더 신뢰할 만하고 두 번째 이문(ἀρχιερεύς)은 앞에 나왔던 5장 1절과 8장 3절을 생각하고 스타일을 맞추고자 한 시도인 것 같다. 6장 3절의 경우도 청각(필사과정에서 길게 들거나 짧게 들을 수 있고 또한 그렇게 읽어줄 수도 있다)에 의하여 일어난 단순한 이문일 수도 있고, 직설법/권유법의 문법적인 수정의 결과일 수도 있으나, 바로 앞에 나오는 φερώμεθα(1절)와 스타일을 동일하게 하고자 하는 시도로 볼 수 있는 것이다. 9장 14절의 경우는 스타일(2:4; 6:4에서 발견되는 스타일과 맞추기)과 연관될 수도 있고 교회의 습관("영원한 영"이 아니라 "성령")과 관련된 이문일 수 있다.35) 10장 34(1)절의 경우는 첫 번째와 두 번째 이문 사이에는 철자의 변화인 듯 보이나, 빌립보서 1장 7절; 13-17절; 골로새서 4장 18절; 디모데후서 2장 9절; 빌레몬서 13장 등에 나오는 바울의 스타일을 생각한 필사자의 노력에 의하여 만들어진 이문일 수도 있다. 그리고 11장 1절의 경우는 직유가 너무 강하여 좀 더 부드러운 단어를 써보고자 하는 시도(두 번째 이문)로 볼 수 있다.36)

마지막으로 위에 열거된 이문들 중에서 철자와 관련하여 이루어진 이문으로는 4장 2절의 경우가 될 것이다. 하지만 이 경우는 철자와 관련된 이문인지 문법과 관련된 이문인지 혹은 두 가지 요인이 복합된 이문인지 분간하기 어려운 경우이다. 위에 열거한 이문들 중에서 문법적인 변화를 시도한 결과인지 스타일을 변화시켜 보고자한 시도인지 분간하기 어려운 이문들도 있는데, 그 대표적인 예로는 3장 6절이 있다.

(2) 조화(harmonization)를 위한 이문

조화를 위한 이문이 나타난 이유에 대하여 Metzger는 필사자(수사)들이 성경의 상당량을 암송하고 있었기 때문에 평행구절이나 인용구들이 다를 경우에 자신들이 아는 정도에 따라서 같게 조화시키고자 하는 유혹을 받게 된 것으로 설명한다.37) Epp은 조화를 위한 이문들이 공관복음서의 평행구절이나 신약의 구약인용문(구약성서의 헬라어 번역인 칠십인역 [Septuagint, 이후로는 LXX로 표시함]의 구절과 동일하게 만들거나 더 많은 분량을 인용함)에서 많이 나타나는 현상으로, 교회의 성구집이나 심지어는 이중 언어로 되어 있는 사본에서 번역본과 일치시키고자 의도된 현상이었음을 언급하고 있다.38) 히브리서에 나타나는 조화를 위한 이문의 종류는 LXX과 조화를 이루고자 하는 시도와 성구집으로 사용되기 위하여 이루어진 변화가 있다.

ㄱ. LXX(칠십인역)과의 조화

히브리서에 LXX과의 조화를 이루기 위한 이문이 많은 이유는 본서에 구약성서의 인용이 많기 때문이고 또한 본서의 인용은 구약성의 맛소라 본문(이후로는 MT로 표시함)보다는 LXX의 본문으로부터 왔기 때문이다. Kurt와 Barbara Aland는 "교회에 일반적으로 통용되던 칠십인역의 본문과 상이한 구약본문으로부터의 인용문들은 자주 칠십인역의 본문과 일치하게 수정되었다"고 설명한다.39) 최근에 이 문제에 관하여 연구한 Alan H. Cadwallader는 "언뜻 보아서도 알게 되는 동화현상은 빙산의 일각일 뿐"이라고 주장하면서 히브리서에서 142개의 예를 제시하고 있다.40) 히브리서에서 여기에 속하는 이문들을 나열하면 다음과 같다:

장소	이문들	지지하는 증거사본들
1:8	οὗ	A D Ψ 075 0150 대다수의 소문자 사본/번역본/교부

	αὐτοῦ	P^{46} ℵ B
	omit	1573 syr^{palms}

1:12(1) ἑλίξεις(혹은 ἑλίκεις) P^{46} ℵ² A B D² Ψ 대다수의 소문자 사본/번역본/교부 Chrysostom Cyril

ἀλλάξεις   ℵ* D* 소수의 번역본, Athanasius

1:12(2) ὡς ἱμάτιον καί P^{46} ℵ A B (D* καί는 생략) 1739 vg^{mss} cop^{fay} arm

καί   D² Ψ 075 0150 0243 대다수의 소문자 사본/성구집/ 번역본,Athanasius Chrysostom Cyril

2:7 αὐτόν P^{46} B D² 075 소수의 소문자 사본과 성구집, vg^{ms} geo² Theodoret

αὐτὸν καὶ κατέστησας αὐτὸν ἐπὶ τὰ ἔργα τῶν χειρῶν σου
   ℵ A C D* P Ψ 0150 0243 다수의 소문자 사본, 소수의 성구집, 다수의 번역본, Chrysostom

3:2 ὅλῳ   ℵ A C D Ψ 075 0150 대다수의 소문자 사본/ 번역본/교부

omit $P^{13, 46vid}$ B vg^{ms} cop$^{sa, bo, fay}$ Ambrose

8:11 πολίτην P^{46} ℵ A B D 075 0150 소문자 사본/성구집 대다수, 번역본

πλησίον   P 소문자 사본/성구집/번역본 다수, Chrysostom Cyril

10:38 δίκαιός μου ἐκ πίστεως P^{46} ℵ A H* 33 1739 소수의 번역본, Clement Theodoret

δίκαιός ἐκ πίστεως μου   D* 소수의 번역본/교부

δίκαιός ἐκ πίστεως P^{13} D² H^c I Ψ 0150 대다수의 소문자 사본/성구집/번역본 Chrysostom Ambrose

11:23 βασιλέως P^{46} ℵ A D² I Ψ 다075 0150 대다수의 소문자 사본/성구집/번역본, Chrysostom

βασιλέως. Πίστει μέγας γενόμενος Μωϋσῆς ἀνεῖλεν τὸν Αἰγύπτιον κατανοῶν τὴν ταπείνωσιν τῶν ἀδελφῶν αὐτοῦ
   D* it^d vg^{ms}

위의 8개 이문단위들 중에서 우선 1장 8절의 경우 UBS 4판의 편집자들은 첫 번째 이문(σοῦ)이 다양한 외적인 증거사본의 지지를 받고 있고

두 번째 이문인 αὐτοῦ는 내적으로 잘 맞지 않는다는 이유로 첫 번째 이문을 선호한다.[41] 그러나 Bruce는 설명하기를, "αὐτοῦ(두 번째 이문)가 원문이었을 텐데, 대부분의 사본들은 LXX의 본문(σου, 시 44.7=MT 45:7)과 자연스럽게 같게 하고자 한 노력의 결과"라고 한다.[42] 1장 8절의 경우보다 더 쉽게 LXX의 본문과 자연스럽게 일치시키고자 한 노력의 결과라고 결론을 내릴 수 있는 이문단위들은 1장 12(2)절과 2장 7절과 11장 23절이다. 1장 12절(2)의 첫 번째 이문이 원문이었을 가능성이 높은데 두 번째 이문은 LXX의 본문(시 102:26)과 동일하게 조화시키고자 한 결과이며, 2장 7절의 두 번째 이문의 경우는 LXX의 본문(시 8:7)에서 더 길게(καὶ κατέστησας αὐτὸν ἐπὶ τὰ ἔργα τῶν χειρῶν σου, "또한 그를 당신의 손으로 만든 것들 위에 세우시고") 인용한 경우이며, 11장 23절의 두 번째 이문 (Πίστει μέγας γενόμενος Μωϋσῆς ἀνεῖλεν τὸν Αἰγύπτιον κατανοῶν τὴν ταπείνωσιν τῶν ἀδελφῶν αὐτοῦ, "믿음으로 모세는 장성하여 그의 형제들이 원통한 일 당함을 보고 애굽 사람을 쳐 죽이니라")도 LXX(출 2:11-12)의 영향을 받아 이루어진 경우이다.[43]

또한 흥미로운 것은 1장 12(1)절과 8장 11절의 이문단위에는 LXX의 본문이 여러 가지였기 때문에 빚어진 결과가 나타난다는 점이다.[44] 3장 2절의 이문단위는 LXX(민 12:17)의 영향인지 다음에 나오는 5절의 영향인지 혹은 둘 다의 영향인지 의심스러운 경우이다.[45] 또한 10장 38절의 경우도 LXX의 영향과 동일 구절이 인용된 로마서와 갈라디아서의 영향을 동시에 받은 경우이다.[46] 이외에도 다음 (4)에서 논의되는 7장 21절과 9장 19절의 이문단위도 LXX의 영향이 이차적인 요소로 작용한 예라고 볼 수 있을 것이다.

ㄴ. 성구집으로 사용하기 위한 조화

히브리서에서 여기에 속하는 것으로 판단되는 이문단위들을 나열하면 다음과 같다:

장소	이문들	지지하는 증거사본들
13:21(1)	παντὶ ἀγαθῷ (P⁴⁶ τῷ ἀγαθῷ)	ℵ D* ψ 번역본 다수
	παντὶ ἔργῳ ἀγαθῷ	C D² 0150 0243 대다수 소문자 사본, 번역본 다수, Chrysostom Theodoret
	παντὶ ἔργῳ καὶ λόγῳ ἀγαθῷ	A
13:21(3)	τῶν αἰώνων	ℵ A (C*) 0150 0243 다수의 소문자 사본/성구집/번역본, Chrysostom
	omit	P⁴⁶ C³ D ψ 다수의 소문자 사본/성구집/번역본, Theodoret
13:25	πάντων ὑμῶν	P⁴⁶ ℵ* I^vid 33 it^comp vg^mss cop^sa arm^ms
	πάντων ὑμῶν, ἀμήν	ℵ² A C D² H ψ 0150 0243 대다수의 소문자 사본/성구집/번역본 Chrysostom
	πάντων ἡμῶν, ἀμήν	1241
	πάντων τῶν ἁγίων	D*

13장 21(3)절의 경우 εἰς τοὺς αἰώνων τῶν αἰώνων(첫 번째 이문, "영원히")은 이차적인 것으로 보이는데, 그 이유는 εἰς τοὺς αἰώνων가 사본적 증거로 볼 때 가장 오래된 사본(P⁴⁶)과 길기로 유명한 D사본의 지지를 받으며, 또한 본서의 다른 곳(5:6; 6:20; 7:17, 21)에서도 동일한 어구가 사용되었기 때문이다. 이 본문에서는 두 번째 이문이 원문이었으며 첫 번째 이문은 성구집이나 교회 의식에 사용하기 위하여 τῶν αἰώνων이 첨가된 것으로 보는 것이 자연스럽다.⁴⁷⁾ 13장 21(1)절에서 ἔργῳ는 설교용으로 첨가된 용어임이 분명한데, 이는 만약 이 단어가 원문이었다면 더 신뢰할 만한 사본들(첫 번째 이문)에서 누락된 이유를 설명할 수 없기 때문

이다. 13장 25절의 이문단위에서 두 번째와 세 번째 이문의 ἀμήν도 후대에 교회의식이나 성구집으로 사용되기 위하여 붙여진 것으로 보인다.[48] 이외에도 (1)에서 논의한 9장 14(1)절의 두 번째 이문에서 "성령"이라고 표현하기 위하여 "ἁγίου"로 바꾼 것도 이 범주에 넣을 수 있을 것이다.

(3) 교리적 변경(doctrinal correction)을 위한 이문

Epp은, 이런 종류의 변화는 예수의 동정녀 탄생이나 전능성, 삼위일체 등을 옹호하기 위하여 서방사본들에서 보통 나타나는 현상이라고 설명하고 있다.[49] Metzger는 교리적인 관심 때문에 발생한 이문을 판단하기는 어렵다고 지적하면서 신약성서 사본에는 두 가지 종류의 교리적인 변경에 대한 흔적을 찾을 수 있다고 말한다: 즉, 1) 교리적으로 받아들이기에 거북하거나 불편한 것들을 없애거나 고치는 것과 2) 선호하는 신학적인 경향이나 관습에 대한 증거들을 삽입하는 것이다.[50] 교리적 변경에 의하여 이루어진 이문에 관해 살펴보는 일은 가장 흥미로운 이문연구작업 중의 하나이다. 히브리서에서 다른 범주에서 논의되는 이문들도 물론 이 범주에 속할 수 있는 가능성이 있지만,[51] 가장 두드러진 예로서 다음과 같은 네 종류의 이문들이 논의의 범주에 포함된다.

장소	이문들	지지하는 증거사본들
1:3	τῆς δυνάμεως αὐτοῦ	ℵ A B H* P Ψ 소문자 사본 다수, 번역본 다수, 교부
	τῆς δυνάμεως, δι᾽ ἑαυτοῦ(혹은 αὐτοῦ, P46)	0234 6 424ᶜ 1739 1881*
	τῆς δυνάμεως αὐτοῦ, δι᾽ ἑαυτοῦ(혹은 αὑτοῦ나 αὐτοῦ)	D Hᶜ 소문자 사본 대다수, 성구집, 번역본과 교부 다수
2:9	χάριτι θεοῦ	P46 ℵ A B C D Ψ 소문자 사본 대다수, 성구집, 번역본, 교부

	χωρὶς θεοῦ	0234 424^{cvid} 번역본, 교부
4:3(2)	τήν	ℵ A C D² ψ 소문자 사본 대다수, 성구집, 번역본들, Chrysostom Cyril
	omit	$P^{13vid, 46}$ B D*
10:1(1)	οὐκ αὐτήν	ℵ A C D H^{vid} ψ 소문자 사본 다수, 성구집, 번역본과 교부 다수
	οὐ κατά	69 365(οὐ κατά τὴν αὐτήν)
	οὐκ αὐτῶν 1908	syr^P
	καί	P^{46}

이 중에서 가장 논란이 되는 이문 중의 하나는 1장 3절의 것이다. 우선 첫 번째 이문은 유력한 초기 대문자 사본들(ℵ A B)과 소문자 사본, 번역본, 교부인용문 등의 지지를 골고루 받고 있고, 두 번째 이문은 약간 변형된 형태(τῆς δυνάμεως, δι᾽ αὐτοῦ)의 P⁴⁶사본과 한 개의 대문자 사본, 몇몇 소문자 사본의 지지를 받을 뿐이며, 첫 번째와 두 번째 이문의 합성형태(conflation)로 보이는 세 번째 이문은 D사본과 대다수의 후기 소문자 사본의 지지를 받고 있다. 만약 세 번째 이문이 초기의 것이었다면 첫 번째 이문은 동일 말미(homoioteleuton)에 의하여 발생한, 즉 필사자의 눈이 윗줄의 αὐτοῦ에서 바로 다음 줄의 동일한 αὐτοῦ로 옮겨감으로서 δι᾽ αὐτοῦ를 생략하게 된 경우일 것이다.52) 가장 오래된 사본인 P⁴⁶을 선호하는 Zuntz는 히브리서 2장 9절의 신학을 이 구절에 적용하여 두 번째 이문이 원문이었을 것으로 보면서, 두 번째 이문이 첫 번째 이문으로 변형되었으며 세 번째 이문은 앞의 두 이문을 합성한 것으로 보았다.53) UBS 4판의 편집자들은 "δι᾽ αὐτοῦ나 δι᾽ ἑαυτοῦ를 중간태 분사 ποιησάμενος를 강조하기 위하여 첨가된 것"으로 보고 있으며54) 대부분의 주석가들도 이를 따르고 있다.55) Bart D. Ehrman은 이 이문단위가 반분리주의자들에 의하여 발생한 것으로 주장한다.56) 이 모든 것들을 종합해보면, 1장 3절의 이문단위는 부분적으로 예수 그리스도의 위치를 강조하기 위한 필사

자들의 노력에 기인한, 또한 부분적으로 두 이문을 합성하는 과정에서 발생한 이문으로 보인다.

논란이 많은 또 다른 이문단위인 2장 9절에서 첫 번째 이문은 알렉산드리아 본문계열과 서방 본문계열의 훌륭한 초기 증거사본들에 의하여 지지를 받는다. 그러나 두 번째 이문은 동방과 서방의 교부들의 인용문과 몇몇 사본과 번역본들에서 나타나고 있다. 두 번째 이문은 필사자가 부주의하여 χάριτι를 χωρίς로 잘못 보았거나,[57] 더 가능성이 있기로는 바로 앞 절(8절)에 나오는 "만물"에 하나님은 포함되지 않는다고 고린도전서 15장 17절처럼 설명하기 위하여 난외에 써 놓았던 χωρὶς θεοῦ(하나님을 제외하고)를 그 후에 필사하는 이가 χάριτι θεοῦ(하나님의 은혜로)를 수정하는 것으로 보아 본문에 넣었을 수도 있다.[58] 하지만 χάριτι θεοῦ가 원문은 아니었으나 χωρὶς θεοῦ가 문맥에서 의미가 잘 통하지 않자 필사자가 χάριτι θεοῦ로 바꾼 것으로 보거나,[59] χωρὶς θεοῦ가 히브리서 기자의 신학에 부합하는 원문이었으며 χάριτι θεοῦ는 교리적인 수정이었다고 주장하면서 χάριτι가 원문이었다면 필사자의 혼돈이나 의도적인 수정에 의하여 χωρίς가 생겨날 수 없다고 보는 입장도 있다.[60] Bart D. Ehrman은 이 이문이 반분리주의자(anti-separationist)들에 의하여 만들어진 이문의 가장 전형적인 예라고 주장하였으며,[61] J. K. Elliott는 "χωρὶς θεοῦ는 히브리서 기자가 쓴 원문이었으며 그리스도는 죽음의 순간에 하나님으로부터 분리되었다. 왜냐하면 그는 사탄의 영역인 죽음에 들어가셨기 때문이다"라고 여긴다.[62] 이 이문단위에 어떤 신학이 관련되어 있었던 간에, 이들은 신학적(교리적)인 동기에 의한 수정작업 때문에 생겨난 이문단위임에는 틀림이 없다.

4장 3(2)절의 이문들의 경우에서 첫 번째 것은 κατάπαυσιν 앞에 정관사(τήν)가 포함되어 있고, 두 번째 것은 초기의 좋은 사본들에서 정관사가 생략되어 있다. Bruce는 정관사가 생략된 것이 원문이라고 추측한다.[63] Attridge는 기계적인 실수가 아니라면 정관사가 생략된 것은 다음 구절에서 안식을 해석하기 위함인데, 신자들이 들어가는 안식은 "a rest"("여러 안식 중의 하나")이지 가나안 땅에 들어가는 "the rest"("바로 그 안식")가 아니기 때문이라고 설명한다.[64] 그러므로 이 이문은 필사자들의 안식에 대한 신학 때문에 발생한 것으로 보인다.

마지막으로, 10장 1(1)절의 이문단위에서, οὐκ αὐτήν 대신에 καί를 쓰고 있는 가장 오래된 사본은 P^{46}이다. 아마도 이 이문은 필사자 자신이 가지고 있던 전통적인 플라톤 사상의 영향을 받아 이루어졌을 가능성이 있다.

(4) 자연적인 보완 및 흡사한 인접문구를 삽입하는 이문

자연적인 보완 및 흡사한 인접문구를 삽입하는 이문은 필사자들이 어구를 부연설명 하거나 마무리하려는 시도에서 발생한다.[65] 히브리서에서 이 범주에 속하는 이문들은 다음과 같이 네 개가 있는 것으로 보인다.

장소	이문들	지지하는 증거사본들
3:6(2)	κατάσχωμεν	P^{13}, ^{46} B cop^{sa} Lucifer Ambrose
	μέχρι τέλους βεβαίαν κατάσχωμεν	ℵ A C D ψ 소문자 사본 대다수, 번역본 대다수, Didymus Chrysostom
7:21	εἰς τὸν αἰῶνα	P^{46} B C 소문자 사본, 번역본
	εἰς τὸν αἰῶνα κατὰ τὴν τάξιν Μελχισέδεκ	ℵ² A D ψ 소문자 사본 다수, 성구집, 번역본 다수, 교부 다수
	omit	ℵ
9:19	μόσχων καὶ τῶν τράγων	ℵ* A C 소문자 사본, 다수 cop^{sa} arm geo slav
	τράγων καὶ τῶν μόσχων	D 365 it^d vg 소수 cop^{sa}

	μόσχων καὶ τράγων	075 다수의 소문자 사본과 성구집, cop$^{bo, fay}$ eth
	μόσχων	P^{46} ℵ^2 K L ψ 015 소문자 사본, syr Chrhsostom
12:18	ψηλαφωμένῳ	P$^{13, 46}$ ℵ A C 소문자 사본, 번역본 대다수
	ψηλαφωμένῳ ὄρει	D 소문자 사본 대다수, 성구집, vg
	ὄρει ψηλαφωμένῳ	69 arm geo slav Chrysostom

    3장 6(2)절의 경우에서 두 번째 이문은 시기적으로 더 오래되고 신뢰도도 더 높은 증거사본들(P$^{13, 46}$ B)의 지지를 받는 첫 번째 이문(κατάσχωμεν, 붙잡읍시다)앞에 μέχρι τέλους βεβαίαν(끝까지 견고하게)이라는 어구를 삽입함으로써 발생한 이문이다. 여러 주석가들이나 본문비평학자들이 지적하는 바와 같이,66) 이 이문은 명백히 3장 14절의 끝에 나오는 어구를 자연스럽게 삽입한 전형적인 예이다. 7장 21절의 이문단위가 형성된 원인도 3장 6(2)절의 경우와 흡사하여, 이미 7장 17절에 나오고 있는 κατὰ τὴν τάξιν Μελχισέδεκ(멜기세덱의 반차를 좇는)을 첨가하여 두 번째 이문이 쉽게 만들어질 수 있었을 것이다.67) 그러나 희박한 가능성이지만 두 번째 이문이 원문이었다면, 바로 다음에 나오는(22절) κατὰ와 혼동하여 κατὰ τὴν τάξιν Μελχισέδεκ을 빠트릴 수도 있었을 것이다. 7장 17절의 이문은 LXX과 조화를 이루고자 시도한 것보다는 전후 구절에 나오는 어법처럼 만들고자 하는 시도 때문에 형성된 이문단위로 보는 것이 타당할 것이다.

    9:19의 경우에서도 원문일 가능성이 가장 높은 이문은 가장 단순한 형태인 μόσχων인데, 나머지 이문들의 καὶ τῶν τράγων(혹은 καὶ τράγων)이라는 어구는 앞에서(9:12 혹은 13) 사용된 표현을 기반으로 첨가되었을 가능성이 높다.68) 하지만 첨가된 어구가 원문이었다면, 이를 생략하게 된 이문들은 출애굽기 24장 5절의 LXX과 조화를 이루고자 하여 발생한 이

문일 것이다.69) 12장 18절의 이문단위에서도 마찬가지 현상이 일어나고 있다. 첫 번째 이문은 강한 외적증거의 지지를 얻고 있고, ὄρει의 위치가 다양하게 바뀌는 경우인 두 번째와 세 번째 이문들은 22절의 영향을 받아 필사자들이 첨가했을 가능성을 암시한다.70)

(5) 합성(conflation) 이문

합성이문이라 함은 필사자들이 두 개 이상의 사본의 동일 구절/문단에 존재하는 이문들을 만났을 경우 이중에서 하나를 선택하는 대신 이문들을 함께 묶어 버렸던 결과로 생겨난 이문을 말하며, 후기 사본인 비잔틴 본문계열에 속하는 사본들에 많이 나타난다.71) 히브리서에서 여기에 속하는 대표적인 이문들로는 위의 (3)항에서 논의된 1장 3절의 세 번째 이문(τῆς δυνάμεως αὐτοῦ, δι᾽ ἑαυτοῦ)과 10장 1(1)절의 두 번째 이문에 나오는 사본 365의 경우(οὐ κατὰ τὴν αὐτήν), (1)항에서 논의된 9장 10절의 세 번째 이문 (βαπτισμοῖς καὶ δικαιώματα)과 11장 37절의 두 번째 이문(ἐπρίσθησαν, ἐπειράσθησαν) 등이 합성의 결과로 발생된 이문들이다.

2) 결론

이상에서 살펴 본대로 히브리서도 다른 여느 신약성서의 책들과 마찬가지로 필사과정에서 이문들이 들어오는 수난을 겪을 수밖에 없었다는 사실 이외에 다음과 같은 결론을 내릴 수 있을 것이다. 첫째, 히브리서 본문에는 문법 혹은 스타일을 수정하고자 하는 시도 때문에 발생한 이문이 가장 두드러지게 많다는 사실이다. 둘째, 구약인용이 많은 본문의 특성상 LXX와 일치시키고자 하는 시도에 의하여 발생한 이문들이 두 번째로 많이 있음을 알 수 있다. 셋째, 교리적/신학적 동기에 의하여 발생한 몇몇 이문들도 있음을 발견하였다. 마지막으로, 융합이문과 성구집을 만들기 위하여 발생한 이문들은 그리 많지 않다는 결론을 얻게 되었다.

나오는 말

본 논문의 목적은 히브리서 본문의 전달과정을 살펴보고 서신의 헬라어 본문 내에 존재하는 이문들을 조사해 봄으로써 히브리서의 본문이해를 향상시키고자 하는 것이었다. 이를 위하여 필자는 우선 히브리서의 본문을 담고 있는 사본들의 현황과 사본들과 번역본들 사이에서 본서가 놓여있는 위치를 조사해 봄으로써 본서의 본문 전달과정을 살펴보았고, 히브리서 내에 존재하는 본문 전달과정에서 발생한 이문들의 성격을 조사하여 이문들이 구체적으로 히브리서 본문에 어떤 영향들을 끼쳤는지를 살펴보았다.

본 연구에서 몇 가지 결론을 내린다면 다음과 같다. 첫째로, 히브리서의 본문은 증거본문의 종류, 연대, 분포도 등에서 아주 다양하며 풍부한 사본들을 통하여 보존되었고, 본문전달과정에서는 바울서신의 모음집과 함께 전달되었기 때문에 본문이 아주 잘 보존되었다는 사실이다. 둘째로, 히브리서의 본문을 포함하고 있는 사본들도 다른 여느 사본들과 마찬가지로 필사과정에서 다양한 이문들이 들어오는 과정을 겪게 되었다는 것이다. 그 중에서 문법 혹은 스타일을 수정하고자 하는 시도 때문에 발생한 이문이 가장 많고, 구약인용이 많은 본문의 특성 때문에 LXX와 일치시키고자 하는 과정에서 발생한 이문들이 상당수 있으며, 교리적/신학적 수정을 시도한 결과로 발생한 이문도 어느 정도 있고, 융합이문이나 성구집으로 만들기 위한 과정에서 발생한 이문은 적다는 사실을 알게 되었다.

주(註)

1) 김영규는 바울서신과 히브리서가 포함되어 있는 파피루스 사본 P^{46}의 연대를 "도미티안 황제 제위시기(A.D. 81-96) 약간 전"일 것이라고 주장한 바가 있었는데, 이를 받아들인다면 히브리서 혹은 바울서신을 담고 있는 최초 사본의 연대는 1세기가 될 수도 있어 원본과의 시간적인 차이가 거의 없을 수도 있는 것이다. 이에 대하여 Young Kyu Kim, "Palaeographical Dating of P^{46}," *Biblica* 69 (1988): 248-57을 보라.
2) 여기 언급된 파피루스 사본들이 포함하고 있는 신약성서의 범위에 대한 더 자세한 내용에 대하여는 Barbara Aland, Kurt Aland, Johannes Karavidopoulos, Carlo M. Martini, and Bruce M. Metzger, eds., *Novum Testamentum Graece*, 27th ed.(Stuttgart: Deutsche Bibelgesellschaft, 1993), 684-89를 보라.
3) 본문유형에 대한 고전적인 설명을 보기 위하여는, Brooke Foss Westcott and Fenton John Anthony Hort, *Introduction to the New Testament in the Original Greek* (New York: Harper and Brothers, 1882; reprint, Peabody, MA.: Hendrickson Publishers, 1988), 90-134(reprint판의 페이지임)를 참조하라.
4) Barbara Aland et al ed., *Novum Testamentum Graece*, 689-703.
5) Ibid., 703-711.
6) Ibid., 72*-76*; 563-587 및 Barbara Aland, Kurt Aland, Johannes Karavidopoulos, Carlo M. Martini, and Bruce M. Metzger, eds., *The Greek New Testament*, 4th ed. (Stuttgart: Deutsche Bibelgesellschaft, United Bible Societies, 1993), 29*-37*; 741-772 등을 보라.
7) 신약성서의 고대 번역본들에 대한 자세한 정보를 위하여는 Bruce M. Metzger, *The Early Versions of the New Testament: Their Origin, Transmission, and Limitations* (New York: Oxford University Press, 1977)를 보라.
8) Barbara Aland et al ed., *The Greek New Testament*, 22^*-28^*; 741-784.
9) W. H. P. Hatch, "The Position of Hebrews in the Canon of the New Testament," *Harvard Theological Review*, XXIX (1936), 133-151; Bruce M. Metzger, *A Textual Commentary on the Greek New Testament*, 2nd ed. (Stuttgart: Deutche Bibelgesellschaft/ German Bible Society, 1994), 591-92.
10) 바티칸 사본의 장 구성에 대한 자세한 정보는 Metzger, *A Textual Commentary*, 591의 각주 2의 설명을 참조하라.
11) Ibid., 592. 이러한 비평판들에는 Lachmann (1831), Tregelles (1857-72), Tischendorf (1869-72), Westcott and Hort (1881), B. Weiss (1894-1900), J. M.

S. Baljon (1898), H. von Soden (1913) 등이 있다.
12) Hatch, 134.
13) Ibid., 136.
14) William L. Lane, Hebrews 1-8, WBC (Waco: Word Incorporated, 1991), cliv; Hatch, 143.
15) T. W. Manson, *Studies in the Gospels and Epistles*, ed. Matthew Black (Manchester: Manchester University Press, 1962), 244.
16) 히브리서의 정경화 과정에 관하여는 Bruce M. Metzger, *The Canon of the New Testament: Its Origin, Development, and Significance* (New York: Oxford University Press, 1992), 43, 61, 105, 130, 134-135, 138, 159, 235-238 등을 보라.
17) Angelus Maius, ed., *Vetus et Novum Testamentum ex Antiquissimo Codice Vaticano*, Tom. V (Rome: Josheph Spithoever, 1857), 430
18) Kurt Aland and Barbara Aland, *The Text of the New Testament*, trans. by Erroll F. Rhodes (Grand Rapids: Eerdmans, 1987), 29-30.
19) Bruce M. Metzger, *The Text of the New Testament: Its Transmission, Corruption, and Restoration*, 3rd ed. (New York, Oxford: Oxford University Press, 1992), 196-97.
20) Eldon Jay Epp, "Textual Criticism (NT)," *ABD*, vol. 6: 417.
21) Metzger, *A Textual Commentary*, 594; Harold W. Attridge, *A Commentary on the Epistle to the Hebrews*, Hermeneia (Philadelphia: Fortress Press, 1972), 69.
22) Metzger, *A Textual Commentary*, 596.
23) G. Zuntz, *The Text of the Epistles: A Disquistion upon the Corpus Paulinum* (London: Oxford University Press, 1953), 93; William L. Lane, *Hebrews 1-8*, WBC (Waco: Word Incorporated, 1991), 71; Attridge, 104.
24) 본 이문단위의 설명에 관하여 Frank W. Beare, "The Text of the Epistle to the Hebrews in P46," *Journal of Biblical Literature* 63 (1944), 394; R. V. G. Tasker, "The Text of the Corpus Paulium," *New Testament Studies* 1 (1954-55), 186; Zuntz, 93-94; Attridge, 155 등을 보라.
25) 본 이문단위에 대한 설명을 위하여 Johannes L. P. Wolmarans, "The Text and Translationof Hebrews 8.8," *Zeitschrift für die Neutestamentliche Wissenschaft* 75 (1984), 144; Philip Edgcumbe Hughes, *A Commentary on the Epistle to the Hebrews* (Grand Rapids: Eerdmans, 1977), 288-89; Attridge, 225; Lane, *Hebrews 1-8*, 202 등을 보라.
26) Zuntz, 28; Beare, 390-91; Tasker, 184; E. K. Simpson, *Words Worth Weighing in the Greek New Testament* (London: The Tyndale Press, 1946), 26-27 등을 보라.
27) Zuntz, 16.

28) Matthew Black, "Additional Note on Heb. 11.11 and the Circumstantial Clause in Hebrews," *Aramaic Approach to the Gospels and Acts*, 3rd ed. by Matthew Black (Oxford: The Clarendon Press, 1967; reprint, Peabody: Hendrickson, 1998), 86-87.
29) Metzger, *A Textual Commentary*, 602.
30) F. F. Bruce, *The Epistle to the Hebrews*, 2d ed., NICNT (Grand Rapids: Eerdmans, 1990), 289; Attridge, 321; Paul Ellingworth, *The Epistle to the Hebrews: A Commentary on the Greek Text*, NIGTC (Grand Rapids: Eerdmans, 1993), 586-589.
31) William L. Lane, *Hebrews 9-13*, WBC (Waco: Word Incorporated, 1991), 343-345.
32) Hughes, 471-75; Brooke Foss Westcott, *The Epistle to the Hebrews* (London: MacMillan and Company, 1903), 360-361; George Wesley Buchanan, *To the Hebrews*, AB (Garden City: Doubleday and Company, 1972), 177, 190; Franz Delitzsch, *Commentary on the Epistle to the Hebrews*, vol. 2, trans. Thomas L. Kingsbury (Grand Rapids: Eerdmans, 1952), 240-241; James Moffatt, *A Critical and Exegetical Commentary on the Epistle to the Hebrews*, ICC (Edinburgh: T & T Clark, 1924), 171.
33) 본 이문단위에 대한 해설을 위하여 Metzger, *A Textual Commentary*, 598; Zuntz, 119; Attridge, 244; Bruce, *The Epistle to the Hebrews*, 211; Hugh Montefiore, *A Commentary on the Epistle to the Hebrews*. HNTC (New York, Evanston: Harper & Row, 1964), 151 등을 보라.
34) Metzger, *A Textual Commentary*, 599; Attridge, 244.
35) Attridge, 244; Lane, *Hebrews 9-13*, 230.
36) Attridge, 305.
37) Metzger, *The Text of the New Testament*, 197.
38) Epp, 417.
39) Kurt Aland and Barbara Aland, *The Text of the New Testament*, 285.
40) Alan H. Cadwallader, "The Correction of the Text of Hebrews towards the LXX," *Novum Testamentum* 37 (1992), 257, 261-274; LXX의 본문에 대한 입문 서로는 Richard R. Ottley *A Handbook to the Septuagint* (London: Methuen & Co. Ltd., 1920)가 좋고, LXX과 MT 본문의 동일구절을 찾아 헬라어-히브리어로 목록을 만들어 놓은 것을 참조하려면 Emmanuel Tov, "The Use of Concordances in the Reconstruction of the *Vorlage* of the LXX," *The Catholic Biblical Quarterly* 40 (1978): 29-36과 "The Nature and Background of Harmonizations in Biblical Manuscripts," *Journal for the Study of the Old Testament* 31 (1985): 3-29를 참고하라.

41) Metzger, *A Textual Commentary*, 593. Lane도 UBS 4판의 편집자들의 의견을 따르면서 두 번째 이문은 물론 초기의 신뢰할 만한 사본들(P^{46} ℵ B)의 지지를 받고는 있지만 필사자들의 오류로 보고 있다 (Lane, *Hebrews 1-8*, 21).

42) Bruce, *The Epistle to the Hebrews*, 52.

43) George D. Kilpatrick, "The Text of the Epistles: the Contribution of Western Witnesses," *Text-Wort-Glaube: Studien zu Überlieferung, Interpretation und Autorisierung biblischer Text*, Festschrift für K. Aland, ed. M. Becht (Berlin, New York: de Gruyter, 1980), 65.

44) Zuntz, 112-13; Lane, *Hebrews 1-8*, 43.

45) Metzger, *A Textual Commentary*, 594.

46) F. F. Bruce, "Textual Problems in the Epistle to the Hebrews," *Scribe and Scripture*, New Testament Essays in Honor of J. Harold Greenlee, ed. by David Alan Black (Winona Lake: Eisenbrauns, 1992), 34; T. W. Manson, "The Argument from Prophecy," *The Journal of Theological Studies* 46 (1945), 134-5.

47) Attridge, 104.

48) Metzger, *A Textual Commentary*, 607; Lane, Hebrews 9-13, 567; Bruce, *The Epistle to the Hebrews*, 391.

49) Epp, 417.

50) Metzger, *The Text of the New Testament*, 201.

51) 우리가 신학 혹은 이념의 한계를 확대한다면 이 범주에 속하는 이문은 여럿이 될 수 있을 것이다. 대표적인 예가 11:11인데, 이 이문은 필사자들이 아브라함의 믿음, 사라의 믿음, 혹은 아브라함과 사라의 믿음 등 어느 경우로 보았느냐의 문제와 관련된 이문이기 때문이다. 이와 유사한 이문들로는 앞에서 논의된 2:8; 6:2; 9:17; 12:1; 12:3 등이 될 것이다.

52) J. C. O'Neill, "The Rules Followed by the Editors of the Text Found in the Codex Vaticanus," *New Testament Studies* 35 (1989), 227.

53) Zuntz, 43-44. Zuntz는 이 구절을 "예수는 능력의 말씀으로 우주를 지탱하고 계시며; 자신을 통하여 그 분은 죄를 정결케 하는 일을 하셨다(Jesus supports the universe by the word of power; through Himself He has effected the purification of sins)"로 번역하고 있다.

54) Metzger, *A Textual Commentary*, 592.

55) Lane, *Hebrews 1-8*, 5; Ellingworth, *Commentary on Hebrews*, 101; Bruce, *The Epistle to the Hebrews*, 44.

56) Bart D. Ehrman, *The Orthodox Corruptions of Scripture: The Effect of Early Christological Controversies on the Text of the New Testament* (New York: Oxford University Press, 1993), 150-1.

57) Westcott and Hort, 129 appendix.
58) Metzger, *A Textual Commentary*, 594; J. C. O'Neill, "Hebrews 11.9," *The Journal of Theological Studies* n.s.17 (1966), 82.
59) Bruce, "Textual Problems in the Epistle to the Hebrews," 29.
60) Zuntz, 34; Zuntz는 오히려 그 반대의 방향으로 바뀔 수 있는 동기가 더 명백하다고 주장한다. 즉 고난받는 구원자는 하나님으로부터 분리될 수 없다고 생각하기 쉽다는 것이다.
61) Ehrman, 146-150. 또한 Frances M. Young, "Christological Ideas in the Greek Commentaries on the Epistle to the Hebrews," *The Journal of Theological Studies* 20 (1969): 150-63을 보라.
62) J. K. Elliot, "When Jesus Was apart from God: An Examination of Hebrews 2.9," *The Expository Times* 83(1971-72), 340.
63) Bruce, *The Epistle to the Hebrews*, 104.
64) Attridge, 122.
65) Metzger, *The Text of the New Testament*, 198.
66) Metzger, *A Textual Commentary*, 595; Zuntz, 33; Attridge, 104; Bruce, *The Epistle to the Hebrews*, 90; Ellingworth, *Commentary on Hebrews*, 211; Moffat, 44.
67) Zuntz는 κατὰ τὴν τάξιν Μελχισέδεκ을 소위 Western interpolation(서방사본의 덧붙이기 습관)으로 보고, Bruce도 서방본문과 비잔틴 본문은 시 110:4의 인용으로 여겨 이 어구를 넣어서 인용문을 완성시켰다고 본다. Zuntz, 163; Bruce, *The Epistle to the Hebrews*, 170을 보라.
68) Attridge, 253; Zuntz, 55; Bruce, *The Epistle to the Hebrews*, 219.
69) Bruce, "Textual Problems in the Epistle to the Hebrews," 32; Attridge, 253.
70) Metzger, *A Textual Commentary*, 605; Attridge, 371; E. C. Selwyn, "On ΨΗΛΑΦΩΜΕΝΩ in Heb. 12.18," *The Journal of Theological Studies* 12 (1910-11), 133-34; Zuntz, 167.
71) Epp, 417; Metzger, *The Text of the New Testament*, 200.

제10장

히브리서의 구약 인용과 해석*

(Citation and Interpretation of the Old Testament in the Hebrews)

서 론

  신약성서의 열일곱 권에는 구약 스물아홉 권으로부터 직접인용된 구절이 무려 312군데가 있다. 물론 암시는 이것보다 훨씬 많다. 이중에서 히브리서는 구약 열한 권에서 35군데를 직접인용하고 있어서, 히브리서가 서신서 중에서는 로마서를 제외하고 구약을 가장 많이 인용하고 있다. 그러나 로마서 9-11장을 뺀다면, 히브리서의 구약 인용은 양적인 면에서도 로마서를 능가한다. 히브리서에는 전체 13장 모두에서 구약이 한 군데 이상 인용되고 있고, 이런 예는 신약에서 히브리서가 유일하다. 그리고 히브리서에서의 구약 인용과 해석은 서신의 구조와 신학에도 지대한 영향을 미치고 있다.

  본 논문의 목적은 구약 인용과 해석으로 가득 찬 초대교회의 전형적인 설교로 볼 수 있는 히브리서의 구약 인용과 해석방식을 검토함으로써 히브리서의 구조와 신학을 이해하고, 나아가 연구된 내용을 현대의 성경

* 출처: 「복음과 실천」 35(2005, 봄): 41-68.

해석과 설교에 적용하고자 하는 것이다. 이를 위해, 먼저 히브리서의 구약 인용의 현황을 직접인용과 암시로 나누어서 조사해보고, 히브리서의 구약 인용 방식과 해석법을 살펴서 구약이 히브리서의 구조와 신학에 미치는 영향에 대하여 각각 정리할 것이다.

I. 히브리서의 구약 인용과 암시

위에 언급한 것처럼 히브리서에는 매 장마다 구약이 한 군데 이상 인용되고 있다. 그 구체적인 규모는, 구약의 직접 인용과 암시 혹은 평행어구를 모두 합한다면 무려 200여 군데가 넘는다.

1. 직접 인용(citation)

히브리서는 율법서, 시편, 예언서를 망라한 열한 권의 구약 책(창세기, 출애굽기, 민수기, 신명기, 사무엘하, 시편, 잠언, 이사야, 예레미야, 하박국, 학개)에서 모두 35군데를 인용하고 있다. 다음의 표는 연합성서공회가 출판한 헬라어 신약성서에 기초하여 히브리서의 순서를 따른 구약 인용표이다.[1]

A. 직접 인용(Quotations)

히브리서	구약성경	히브리서	구약성경
1:5상	시 2:7	7:1-2	창 14:17-20
1:5하	삼하 7:14	7:17, 21	시 110:4
1:6	신 32:43(LXX)	8:5	출 25:40
1:7	시 104:4(LXX)	8:8-12	렘 31:31-34
1:8-9	시 45:6-7	9:20	출 24:8

1:10-12	시 102:25-27(LXX)	10:5-7	시 40:6-8
1:13	시 110:1	10:16-17	렘 31:33-34
2:6-8	시 8:4-6(LXX)	10:30	신 32:35-36
2:12	시 22:22	10:37-38	합 2:3-4(LXX)
2:13상	사 8:17(LXX)	11:5	창 5:24(LXX)
2:13하	사 8:18	11:18	창 21:12
3:7-11	시 95:7-11	11:21	창 47:31(LXX)
3:15	시 95:7-8(LXX)	12:5-6	잠 3:11-12(LXX)
4:3, 5	시 95:11	12:20	출 19:12-13
4:4	창 2:2	12:21	신 9:19
4:7	시 95:7-8(LXX)	12:26	학 2:6(LXX)
5:5	시 2:7	13:5	신 31:6, 8
5:6	시 110:4	13:6	시 118:6(LXX)
6:13-14	창 22:16-17		

위의 표를 중심으로 히브리서의 구약 인용을 분석해 보면 몇 가지 중요한 사실을 발견할 수 있다. 첫째로, 히브리서 기자는 매 장에서 구약을 직접인용하고 있다는 사실이다. 그것도 9장에서는 한 번이지만 그 외의 장에서는 두 번 이상 인용하고 있음을 발견한다. 이것은 신약의 어떤 책에서도 발견할 수 없는 현상이다. 열네 개의 절로 이루어진 1장에서는 무려 아홉 절에서 구약성경 일곱 군데를 연쇄인용하고 있고, 2, 3, 4, 8, 10장 등에서는 소위 덩어리 인용문(block quotation)들도 나온다. 히브리서는 신약에서 가장 긴 구약 인용(렘 31:31-34)과 가장 긴 연쇄인용(히 1:5-13)을 포함하고 있다. 둘째로, 히브리서 기자는 율법서, 예언서, 성문서로 나뉘는 구약을 골고루 인용하고 있기 때문에, 그가 구약성경 전체를 골고루 알고 있었음을 유추할 수 있다.

2. 암시(allusions)와 정경 이외의 원천으로부터의 인용

암시는 어휘, 사상, 느슨한 기억에 의한 언급 등으로 나뉜다. 히브리서에는 구약의 문자적 인용이 30군데가 좀 넘지만, 암시된 곳은 180군데 가까이 된다.[2] 직접적인 인용은 주로 시편을 비롯한 열한 권의 책에서 이루어졌으나, 히브리서에서의 구약의 암시나 평행어구의 범위는 그 범위가 보다 방대하다. 오경과 시편을 집중적으로 사용하면서, 역사서와 예언서에 이르는 이십여 권까지도 포함한다. 이 현상은 히브리서 11장에 집중된 듯하지만(구약의 믿음의 영웅들을 열거하면서 창세기 1장 1절부터 다니엘서 6장 1-27절에 이르기까지 무려 50여 군데 가까운 곳이 암시되었다), 조금만 주의 깊게 살핀다면 모든 장에서 일어나는 현상이라는 것을 알 수 있다. 대표적인 예로, 히브리서 3-4장에는 시편 95편이 직접 인용되고 해석되고 있지만, 그 배후에는 출애굽기와 민수기 그리고 창세기와 여호수아서가 암시되어 있다. 또한 히브리서 5-6, 9-10장에는 출애굽기와 레위기의 구절들이 집중적으로 암시되거나 평행어구들이 등장한다. 여기서 우리가 발견하는 것은 히브리서 기자가 각 장마다 혹은 각 부분마다 구약으로부터 오는 중요한 모티브를 지니고 있다는 것이다. 예를 들자면, 1장에서는 선지자들과 조상에게 말씀하신 하나님, 2장에서는 인간 창조와 아브라함의 자손, 3장에서는 출애굽 사건, 4장에서는 창조의 안식과 여호수아의 가나안 진입과 안식, 5장에서는 아론의 소명, 6장과 7장에서는 아브라함의 약속과 승리, 8장에서는 모세의 장막건설과 예레미야의 새 언약, 9장과 10장에서는 장막구조와 구약의 제사제도, 11장에서는 역사적 순서를 따라 나열된 믿음의 조상들, 12장에서는 시내 산 선포, 13장에서는 천사영접과 속죄일 제사 등이다.[3] 결론적으로, 구약 없이는 히브리서가 무너지고, 히브리서에서 구약은 그리스도 안에서 새롭게 재해석되는 것이다.

더욱이 우리의 관심을 끄는 것은, 오늘날 우리가 구약의 정경으로 알고 있는 책 이외의 자료들의 내용이 히브리서의 여러 군데에 암시되었다는 사실이다. 주로 히브리서 11장에 집중되어 있는데, 히브리서 11장 5절은 에녹서 70장 1-4절과 벤시락 44장 16절, 그리고 지혜서 4장 10절이 동시에 암시된 곳이며, 히브리서 11장 35-38절은 마키비 2서 6장 18절-7장 42절의 요약이며, 히브리서 11장 37절은 모세 승천기 5장 11-14절의 암시이며, 히브리서 11장 12절과 6장 14절은 벤시락 44장 21절의 암시이다. 이와 같은 이유로, 히브리서를 구약 정경의 틀에서만이 아니라 외경이나 위경도 모두 포함된 당대의 조건에서 논의해야 한다는 주장도 나온다.4) 그러나 이 현상은 히브리서 기자가 다양한 형태로 순환되고 있던 공동 전승을 의지한 연고로 보는 편이 정당한 결론이다.

II. 히브리서의 구약 인용 방식과 해석

본 단락에서는 히브리서 기자가 사용한 구약 본문과 그 인용 방식의 독특함을 먼저 살펴볼 것이다. 이어서 히브리서 기자의 구약해석의 여러 경우를 살펴보고 그 독특함 또한 조사할 것이다.

1. 히브리서의 구약 인용 방식

히브리서의 구약 인용 방식은 신약의 다른 책들과 비교해서 아주 독특하다. 그것은 히브리서가 다른 신약성경의 책들에서 나타나는 인용방법과 상이한 독특한 차이를 보일 뿐만 아니라, 구약의 히브리어 본문이 아니라 헬라어 번역인 칠십인역을 인용하고 심지어는 자신의 목적으로 위하여 본문을 수정하는 경우도 있다는 점이다. 첫 번째 독특한 점은, 히브리서 기자는 구약의 책의 저자를 전혀 언급하지 않고, 바울이 애용하였던 "기록되었으되"(γέγραπται)와 같은 도입구문도 전혀 사용하지 않으며, 오히려 "말한다"(λέγω)는 동사를 통한 직접화법을 사용하고 있는 점이다. 저자는 청(독)자들에게 하나님(1:5, 6, 7, 8-9, 10-12, 13; 4:4; 5:5, 6; 6:14; 7:17, 21; 8:5, 8-12; 10:30, 37-38; 12:26; 13:5), 그리스도(2:12-13; 10:5-7), 성령(3:7-11; 4:3, 5, 7; 10:16-17)께서 직접적으로 말씀하신다는 표현을 쓰고 있다. 가끔씩 성경 자체가 "증거(하여 말)한다"(διεμαρτύρατο ... λέγων, 2:6; μαρτυρεῖται, 7:17)고 하면서 인용하기도 한다. 히브리서의 서른다섯 번의 구약 직접인용 중에서 말하는 주체를 보면, 문맥상 문법적인 주어의 스무 번이 하나님, 네 번이 그리스도(아들), 다섯 번이 성령이시다. 히브리서는 구약을 인용하되, 과거의 기록(γράφειν)으로서의 말씀이 아니라 현재(동사의 현재형이나 현재분사형을 선호한다) 생생하게 말씀하시는(λέγειν) 살아 있는 말씀(4:12-13)임을 표현해주는 연설의 형태로 주어진다. 이렇듯 히브리서 기자는 과거형보다는 현재형을, 수동형보다는 능동형을 더 좋아한다.5) 그는 히브리서 서두에서 언급하듯이(1:1-2상), 과거에 말씀하셨던 하나님께서 지금 이곳에서도 말씀하고 계심을 알리고자 한다.

두 번째의 독특한 점은, 히브리서 기자가 사용한 구약 본문에 관한 것이다. 반대 견해가 전혀 없는 것은 아니지만,6) 히브리서 기자가 인용하는 구약 본문은 히브리어 본문인 맛소라 본문(Masoretic Text, MT)이 아니라 번역본인 헬라어 본문, 즉 칠십인역(LXX)이다. 그것도 4-5세기경의 대표적인 두 계열인 알렉산드리아 사본(A-text)이나 바티칸 사본(B-text) 이전의 사본유형을 따르고 있다(물론 B-text보다는 A-text에 두 배 정도 더 일치하지만).7) 히브리서가 MT보다는 LXX를 따르고 있다는 증거는 여러 곳에서 발견된다. 시편 8편 5절의 인용인 히브리서 2장 7절을 가장 대표적인 예로 들 수 있다. 여기서 히브리서 기자는 "하나님"(אֱלֹהִים)과 "조금"(משים)(MT)이 아니라 각각 "천사"(ἀγγέλους)와 "잠시"(βραχύ)로 번역한 LXX를 따른다. 히브리서 3-4장에서는 시편 95편의 "지명"(MT) 대신 "의미"(LXX)를 인용한다. 또 다른 예로, 창세기 47장 31절의 인용인 히브리서 11장 21절에서는 "침대"('미타' מטה, MT) 대신에 "지팡이"('마테' מטה, LXX)가 사용된다. "침대"와 "지팡이"는 히브리어에서 문자는 동일하지만 단지 발음만이 다를 뿐이다. 주지할 것은, 주후 700년경의 맛소라 부호가 붙은 히브리어 성경보다 1,000년 정도 빠른 헬라어 번역본이 더 정확히 본문을 증거해 줄 수도 있다는 사실이다.[8] 원래는 칠십인역이 번역될 때처럼 이 단어를 지팡이로 읽었으나 맛소라 학자들이 "침대"로 발음 기호를 붙인 것일 수도 있다.

히브리서의 구약 인용의 세 번째 독특한 점은, 저자가 히브리어 본문도 아니고 칠십인역도 아닌 자신만의 방식으로 본문을 바꾸기도 한다는 점이다. 예를 들면, 시편 40편 7절의 인용인 히브리서 10장 5절에는 "귀"(אזנים, MT=LXX, ὠτία) 대신 "몸"(σῶμα)이 선택되었다. 히브리서 기자는, 시편의 귀를 전체인 몸을 대표하는 제유법(提喩法, synecdoche)으로 읽은 것이다. 이러한 예는 예레미야서 31장 33-34절을 여러 번 인용하는 곳에서도(히 8:10-12; 10:16-17) 나타나는데, 이는 히브리서 기자가 구약을 말 그대로 인용하지 않거나 풀어썼거나 혹은 그 당시의 칠십인역의 다른 이문을 활용하였기 때문일 수도 있다.

2. 히브리서의 구약 해석

구약에 대하여 "무엇이든지 전에 기록된 바는 우리의 교훈을 위하여 기록된 것이니 우리로 하여금 인내로 또는 성경의 위로로 소망을 가지게 함이니라"(롬 15:4)라고 선포된 신약에서는, 기독론적 해석을 근간으로 구약을 해석함에 있어서 당대의 유대교적 해석에 영향을 받은 또 다른 방법들이 적용되었다. 이러한 현상은 히브리서에서도 마찬가지여서, 구약 인용의 횟수나 내용만이 다양한 것이 아니라 그 해석방법 또한 다양한 양상을 띤다.

히브리서의 구약해석 방식을 유형별로 정리하면 다음과 같다:[9] (1) 혼돈을 방지하기(시편 8편 4-6절의 해석인 2장 8-9절의 부가 언급); (2) 자신의 주장을 강화하기(10장 37-38절의 이사야 26장 20절과 하박국 2장 3-4절을 동시에 약간 변형하여 인용하면서 자신의 권면을 강화함); (3) 암시된 것을 설명하기(8장 8-13절에서 예레미야 31장 31-34절을 인용하고 나서 13절에서 '새'라는 단어에 초점을 맞추어 암시된 것을 설명함); (4) 특정 단어나 어구의 문자적 의미에 호소하기(3장 7절로부터 4장 13절에서는 시편 95편 7절의 '오늘날' 단어를, 7장 11절에서는 시편 110편 4절의 '멜기세덱의 반차를 좇는'이라는 어구를, 7장 20-22절에서는 시편의 같은 구절의 '맹세로'라는 어구를, 7장 23-25절에서는 시편의 같은 구절의 '영원히'라는 어구를, 8장 8-13절에서는 예레미야 31장 31-34절의 '새'라는 어구의 문자적 의미를 각각 붙잡고 있다); (5) 연쇄인용방법(1:5-13); (6) 예화 목록 열거(11장) 등. 여기까지는 예수님이나 다른 사도들 혹은 랍비들이 사용하였던 문자적-문맥적(literal-contextual) 해석방법과 원리-적용(principle-application interpretation) 해석방법의 범주에 속한다. 이 밖에도 (7) 당대의 랍비들이 사용하던 또 다른 두 가지 방법인 '작은 것에서 큰 것에게로 호소하기'(2:2-4; 9:13-14; 10:28-29 등)와 '어휘적 유사성이 있는 구절로 다른 구절을 설명하기'(4:1-11에서 창2:2과 시 95:7-11의 '안식'; 5:5-6에서 시 2:7과 110:4의 '너'); (8) 모형론적 해석[10](3장 12절부터 4장 11절은 시편 95편 7-11절의 모형론적 해석과 히브리서의 모형론적 해석의 백미인 히브리서의 핵심부분인 8장 1절부터 10장 18절에서 나타난다); (9) 설교적 미드라쉬'[11](2:5-9; 3:7-4:13; 6:13-20; 7:11-25; 8:7-13; 10:5-10;

15-18; 35-39; 12:5-13; 25-29; 12:5-13 등인데, 가장 뛰어난 예는 우선 시편 110편 4절을 5장 6절에서 처음으로 인용하고, 5장 10-11절과 6장 20절에서 다시 한 번 암시하고, 드디어 7장 11-25절에서 발전시킨 것이다) 등이다.

이처럼 히브리서 저자는 성경인용과 해석에 있어서 랍비문헌과 사해사본에 나타난 동시대 디아스포라 유대인들의 유대주의(알렉산드리아의 필로의 풍유적 해석은 전혀 보이지 않는다[12])와 유대 기독교의 주된 경향에 머물고 있었던 것으로 보인다. 히브리서 저자의 구약해석을 지배하는 요소는 구약을 다루는 방법론이라기보다는 역사, 종말, 계시 등의 관계 속에 있는 그의 기독교 신학이다. 즉, "히브리서는 구약의 빛 아래서 그리스도를 해석하고, 그리스도의 빛 아래서 구약을 해석한다."[13] 히브리서 기자는 그리스도의 사건의 빛 아래서 구약을 "다시 이야기해 주고 있다"(retelling).[14] 예수에 대한 확신이 그의 구약 해석에 영향을 미치고 있어서, 저자는 구약도 동일한 하나님의 말씀임을 강조하면서도(1:1-2) 아들이신 그리스도를 통하여 말씀하시는 하나님의 결정적인 행위의 빛 가운데서 구약을 보아야 함을 강조한다. 과연 "히브리서 저자는 분명히 구약 내용과 해석의 달인이었다"[15]고 말할 만하다.

III. 히브리서의 구조와 구약의 기능

히브리서는 저자, 수신자, 기록장소, 기록연대 등 여러 가지 면에서 수수께끼의 책인데, 그 장르와 구조 또한 그 항목에 속한다. 본 단락에서는 구약 인용과 해석이 히브리서의 구조와 어떤 연관성이 있는가에 초점을 맞추었다.

1. 히브리서의 장르와 구조

수세기 동안 히브리서는 서두 부분이 없는 서신으로 여겨졌으나, 지난 200여 년 동안은 서신적 결론부를 지닌 설교라고 보는 것이 일반적인 견해가 되었다. 그 이유는 히브리서 13장 22절의 "권면의 말씀"(τοῦ λόγου τῆς παρακλήσεως)이 사도행전 13장 15절(λόγος παρακλήσεως)의 표현처럼 초대교회의 회당설교를 지칭하는 말이었기 때문이다. 이뿐만 아니라 히브리서에는 문어적 요소보다는 구어적 요소들이 더 많다. 그러므로 장르에 있어서 히브리서는 서신이라기보다는 설교라는 주장이 끊임없이 지속되어 왔다.16) 히브리서가 정경에 포함되어 있는 분류는 서신이지만, 그 당대에는 설교로 읽을 것을 전제로 기록되었다고 보아야 할 것이다.

히브리서의 장르와 구조에 대한 연구는 수많은 학자들에 의하여 다양하게 논의되었다.17) 히브리서의 구조는 크게 다섯 가지로 대별된다. 첫째로, 전통적인 바울서신의 구조, 즉 교리적 부분(indicative section, 1:1-10:18)과 윤리적 권고 부분(imperative section, 10:19-13:25)으로 대별하는 방식이다. 그러나 위에서 언급한대로 히브리서는 권면 형식으로 구성되어, 선포/성서해석(exposition)과 권면/경고(exhortation)가 반복적으로 지속되고 있는 구조적 특성을 지닌다. 이처럼 히브리서는 저자가 청(독)자들을 염두에 두고 이루어지는 신학과 적용이 반복되는 구조를 이루고 있어서, 신학과 적용을 분리시키는 바울서신의 구조로는 설명하기 힘들다.

둘째로, 또 다른 간단한 구조는 서론(1:1-4)과 결론(13:17-25) 사이에 세 부분으로 구성된 본론(천사와 모세보다 뛰어난 예수: 1:4-4:13 / 그리스도의 제사장직과 제사의 우월성: 4:14-10:18 / 믿음과 순종에로의 권면: 10:19-13:16)으로 이루어지는 것이다. 본론은 공동체가 신앙고백을 굳게 붙잡고 있어야 된다는 두 번의 권면(4:14-16; 10:19-25)을 중심으로 나뉜다. 그러나 이 방식은 5장 11절-6장 20절의 긴 삽입구를 설명해 주지 못하고, 결론부에 대한 견해가 여럿인(10장 18절, 혹은 31절, 혹은 39절) 점이 약점이다.

셋째로, 교리적인 강조점을 중심으로 교차대구법처럼 나누는 방법이 있다: A. 천사보다 뛰어난 이름(1:5-2:18, 종말론); B. 예수, 충성스럽고 동정하시는 분(3:1-5:10, 교회론); C. 중심교리 해석(5:11-10:39, 희생제물); B.' 믿음과 견딤(교회론적인 교훈); A.' 의의 화평한 열매(12:14-13:19, 종말론). 그러나 히브리서는 권면의 말씀, 즉 설교의 특성을 지니고 있기 때문에, 이렇게 중심을 강조하는 교차대구법 보다는 선적인(linear) 구조로 되어 있기 더 쉽다.

넷째로, 설교는 연설과 유사한 점이 있다는 측면에 착안한 수사학적 구조로 히브리서를 보는 방식이 있다.18) 대표적인 예로, 최근에 히브리서 주석을 내 놓은 C. Koester는 히브리서가 고대 수사학 교본에 나오는 세 가지 범주(과거에 초점을 맞추는 법정적[judicial] 수사학, 미래에 초점을 맞추는 심의적[deliberative] 수사학 그리고 현재의 가치에 초점을 맞추는 교훈적[epideictic] 수사학) 중에서 두 번째와 세 번째 중의 하나 혹은 두 개가 합쳐진 형태라고 제안한다.19) 설교가 되었든 연설이 되었든 구두적인 요소를 강조하는 면에서 동등하지만, 히브리서 구조에 대한 이러한 접근법은 당대의 연설 혹은 수사학의 틀 안에서 설명하기 위하여 히브리서의 장르와 구조를 너무 일반화했다는 점과, 목회적인 목적을 가지고 구사된 히브리서의 수사학에 맞는 수사학 종류에 대한 학자들의 공통된 의견이 부재한 점이 약점으로 대두된다.

다섯째로, 구약 인용과 해석의 설교적 구조로 W. Lane, H. Attridge 등 대다수의 히브리서 주석학자들이 주장하는 구조로 히브리서를 볼 수 있다. 이 접근법은 히브리서의 장르, 논증에 동원된 구조적 특성(연속적인 권면-성경해석의 구조), 목회적 목적으로 동원된 수사학, 구약 인용 등의 특성을 모두 살려주는 가장 이상적인 방법이다. 이에 대하여는 다음 단락에서 좀 더 자세히 논의할 것이다.

2. 히브리서의 구조에 미치는 구약의 기능

위에서 살펴본대로 히브리서의 구조에 접근하는 다양한 방식 중에서도, 구약이 히브리서에 미치는 영향을 기반으로 접근하는 방식이 설득력을 얻고 있다. 우선, 히브리서의 내용을 보면 구약 인용/해석과 히브리서의 구조와의 관계가 분명해진다. 즉, 1장은 서론이자 구약 일곱 군데의 연쇄인용이다. 2장은 시편 8편의 인용과 해석이며, 3장 7-11절(시 95:7-11)에서 4장 7절(시 95:7-8)까지는 시편 95편의 인용과 해석이다. 5장 6절(시 110:4)부터 7장 21절(시 110:4)까지는 창세기 14장과 더불어 멜기세덱이 나오는 유일한 두 구절(시편과 창세기)의 해석이다. 8장 8절(렘 31:31-34)부터 10장 17절(렘 31:33-34)까지, 즉 히브리서의 중심부분은 예레미야 31장의 인용과 해석이다. 10장 37-38절에 인용된 하박국 2장 3-4절(LXX)은 11장 전체와 12장 초반에 걸치는 내용의 핵심을 차지하고 있다. 그리고 12장은 잠언과 출애굽기의 인용과 해석이며 마지막 결론부인 13장에도 역시 구약 인용이 두 군데 이상 있다.

이러므로 히브리서를 구약에 기초한 초대교회 설교의 관점에서 본 다양한 접근이 이루어졌다. G. W. Buchanan은 히브리서가 70년 이전에 작성된 "시편 110편에 기초한 한편의 설교적 미드라쉬"(homiletical midrash)이며, 13장은 차후에 '서신'으로서 정경에 포함시키기 위하여 첨가되었다고 주장하였다.[20] 그러나 이보다 오래 전에 G. B. Caird는 히브리서는 크게 네 부분으로 나뉘는데 그 각 부분은 구약 인용과 해석에 기초한다고 주장하였다.[21] 그 네 부분은 각각 구약성경 시편 8, 95, 110편과 예레미야 31장이다. R. Longnecker는 이러한 Caird의 견해를 발전시켜 히브리서는 다음과 같이 구약해석에 기초한 다섯 편의 설교에 11-13장이 첨가된 것으로 보았다: (1) 1장 3절-2장 4절(=시편, 사무엘하 7장, 신명기 32장의 연쇄인용과 그에 대한 기독론적 해석); (2) 2장 5-18절(=시 8:4-6의 해석); (3) 3장 1절-4장 13절(=시 95:7-11의 해석); (4) 4장 14절-7장 28절(=시 110:4 의 해석); (5) 8장 1절-10장 39절(=렘 31:31-34의 해석).22) 그러나 이 세 학자의 견해는 모두 히브리서 11-13장을 논의에서 제외하고 있다는 약점을 지니고 있다.

이와는 양상을 조금 달리하여 L. Wills는 사도행전 13장 14-41절의 바울의 설교와 비교하여, 히브리서는 여러 단편의 설교들이 모아진 회당설교의 전형이라고 보았다.23) 물론 이에 대한 찬반의 의견이 있지만,24) Wills의 주장은 이미 언급한 학자들과 그 뒤를 따르는 학자들에 의하여 지지를 받고 있다. Walters는 히브리서를 여섯 편의 구약 인용과 해석으로 구성되었다고 제안한다:25) 그는 히브리서를 서론(1:1-2:4); (1) 시편 8편(2:5-18); (2) 시편 95편(3:1-4:13); (3) 시편 110편(4:14-7:28); (4) 예레미야 31장(8:1-10:31); (5) 하박국 2장(10:32-12:2); (6) 잠언 3장(12:3-13:19); 결론(13:20-21)으로 나누었다. 그러나 Walters의 약점은 12장과 13장을 뭉뚱그려 한 단위로 본 점과 각 부분의 경고나 삽입구들을 구별하지 않은 점이다. 이를 보완하여 일곱 편의 구약 인용과 해석으로 본 학자가 있다.

R. T. France는, 필자의 판단으로는 Walters의 견해를 살펴본 것 같지는 않지만, Longnecker의 견해를 두 가지 측면에서 수정한다. 첫째, France는 서론(히 1:1-2:4)을 한 군데의 구약 인용과 그 해석이 아니라 그냥 서론으로 본다. 둘째, 그는 Longnecker가 소홀히 한 11-12장에서 세 개의 구약 인용과 해석을 끌어내어 Walters의 견해를 포함하면서 이를 더 발전시켰다.26) 즉, France는 히브리서를 일곱 편의 구약 인용과 해석으로 보면서 그 구조를 다음과 같이 제안한다:27) 서론(1:1-2:4); 제1해석(2:5-18: 시편

8:4-6에 대하여); 예수와 모세(3:1-6); 제2해석(3:6-4:13: 시편 95:7-11에 대하여); 예수 대제사장(4:14-5:4); 제3해석(5:5-7:28: 시편 110:4에 대하여); 제4해석(8:1-10:18: 예레미야 31:31-34에 대하여); 권면/경고(10:19-31); 제5해석(10:32-12:3: 하박국 2:3하-4에 대하여); 제6해석(12:4-13: 잠언 3:11-12에 대하여); 추가 권면(12:14-17); 제7해석(12:18-29: 시내 산에 대하여); 권면/결론(13:1-23) 등이다. 이 구조는 히브리서의 설교적인 특징, 수사학, 구약 인용과 해석의 특성들을 가장 잘 살려내는 최선의 대안으로 보인다.

그러나 이러한 France의 구조에도 아쉬운 점은 있다. 서론과 결론을 제외하고도 중간에 네 개의 삽입문단을 독립시키면서도, 정작 삽입문단(경고문단 포함)으로 알려진 5장 11절-6장 20절이나 경고문으로 알려진 2장 1-4절, 3장 7-19절 등은 독립시키지 않고 성경해석 문단에 포함시키고 있기 때문이다. 이러한 삽입문단들은 Wills가 이미 지적하였듯이 각 문단의 서론적 언급이거나 결론적 권면으로서 위 문단이나 아래 문단에 연결되는 것이 더 자연스럽다. 그 내용의 유사성에 의하여 모세와 (후에는 여호수아)보다 뛰어나신 예수 그리스도를 언급하는 3장 1-6절은 출애굽 모티브로 이루어진 시편 95편 7-11절의 강해 부분(아래문단)에, 대제사장 예수 그리스도를 언급하는 4장 14절-5장 4절은 시편 110편 4절의 대제사장 강해 부분(아래문단)에, 그리고 나머지 두 개의 경고문단인 10장 19-31절(믿음이라는 어휘는 22절부터 출현한다)과 12장 14-17절은 각각 믿음문단(아래문단, 즉 10:32-12:3)과 격려문단(위문단, 즉 12:4-13)에 편입시킬 수 있다. 그러므로 필자는 다음과 같은 히브리서의 구조를 제안한다:

서 론:	1:1-2:4(구약의 일곱 말씀의 연쇄인용을 통하여)
제 1 강해:	2:5-18(시편 8:4-6에 대하여-시 22:22; 사 8:17-18과 함께)
제 2 강해:	3:1-4:16(시편 95:7-11에 대하여-창 2:2과 함께)
제 3 강해:	5:1-7:28(시편 110:4에 대하여-창 14:17-20과 함께)
제 4 강해:	8:1-10:25(예레미야 31:31-34에 대하여-시 40:6-8과 함께)
제 5 강해:	10:26-11:40(하박국 2:3하-4에 대하여)
제 6 강해:	12:1-13(잠언 3:11-12에 대하여)
제 7 강해:	12:14-29(출 19:12-13을 중심으로 시내 산에 대하여)
결 론:	13:1-23(구약의 두 말씀 인용과 암시들을 통하여)

이상을 통하여 볼 때, 히브리서 기자는 자신이 설교할 회중의 당면 상황을 생각하며 구약의 말씀들을 미리 선정하여 순서를 정해 놓고, 서론적/전이적 언급과 더불어 본문을 제시하고, 강해하고, 권면/경고하기를 반복하면서 히브리서라는 한 편의 감동적인 설교문을 작성해 나갔던 것으로 보인다.

IV. 히브리서의 신학과 구약의 기능

"히브리서의 중심 주제는 성경과 기독교 설교 행위에 존재하는 하나님의 음성을 듣는 것의 중요성"임이 서론에서 선포되고(1:1-2상), 이 중심 주제는 히브리서 전반에 지속되고(2:1-4; 3:7하-4:13; 5:11; 10:23; 35-39; 11:11), 그 때마다 회중을 위하여 성경이 인용되고 해석된다(예를 들면, 2:5-9; 3:7하-4:11; 8:6-13; 10:5-10, 15-18; 12:26-29).[28] 그리고 히브리서의 다양한 신학적 주제들 중에서 두드러진 주제는 기독론, 구원론, 종말론, 그리고 구약의 인용과 그 해석이다.[29] 즉, 기독론에서 제사장 기독론은 신약에서 유일하고, 구원론에서 배도와 연관한 구원의 상실 가능성을 언급하는 것으로 독특하고, 구약해석에서 그 다양성 면에서 또한 독특하다.

이중에서 히브리서의 가장 뛰어난 주제를 잡는다면, 기독론이 될 것이다.

1. 히브리서의 기독론

히브리서의 기독론은 여러 면에서 독특하다.[30] 히브리서에는 그리스도라는 메시아적 호칭보다(12회: 3:6, 14; 5:5; 6:1; 9:11, 14, 24, 28; 10:10; 11:26; 13:8, 21) 예수라는 인간적 호칭이 더 많이(14회: 2:9; 3:1; 4:8, 14; 6:20; 7:22; 10:10, 19; 12:2, 24; 13:8, 12, 20, 21) 나오지만, 신성을 강조하는 고-기독론(high Christology, 서론을 포함한 1장에서)과 인성을 강조하는 저-기독론(low Christology, 시편 8편의 인용과 해석이며 새로운 인간의 선구재[혹은 '구원의 창시자'; ὁ ἀρχηγὸς τῆς σωτηρίας, 2:10]로 묘사된 2장에서)이 균형 있게 나타난다. 히브리서의 기독론은 처음 다섯 장에서 두드러지는 '더 나은 아들(The Superior Son) 예수'와 중심부분(5:11-10:39)에서 두드러지는 '대제사장(The Great High Priest) 예수' 개념이다(실제로는 2장 결론부분부터 소개되는 이 대제사장 기독론은 신약성서에서 히브리서에만 나타나는 독특한 주제이다). 그리고 이 모든 것 가운데서 수신자들의 삶의 정황에 맞추어 예수의 인격과 사역을 해석하는 기독론을 보여줌으로써 목회적인 관심이 본서 전반에 흐르고 있어서, 히브리서의 기독론은 본서의 권면을 위한 기반이 되고 있다.

2. 히브리서의 신학 형성에 미친 구약의 기능

히브리서 기자는 자신의 구속신학을 펼쳐나가는 과정에서도 다른 디아스포라 유대인 회당설교의 유형처럼 모세오경과 시편을 의지한다. 즉, 히브리서 3장 7절-4장 13절의 논의가 시편 95편 7-11절을 인용하고 해석하는 것에만 의지하는 것 같지만, 우리로 하여금 곧 민수기 13-14장을 연상하게도 만든다.

히브리서의 가장 두드러진 신학적 주제인 기독론은 모든 면에서 구약 인용 및 해석과 연결되어 있어서 구약 없이는 형성될 수 없다. 두드러진 예만 보더라도 우선, 히브리서 2장의 소위 '아르케고스'('구원의 창시자'; ὁ ἀρχηγὸς τῆς σωτηρίας, 2:10) 기독론은 시편 8편의 인용과 해석에 기초하고 있다. 신약성경에서 유일하며 히브리서의 중심부는 물론 전체를 장악하고 있는 대제사장 기독론은 구약의 유일한 두 구절 시편 110편 4절과 창세기 14장 17-20절의 반복적인 인용과 해석에 기반을 두고 있다. 그리고 히브리서 1장 5절과 5장 5절에 인용된 시편 2편 7절은 시편 110편 4절과 더불어 히브리서의 기독론 형성에 중요한 역할을 한다.[31]

전반적으로 히브리서 기자는 시편을 많이 의지하는 편이다. 그는 히브리서에서 시편을 열일곱번 직접인용하고, 열일곱번 이상 암시하고 있다. S. Kistemaker는 시편의 네 구절(8:4-6; 95:7-11; 110:4; 40:6-8)이 히브리서에서 가장 두드러지며, 예레미야서 31장 31-34절만 제외하고 다른 구약 인용들은 이 네 구절에 부수적으로 딸려오는 것이라고까지 주장한다.[32] 그러므로 우리는 히브리서에 구약성경이 모세오경, 시편(12장에 인용된 잠언도 포함하여), 예언서(2장에 인용된 이사야, 8-10장에 걸친 예레미야, 10-12장에 중요한 영향을 미치는 하박국)에 걸쳐서 골고루 동원되었고, 히브리서 기자의 신학형성에 근간을 이루고 있다는 결론을 내릴 수 있다.

결론: 적용과 제안

위에서 우리는 크게 네 부분에 걸쳐 히브리서의 구약 인용과 해석의 문제를 살펴보았다. 즉, 히브리서의 구약 인용 상황, 히브리서 기자의 구약 해석의 특성, 히브리서의 장르와 구조, 그리고 히브리서 신학과 구약

인용/해석과의 관계 등이 그것이다. 필자는 본 논고를 다음과 같은 몇 가지 결론과 제안으로 맺고자 한다.

첫째로, 히브리서 기자는 자신의 목회적 권면과 신학적 주제의 핵심을 그리스도에게 두면서, 철저하게 성경에 그 기반을 두고 있었다. 그가 선호한 특정 구절이나 책이 있다고도 볼 수 있지만, 히브리서 기자는 구약의 모세오경, 역사서, 예언서, 성문서를 전반적으로 알고 있었고, 심지어는 정경 외적인 문서에도 지식이 있었음을 알 수 있다.

둘째로, 히브리서의 구약 인용과 해석이 본서(설교)의 장르, 구조, 신학에 지대한 영향을 미치고 있음을 보았다. 그리고 기독교 신앙이 구약 해석을 주도하고 있음을 알 수 있었다. 히브리서에서는 구약이 그리스도의 빛 아래서 해석되고, 그리스도는 구약의 기반에서 설명된다. 본 연구에서는 그리스도를 나타내기 위하여 히브리서 기자가 구약 인용과 해석으로 이루어진 일곱 성경 강해(Bible exposition)를 근간으로한 한편의 설교(homily)를 구성하였다는 결론을 얻었다.

셋째로, 현대설교에의 적용에 대한 제안들이다. 이상에서 살펴본 대로 구약은 히브리서의 장르, 구조, 신학에 지대한 영향을 미치면서 다양하게 해석되되, 주로 기독론적으로 해석되면서 다양한 방법을 통해 해석되었다. 특히 초대교회 회당설교의 전형을 보여주는 히브리서의 구약 인용과 해석의 실례에서 우리가 현대설교에 적용할 수 있는 점은 다음과 같이 요약할 수 있다. 먼저는, 신약에서 구약 본문이 그리스도의 사건을 해석하는 중요한 근거가 되고 있다는 점이다. 히브리서의 경우도 구약의 기독론적 해석이 그 주를 이룬다. 그러므로 설교자는 분명한 주관이 되는 신학을 정립하여 설교를 통해 성경 본문을 상황에 맞추어 해석하고 적용해야 한다. 다음으로, 히브리서에서도 구약 본문을 모두 다 기독론적으로만 해석한 것은 아니라는 점을 상기해야 한다. 구약이든 신약이든 그들 본문의 원래 위치가 존중되고 그 메시지가 들려져야 한다. 그러므로 설교자는 성경의 모든 본문에서 그 원래의 의도된 메시지를 끌어내되, 청자들의 정황에 맞는 원리와 교훈을 이끌어내고 선포해야 한다. 마지막으로, 설교자는 다양한 해석방법에 능숙해야 한다. 히브리서 기자와 같이 창조적이어야 하지만, 자의적인 방법에 치우치는 일은 위험한 일이다.

주(註)

1) Barbara Aland, Kurt Aland, Johannes Karavidopoulos, Carlo M. Martini, and Bruce M. Metzger, eds., *The Greek New Testament*, 4th rev. ed. (Stuttgart: Deutsche Bibelgesell-schaft, United Bible Societies, 1993), 890; 이와 유사한 분석에 대하여는, George Guthrie, "Old Testament in Hebrews," *Dictionary of the Later New Testament & Its Development* ed. Ralph P. Martin and Peter H. Davids (Downers Grove: InterVarsity Press, 1997), 846-9; Gleason L. Archer, and Gregory Chirichigno, *Old Testament Quotations in the New Testament* (Chicago: Moody Press, 1983); George Howard, "Hebrews and the Old Testament Quotations," *Novum Testamentum* 10 (1968), 208-16; J. C. McCullough, "The Old Testament Quotations in Hebrews," *New Testament Studies* 26 (1979-80), 363-79 등을 보라.
2) 참조, *The Greek New Testament*, 891-901.
3) 조병수, "히브리서에 나타난 구약성경 인용에 대한 연구,"「그 말씀」, 127 (2000, 1), 83-4.
4) H. Anderson, "The Jewish Antecedents of the Christology in Hebrews," in *The Messiah: Developments in Earliest Judaism and Christianity*, ed. James H. Charlesworth (Minneapolis: Fortress Press, 1987), 529-30.
5) M. Barth, "The Old Testament in Hebrews: An Essay in Biblical Hermeneutics," in *Current Issues in New Testament Interpretation*, ed. W. Klassen and G. F. Snyder (New York: Harper & Row, 1962), 58-9.
6) Howard, 215-6; McCullough, 378-9; R. Timothy McLay, *The Use of the Septuagint in New Testament Research* (Grand Rapids: Eerdmans, 2003), 169-73.
7) F. F. Bruce, *The Epistle to the Hebrews*. 2d ed. NICNT (Grand Rapids: Eerdmans, 1990), 26; Lane, *Hebrews, 1-8*, cxvii-cxviii.
8) Archer and Chirichigno, 12-3.
9) Lane, *Hebrews 1-8*, cxix-cxxiv; Guthrie, "Old Testament in Hebrews," 842-5.
10) 모형론(typology)은 구속사의 틀 속에서 더 후대 역사의 하나님의 행위를 예표하고 있는 영감된 모형(type)들을 찾아내려는 해석으로, 이 모형들이 구약의 사건, 인물, 대상, 제도, 그리고 사상 속에 나타나고 있다고 믿는 해석방법이다. 즉, 모형론적 해석방법의 전제는, 보다 초기의 인물/사건/제도/사상은 보다 후대의 인물/사건/제도/사상 속에서 반복된다는 것이다. 이러한 해석 기법은 신약과 구약의 사상과 사건들 사이의 유사성에 대한 설득력이 강해서 신·구약의 통일성을 돋보이게 한다. 모형론적 해석과 풍유적(allegorical) 해석

이 핵심적으로 다른 점은, 전자는 보통 구약과 신약의 역사적인 관계를 전제로 하여 구약의 의미를 신약에서 그리고 신약을 구약에 비추어 해석하는 반면, 후자는 이러한 구약과 신약의 관계와는 상관없이 성경의 문자적인 배후에 담겨 있다고 믿는 이중적 혹은 삼중의 영적인 의미를 찾아내는 방법이다.

11) 미드라쉬(midrash)는 랍비들의 핵심적인 성경해석방법으로 현대의 성경주석과 유사하지만, 종종 큰 차이를 보이기도 한다. 미드라쉬는 보통 선택된 구절들만을 다루지만 때때로 한 구절씩 성경구절들을 설명하기도 하는데, 랍비들은 목회적인 동기를 가지고 성경의 실제적인 어구들 속에 내재해 있는 보다 깊은 의미들을 드러내는 데 목적을 두었다. 신약에서 설교적 미드라쉬의 대표적인 예는 사도 바울이 변증적-목회적 목적을 가지고 아브라함의 경우를 창세기 15장 6절을 인용하여 해석하고 적용하는 로마서 4장에서 발견할 수 있다.

12) Bruce, 27.

13) Koester, 117.

14) Pamela Michelle Eisenbaum, *The Jewish Heroes of Christian History: Hebrews 11 in Literary Context* (Atlanta: Scholars Press, 1997), 89-133.

15) de Silva, 32.

16) Swetnam이 지적하듯이(James. Swetnam, "On the Literary Genre of the "Epistle" to the Hebrews," *Novum Testamentum* 11 (1969): 261-2), 히브리서가 설교라고 Hartwig Thyen (1955)에 의하여 주장된 이래, Margaret D. Hutaff, "The Epistle to the Hebrews: An Early Christian Sermon," *The Bible Today* (December, 1978), 1816-24; M. Cahill, "A Home for the Homily: An Approach to Hebrews," *Irish Theological Quarterly* 60 (1994), 141-48; W. R. Stegner, "The Ancient Jewish Synagogue Homily," in *Greco-Roman Literature and the New Testament: Selected Forms and Genres*, ed. D. E. Aune (Atlanta: Scholars, 1988), 51-69 등과 Lane, Attridge, Koester 등의 주석에서 지속적으로 주장되고 있다.

17) 대표적인 예는 Steve Stanley, "The Structure of Hebrews from Three Perspectives," *Tyndale Bulletin* 45.2 (1994): 245-71; George H. Guthrie, *Structure of Hebrews* (Grand Rapids: Baker, 1998); Daniel E. Buck, "The Rhetorical Arrangement and Function of OT Citations in the Book of Hebrews: Uncovering Their Role in the Paraenetic Discourse of Access," (Ph.D. Diss., Dallas Theological Seminary, 2002) 등이며, 히브리서의 대표적인 주석들이 이 문제에 많은 지면들을 할애하고 있다: Lane, *Hebrews 1-8*, lxix-ciii; Koester, 79-96 등을 보라.

18) 연설의 수사학에 기초한 히브리서 해석과 주석의 대표적인 예는, David A. de Silva, *Perseverance in Gratitude: A Socio-rhetorical Commentary on the Epistle to the Hebrews* (Grand Rapids: Eerdmans, 2000); Craig R. Koester,

Hebrews, AB (New York: Doubleday, 2001) 등이다.
19) Koester, 82.
20) G. W. Buchanan, *To the Hebrews*, AB (New York: Doubleday, 1972), XIX, 243-45.
21) G. B. Caird, "Exegetical Method of the Epistle to the Hebrews," *Canadian Journal of Theology* 5 (1959), 47-51.
22) Richard Longenecker, *Biblical Exegesis in the Apostolic Period* (Grand Rapids: Eerdmans, 1975), 174-85.
23) 그는 이러한 설교의 유형은 크게 세 부분, 즉 (1) 성경인용, 과거나 현재의 권위 있는 예들, 혹은 신학적인 관점들에 대한 강해 등으로 이루어진 직설법 혹은 예증부분("exempla")-히브리서 1:5-13; 3:1-4:13, 8:1-10:18; 11:4-38 등; (2) 예증에 근거한 결론(conclusion)-히브리서 1:14, 4:14상; 10:19-21; 12:1상 등; (3) 주로 명령법이나 권유법으로 이루어지는 권면(exhortation)-히브리서 2:1-4; 4:14하-16; 10:22-25; 12:1하-3 등으로 이루어진다고 주장하면서 히브리서에서 이와 같은 유형들은 일곱 개 이상 발견할 수 있다고 제안한다: Lawrence Wills, "The Form of the Sermon in Hellenistic Judaism and Early Christianity," *Harvard Theological Review* 77:3-4 (1984), 277-99.
24) C. Clifton Black, "The Rhetorical Form of the Hellenistic Jewish and Early Christian Sermon: A Response to Lawrence Wills," *Harvard Theological Review* 81:1 (1988), 1-18.
25) J. R. Walters, "The Rhetorical Arrangement of Hebrews," *The Asbury Theological Journal* 51 (1996), 59-70, 특히 64-6.
26) R. T. France, "The Writer of Hebrews as a Biblical Expositor," *Tyndale Bulletin* 47.2 (1996), 255-60.
27) Ibid., 259-60.
28) Lane, *Hebrews 1-8*, cxxvii.
29) Lane, *Hebrews 1-8*, cxxv-cl; Koester, 96-129.
30) 히브리서의 기독론의 성격에 대하여는, 장동수, "히브리서 기독론의 성격과 목적,"「복음과 실천」, 33 (2004, 봄), 33-57을 보라.
31) Gert J. Steyn, "Psalm 2 in Hebrews." *Noetestamentia* 37(2) (2003): 262-82.
32) S. Kistemaker, T*he Psalm Citations in the Epistle to the Hebrews* (Amsterdam: Van Soest, 1961), 12, 129-31; G. W. Grogan, "The New Testament Interpretation of the Old Testament: A Comparative Study," *Tyndale Bulletin* 18 (1967), 62-4.

제11장

히브리서 기독론의 성격과 목적*
(Character and Purpose of the Christology of the Hebrews)

서 론

　본 논문의 목적은 히브리서에 나타난 기독론의 특성과 그 목적을 살펴보고자 함에 있다. 기독론(Christology)은 한 마디로 성경에 기술된 예수 그리스도에 대한 기독교의 독특한 주장에 대하여 살펴보는 성서신학 혹은 조직신학의 한 분야이다. 오늘날 복음주의 기독론은 여러 면에서 도전을 받고 있다. 복음주의진영의 대표적인 조직신학자 중의 하나인 M. Erickson은 오늘날의 복음주의 기독론의 문제에 대하여 심도 있게 지적한 적이 있는데,[1] 그가 지적한 현상들은 히브리서 기자나 독자들이 당면하고 있는 긴박한 위기와도 흡사한 측면이 있다. 그러므로 필자는 히브리서 기독론의 특성과 목적을 살펴봄으로써 오늘날의 신학연구와 목회현장에 활용할 수 있는 열매를 거둘 것이라고 확신한다. 서론에서는 우선 본 논고의 목적을 위하여 히브리서에 대한 개론적 사항들을 살펴보고 이어서 신약성서 기독론에 대한 접근법들과 히브리서 기독론에 대한 개

---

* 출처: 「복음과 실천」 33(2004, 봄): 33-58.

괄적인 언급이 각각 이루어질 것이다.

1. 히브리서에 대한 개관2)

히브리서는 여러 가지로 수수께끼에 싸여 있는 책이지만, 독특한 수사학적 구조 속에서 신학이 목회적 돌봄의 목적 하에서 진술되고 있다. 우선 히브리서는 설교처럼 시작하여 서신처럼 끝나지만, 서신이라고 보기는 힘들고 설교에 더 가깝다. 그러나 히브리서가 고대 사본들에서 바울서신들 사이에 위치했던 사실과 서신적 말미를 지니고 있다는 점은 본 문서가 서신이었을 것이라는 추측도 낳게 하므로, 낭송되는 것을 듣게 될 수신자들을 위하여 준비되고 서신의 말미가 덧붙여진 설교문이었을 것으로 보인다. 구조면에서는 권면(13:22)으로 구성되어, 신학(indicative 즉, 교리부분)과 적용(imperative 즉, 윤리부분)을 분리시키는 바울서신과는 달리 저자가 독자들을 계속 염두에 두고서 신학과 적용을 반복하는 구조를 이루고 있다.

히브리서는 로마에 있는 가정교회들(롬 16:3-16) 중에서 유대계 그리스도인들로 구성된 모임에 보내진 것이라는 증거들이 많다. 히브리서 10장 32-34절의 내용과 사도행전 18장 2절에 언급된 글라우디오 황제의 유대인 추방령(49년) 사이에는 유사성이 있어서, 그때 유대인들과 함께 유대계 그리스도인들도 추방되었다고 볼 수 있다. 또한 이달리야에서 온 자들이 문안한다는 어구(13:25)로 볼 때 로마를 떠나온 성도들이 로마의 성도들에게 안부하는 것으로 보는 것이 자연스럽다. 다가오는 더 심한 핍박(히 12:4)은 64-68년의 네로의 핍박이라고 볼 수 있다. 히브리서가 클레멘트 1서(로마의 클레멘트가 90년대 후반에 기록)에 인용되면서 로마에서 처음 알려진 사실도 히브리서의 수신지가 로마라는 것을 뒷받침해 준다.

히브리서 수신자들에 대한 정보는 이 서신의 목적과 밀접하게 연관된다. 그들은 성령의 역사를 통하여 비췸을 얻고 기독교 메시지를 받았으며(2:3-4; 6:4-5), 유대교 교육 혹은 기독교 전도를 통하여 유대교 제의를 잘 알고 있었고 또한 호감을 가지고 있었다. 그들은 재산몰수나 투옥 등의 핍박을 당했고(10:32-34), 서신이 기록될 즈음에는 더 심한 핍박이 다가오고 있었는데(12:4; 13:13), 수신자들은 "둔하거나"(5:11) "게을러져서"(6:12) - 두 어구는 동일한 헬라어 단어 νωθροί로서 inclusio(묶음쇠)를 이룬다 - 잘못된 생각을 하게 되었다. 어떤 이들은 기독교의 유대교적 뿌리에 대한 향수를 가지고 그 유산을 과대평가 하여 하나님께서 그리스도를 통하여 옛 언약을 폐하시고 새 언약을 이루신 엄청난 은혜를 망각해 버릴 위험에 처해 있었다. 이러한 연유로 히브리서 기자는 이들이 당했던 과거의 핍박을 상기시키며 현재 다가오는 더 큰 어려움 가운데 견고하게 인내하라고 격려할 목적으로 본서를 기록하였다. 그는 수신자들에게 단순히 경고만 한 것이 아니라 그들이 믿게 된 예수 그리스도의 인격과 사역을 깊이 이해시키는 것, 즉 기독론을 논증의 기반으로 삼아 그 분께 더 견고히 헌신하도록 권면하고 있다.

2. 신약성서 기독론의 접근법

신약성서의 기독론에 대한 접근법은 다양하다. 예를 들면, J. Dunn은 신약성서 기독론의 구도를 하나님의 아들, 인자, 마지막 아담, 성령 혹은 천사, 하나님의 지혜, 하나님의 말씀 등 여섯 주제로 잡았고,[3] 바울의 기독론을 아담, 지혜 그리고 성령 기독론으로 요약하고 있다.[4] O. Cullmann은 신약 기독론의 구도를 예수의 초기사역을 언급하는 칭호로 선지자, 고난 받는 하나님의 종, 대제사장 등 세 가지, 예수의 미래 사역을 언급하는 칭호로 메시아, 인자 등 두 가지, 예수의 현재사역을 언급하는 칭호로 주, 구원자 등 두 가지, 예수의 선재성을 언급하는 칭호로 말씀, 하나님의 아들, 하나님 등 세 가지로 꼽는다.5) 이들 보다 좀 일찍 R. H. Fuller는 이들이 제시하는 칭호나 주제 이외에 랍비(Rabbi), 다윗의 아들(son of David), 신인(divine man), 마리(Mari, 아람어로 "나의 주"라는 뜻) 등도 언급하고 있다.6) 최근에는 신약의 책이나 저자의 기독론을 추적함에 있어서 서로 다른 책의 기독론을 상호 비교하거나,7) 서사적 접근법을 활용하기도 한다.8) 본 논고에서는 전통적 접근법인 칭호 혹은 주제별 접근법을 기본 방법론으로 사용하면서 히브리서 본문을 전체적으로 조사하였다.

3. 히브리서 기독론에 대한 개관

위에 제시한 방법론의 관점에서 히브리서 기독론의 특성을 다루는 몇몇 대표적인 학자들의 의견을 나열하면 다음과 같다. L. Goppelt는 히브리서 기독론에서 예수 그리스도에 대한 가장 두드러지는 두 가지 칭호는 아들과 제사장이고, 나머지 신약성서의 기독론적 칭호들이 아주 간헐적으로 사용되고 있음을 지적하였다:9) 인자(υἱὸς ἀνθρώπου)는 2장 6절에서 한 번, 주(κυρίος)는 2장 3절과 7장 14절 등에서 15번,10) 1장 8절에서는 하나님(θεός)으로, 예수 그리스도(Ἰησοῦς Χριστός)는 10장 10절, 13장 8절과 21절에서, 그리스도(Χριστός)는 3장 6절과 14절, 5장 5절, 6장 1절, 9장 11, 14, 24절, 그리고 28절, 11장 26절에서 각각 사용되었다. Dunn은 히브리서에는 지혜 기독론과 아담 기독론의 가장 발전된 형태가 포함되어 있지만(1:2-3; 2:6-17), 주된 목적은 예수 그리스도가 다른 어떤 중재들보다 더 우월함을 보여주고자 함에 있다고 하였다: 예수 그리스도는 선지자들(1:1-2), 천사들(1:4-16), 그리고 모세(3:1-6)보다 뛰어난 아들이시며, 레위 아론 반차의 대제사장직, 제사, 성소, 언약보다 우월한 멜기세덱 반차의 대 제사장이시다(5-10장).11) H. Attridge는 히브리서 1장에는 고 기독론

(영원하며 높아지신 아들)이, 2장에는 저 기독론(인자가 되어 고난받는 아들)이, 그리고 2장 17절 이후 마지막까지에는 대제사장 기독론이 강조되고 있다고 설명한다.12) W. Lane은 히브리서는 기독론적 측면에서 비상하게 중요하며, 하나님의 아들, 지혜, 대제사장 기독론이 오케스트라처럼 잘 짜여 있다고 지적한다.13) 이러한 선지식을 가지고 본고에서는 우선 다른 신약의 책들에 사용된 기독론적 주제나 관점이 히브리서에서는 어떻게 사용되었는지를 살펴보고, 그 다음에 히브리서에서만 독특하게 사용된 기독론 혹은 기독론적 주제들을 살펴보기로 한다.

I. 히브리서 기독론의 성격(1): 일반적 성격

본 단락에서는 신약의 다른 책들에서 나오는 기독론이 히브리서에서는 어떻게 사용되었는지를 살펴보기로 한다. 여기서는 하나님의 아들, 인자, 그리스도, 지혜, 아담, 말씀 등 여섯 가지 기독론적 칭호 및 주제를 선택하였다.

1. 고(高) 기독론: 하나님의 아들 기독론

고 기독론(High Christology)은 예수 그리스도의 신성(deity)을 강조하는 기독론으로 하나님의 아들(son of God, υἱὸς τοῦ θεοῦ) 기독론으로도 불린다. 구약에서 하나님의 아들이라는 용어는 이스라엘 백성(대표 단수로, 출 4:22; 호 11:1), 왕들(삼하 7:14; 시 2:7), 혹은 특별한 사명을 가진 천사들(욥 1:6; 시 29:1)이나 메시아를 부를 때 사용되었고, 신약에서 메시아는 하나님의 아들과 동일시되고 있다(막 14:61; 마 16:16; 눅 1:32). 하나님의 아들이라는 칭호는 하나님과 그리스도의 아버지-아들관계를 특별하고 독특하게 만들어 준다.14)

히브리서에는 하나님의 아들 혹은 아들이라는 용어가 여러 번 나온다 (4:14; 6:6; 7:3; 10:29; 아들-1:2; 1:5(x2); 1:8; 2:10(복수); 3:6; 5:5, 8; 7:28; 11:24; 12:6, 7). 이중에서 하나님의 아들을 일반화시킨 2장 10절(하나님의 자녀들)과 인간의 자녀를 언급하는 구절들(11:24; 12:6, 7)을 제외한다면 모두 그리스도를 언급하는 것이 분명한 구절들이다. Cullmann은 히브리서를, 요한복음만 제외하고 신약의 어떤 책에서보다도 예수의 신성이 강조된 책으로 보면서 하나님의 아들 개념이 히브리서 기독론을 주도하는 개념임을 주장한다.15) 히브리서에서 예수의 사역은 아들이 아버지와 갖는 독특한 관계에 기반을 두고 있다. 아들은 예언자들과 구별되고(1:1 이하), 모든 천사들보다도 뛰어나며(1:5 이하), 유일한 종으로 대표되는 모세보다 낫다고 천명한다(3:5 이하). 더 나아가서 구약성서의 시편들(45:6 이하; 102:25 이하)은 예수가 바로 하나님이고(1:8 이하) 창조자임을(1:10 이하) 증명하는 데 인용된다.

히브리서에서 예수가 하나님의 아들로 표현되면서 고 기독론이 대표적으로 나타나는 부분은 무엇보다도 서두를 포함한 1장이다. 히브리서 서두(1:1-4)에는 서신 전체의 기독론뿐만 아니라 신학과 목적이 암시되어 있다고 볼 수 있다. 이 서두에서 히브리서 기자는 구약과 신약이 갈라지는 역사적 사건을 묘사하면서, 그리스도 사건을 아들의 높아지심부터 시작하여 창조에 있어서의 아들의 역할, 하나님과 아들의 관계, 창조세계를 유지하는 아들의 역할, 그의 지상에서의 구속사역 그리고 마지막으로 그의 높아지심을 언급함으로써 높아지심으로 시작하여 높아지심으로 끝내고 있다. 이 서두에는 다음과 같은 일곱 가지 사건이 모두 언급되고 있다: (1) 하나님은 (잠깐 천사보다 낮아졌던) 아들을 높이실 때 그를 만유의 후사로 삼으셨다; (2) 하나님은 그 아들을 통하여 세상을 지으셨다; (3) 그 아들은 하나님의 영광의 광채요 그 본체의 형상이시다; (4) 그 아들은 그 능력의 말씀으로 만물을 붙들고 계시다; (5) 아들은 그의 지상생활 동안 죄를 정결하게 하는 일을 하셨다; (6) 아들은 높아지셔서 위엄의 우편에 앉아 계신다; (7) 그는 아들이시기 때문에 천사보다 더 뛰어난 이름을 상속받으셨다.16)

이에 더 나아가 히브리서 1장 8절(πρὸς δὲ τὸν υἱόν, Ὁ θρόνος σου ὁ θεὸς εἰς τὸν αἰῶνα τοῦ αἰῶνος, καὶ ἡ ῥάβδος τῆς εὐθύτητος ῥάβδος τῆς βασιλείας σου)에서는 아들을 하나님으로 부르고 있다. 시편 45편 6절의 인용인 이 구절의 ὁ θεὸς는 문법적으로 세 가지 해석이 가능하다: (1) "당신의 보좌는, 하나님이여, 영원합니다"(연설의 주격); (2) "하나님께서 당신의 보좌입니다, 영원토록"(시편 45편 6절의 뜻을 살리려고 함, 주어적 주격); (3) "당신의 보좌는 하나님이십니다, 영원토록"(서술적 주격). 이 구절을 해석함에 있어서, 대부분의 학자들은 연설의 주격으로 해석하여(첫 번째 경우), 성자의 신성을 인정한다.17)

여기서 우리는 히브리서 기자의 예수에 대한 확신이 그의 해석에 영향을 미치고 있다고 볼 수 있다. 이와 같이 그는 구약도 동일한 하나님의 말씀임을 강조하고 있으나(1:1-2), 아들을 통하여 말씀하시는 하나님의 결정적인 행위의 빛 가운데서 구약을 보아야 함을 강조한다.

이처럼 하나님의 아들 기독론은 이어서 나오는 주 기독론과 로고스(말씀) 기독론과 더불어 예수를 하나님으로 지칭할 수 있는 기반을 제공한다. 예수가 하나님이라는 칭호를 받게 된 것을 바울서신들(베드로후서에서도)에서는 예수가 주로 높아지신 것과 연관지었으나, 요한문서와 히브리서에서는 예수 자신이 신적 계시가 되신 것과 연관짓고 있기 때문이다.18) 특별히 히브리서에서 권면과 경고 구절들(4:14[Ἰησοῦν τὸν υἱὸν τοῦ θεοῦ]; 6:6; 10:29)에서 예수를 하나님의 아들(υἱὸς τοῦ θεου)로 명시하여 강조하고 있으며,19) 4장 14절, 5장 8절, 그리고 7장 3절 등에서는 이 하나님의 아들 기독론이 히브리서 전체에 걸쳐서 대제사장 기독론과 관련되어 있음을 분명히 보여준다.

2. 저(低) 기독론: 사람의 아들 기독론

저 기독론(Low Christology)은 예수의 인성(humanity)을 강조하는 기독론으로 사람의 아들(인자) 기독론으로도 불린다. 하나님의 아들이라는 칭호가 높아지심을, 사람의 아들(인자)이라는 칭호는 예수의 낮아지심을 강조하기 때문에, 전자를 고 기독론으로 후자를 저 기독론으로 부르는 까닭이기도 하다. 사람의 아들 즉, 인자(son of man, υἱὸς ἀνθρώπου)는 신약성서에 80번 등장하는데, 모두 다 복음서에 나오며 여러 칭호 중 예수님이 직접 자신에게 적용하여 가장 애용하셨던 칭호로서[20] 히브리서에는 2장 6절에 유일하게 나온다.

하지만 히브리서는 바울서신 보다 더 지상적 예수에 대한 언급이나 암시가 많다. 즉, 예수의 인성과 지상적인 삶을 강조하기 위하여 사용되는 어휘인 예수(Ἰησοῦς)는 열네 번이나 나온다(2:9; 3:1; 4:8, 14; 6:20; 7:22; 10:10, 19; 12:2, 24; 13:8, 12, 20, 21). 4장 8절은 여호수아의 헬라어 음역인데, 이것도 모형론적으로 예수를 가리킨다. 흥미로운 것은 2장 9절과 4장 8절을 제외한 대부분의 구절에서 그리스도의 대제사장직(혹은 사도) 혹은 새 언약의 중보자와 연관되어 인성을 강조하는 예수라는 칭호가 언급되고 있다는 것이다.

유일하게 인자라는 어휘가 나오는 2장 6절에서 히브리서 기자는 시편 8편을 예수에게 적용하여 그를 사람의 아들로 언급하고 있다. 이로 보건대, 히브리서 기자는 인자교리에 관한 분명한 정보를 가지고 있었음이 확실하다. 히브리서 2장 6-10절은 시편 8편 4-8절의 인용(히 2:6-8)과 그에 대한 기독론적 해석으로서 고린도전서 15장 27-28절과 더불어 예수 그리스도의 성육신, 죽으심, 부활승리와 승천을 통하여 창세기 1장 26-28절이 완전히 이루어졌음을 말하고 있다.21) 다시 말하면, 히브리서 기자는 시편 8편을 들어 "전적으로 예수님을 새로운 인간의 원형으로 묘사하면서 바로 인간의 원초적 소명과 역할을 예수께서 이루셨다고 선언하고"22) 있는 것이다. 여기서 우리는 아담 기독론을 엿볼 수 있다. '첫 인간 아담'과 그 후손이 아담의 타락으로 말미암아 이루지 못하였던 창세기 1장의 사명과 소명이 '마지막 아담 예수'(고전 15:45; 롬 5:12-21)를 통하여 이루어졌다. "첫 번째 사람(아담)과 그에 속했던 인류가 왕의 권세를 누리지 못하고 오히려 만물에게 종노릇하며 죽음에 굴복하였다면, 두 번째 사람 예수와 그에게 속한 인류는 하나님께 순종함을 통하여(히 5:8) 인간 원래의 소명과 사명을 온전히 완성시키게"23) 되었다. 예수 그리스도가 천사보다 잠깐동안 못하게 되어 사람의 아들(son of man)로 오신 것은 죄 없는 인간이 되셔서 고난과 십자가 사건을 통하여 인간의 죄를 담당하시기 위함이었으며(히 2:7, 9), 인간 본연의 형상과 영광을 회복하고 그 사명을 회복하기 위함이었다. 그리스도의 구속사건을 통하여 인간은 하나님의 왕적 대리자로서 창조의 면류관을 다시 쓰게 된 것이다. 이처럼 히브리서에는 그리스도라는 메시아적 호칭보다(12회) 예수라는 인간적 호칭이 더 많이(14회) 나오지만, 신성을 강조하는 고 기독론(1장)과 인성을 강조하는 저 기독론(2장)이 균형 있게 나타난다.

3. 메시야-그리스도 기독론

히브리어로 메시아, 헬라어로 그리스도라는 어휘는 "기름 부음 받은 자"라는 동일한 뜻을 지닌 종말론적인 개념을 표현하는 단어이다. 예수님 당시 유대교의 메시아 개념은 다윗의 후예(son of David)로서 이스라엘의 정치적인 왕으로 와서 지상에서 종말론적으로 새 시대를 도래시키는 존재를 의미하였다. 복음서들을 살펴보면 예수는 다른 이들이 다윗의 아들이라는 칭호를 자신에게 적용하는 것을 직접적으로 부인하지는 않았으나, 이 칭호와 관련된 정치적 왕권의 개념, 즉 당대의 유대교적인 개념은 격렬하게 거절하였다.24) 그러나 초대교회는 이 용어를 택하여 십자가 고난-부활-승천 이후의 예수를 그리스도와 메시아로 부를 뿐만 아니라 유대교의 메시아 대망사상을 예수에게 성취의 개념으로 적용시켜서, 예수는 다윗의 아들로 이 땅에 오셨고 교회를 왕으로 다스리시며 마지막 때에 메시아로 다시 오실 것으로 믿었다.25)

신약성서에는 그리스도(Χριστός)라는 단어가 529회나 나오며, 바울서신에만 379회가 나오고, 히브리서에서도 적어도 열두 곳에서 나타난다. 그리스도(Χριστός)만 단독으로 3장 6절과 14절, 5장 5절, 6장 1절, 9장 11, 14, 24절, 그리고 28절, 11장 26절 등에서 아홉 번, 예수 그리스도(Ἰησοῦς Χριστός)로는 10장 10절, 13장 8절과 21절 등에서 3번 사용되었다. 그리고 우리가 주목해야 할 점은, 히브리서 1장 5절에 인용된 시편 2편 7절의 "(하나님의) 아들"과 히브리서 1장 6절의 "장자"(πρωτότοκος)는 시편 89편 27절("내가 또 저로 장자를 삼고 세계 열왕의 으뜸이 되게 하며")을 암시하는 메시아 칭호이고,26) 이어 나오는 8-9절에서는 하늘의 주로서 예수의 즉위를 강조하기 위한 메시아 본문(시편 45편 6-7절이 인용)이 더 제시되고 있다는 점이다.27) 이렇듯 히브리서 기자는 이미 형성된 초대교회의 신앙고백적 메시아 개념을 그대로 사용함으로써 사도적 선포를 재생하고 있고, 그것을 지지하는 증거본문의 확고한 전통을 기반으로 하고 있음을 알 수 있다.

메시아 기독론에 덧붙여 논의하고 싶은 것은 주(κύριος) 기독론인데, 이는 유대 기독교지역이 아니라 이방기독교세계에서 발전되었다는 주장도 있어 왔다. 예수는 죽음을 통과하시고 부활과 승귀를 통하여 왕과 주가 되셨다. 능력 가운데 있는 아들은 분명히 주와 동의어이다. 주(κυρίος)라는 용어를 예수에게 적용시키도록 촉발한 것은 하나님을 언급하는 구약인용들을 예수에게 적용하는 것에서 비롯되었는데,[28] 구약인용이 많은 히브리서가 예외일 수 없다. 시편 102편 25절 이하의 인용인 히브리서 1장 10절 이하와 1장 8절에서 히브리서 기자는 예수를 하나님과 동등하게 주라고 부르는 것을 주저하지 않는다. 히브리서에서 주(κυρίος)는 15번 사용되었다(2:3; 7:14, 21; 8:2, 8, 9, 10, 11; 10:16, 30; 12:5, 6, 14, 13:6, 10).

4. 지혜 기독론

소위 지혜 기독론(Wisdom Christology)은 다음에 논의할 로고스와 함께 선재하는 지혜 개념으로 그리스도를 파악하고자 하는 기독론이다. 지혜 기독론은 그리스도가 세상에 오시기 전에 하나님과 함께 선재하셨다는 믿음을 갖게 하는 통로이어서, Dunn이나 M. Hengel 같은 이들은 그리스도의 선재성의 개념을 아우르는 가장 초기의 기독론이 지혜 기독론이라고 주장한다.[29] 지혜 기독론은 지혜와 관련된 용어로 표현되는 신약의 찬양시에서 발견되는데, 대표적인 예들은 요한복음 서두(1:1-18), 고린도전서 8장 5-8절, 골로새서 1장 15-17절 그리고 히브리서 1장 1-3절 등이다.

히브리서 1장 1-3절은 초대교회 그리스도인 찬양시를 합쳐 놓은 듯하며, 인상적인 지혜 기독론이 나타나는 구절이다. 히브리서 1장 3절은 지혜서 7장 26절과의 유사성(영광의 "광채"ἀπαύγασμα)뿐만 아니라 지혜언어로 표현된 필로의 로고스(λόγος) 개념과의 유사성도 존재하나 상이한 점이 더 많기 때문에, 히브리서 1장 1-3절은 골로새서 1장 15-17절과 같은 지혜신학에서 더 강한 영향을 받은 것으로 보인다. 이 두 본문은 여러 구절에서 긴밀하게 평행구를 형성하면서(히 1:2하–골 1:16상; 히 1:3상–골 1:15; 히 1:3중–골 1:17하), 세상의 창조와 연관하여 그리스도를 지혜 용어로 표현하고 있다.

히브리서 서론에 나타나는 기독론적 사상은 이렇다: 그리스도는 하나님의 지혜의 종말론적 구현(eschatological embodiment)으로서 그를 통하여 인간의 구원과 창조세계의 갱신을 위하여 창조자 하나님은 온전하고 가장 분명하고 확실하게 자신을 계시하셨다. 히브리서 기자는 우선적으로 승귀되신 그리스도를 생각하고 있다. 즉, 그리스도는 하나님이 이전에 부분적으로 계시하신 것의 종말론적인 절정("이 모든 날 마지막에" ἐπ' ἐσχάτου τῶν ἡμερῶν τούτων)인 아들이시며(1-2절 상), 이 절정에 있는 계시는 죄를 위한 그 아들의 희생과 동시에 하나님 우편에 높여지신 것에 초점이 맞춰져 있다(3절 하).

히브리서 1장 1-3절에 나타나는 지혜 기독론은 이렇게 하나님의 아들 기독론과 동시에 2장의 아담 기독론과도 어느 정도는 융합되는 경향이 있는데, 그 이유는 이 찬양시에서 세 가지 기독론이 모두 나타나며 동시에 지혜언어로 표현되고 있기 때문이다.30) 히브리서의 다른 부분에서는 서두에 나타나는 것과 같은 지혜 기독론을 찾아볼 수가 없는데, 그 이유는 여기에 사용된 찬양시가 히브리서 기자에게 의미가 있다고 생각되어 이 문맥에 사용하였기 때문이다. 그리고 이것은 바울이 로마서 1장 3절 이하에서 초대교회의 하나님의 아들에 관한 신앙고백 시를 사용한 방식과 흡사하고, 이전의 찬양시가 무엇을 의미하였던지 간에 현재의 기자가 취하여 자신의 목적대로 사용할 수 있는 것이기 때문이다.

5. 아담 기독론

사도 바울은 고린도전서 15장 45절("기록된 바 첫 사람 아담은 산 영이 되었다 함과 같이 마지막 아담은 살려 주는 영이 되었나니")에서 예수 그리스도를 "마지막 아담"(ὁ ἔσχατος Ἀδάμ)이라고 지칭하면서 인류의 조상 아담과 그리스도를 대비하고 있다. 이렇듯 아담을 빗대어서 그리스도를 언급하는 기독론을 소위 아담 기독론(Adam Christology)이라 일컫는다. 이렇게 아담과 그리스도를 연속성 혹은 불연속성의 관점에서 대비하는 대표적인 예들은 고린도전서 15장과 로마서 5장 후반부(5:12-21) 등이다.

앞에서도 언급하였지만, 히브리서에서 아담 기독론이 가장 두드러지는 부분이 2장인데, 여기서 인간을 노래한 시편 8편을 아담 기독론을 표현하는 데 가장 효과적으로 활용하고 있기 때문이다.31) 시편 8편 4-6절은 아담 기독론의 더 큰 영역, 즉 지상적 예수와 승귀된 예수 모두를 아우르는 기독론을 제시한다. 그러나 히브리서 기자는 첫 번째 사람 아담을 논의에 포함시키지 않고 있기 때문에 바울이 발전시킨 아담 기독론의 한 예라고 보기 힘든 점도 있다.32) 어찌 되었든 바울의 아담 기독론은 불연속성을 강조하였다면, 히브리서 기자의 아담 기독론은 연속성과 불연속성을 동시에 강조하는 아담 기독론을 제시한다고 볼 수 있다.

6. 로고스 기독론

"로고스"(λόγος, 말씀 혹은 이성) 기독론은 성육신 된 말씀을 예수 그리스도와 동일시하는 기독론을 말한다. 헬라어 로고스(λόγος)는 소크라테스 이전부터 시작하여 알렉산드리아의 필로에 이르기까지 긴 역사를 가지고 있는 말로, 구약성서 잠언 8장의 지혜개념이나 셈족어계에서 그 기원을 찾을 수도 있다.33) 요한복음에는 성육신의 개념을 설명하기 위하여 이 어휘를 하나님의 아들의 성육신 이전의 이름으로 사용하고 있다(요 1:1-3, 14).34) 요한복음 1장 1-3절이 창세기 1장 1절을 깊이 반영하고 있어서, Cullmann은 로고스가 헬레니즘 전통보다는 셈족어계의 전통에 더 잘 어울리는 하나님의 계시를 가리키는 단어로 보았고, 신약의 로고스 기독론은 예수의 일생을 모든 신적 계시의 중심으로 이해하는 것이며 또한 동시대 사상을 활용하되 혼합주의가 아닌 진정한 기독교 보편주의의 표현이라고 주장하였다.[35]

신약성서에서 로고스(λόγος)는 모두 330회 정도 나오는데, 주로 세 가지 정도로 사용되었다: (1) 복음-그리스도에 관한 메시지(살전 2:13; 골 3:16; 고전 1:18; 엡 1:13; 빌 2:16; 갈 6:6; 행 4:31); (2) 그리스도 안에서 계시된 하나님의 목적과 계획(골 1:25; 엡 6:19); (3) 하나님의 로고스로서의 그리스도-성육신 된 말씀(요 1:1-18; 요일 1:1-3; 계 19:11-13).[36] 히브리서에는 이 단어가 열두 번(2:2; 4:2; 12, 13; 5:11, 13; 6:1; 7:28; 12:19; 13:7, 17, 22) 나온다. 이중에서 4장 12절, 5장 13절, 6장 1절, 그리고 13장 7절 등은 초대교회 그리스도인들의 복음을 의미하는 것으로서 위에서 언급한 첫 번째의 경우가 분명하다. 다만 4장 12절은 13절과 연계하여 볼 때, 하나님의 말씀이 의인화되어 있으나 그리스도 자신을 의미하는 것은 아니다.

이렇게 볼 때, 히브리서에는 요한복음 1장 1-3절이나 14절, 요한일서 1장 1-3절, 그리고 요한계시록 19장 13절과 같이 로고스가 직접적으로 그리스도를 지칭하는 것으로 볼 수 있는 곳이 없다. 하지만, 의심할 여지없이 신약성서에서 가장 강력한 로고스 기독론을 표현하고 있을 뿐만 아니라 로고스 기독론과 하나님의 아들 기독론이 연합되어 있는 요한복음 1장 1-18절이 히브리서 서론(1:1-3)과 흡사한 점이 있다는 점 때문에 종종 토론의 주제가 되기도 한다.[37]

II. 히브리서 기독론의 성격(2): 독특한 성격

본 단락에서는 히브리서에서만 나오는 독특한 기독론을 어휘나 주제

별로 다루어 보았다. 신약의 그 어떤 책보다 더 많이 언급된 천사와 관련된 기독론과, 히브리서(2:10; 12:2)와 사도행전(3:15; 5:31)에만 나오며 예수를 지칭한 어휘 "아르케고스"(ἀρχηγός, 창시자 혹은 챔피언)의 개념과, 마지막으로 히브리서만의 독특한 기독론으로 알려진 대제사장 기독론을 다루었다.

1. 천사-영 기독론

후기 유대교에서 하나님의 초월성을 강조하면서 하나님과 창조세계 간의 중간적 존재에 대한 일련의 신앙이 생겨나기 시작하였는데, 그 대표적인 것들이 "지혜," "로고스"(말씀), "영," "천사" 등이었다. Dunn은 헬라적 유대교에서는 "지혜"와 "로고스"가 두드러진 중간적 존재였으나 "천사"와 "영"은 그렇지 못하였고, 전자의 두 개념처럼 후자의 두 개념도 어느 정도는 중첩되었다고 말한다.[38] 그리스도를 지혜 혹은 로고스 개념으로 파악한 소위 지혜 기독론과 로고스 기독론은 위에서 이미 살펴보았다. 우리의 관심사는 과연 신약성경에 특히 히브리서에 천사나 영을 그리스도에게 적용한 예, 즉 소위 천사 혹은 영 기독론이 존재하는가의 문제이다.

구약이나 기독교 이전의 유대교에서 하나님의 영은 하나님의 능력이나 임재를 뜻하는 것이었지, 영이 사람 안에 혹은 사람으로 성육신하였다는 개념은 없었다. 그러나 신약에서는 영이 하나님의 능력이나 임재의 뜻으로 사용되었을 뿐만 아니라 예수 그리스도의 부활과 함께 새로운 국면이 시작된다. 즉, 구약이나 기독교 이전과는 다른 영의 개념이 그리스도에게 적용되어, 이제 부활하신 그리스도와 영은 동일시되는 동시에(고전 15:45; 기록된 것처럼, 첫 사람 아담은 살아 있는 혼이 되었고, 마지막 아담은 생명 주는 영이 되었다: οὕτως καὶ γέγραπται, Ἐγένετο ὁ πρῶτος ἄνθρωπος Ἀδὰμ εἰς ψυχὴν ζῶσαν, ὁ ἔσχατος Ἀδὰμ εἰς πνεῦμα ζῳοποιοῦν, 고후 3:17; 이제 주는 영이시니, 주의 영이 계신 곳에는 자유가 있다: ὁ δὲ κύριος τὸ πνεῦμά ἐστιν· οὗ δὲ τὸ πνεῦμα κυρίου, ἐλευθερία) 또한 구별된다는 역설이 존재한다: 승귀되신 그리스도가 신자들에게는 생명 주는 영이 되고 하나님께는 첫 아들이 되셔서, 하나님과 사람 사이에서 그리스도는 아들도 되시고 영도 되신다.39)

우리의 관심사인 히브리서에는 영 혹은 성령으로 번역될 수 있는 헬라어 "프뉴마"(πνεῦμα)가 모두 열두 번 나온다. 이 중에서 바람(1:7; 바람들, πνεύματα), 영적인 존재(1:14, 부리는 영들—λειτουργικὰ πνεύματα; 12:9, 모든 영들의 아버지—πατὴρ τῶν πνευμάτων), 사람의 영(4:12, 혼과 영의 칸 막이까지, ἄχρι μερισμοῦ ψυχῆς καὶ πνεύματος; 12:23, 온전하게 된 의인들의 영들—πνεύμασι δικαίων τετελειωμένων) 등으로 사용된 예를 제외한다면, 일곱 군데에서 대부분 삼위 하나님의 제3격이신 성령 하나님을 지칭하는 데 사용되었으며 "성령"(πνεῦμα ἅγιον—2:4; 6:4; τὸ πνεῦμα τὸ ἅγιον—3:7; 9:8; 10:15), "은혜의 성령(영)"(τὸ πνεῦμα τῆς χάριτος— 10:29), 그리고 "영원한 영"(πνεῦμα αἰώνιον—9:14) 등으로 호칭되었다.

여기서 관사 없이 사용된 2장 4절과 6장 4절은 성령의 은사와 관련되어서 당시에는 구약에서 사용되던 하나님의 능력을 의미하는 것으로 이해되었을 텐데, 이는 히브리서가 기록될 때에는 성령에 관한 특별한 교리가 발전되어 보편적으로 받아들여지지 않았기 때문이다.40) 10장 29절의 "은혜의 영"(τὸ πνεῦμα τῆς χάριτος)도 하나님의 은혜로부터 흘러나오는 은사들을 주는 자로서의 성령을 가리킨다. 또한 하나님의 능력의 활동적인 대행자로서의 성령이 강조될 때 관사가 붙어 사용되었음을 염두에 둔다면, 관사가 붙여진 나머지 경우(3:7; 9:8; 10:15)도 동일하게 이해될 수 있다. 관사가 붙은 이 세 경우는 모두 도입부에서 강조되어 사용된 예로서 성경의 참 저자는 성령임을 암시한다. 아들 안에서 말씀하시는 하나님(1:2)을 염두에 둔다면, 이 세 경우에서는 하나님, 그리스도, 성령 모두를 동일시 할 수 있는 가능성도 조금 있을 것이다. 그리고 9장 14절의 "영원한 영"(πνεῦμα αἰωνίον)도 예수의 신적인 속성을 의미하는 것이 아니라, 예수가 대제사장직을 수행하도록 힘을 부여한 메시아적 능력으로 이해되어야 한다. 왜냐하면 히브리서에서는 어떤 곳에서도 예수의 영적인 속성과 인간적 속성을 대조하지 않고 오히려 인류의 한 구성원으로 죽으셨음을 강조하기 때문인데, 이는 대제사장의 특성이기도 하다.

구약이나 초대교회 이전의 유대교에서 천사는 주로 하늘의 군대(창 28:12; 왕상 22:19)와 "야웨(주)의 천사"(창 16:7-12; 출 3:2)로 사용되었는데, 후자는 인간에게 나타나서 말하는 존재로서 이를 선재하는 그리스도로 보는 이들도 있었다. 그러나 신약성서의 어디에도 예수가 성육신하기 이전에 주(야웨)의 천사로 선재하였다는 개념을 말하지 않는다.[41] 오히려 그리스도를 천사와 비교한 점에서는 히브리서가 신약의 어떤 책보다도 뛰어나다. 히브리서 기자는 1장과 2장에서 그리스도와 천사를 집중적으로 비교한다(1:4, 5, 6, 7x2, 13-14, 2:2, 5, 7, 9, 16). 또한 그는 천사들과 성도들과도 비교하고(2:16), 천상의 모습을 묘사하는 데도 천사들을 등장시키고(12:22, 구약에서 사용되었던 천군의 개념), 심지어 권면 부분에서 천사들을 대접한 사실에도 등장시킨다(13:2). 그러나 히브리서에서도 다른 신약의 책들과 마찬가지로 어디에서도 그리스도를 구약에 나타나는 주(야웨)의 천사로 호칭하지 않고, 예수를 천사와 구별하고 오히려 천사보다 뛰어남을 강조한다(특히 1-2장).

히브리서에서 예수의 지위는 천사들과 대조를 이루면서 강조되고(히 1:4-15), 또한 아들 예수를 통하여 주신 기독교의 가르침이 유대교의 율법보다 뛰어남을 강조한 2장 1-10절에서 이 강렬한 대조의 진정한 이유가 명시된다. 히브리서 기자가 이렇게 하나님의 아들 예수와 천사들을 대조하게 된 것은, 2장 2절에서도 언급하듯이 당대 유대교의 가르침에서 유대인의 율법이 천사의 중재로 모세에게 전달된 것으로 간주되었기 때문이었다(행 7:38, 53; 갈 3:19). 그러나 영원한 하나님의 아들(1:8-13)이신 예수와는 달리 천사들은 종속적인 존재들로서 단지 부리는 영(1:14; 2:16)이고 율법도 구속사에서 종속적인 역할만 지니고 있는 것이다.42) 하지만 멜기세덱을 천사장의 하나로 보아 천사로 분류한다면, 구약의 단 두 군데(창 14장과 시편 110편)에 나오는 멜기세덱과 그리스도를 비교한 부분은 불분명한 채로 남는다. 그러나 원모형(archetype)이 멜기세덱이 아니라 그리스도임을 감안한다면, 이 문제가 해결될 수 있다.43) 이에 대하여는 뒤의 대제사장 기독론 부분에서 논의할 것이다.

2. "아르케고스" 기독론: 챔피언 기독론

"우두머리"(head), "인도자"(leader), "영웅"(hero), "지배자"(ruler), "선구자"(pioneer), "챔피언"(champion) 등으로 다양하게 번역할 수 있는 헬라어 단어 "아르케고스"(ἀρχηγός)는 예수 그리스도를 지칭하면서 신약성서에서 단 네 번(행 3:15; 5:31; 히 2:10; 12:2) 밖에 나오지 않지만, 모두 다 높여지신 예수에 대한 기독론적 명칭으로 사용되었다. 개역성경에는 네 군데 모두 헬라어 "κυρίος"(주)와 동일하게 번역하였기 때문에 혼돈을 준다. 신약에서는 헬라세계와 구약(칠십인역) 등에서 사용된 의미를 살려 기독론적 칭호로 사용된 것 같다. 즉, "아르케고스"는 십자가 고난과 죽음을 통과하고 부활과 승천을 통하여 "높아지신 예수를 부활의 영광 안으로 하나님의 새 백성을 이끌어 들이는 종말론적 지도자로 묘사하는" 용어로 사용되었다.44) 사도행전의 두 구절(3:15; 5:31)은 모두 베드로의 설교인데, 3장 15절에서는 예수를 하나님께서 죽은 자 가운데서 살리신 예수는 "생명의 주"(τὸν ἀρχηγὸν τῆς ζωῆς), 즉 생명의 원천(source)이라기보다는 생명으로 이끄는 자(leader)로, 5장 31절에서는 예수를 하나님께서 (종말론적인) "인도자와 구원자"(ἀρχηγὸν καὶ σωτῆρα)로 언급하고 있다.

히브리서에서는 예수가 "그들의 구원의 아르케고스"(2:10하, τὸν ἀρχηγὸν τῆς σωτηρίας αὐτῶν)와 "믿음의 아르케고스와 완성자"(12:2상, τὸν τῆς πίστεως ἀρχηγὸν καὶ τελειωτὴν)라고 표현되어 있다. 2장 10절에서 예수는 십자가와 죽은 자로부터의 부활을 통하여 이제 많은 아들들을 하나님의 영광 안으로 인도함으로써 하나님의 구원의 약속들을 완성하였다고 묘사된다. 이는 시편 8편의 인용과 기독론적 해석인 히브리서 2장 5-9절과 이어지는 10-18절의 내용을 감안할 때 더 분명해진다. 즉, 예수는 인간의 대표자이며 동시에 인간을 위한 "구원의 길의 선구자(혹은 창시자) 및 챔피언"(τὸν ἀρχηγὸν τῆς σωτηρίας)인데, 그와 같은 자격으로 그는 죽음, 부활, 높임 받음을 통하여 그 과정을 완성하였다.[45] 또한 12장 2절의 공식, "믿음의 아르케고스와 완성자 예수"(12:2상, τὸν τῆς πίστεως ἀρχηγὸν καὶ τελειωτὴν Ἰησοῦν)에서도 예수는 하나님께 대한 믿음의 본을 지닌 첫 사람도 아니고 그의 죽으심으로 하나님의 사랑에 대한 믿음을 완성한 자도 아니라, 오히려 그를 믿는 믿음의 경주 가운데 있는 이들이 인내하도록 권면하기 위하여 마라톤(경주)과 같은 이 믿음의 인도자로서의 지상적 예수 및 높여지신 예수를 묘사하고 있는 것이다. 예수는 이 믿음의 경주(히 12:1)를 시작부터 끝까지 완주한 선구자요 영웅(히브리서 12장 1절과 11장에 묘사된 믿음의 영웅들은 이 영웅의 그림자들이었다고 볼 수 있다)이자 승리한 챔피언이며 그를 믿는 자들이 따라가야 하는 인도자인 것이다.

위에서 언급한 대로 누가의 사도행전과 히브리서 사이의 언어적 유사성들은 초대교회의 공동전승을 반영하는 것으로 보아야 하는데, 아마도 이방지역 교회의 초기 기독론에서 유래하여 고정된 공식을 반영하는 것이 아닌가 생각하게 해준다. 그러므로 우리는 히브리서에서 예수를 묘사하는 독특한 단어 "아르케고스"(ἀρχηγός) 조차도 누가가 사도행전에서 사용된 예들과 견주어 볼 때, 히브리서 기자도 초대교회 공통의 기독론적 전승의 주된 흐름에 같이 서있었다고 여길 수 있다.

3. 대제사장 기독론

대제사장(ἀρχιερεύς) 기독론은 신약성서의 다른 책에서 좀처럼 그 전형을 찾아볼 수 없는 히브리서만의 독특한 기독론이다. 신약성서에서 사용된 대사장(ἀρχιερεύς)이라는 어휘는 두 종류로 나뉜다. 복음서들과 사도행전에서는 모두 100번 이상 나오는데 한 번의 예외(막 2:26)를 빼고 모두 예수와 초대교회를 핍박한 것과 연관하여 사용되었고, 히브리서에서는 기독론적 명칭으로 사용되었다. 원래 대제사장은 기본적으로 유대교적 존재인데, 유대교에서 바라던 구속자는 처음엔 대제사장의 특성을 지닌 것으로 나타나지 않지만, 정치적인 메시아와 대제사장간의 연결고리가 있었음은 추적할 수 있다.[46] 그 흔적은 창세기 14장과 시편 110편 4절에 나오는 신비한 왕-대제사장 멜기세덱에서 찾을 수 있다. 창세기 14장 17-21절에 나오는 아브라함이 아람 왕과 그 연합군으로부터 조카 롯을 구하여 돌아올 때에 살렘 왕이자 하나님의 제사장인 멜기세덱이 아브라함을 축복하고 아브라함은 그에게 십분의 일을 드렸다는 이야기와 왕의 대관시로 간주되는 시편 110편의 4절에서 즉위하는 왕이 "멜기세덱의 반차를 따라 영원한 대제사장이 되라"는 선언문에서 왕과 대제사장이 연결되어 있는 흔적이 엿보인다. 그러나 나머지 구약에서는 멜기세덱에 대한 언급이 더 이상 나오지 않는다. 신약에서도 여전히 침묵하다가 이 두 구절(창 14:17-21; 시 110:4)이 언급되고 해석된 히브리서에서 예수 그리스도의 대제사장직을 언급할 때 우리는 이 신비에 쌓인 인물 멜기세덱을 다시 만나게 된다.

히브리서 저자는 신앙고백(3:1; 4:14; 10:19 이하) 혹은 더 넓게는 초대교회 예배전승을 취하여 교회가 고백하는 하나님의 아들을 대제사장으로 해석하는데, 시편 110편 그리고 창세기 14장에 나오는 멜기세덱 및 하늘의 메시아적 대제사장에 대한 유대교의 개념들을 가지고 예수에게 적용하고 있다.[47] 히브리서는 멜기세덱을 모형론적으로 해석하여 예수에게 적용시키며, 전체적으로 예수의 대제사장직을 그의 인성, 높아지심, 종말론적 완성 등에 초점을 맞추고 있다. 히브리서 기자는 유대교와 초대교회 전승을 대비하면서 이러한 해석학적 범위를 지상적 예수와 십자가에 달린 예수에게도 적용하고 있다. 그는 레위 지파의 대제사장직이 가진 문제점을 지적하고(히 7:13-17), 멜기세덱의 반차라는 어구를 동원하여(5:10; 6:20; 7:11, 15, 17) 모형론적으로 영원하고 참된 대제사장의 합법성을 분명히 한다. 예수는 구약의 대제사장직의 불완전함을 뛰어넘어 자기 자신을 단번에 드리심으로 구약의 대제사장직을 대신하셨다. 히브리서에서 예수의 대제사장직에 대한 첫 언급은 2장 17절에서 찾을 수 있고 그 암시는 이미 서두(1:3하)에서 나타나지만, 소위 대제사장 기독론이 본격적으로 전개되는 곳은 히브리서의 중심부분으로 여겨지는 7-10장이다.

인류구속을 위한 예수의 대제사장직은 다음과 같이 네 단계로 수행되었다고 히브리서는 말한다:[48] (1) 예수는 일면으로 인성을 지니시고(2:17 이하; 4:15) 온전한 순종과 죄 없으심으로(4:15; 5:5-10; 7:26-28) 인간의 고통에 동참하시며(2:17; 4:15; 5:1 이하) 하나님께는 충성하셨고, 다른 면으로 인간과 하나님 사이의 중재자가 되셔서 대제사장이 되신다(2:17; 5:5; 6:20; 7:16, 21 이하); (2) 예수의 생명(7:27; 10:10) 혹은 그의 피(9:11 이하;

10:19)를 속죄일(성금요일)에 하늘의 지성소에서(6:20; 8:1-3; 10:19 이하) 대속물로 주신 것이 결정적으로 중요한데, 이 희생제물이 죄 사함과 영원한 구속, 그리고 죄의식으로부터 정결함(9:11-15; 10:22)을 가져왔다. 이것이 예수의 대제사장 되심은 구약의 제사의식과 완전히 다르며 모형론적으로 우월한 것임을 보여준다; (3) 승천하신 예수는 선구자(ἀρχηγός) 혹은 선두주자(πρόδρομος)로서 자기를 따르는 자들이 하나님께 가는 길을 여신다(2:10; 4:14-16; 5:9; 6:20; 7:19; 10:19-21; 12:2); (4) 지금은 핍박받는 교회를 위하여 높아지신 예수는 하늘의 대제사장으로서(7:26; 8:1; 10:21) 하나님 앞에 더 좋은 언약의 보증자(7:22)와 중보기도자(7:25; 9:24), 그리고 중재자(8:6)로 영원히 계신다.

히브리서 이외에 신약성서에서 대제사장 기독론의 흔적은 요한문헌에서 약간 찾을 수는 있다. 계시록의 일곱 교회 묘사부분(2-3장), 요한복음의 제사장 기도(17장)와 고별강화 등에서 발견된다.[49] 그러나 기본적인 개념에서는 공통적이지만, 히브리서 이외의 논의들이 히브리서의 대제사장 기독론만큼 종합적이며 본격적이지 못한 것은 자명하다.

III. 히브리서 기독론의 목적

히브리서 기독론의 목적을 알기 위하여 우리는 적어도 세 가지 사항을 먼저 참고해야 한다. 첫째, 히브리서는 설교문이지만 서신의 형태로 보내졌기 때문에 신약성서의 서신의 일반적 특성을 참작해 보아야 한다는 점이다. 많은 이들이 지적하듯이 신약성서의 어떤 책도 조직신학적인 틀을 만족시켜주기 위한 목적으로 기록된 신학적 논문이 아니라 각 교회나 혹은 개인의 필요에 맞춰진 상황문서(occasional document)이기 때문이다.[50] 그래서 각 서신에 나타나는 어떤 신학적인 주제도 이러한 서신적 특성을 고려하여 추적해 보아야 하고, 히브리서 기자가 기독론을 전개해 나가는 것도 히브리서 독자들의 삶의 정황과 무관하지 않다는 점을 기억해야 할 것이다. 둘째, 서두에서 언급한 대로 히브리서는 서신적 말미를 가지고 있지만 설교문에 가깝고, 바울서신처럼 교리부분(doctrine 혹은 indicative section)과 윤리적 권고부분(practical exhortation 혹은 imperative section)으로 양별되는 것이 아니라 성서해석(exposition)과 권면 혹은 경고(exhortation 혹은 warning)가 지속적으로 반복되는 구조를 가지고 있으며, 이러한 권면과 경고 그리고 설득을 위하여 정교하게 준비된 수사학적 측면을 감안해야 한다.[51] 셋째, 본고의 바로 앞 단락에서 지금까지 논의한 히브리서 기독론의 특성을 종합해 보는 일이 필요하다. 본고에서는 이미 히브리서 수신자의 상황, 장르와 구조, 논지전개와 기독론의 특성을 차례로 알아보았다.

히브리서 기독론의 특성은 한 마디로 당대의 기독론적 전승 위에서 하나님의 아들, 인자 기독론의 절묘한 조화 위에 발전시킨 대제사장 기독론이 논증의 기조를 이루고 있다. 신약의 다른 책에서도 발견되는 여섯 가지 칭호를 중심으로 살펴본 히브리서 기독론의 일반적인 특성 중에서는 하나님의 아들 기독론이 가장 강하게 두드러지는 가운데 인자 기독론과 정교한 조화를 이루고 있다. 그 외의 메시아, 아담 기독론이 신약의 여타 기독론과 약간의 차이가 있고, 지혜, 로고스 기독론은 당대의 기독론 전통 위에 같이 서있다. 천사/영, 챔피언 그리고 대제사장 기독론으로 나누어서 살펴본 히브리서 기독론의 독특한 특성은, 한마디로 신약의 어느 책에서도 없는 대제사장 기독론이 히브리서 서론에서 시작하여 히브리서 전반에서 논리전개의 기반을 이루고 있음을 보게 된다. 천사-영 기독론은 찾아볼 수 없고, 히브리서에만 있는 독특한 아르케고스 기독론도 누가문서와 공통된 전승에 서서 히브리서 논리전개의 목적으로 활용되고 있다.

그러므로 히브리서 기독론은 수신자들의 삶의 정황에 맞추어 예수의 인격과 사역을 해석하는 기독론을 보여줌으로써 서신 전반에 흐르는 목회적 관심과 어우러진 권면을 위한 기반이 되고 있다. 히브리서 기독론의 목적은 한마디로 위기에 처한 독자들이 바르게 돌이키도록 권면하기 위한 목양의 목적으로, 당대의 기독론적 전통 위에서 주제를 선택적으로 강조하고, 청자들의 언어와 종교적 배경을 포함한 문화에 민감하며, 기독론을 제시하되 그들의 삶의 정황에 맞는 목회적 반응으로 그들의 신앙고백을 상기시키되, 그리스도를 그들의 옹호자요 챔피언이며 대제사장으로 제시한다.[52]

IV. 결론적 제안

히브리서에 나타난 기독론의 성격과 목적에 대한 본 논고에서, 혼돈의 21세기를 살며 신학하는 이들과 목회자들을 위하여 다름과 같은 결론적인 제안을 할 수 있을 것이다. 첫째는 우리의 어떤 권면이나 설교에도 그리스도가 그 중심에 있어야 한다는 것이다. 히브리서 신학의 중심에는 그리스도가 있다. 히브리서는 가장 심각한 위기의 상황에도 어제나 오늘이나 영원토록 동일하신 그리스도를 제시하고 처음 고백을 견지하도록 하고 있다. 둘째는 그리스도를 제시하되 청자나 독자의 삶의 정황에 맞춰지고 그들의 언어로 설명된 기독론이 제시되어야 한다는 것이다. 히브리서 기자는 이미 공통으로 형성된 기독론적 주제들을 사용할 뿐만 아니라 독특한 기독론을 발전시키고 있다. 그것은 대제사장 기독론과 "아르케고스"(ἀρχηγός) 기독론에서 발견되고, 하나님의 아들 기독론을 강조하고 인자 기독론과 조화를 이루는 모습에서 발견된다. 셋째로, 성경해석과 설교 및 권면은 성도들의 신앙의 고양을 목적으로 이루어져야 한다는 것이다. 히브리서 기자의 구약인용은 그리스도에게 철저히 맞추어져 있고, 그 연장선상에 자신의 청자들의 신앙고양을 목표로 하고 있다.

주(註)

1) Millard J. Erickson, "Evangelical Christology and Soteriology Today," *Interpretation*, 49 (1995. 7), 255-67; 기독론에 대한 다양한 진영에서의 최근의 논의의 예로는 Marvin Meyer and Charles Hughes, eds., *Jesus Then and Now: Images of Jesus in History and Christology* (Harrisburg: Trinity Press, 2001); Hans Schwarz, *Christology* (Grand Rapids: Eerdmans, 1998); Susan Brooks Thistlethwaite, "Christology and Postmodernism," *Interpretation*, 49 (1995, 7), 267-81; Jürgen Moltmann, "The Way of Jesus Christ: Christology in Messianic Dimensions," *Interpretation*, 46 (1992. 10), 407-9; Daniel L. Migliore, "Doctrinal and Contextual Tasks of Christology Today," *Interpretation*, 49 (1995. 7), 242-54 등을 참조바람.
2) 히브리서의 개론적 사항들에 관하여는 William L. Lane, *Hebrews 1-8*, WBC (Waco: Word Incorporated, 1991), xlvii-clvii; Harold W. Attridge, *A Commentary on the Epistle to the Hebrews*, Hermeneia (Philadelphia: Fortress Press, 1972), 1-32; 장동수 외 12인, 「신약성서개론: 한국인을 위한 최신연구」 (서울: 대한기독교서회, 2002) 등을 참조바람.
3) James D. G. Dunn, *Christology in the Making* (Grand Rapids: Eerdmans, 1996), vii-viii.
4) James D. G. Dunn, "Christology(NT)," *ABD*, vol. 1: 982-5.
5) Oscar Cullmann, *The Christology of the New Testament* (London: SCM Press, 1983), vii-ix.
6) Reginard H. Fuller, *The Foundations of New Testament Christology* (New York: Charles Scribner's Sons, 1965), 7-10.
7) Buckwalter 같은 이는 누가(누가복음과 사도행전)의 기독론의 성격과 목적을 추적하여 보는 도구로 마가복음의 기독론을 그 창문으로 삼고 있다: H. Douglas Buckwalter, *The Character and Purpose of Luke's Christology* (New York: Cambridge University Press, 1996).
8) 예를 들면, Robert A. Krieg, *Story-Shaped Christology* (New York: Paulist Press, 1988) 같은 시도이다.
9) Leonhard Goppelt, *Theology of the New Testament*, vol. 2, The Variety and Unity of the Apostolic Witness to Christ. trans. John E. Alsup (Grand Rapids: Eerdmans, 1982), 247-8.
10) 그 외에 히브리서에서 주(κυρίος)가 사용된 곳은 7:21; 8:2, 8, 9, 10, 11; 10:16, 30; 12:5, 6, 14, 13:6, 10 등이다.

11) Dunn, "Christology(NT)," 985.
12) Harold W. Attridge, "Hebrews, Epistle to the," *ABD*, vol. 3: 100-102.
13) Lane, *Hebrews 1-8*, cxxxv-cxliv.
14) G. E. Ladd, 「신약신학」, 신성종-이한수 역, 개정증보판 (서울: 대한기독교서회, 2001), 195-200.
15) Cullmann, 304-5.
16) Frank J. Matera, *New Testament Christology* (Louisville: Westminster/John Knox Press, 1999), 187-8.
17) 장동수, 「신약성서 헬라어 문법: 어형론과 문장론」 (서울: 요단, 1999), 271; 이 문제에 대한 본격적인 논의는 Murray J. Harris, *Jesus as God: The New Testament Use of Theos in Reference to Jesus* (Grand Rapids: Baker, 1992), 205-27을 참고바람.
18) Cullmann, 314.
19) 히브리서의 대표경고구절에 나타나는 하나님의 아들 기독론에 대한 논의는 Victor Rhee, "Christology and the Concept of Faith in Hebrews 5:11-6:20," *Journal of the Evangelical Theology Society* 43 (March 2000), 83-96를 참고바람.
20) Ladd, 179-93; 인자의 배경에 관하여는, I. Howard Marshall, *The Origins of New Testament Christology* (Downers Grove: IVP, 1990), 63-79; Ben Witherington, III, *The Christology of Jesus* (Minneapolis: Fortress Press, 1990), 233-62 등을 참조바람.
21) Lane, *Hebrews 1-8*, 43-50; F. F. Bruce, *The Epistle to the Hebrews*. NICNT, rev. ed. (Grand Rapids: Eerdmans, 1990), 69-77; Donald A. Hagner, *Hebrews*. NIBC (Peabody: Hendrickson, 1990), 44-7; Ellingworth, Paul. *Commentary on Hebrews*. NIGTC (Grand Rapids: Eerdmans, 1993), 143-57; Attridge, *Hebrews*, 69-77; Donald Guthrie, *Hebrews*. TNTC (Leicester: Inter-Varsity Press, 1983), 83-7.
22) 류호준, 「히브리서: 우리와 같은 그분이 있기에」 (서울: 크리스챤다이제스트, 1998), 87.
23) Ibid., 88.
24) Cullmann, 117-33.
25) Ibid., 135-6.
26) 이 용어와 그 동족어는 신약에서 눅 2:7; 롬 8:29; 골 1:15, 18; 계 1:5; 히 12:23; 11:28(이상 "장자"); 12:26(장자권) 등에서 사용되었는데, 특히 히브리서에서 불균형적으로 많이 사용되었음을 알 수 있다.
27) Barnabas Lindars, 「히브리서의 신학」, 장동수 역 (서울: 한들, 2001), 63-66.
28) Petr Pokorny, *The Genesis of Christology: Foundations for a Theology of the New Testament*, trans. Marcus Lefebure (Edinburgh: T & T Clark, 1987),

74-109.

29) Dunn, *Christology*, 163-212; Martin Hengel, *Studies in Early Christology* (Edinburgh: T & T Clark, 1995), 104-17.

30) C. K. Barrett, "The Christology of Hebrews," in Mark Allan Powell and David R. Bauer, eds., *Who Do You Say That I Am: Essays on Christology* (Louisville: Westminster John Knox Press, 1999), 114-5; Dunn, *Christology*, 209; Hengel, 372-9.

31) Dunn, *Christology*, 109.

32) Lindars, 「히브리서의 신학」, 69.

33) Bernard L. Ramm, 「복음주의 기독론」, 홍성훈 역 (서울: 소망사, 1995), 173-4.

34) Ladd, 323-8.

35) Cullmann, 268-9.

36) Dunn, *Christology*, 230-47.

37) Richard. Sturch, *The Word and the Christ* (Oxford: Clarendon Press, 1991); Cullmann, 261, 267-8; Dunn, *Christology*, 237; Hengel, 372-9.

38) Dunn, *Christology*, 129-62, 특히 129-31; 천사론과 기독론에 관한 또 다른 논의는 Newman, Paul W. *A Spirit Christology* (Lanham: Univ. Press of America, 1987); J. Daryl. Charles, "The Angels, Sonship and Birthright in the Letter to the Hebrews," *Journal of the Evangelical Theology Society*, 33 (June 1990), 171-8 등을 참조바람.

39) 이렇게 안정되지 못한 상태의 역동성을 발견할 수 있는 승귀되신 그리스도의 중간기적 역할은 기독교가 삼위일체 개념을 찾아가는 중요한 요소를 제공하게 된다; Dunn, *Christology*, 149.

40) Lindars, 「히브리서의 신학」, 89-90.

41) Dunn, *Christology*, 149-58.

42) Lindars, 「히브리서의 신학」, 66-7.

43) Dunn, *Christology*, 153-4.

44) P. G. Müller, "ἀρχηγός," *EDNT*, vol. 1: 163.

45) Lindars, 「히브리서의 신학」, 70; 히브리서 12장 2절과 함께 이에 대한 더 자세한 논의는 Lane, *Hebrews 1-8*, 55-7; William L. Lane, *Hebrews 9-13*, WBC (Waco: Word Incorporated, 1991), 411; Ernst Käsemann, *The Wandering People of God: An Investigation of the Letter to the Hebrews* (Augsburg: Minneapolis, 1984), 128-31; Attridge, *Hebrews*, 87-8; N. Clayton Croy, "A Note on Hebrews 12:2," *Journal of Biblical Literature*, 114 (1995, Spring), 117-9 등을 보라.

46) Cullmann, *Christology*, 83; Attridge, *Hebrews*, 97-103.

47) U. Kellermann, "ἀρχιερεύς," *EDNT*, vol. 1: 164-5.
48) Kellermann, 165; Matera, 193-200; Attridge, *Hebrews*, 146-7; Geerhardus Vos, 「히브리서의 교훈」, 김성수 역 (서울: 도서출판 엠마오, 1984), 93-120; James D. G. Dunn and James P. Mackey, *New Testament Theology in Dialogue: Christology and Ministry* (Philadelphia: The Westminster Press, 1987), 122-9; Marinus De Jonge, *Christology in Context* (Philadelphia: Westminster Press, 1988), 131-3.
49) 이에 대한 더 자세한 논의는 Cullmann, *Christology*, 104-7를 보라.
50) Gordon D. Fee and Douglas Stuart, 「성경을 어떻게 읽을 것인가」, 오광만 역 (서울: 한국성서유니온 선교회, 2001), 79-80.
51) 히브리서의 장르와 구조적 특성에 대하여는 장동수 외 12인, 476-9과 특히 히브리서의 구조나 수사학에 관하여는, George H. Guthrie, *Structure of Hebrews* (Grand Rapids: Baker, 1998); Craig R. Koester, "Hebrews, Rhetoric, and the Future of Humanity," *The Catholic Biblical Quarterly* 64 (January 2002): 103-23; Banabars Lindars, "The Rhetorical Structure of Hebrews," *New Testament Studies*, 35 (1989): 382-406 등을 참조바람.
52) Lane, *Hebrews 1-8*, cxliii-cxliv; Attridge, "Hebrews, Epistle to the," 100-2; Grant R. Osborne, "The Christ of Hebrews and Other Religions," *Journal of the Evangelical Theology Society* 46 (June 2003), 249-67; Koester, 123; P. M. Casey, *From Jewish Prophet to Gentile God* (Cambridge: James Clarke & Co., 1991), 143-6; De Jonge, 133.

제12장
히브리서 11장 11절 연구*
(An Investigation on the Hebrews 11:11)

서 론

  흔히 믿음 장으로 알려진 히브리서 11장은 히브리서 10장 말미에 인용된 유명한 구절 하박국서 2장 4절("의인은 믿음으로 말미암아 살리라")에 대한 강해의 기능을 한다.[1] 믿음의 정의에 이어서(1-2절) 구약 시대의 믿음의 영웅들에 대한 묘사로 가득한 이 장은 아벨(4절), 에녹(5-6절), 노아(7절)에 이어서 가장 긴 분량을 차지하는 아브라함의 이야기(8-20절)로 연결된다. 이 중에서도 특별히 8-12절과 17-20절은 아브라함이 주어로 등장하는 독립된 문단을 구성한다. 그런데 11절에서는 갑자기 아브라함의 아내 사라가 주어로 등장하여 문장구조가 어색하고 불분명하게 되어 독자들을 혼란스럽게 한다.

  이는 히브리서 11장 11절에 나오는 헬라어 구절, δύναμιν εἰς καταβολὴν σπέρματος ἔλαβεν을 남성에게 해당하는 표현('씨를 뿌릴 수 있는 능력을 얻었다')으로 보느냐 혹은 여성에 대한 표현('잉태할 수 있는 힘을 얻었

---

* 출처:「복음과 실천」51(2013, 봄): 35-50.

다')으로 보느냐에 따라서 파생된 문제이다. 대표적인 영어 성경의 번역들, 즉 "Through faith also Sarah herself received strength to conceive seed, and was delivered of a child when she was past age, because she judged him faithful who had promised."(King James Version)와 "By faith Abraham, even though he was past age-- and Sarah herself was barren-- was enabled to become a father because he considered him faithful who had made the promise."(New International Version)만 살펴보아도, 이 구절의 주어가 완전히 달라지는 현상을 감지할 수 있다.[2] 그래서 이 구절은 번역과 해석의 기로(crux interpretum)에 서있어서, 현대 해석자들의 입에서 이 구절은 히브리서 자체가 그러하듯이 수수께끼(enigma) 구절이며 심지어 "지고 가기에는 너무 무거운 십자가"(a cross too heavy to bear)[3]라는 말까지 나오게 되었다. 오랫동안 이를 해결해 보려는 여러 시도들이 있었지만 필자는 이 문제가 사본학적인 접근으로 가장 잘 해결될 수 있다고 보기 때문에, 본고에서는 이 문제의 발생 원인을 알기 위하여 이 구절에 대한 번역과 해석학적인 역사를 살펴보고 히브리서 11장 11절의 올바른 번역과 해석에 대한 대안을 제시하고자 한다.

I. 두 갈래로 대별되는 번역과 해석의 현황

두 번째 각주에서 잠깐 언급한 표준새번역의 각주를 제외한다면, 히브리서 11장 11절(대표적인 비평본인 United Bible Societies의 4판 원문: Πίστει καὶ αὐτὴ Σάρρα στεῖρα δύναμιν εἰς καταβολὴν σπέρματος ἔλαβεν καὶ παρὰ καιρὸν ἡλικίας, ἐπεὶ πιστὸν ἡγήσατο τὸν ἐπαγγειλάμενον)에 대한 주요 한글 번역 성경들은 뚜렷한 차이를 보이지 않고 거의 일관되게 사라를 주어로 하고 있다.[4] 그러나 외국 번역 성경의 대표적인 예인 영어 번역본들의 상황은 전혀 다른 그림을 우리에게 보여준다. 영어 번역은 극명하게 다음에 설명하는 두 갈래로 나누어진다.

첫째는, 서론에서 언급한 King James Version의 번역("믿음으로 <u>사라 자신도 잉태하는 힘</u>[strength to conceive seed]을 얻어서 <u>그녀</u>가 나이가 지나서 아이를 낳았는데, 이는 약속하신 분이 신실하다고 <u>그녀</u>가 생각하였기 때문이다.")의 입장에 서 있는 번역들이다. King James Version의 약점들을 보완하기 위하여 번역된 Revised Standard Version과[5] New American Standard Bible도 이를 따르고,[6] 흥미롭게도 New Jerusalem Bible도 이 입장에 서 있다.[7] Vulgate도[8] 그랬었고 Luther도[9] 마찬가지이다.

둘째는, 역시 서론에 언급한 New International Version의 번역("믿음으로 <u>아브라함</u>은 비록 <u>그</u>가 나이가 많고 사라 역시 단산하였을지라도, <u>아버지가 될</u>[become a father] 수 있었다. 이는 <u>그</u>가 약속하신 분은 신실하다고 생각하였기 때문이다.")에 서 있는 번역들이다. Revised Standard Version과는 달리 New Revised Standard Version은 이 두 번째 번역 입장에 서있다.[10] Jewish Bible이 이 입장에 서있음에 주목해야 한다.[11] New English Translation도 이 두 번째 번역 입장에 서있다.[12] 히브리서 11장 8-12절을 한 문단으로 분명하게 묶어놓은 New American Bible은 8절에서 아브라함(Abraham)으로 시작하여 다음 절들에도 줄곧 대명사(he)를 사용하여 번역하고 있으며, 11절의 주어도 역시 아브라함임을 분명히 하고 있다.[13]

현대 그리스어 번역들에도 이와 흡사한 현상이 나타난다. Modern Greek Bible의 히브리서 11장 11절은 "Διὰ πίστεως καὶ <u>αὐτὴ ἡ Σάρρα</u> ἔλαβε <u>δύναμιν εἰς τὸ νὰ συλλάβῃ σπέρμα</u> καὶ παρὰ καιρὸν ἡλικίας ἐγέννησεν, ἐπειδὴ ἐστοχάσθη πιστὸν τὸν ὑποσχεθέντα"로서 위에서 언급한 첫 번째 경우처럼 사라를 문장의 주어로 받아들인다. 그러나 원문의 δύναμιν εἰς καταβολὴν σπέρματος를 δύναμιν εἰς τὸ να συλλάβη σπέρμα로 바꾸면서 καταβολὴν 대신에 συλλάβη를 사용하여 여성의 역할을 강조한다. 반면 1989년판 Today's Greek Version은 "Με την πίστη του Αβραάμ απέκτησε ακόμα και η Σάρρα την ικανότητα να δεχτεί το σπέρμα και να γεννήσει παρά τη μεγάλη ηλικία της, επειδή ο Αβραάμ θεώρησε αξιόπιστο το Θεό, που του το υποσχέθηκε"로서 위에서 언급한 두 번째 경우와 같이 아브라함이 주어로 되어 있다.

이렇게 주어의 채택에 따라 주요 번역본들에 나타나는 차이로 인해 이 구절에 대한 주석가들의 견해도 양분되어 왔다. 그런데 번역본들의 상황은 양 편의 입장이 팽팽하게 균등한 면모를 보여주는 반면 주석가들의 입장은 한쪽으로 쏠려 있는 모습이다. 대부분의 명망 있는 히브리서의 주석가들은 히브리서 11장 11절을 심도 있게 다루면서 아브라함이 이 구절의 주어가 되어야 한다고 주장하고 있다. 우선 Hermeneia 시리즈의 주석을 집필한 Harold Attrige는 히브리서 11장 11절의 본문이 사본전승단계에서 손상되었을 가능성을 지적하면서 자신의 번역을 제시하는데,[14] στεῖρα δύναμιν εἰς καταβολὴν σπέρματος ἔλαβεν는 남성에게 해당되는 표현임을 강조하면서 "그는 씨를 뿌릴 수 있는 능력을 받았다"(he received the capacity of sowing seed)라고 번역하고 καὶ αὐτὴ Σάρρα는 동반의 여격("사라의 참여와 함께[with Sarah's involvement]") 정도로 보아야 한다고 논의한다.[15] 이 구절을 별도의 논문에서도 다루었던[16] F. F. Bruce도 그의 주석에서 해당 부분을 길게 상론하면서 사라가 아니라 아브라함이 이 구절의 주어가 되어야 한다고 주장한다.[17] 그는 구약 본문(창 18:12 이하)을 볼 때 사라가 믿음의 본이 될 수 없으며 사본적인 증거들과 함께 δύναμιν εἰς καταβολὴν σπέρματος이 남자에게 해당하는 표현임을 주장한다. 이어서 바로 다음 구절(12절)의 주어가 남성임을 지적하면서 이 구절의 번역까지도 구체적으로 제시한다.[18]

독일의 주석학자 Otto Michel도 이 구절(δύναμιν εἰς καταβολὴν σπέρματος)이 남성에 대한 표현임을 보여주는 헬레니즘의 용례들과 주석사를 요약하고 "ἡλικίας는 본래 연령을 뜻했으나 이 구절에서는 남성으로서 능력을 발휘하는 기간을 뜻한다"(마카베오하 5:24)는 의미이므로 히브리서 11장 11절의 주어는 사라가 아니라 아브라함이 되어야 함을 강변한다.[19] Buchanan의 The Anchor Bible 주석 시리즈 히브리서(1972년)를 대신하는 주석(2001년)을 쓴 Craig R. Koester는, 이 구절에 대한 번역본과 주석학자들의 견해를 일목요연하게 정리하면서 δύναμιν εἰς καταβολὴν σπέρματος이 남성에 대한 표현임을 주장하고 καὶ αὐτὴ Σάρρα를 여격으로 처리할 수 있음을 제시하면서 아브라함이 이 구절의 주어가 되어야 한다고 주석하고 있다.[20] 특별히 이문에 대하여 상세히 논의한 William Lane을[21] 위시하여 Ellingworth,[22] de Silva[23] 등과 같은 다른 유수한 주석가들도 동일한 입장에 서있다.

하지만 최근(2006년)에 히브리서 주석을 낸 Luke Timothy Johnson은 위에서 언급된 주석가들의 주장을 열거한 후에 다음에 논의할 사본학자 Harold Greenlee의 주장과[24] Irwin과 van de Horst의 논문들에[25] 근거하여 사라가 히브리서 11장 11절의 주어가 될 수 있다고 논의한다.[26] 하지만 그렇게 설득력이 있어 보이지 않는다. 우선은 그 역시 사본학자인 Greenlee의 견해가 본고의 다음 단락에서 다루어지는 다른 사본학자들의 견해를 설득력 있게 반영하거나 논박하지 못하고 있기 때문이다. Irwin과 van de Horst는 공통적으로 발생학적인(embryological) 접근으로 이 구절을 보고자 하였는데, Irwin은 16세기의 일부 신학자들의 기독론적 추론에 자신의 논문의 출발을 두고 있고,[27] van Der Horst는 Irwin의 논지를 이어받아 고대 그리스 사회와 히브리 세계의 발생학적인 논거들을 들어 여성에게도 씨를 창설할 수 있는 능력이 있다고 주장한다. 하지만 이 두 사람의 견해는 여성주의적인 접근으로 이 구절을 보고 있는 Eileen Vennum과[28] 같은 여타의 신학적 읽기에서와 마찬가지로 다음에 지적하는 적어도 두 가지의 핵심적인 맹점을 지닌 관점이다.

이러한 주장들의 첫 번째 맹점은, 고대사회에서 δύναμιν εἰς καταβολὴν σπέρματος라는 어구는 여성에 해당하는 표현이 아니라 남성에 해당하는 표현이라는 점을 무시하는 데 있다.[29] 이 표현이 여성이 아니라 남성의 역할이라는 점을 알 수 있는 용례들이 동시대 문헌들에 충분히 나오고 있다.[30] 또한 σπέρμα는 오늘날 남성이 생산하는 정자(sperm)의 어원일 뿐만 아니라 식물의 씨 혹은 사람들의 자손을 말하는 이외에 사용된 용례가 없다.[31] 이들은 σπέρμα와 함께 사용된 καταβολή라는 어휘의 뜻을 다른 신약의 용례들에 비교하여("창세[세상의 창조]": καταβολῆς κόσμου, 요 17:24; 마 13:35; 엡 1:4; 벧전 1:20 등) "창설" 혹은 "설립"으로 해석하여 사라가 후손을 창설할 힘을 얻었다고 논하면서[32] 여성에게 해당할 수 있다는 논지를 펴지만 이 또한 당대의 용례에 맞지 않다. 굳이 여성을 주어로 한다면, 당대의 수사학의 대가이며 정확한 어휘를 구사하는 히브리서 저자는 καταβολὴν σπέρματος(씨를 뿌림, 수정)가 아니라 ὑποδοχὴν σπέρματος(씨를 받음)이라는 표현을 썼을 것이다.

이런 견해들의 두 번째 맹점은, 히브리서 11장 11절의 주어를 사라(여성)로 한다면 뒤따라오는 12절의 내용과 동어반복이 될 뿐만 아니라 문법적으로 남성형인 12절의 첫 어구 διὸ καὶ ἀφ' ἑνὸς ἐγεννήθησαν, καὶ ταῦτα νενεκρωμένου("그러므로 죽은 자와 같은 한 남자로부터 이들이 생육하였다")와의 연결에 대하여 전혀 설명할 수가 없다는 점이다.

그렇다면 히브리서 11장 11절의 올바른 번역과 해석은 무엇이란 말인가? 그 해결 방안은 이미 언급한 주석학자들이 많이 지적한 대로, 본고의 다음 단락에서 논의하는 사본학적인 측면에서 찾을 수 있다.

II. 사본학적인[33] 대안

지금까지의 논의에서 사본학적인 대안으로 그 돌파구를 찾으려 하는 이유는 논란이 되는 어구(δύναμιν εἰς καταβολὴν σπέρματος)를 중심으로 히브리서 11장 11절의 이문들이 발생하였기 때문이다. 이는 이 본문이 사본으로 전달되는 초기부터 해석상의 난제를 포함하고 있었다는 것을 반증한다. 이 구절에서 이문단위는 대략 세 개 정도인데,[34] 모든 이문 단위가 논란이 되는 어구와 연관이 있다. 논의의 편의를 위하여 연합성서공회(United Bible Societies)에서 출판된 비평본(UBS 4판)의 히브리서 11장 11절의 전문과 함께 가장 핵심적인 첫 번째 이문단위의 이문들을 정리해보면 다음과 같다:

Πίστει καὶ αὐτὴ Σάρρα στεῖρα δύναμιν εἰς καταβολὴν σπέρματος ἔλαβεν καὶ παρὰ καιρὸν ἡλικίας, ἐπεὶ πιστὸν ἡγήσατο τὸν ἐπαγγειλάμενον

이 이문 단위에 나오는 이문들은 무려 다섯 종류나 된다:

(1) πίστει καὶ αὐτὴ Σάρρα στεῖρα δύναμιν : P^{46} D* ψ geo slav
(2) πίστει καὶ αὐτὴ Σάρρα ἡ στεῖρα δύναμιν : D^1 소문자사본/번역본
(3) πίστει Σάρρα ἡ στεῖρα καὶ αὐτὴ δύναμιν : 0150
(4) πίστει καὶ αὐτὴ Σάρρα στεῖρα οὖσα δύναμιν : P 075 소문자사본/번역본
(5) πίστει καὶ αὐτὴ Σάρρα δύναμιν : P^{13vid} ℵ A D^2 Byz Lect

히브리서 11장 11절의 주어를 정하는 가장 간단한 방법은 문제가 되는 이 이문 단위 전체를 원문에는 없었던 삽입구로 보는 것이다. 즉 필사자들이 이 구절을 해석하기 힘들어서 난외에 써 놓았던 어구(καὶ αὐτὴ

Σάρρα στείρα)가 어느 시점에선가 본문 안으로 삽입되어 들어오게 되었다고 보는 것이다.35) 바울서신의 최대 최고의 사본인 P⁴⁶에 대한 연구서를36) 쓴 Zuntz는 (i) 사라는 변함없이 신뢰하였던 본보기가 될 수 없고; (ii) καὶ αὐτή는 적절히 연결되지 않으며; (iii) δύναμιν εἰς καταβολὴν σπέρματος는 남성에 대한 관용구이며; (iv) 뒤이어 나오는 히브리서 11장 12절의 ἀφ᾽ ἑνός와 νενεκρωμένου는 남성 형이기 때문에, καὶ αὐτὴ Σάρρα στείρα를 아주 초기에 끼워 넣은 어구로 여긴다.37) Attridge도 Zuntz의 견해를 따라 이 어구가 초기의 삽입구라고 생각한다.38) 그러면 히브리서 11장 11절은 문단 내에서(8-12절) 일관성 있고 아주 자연스럽게 아브라함이 주어가 되어 무리 없이 흘러가는 문장이 된다. 이 주장이 설득력이 있는 점은, 위에서 살펴본 대로 다섯 가지의 이문 모두에 나오는 어휘는 καὶ αὐτὴ Σάρρα 이렇게 셋뿐인데 그 순서도 자주 바뀌고 관사(ἡ) 형용사 (στείρα) 분사(οὖσα) 등은 위치도 바뀌거나 존재하지도 않는 경우 또한 많기 때문이다.

위에서 언급한 Zuntz를 비롯하여 여러 사본학자들이 이 구절에 대하여 다양한 해결책을 내놓았다. Matthew Black은 이 구절을 "부대상황을 나타내는 히브리어의 관용적인 부사절과 이에 상응하는 성서 헬라어의 부사절"로 여기면서 "믿음으로, 사라는 단산하였을지라도, 그(아브라함)는 생산하는 능력을 받았다. 그가 비록 나이가 지났을지라도"라고 번역한다.39) Metzger는 αὐτὴ Σάρρα στείρα를 '동반의 여격'(dative of accompaniment)으로 보고, "믿음으로 그(아브라함)도, 단산한 사라와 함께, 생산하는 능력을 얻었으니…"라고 해석함으로 또 다른 가능성을 언급한다.40) Bruce는 καὶ αὐτὴ Σάρρα στείρα를 난외주 혹은 삽입구로 보아 원문으로 보지 않는 Zuntz의 견해를 반대하며 이를 원문으로 볼 수 있는 길은 위에 언급한 Black이나 Metzger의 견해를 취하는 길이라고 주장한다.41)

순서가 바뀌고 수식어도 상이하지만 변함없는 세 단어(καὶ αὐτὴ Σάρρα)를 볼 때 이 어구가 원문이었을 가능성을 배제할 수 없다는 주장을 뒷받침하는 다양한 견해들도 있다. 우선 형용사 στεῖρα는 이문 (5)에는 생략되어 있으나 이문 (1)부터 (4)까지는 형용사 στεῖρα가 어떤 모양으로든지 들어갔다. 증거 사본들의 외적 지지도는 이문 (1)과 (5)가 비등하게 높지만 이문 (5)의 지지사본들의 분포가 더 다양하다. 이문 (2)와 (3)에서 στεῖρα앞에 나오는 정관사 ἡ와 이문 (4)의 분사 οὖσα는 Σάρρα를 수식하는 것임을 분명히 하기 위하여 후에 첨가된 것으로 보인다. 이 구절은 문법의 변화를 시도하기 위하여 일어난 대표적 이문단위 중에 하나인데, 누구의 믿음이 사라에게 잉태할 수 있게 하였는가의 문제 때문에 여러 이문이 생겨났음이 분명하다. 즉, αὐτὴ Σάρρα를 주격으로 보면 사라인 것 같으나, 위에서 이미 논의한 대로 δύναμιν εἰς καταβολὴν σπέρματος라는 어구는 남자에게만 사용된 관용구이었기 때문에 믿음의 주체는 아브라함인 것 같다.

유수한 비평본들도 이를 반영하고 있다. 이전의 United Bible Societies 3판에서는 이 어구를 삽입구로 처리하였다. 즉, Πίστει - καὶ αὐτὴ Σάρρα στεῖρα - δύναμιν εἰς καταβολὴν σπέρματος ἔλαβεν.... 이렇게 편집함으로써 히브리서 11장 11절의 주어가 사라가 아니라 아브라함이 주어가 됨을 명확히 하면서 사라구절(καὶ αὐτὴ Σάρρα στεῖρα)을 양보절로 볼 수 있도록 하였다. 더욱 고무적인 점은 최근(2010년)에 편집된 미국 성서학회(Society of Biblical Literature) 비평본에는 이 어구를 위에서 논의한 다섯 번째 이문(καὶ αὐτὴ Σάρρα만 있는 것으로 봄)을 채택하면서 여격(αὐτῇ Σάρρᾳ)으로 표기함으로써 동반의 여격("사라와 더불어")으로 볼 수 있는 길을 열어주고 있다.[42] 이렇게 동일하게 여격으로 보고자 했던 것은 오래전에 나온 Westcot-Hort판(1881)의 난외주에도 나타나고 있다.[43]

지금까지의 논의를 종합하여 필자는 사본학적으로나 문맥의 흐름으로나 히브리서 11장 11절의 주어를 아브라함으로 보는 것이 가장 적절하다고 여긴다. 그리고 히브리서가 설교문이기 때문에 구어적인 표현이 흔하게 나타난다는 점을 감안하여 다음과 같은 번역을 제안한다. "믿음으로 그는, 사라도 단산하였고 자기도 나이가 지났지만, 씨를 뿌릴 수 있는 힘을 얻었습니다. 이는 그가 약속하신 분은 신실하시다고 생각했기 때문입니다." 즉 주문장(Πίστει .... δύναμιν εἰς καταβολὴν σπέρματος ἔλαβεν....)을 가운데 두고 양 날개에 배치된 καὶ αὐτὴ Σάρρα στεῖρα와 καὶ παρὰ καιρὸν ἡλικίας를 대구로 보고 이들을 양보구절로 해석하는 것으로, 위에서 제시한 몇몇 번역본들(New International Version, New Revised Standard Version, Jewish Bible 등)과 주석가들(Bruce, Koester 등)의 번역과 흡사하게 된다.

III. 결론과 적용을 위한 제안

히브리서 11장 11절의 해석에 대하여 살펴본 결과, 본고에서는 다음과 같은 결론을 내릴 수 있다. 첫째로, 본 절의 주어는 일관되게 아브라함으로 보는 것이 적절하다고 판단된다. 즉, 유수한 영어 번역들이나 표준 새번역 각주의 번역과 흡사한 번역이면 좋을 것이다. 번역 대안은 두 가지 정도로, 사라가 들어간 구절을 양보절로 보거나 동반의 여격으로 보는 것이다. 즉, "믿음으로 그는, 사라도 단산하였고 자기도 나이가 많았지만, 생식의 능력을 얻었습니다. 이는 그가 약속하신 분은 신실하시다고 생각했기 때문입니다." 혹은 "믿음으로, 단산한 사라와 함께, 그는 나이가 지났을지라도 자녀를 생산할 능력을 얻었습니다. 이는 그가 약속하신 분은 신실하시다고 여겼기 때문입니다." 한국의 주요 번역본들은 어느 것도 본문에 이러한 번역을 싣고 있지 않은 실정이다. 차후에 성경이 다시 번역되거나 기존의 번역본의 개정을 낼 때는 반드시 반영되어야 하는 구절이라고 판단하여 이를 제안하고자 한다.

둘째로, 어떤 철학이나 신학을 무리하게 주입하여 성경 본문을 읽어내고 결론을 뽑아내려는 시도는 지양(止揚)해야 할 것이다. 위에서 살펴본 대로 Melchior Hoffman이나 Menno Simmons 같이 그리스도의 신성을 강조하기 위한 수단으로 이 구절을 이용한 예나, 발생학적인 이론(Joyce Irwin과 P. W. van Der Horst 같은 이들)이나 여성주의적인 신학(Eileen Vennum 같은 이)을 주입하여 이 구절을 해석하고자 한 예는 본문의 흐름에서 말하고자 하는 뜻을 왜곡하게 된다. 그러므로 본문으로 하여금 말하도록 해야지 본문을 빙자하여 자기의 말을 하는 아전인수(我田引水)식의 성경해석은 지양되어야 할 것이다.

셋째로, 성경을 해석할 때 하나의 단어나 작은 어구에도 세밀한 주의를 기울여야 하지만, 동시에 그 구절이 위치해 있는 좀 더 큰 문단의 흐름에 비추어보는 노력도 필요하다는 것은 성경해석의 가장 단순한 원리임을 주지해야 한다. *The American Bible*에 반영된 것처럼, 히브리서 11장 11절은 8절부터 12절에서 끝나는 문단 안에서 해석되어야 한다.

주(註)

1) 히브리서는 서론(히 1:1-2:2)과 결론(13장) 사이에 연속적인 구약인용과 해석/권면이 이루어지는 일곱 편의 강해로 구성된 45분 정도의 설교로 볼 수 있다. 그 중에서 히브리서 11장은 하박국서 2장 4절을 인용한 10장 38절을 해석하고 권면하는 다섯 번째 강해(히 10:26-11:40)에 속한다. 이에 대한 좀 더 자세한 내용은 장동수, "히브리서의 구약인용과 해석,"「복음과 실천」 (2005 봄): 41-68 혹은 장동수,「히브리서 해석과 설교: 영문 밖으로 예수께 나아가자」 (대전: 침례신학대학교출판부, 2008), 291-311을 보라.
2) 한글 성경들에는 이 차이가 잘 반영되어 있지 않고 다만 표준새번역(개정) 각주에만 "다른 고대 사본들에는 '비록 그는 늙고, 그의 아내 사라 역시 단산하였지만, 믿음으로 그는 생식의 능력을 얻었습니다. 그것은 그(아브라함)가…'"로 되어 있다.
3) Joyce Irwin, "The Use of Hebrews 11:11 as Embryological Proof-Text," *Harvard Theological Review* 71 (1978): 312.
4) 앞으로의 논의를 위하여 대표적인 한글 번역을 나열해보면 다음과 같다:
개역 한글(개정): "믿음으로 사라 자신도 나이가 많아 단산하였으나 잉태할 수 있는 힘을 얻었으니 이는 약속하신 이를 미쁘신 줄 알았음이라."
공동번역(개정): "그의 아내 사라도 이제 나이가 많은 여자인데다가 원래 아이를 가질 수 없는 사람이었지만 믿음이 있었기 때문에 아이를 가질 수 있는 능력을 받았습니다. 사라는 약속해 주신 분을 진실한 분으로 믿었던 것입니다."
표준 새번역(개정): "믿음으로 사라는 나이가 지나서 수태할 수 없는 몸이었는데도, 임신할 능력을 얻었습니다. 그가 약속하신 분을 신실하신 분으로 생각했기 때문입니다."
5) "By faith Sarah herself received power to conceive, even when she was past the age, since she considered him faithful who had promised."
6) "By faith even Sarah herself received ability to conceive, even beyond the proper time of life, since she considered Him faithful who had promised."
7) "It was equally by faith that Sarah, in spite of being past the age, was made able to conceive, because she believed that he who had made the promise was faithful to it."
8) "fide et ipsa Sarra sterilis virtutem in conceptionem seminis accepit etiam praeter tempus aetatis quoniam fidelem credidit esse qui promiserat."
9) "Durch den Glauben empfing auch Sara Kraft, daß sie schwanger ward und gebar über die Zeit ihres Alters; denn sie achtete ihn treu, der es verheißen

hatte."

10) "By faith he received power of procreation, even though he was too old-- and Sarah herself was barren-- because he considered him faithful who had promised."

11) "By trusting, he received potency to father a child, even when he was past the age for it, as was Sarah herself; because he regarded the One who had made the promise as trustworthy."

12) "By faith, even though Sarah herself was barren and he was too old, he received the ability to procreate, because he regarded the one who had given the promise to be trustworthy."

13) "By faith he received power to generate, even though he was past the normal age - and Sarah herself was sterile - for he thought that the one who had made the promise was trustworthy."

14) Harold W. Attridge, *A Commentary on the Epistle to the Hebrews*, Hermeneia (Philadelphia: Fortress Press, 1989), 321. 그의 히브리서 11장 11절의 번역은 "By faith, with Sarah's involvement, he received the capacity of sowing seed, even beyond the prime of life, since he deemed faithful the one who made the promise."이다.

15) Ibid., 324-6.

16) F. F. Bruce, "Textual Problems in the Epistle to the Hebrews," in *Scribe and Scripture*, ed. David Alan Black (Winona Lake: Eisenbrauns, 1992), 35-6.

17) F. F. Bruce, *The Epistle to the Hebrews*, 2d ed. NICNT (Grand Rapids: Eerdmans, 1990), 289, 294-6.

18) Ibid. Bruce가 제시하는 번역은 "By faith he [Abraham] also, together with Sarah, received power to beget a child even after the natural season of life, because he reckoned the one who gave the promise to be trustworthy."이다.

19) Otto Michel, 「히브리서」, 강원돈 역, 국제성서주석 43 (서울: 한국신학연구소, 1988), 544-5.

20) Craig R. Koester, *Hebrews*, AB (New York: Doubleday, 2001), 487-8.

21) William L. Lane, *Hebrews 9-13*, WBC (Waco: Word Incorporated, 1991), 344-5, 353-4 등을 보라.

22) Paul Ellingworth, *Commentary on Hebrews*. NIGTC (Grand Rapids: Eerdmans, 1993), 586-9.

23) David A. de Silva, *Perseverance in Gratitude: A Socio-rhetorical Commentary on the Epistle to the Hebrews* (Grand Rapids: Eerdmans, 1993), 398-9.

24) J. Harold Greenlee, "Hebrews 11:11: 'By Faith Sarah Received Ability'," *The Asbury Theological Journal* 54/1 (Spring 1999): 67-2.

25) 앞에서 인용한 Irwin, "The Use of Hebrews 11:11 as Embryological Proof-Text," 312-6과 P. W. van Der Horst, "Sarah's Seminal Emission: Hebrews 11:11 in Light of Ancient Embryology," in *Greeks, Romans, and Christians: Essays in Honor of Abraham J. Malherbe*, ed. D. L. Balch, E. Ferguson, and W. A. Meeks (Minneapolis: Fortress Press, 1987), 287-302를 참조하라.
26) Luke Timothy Johnson, *Hebrews*, NTL(Louisville: Westminster John Knox Press, 2006), 291-2.
27) Irwin의 주장은 다음의 세 학자들에 기반한다. 첫째는 개혁주의 신학자 Melchior Hoffman(1495-1543/4)으로, 그는 로마 가톨릭의 무염 시태(無染 始胎, Immaculate Conception) 교리에 의존하지 않고 예수의 죄 없음(sinlessness)을 설명하기 위하여 예수는 마리아를 통하여 태어났지만 그녀의 본성(substance)은 취하지 않아 인간의 육신은 취하지 않고 신성만 지닌다고 확신하였다. 둘째는 Anabaptist Menno Simmons(1496-1561)로, 영지주의적인 색채가 있는 Hoffman의 견해를 수정하여 어머니는 밭(물질에만 영향을 줄 수 있음)이고 아버지는 씨를 뿌리는 자(형태에 영향을 줄 수 있음)라는 개념을 지닌 아리스토텔레스적인 발생학(Aristotelian embryology)을 끌어 들여 설명하는 과정에서 히브리서 11장 11절을 그 근거구절로 사용하였다. 셋째는 Galen으로, 아리스토텔레스의 견해에 반하여 남자뿐만 아니라 여자도 씨를 생산할 수 있다는 발생학을 주장한 인물이다. Irwin은 이 세 학자들의 견해를 끌어들여 히브리서 11장 11절의 주어가 사라가 될 수 있다고 주장한다: Irwin, "The Use of Hebrews 11:11 as Embryological Proof-Text," 312-3.
28) Eileen Vennum, "Is She or Isn't She?: Sarah as a Hero of Faith," *Daughters of Sarah* 13/1 (January/February 1987): 4-7.
29) 이 관용구는 1세기 그리스-로마 사회에서 남성이 아이를 배게 한다는 것을 표현할 때 사용되었지 여성이 임신한다는 것을 표현할 때는 사용되지 않았다: J. H. Moulton and G. Milligan, *Vocabulary of the Greek Testament* (Peabody: Hendrickson, 1997), 324; R. V. G. Tasker, "The Text of the Corpus Paulium," *New Testament Studies* 1 (1954-55): 183.
30) 전형적인 예로 신약 위경인 에즈라서 5장 12절에 나온다(ὥσπερ γεωργὸς καταβάλλει τὸν σπόρον τοῦ σίτου ἐν τῇ γῇ οὕτως καὶ ὁ ἄνθρωπος καταβάλλει τὸ σπέρμα αὐτοῦ ἐν γῇ χώρᾳ τῆς γυναικός - As a husbandman casts the seed of the corn into the ground, so also the man casts his seed into the parts of the woman. - 농부가 씨앗을 땅에 뿌리듯, 남자가 자신의 씨앗을 여성의 부분에 뿌린다.). 이 구절은 히브리서 11장 11절에 사용된 명사(καταβολήν)의 동사형(καταβάλλει)과 씨, 즉 남자의 정자를 뜻하는 단어(σπέρμα)가 정확하게 사용된 용례이다: James H. Charlesworth, *The Old Testament Pseudepigrapha*, vol. 1 (Garden City: Doubleday, 1983), 576. Philo도 몇 군데에서 이러한 표현을 사용하였다(예를 들면, "αἱ καταβαλαὶ τῶν σπερμάτων - the depositing of seeds - 씨들을 뿌림"): F. H. Colson and G. H. Whitaker(trans.), *Philo*, vol. I, Loeb Classical Library 226 (Cambridge: Harvard University Press, 1991), 104-5.

Marcus Aurelius도 그의 고백록(4:36)에서 이러한 표현을 사용하였다 ("σπέρματα τὰ εἰς μήτραν καταβαλλόμενα - seed that is deposited in the womb - 자궁에 뿌려지는 씨"): C. R. Haines(ed./trans.), *Marcus Aurelius*, Loeb Classical Library (Cambridge: Harvard University Press, 1999), 88-9.

31) U. Kellermann, "σπέρμα," *EDNT*, vol. 3: 263-4.

32) O. Hofius, "καταβολή," *EDNT*, vol. 2: 255-6.

33) 필자가 본문비평(textual criticism)이라는 일반적인 용어를 사용하지 않고 좀 더 폭넓은 사본학(paeleography)이라는 용어를 사용하는 것은 본고의 후반부에서 고대사본의 자모나 철자법 등을 포함하는 사본의 구체적인 내용까지도 포함하기 때문이다.

34) 히브리서 11장 11절의 이문 단위는 셋이다. 가장 핵심적인 이문 단위는 다음에 논의할 소위 사라 구절(καὶ αὐτὴ Σάρρα)인데, 지금까지 살펴본 바와 같이 이 이문 단위가 논의의 초점에 있는 어구와 가장 깊은 연관이 있다. 두 번째 이문 단위는 베자사본과 몇몇 대문자 사본들에 ἔλαβεν 동사 뒤에 부정사 구문, "εἰς τὸ τεκνῶσαι"(아이를 낳기 위하여)라는 어구를 삽입하고 있는 이문이다. 세 번째 이문 단위는 후대의 소문자사본들에서 παρὰ καιρὸν ἡλικίας (나이가 지나서)라는 어구 바로 뒤에 동사 "ἔτεκεν"(그녀가 낳았다)를 삽입하는 이문이다. 두 번째와 세 번째 이문 단위는 모두 첫 번째 이문 단위에 나타난 사라를 히브리서 11장 11절의 주어로 보고자 하는 시도에서 발생한 것으로 판단된다.

35) Roger L. Omanson, *A Textual Guide to the Greek New Testament* (Stuttgart: Deutsche Bibelgesellschaft, 2006), 464.

36) 파피루스 46번에는 로마서와 고린도전서 사이에 히브리서가 끼어 있어서, 이 사본을 연구한 Zuntz는 그의 연구서에서 당연히 히브리서의 본문에 대하여도 논술하고 있다.

37) G. Zuntz, *The Text of the Epistles: A Disquisition upon the Corpus Paulinum* (London: Oxford University, 1953), 16쪽의 각주 4번 그리고 160쪽을 참조하라.

38) Attridge, *A Commentary on the Epistle to the Hebrews*, 321.

39) Matthew Black, "Additional Note on Heb. 11.11 and the Circumstantial Clause in Hebrews," in *Aramaic Approach to the Gospels and Acts* (Peabody: Hendrickson, 1998), 86-7.

40) 이 어구가 여격이 되려면 αὐτῇ Σάρρᾳ στείρᾳ처럼 세 단어 모두의 마지막 철자 밑에 요타하기(iota subscription)가 되어야 하는데, 대문자 사본에는 ΑΥΤΗΣΑΡΡΑΣΤΕΙΡΑ처럼 요타하기가 사용되지 않았다: Bruce M. Metzger, *A Textual Commentary on the Greek New Testament*, 2nd ed. (Deutsche Bibelgesellschaft, 1993), 602.

41) Bruce, "Textual Problems in the Epistle to the Hebrews," 35-6.

42) Michael W. Holmes, *The Greek New Testament*. SBL Edition (Atlanta: Society

of Biblical Literature, 2010), 445.
43) Brooke F. Westcott and Fenton J. A. Hort, *The New Testament in the Original Greek* (New York: Macmillan, 1951), 447.

제13장
히브리서와 시편*
(Psalms in the Hebrews)

서론: 히브리서에서 시편의 위치

구약 없이는 신약이 그 뿌리를 잃게 되고, 신약 없이는 구약의 빛이 쇠하고 만다. 그러므로 신약은 구약에 숨겨져 있고, 구약은 신약에서 밝혀진다는 것은 적절한 언급이다. 신약에서 대표적으로 구약과 밀접한 관계에 있는 책 중의 하나가 히브리서이다. 히브리서에는 13장 모두에서 구약이 한 군데 이상 인용되었고, 구약 율법, 시편, 예언서를 아우르는 열한 권의 책에서 35군데가 인용되었으며, 암시까지를 합한다면 무려 200여 군데가 넘는다. 뿐만 아니라 히브리서는 구약을 인용하고 해석하는 형식의 설교문으로 볼 수 있는데, 이렇게 볼 때 히브리서에 미치는 구약의 영향력은 가히 절대적이라 할 수 있다.[1] 그 중에서도 시편이 히브리서에서 차지하는 몫이 가장 두드러진다. 히브리서의 구약인용 중에서 시편이 거의 반을 차지할 정도이다.[2]

히브리서 저자는 전반적으로 시편을 많이 의지하는 편이다. 그는 히

---

* 출처: 「코아마르 아도나이: 여호와께서 이렇게 말씀하셨다」 엄원식 교수 퇴임논문집 (대전: 침례신학대학교 출판부, 2005)

브리서에서 시편을 열일곱 번 직접 인용하고, 열일곱 번 이상 암시하고 있다. 그래서 S. Kistemaker는 시편의 네 구절(시 8:4-6; 95:7-11; 110:4; 40:6-8)이 히브리서에서 가장 두드러지며, 예레미야서 31장 31-34절만 제외하고 다른 구약인용들은 이 네 구절에 부수적으로 딸려오는 것이라고 주장하기도 했다.3) 그 인용된 숫자뿐만 아니라 히브리서의 구조상에서도 시편의 위치는 두드러진다. 우선 서론(히 1:1-2:4)과 결론(히 13:1-25)에 시편이 중요한 위치를 차지하며, 히브리서가 총 일곱 개의 구약 강해로 이루어진 것으로 볼 경우4) 처음 네 개의 강해에서 시편이 주도적인 역할을 한다. 첫 번째 강해(히 2:5-18에서 시편 8편이 길게 인용되고 해석됨), 두 번째 강해(히 3:1-4:16에서 시편 95편이 길게 인용되고 해석됨), 그리고 세 번째 강해(히 5:1-10:25에서 시편 110편이 반복적으로 인용되고 강해의 중심본문임)에서는 시편이 중심 본문역할을 하고, 네 번째 강해(히 10:26-12:3에서 시편 40편이 예레미야서 31장과 인용되고 해석됨)에서는 보조적이지만 중요한 역할을 하고 있다. 이렇게 본다면, 히브리서에서 시편의 영향이 미치지 않는 곳은 단지 두 장(11장과 12장)뿐이다.

본고의 목적은 「구약 배경학」을 집필하시고 또한 필자에게 그 과목을 가르쳐 주셨던 엄원식 교수님의 은퇴를 기념하여, 필자가 전공하는 신약의 한 책에 끼친 구약의 한 책 시편의 영향이 어떠한가를 조금이나마 헤아려 보고자 함에 있다. 필자는 히브리서에 끼친 시편의 영향에 대한 서론적 언급에 이어서 구체적으로 시편 2편, 8편, 95편, 110편, 40편이 히브리서에 미친 영향을 좀 더 심도 있게, 그리고 104, 45, 102편, 22편, 118편을 간략하게 살펴보고자 한다.

I. 시편 2편

시편 2편은 히브리서에서 강해 구절로 다루어지지는 않았지만, 두 절(7절과 8절)이 인용되었다. 특히 2편 7절은 시편 110편 4절과 함께 중요한 역할을 한다.

1. 시편 2편의 배경과 유대교/기독교에서의 사용

시편 2편은 삶의 정황으로 볼 때 히브리왕조 즉 다윗왕가의 '궁중시(제왕시)'로서 '즉위시'이다(참조, 왕하 11:12; 삼하 7:8-16).[5] 이 시는 내용과 형식상에서 네 연으로 이루어진다: 1) 이방나라와 왕들은 하나님이 세우신 왕을 대적한다(즉위식 준비-지상에서, 1-3절); 2) 하나님은 자신이 택하신 왕을 시온에 세우시고 이를 선포하심으로써 이방 왕들의 힘을 조롱하신다(대관식-하늘에서, 4-6절); 3) 다윗가문의 왕이 하나님께서 해주신 말씀을 다시 선포한다(정통성-보좌에서, 7-9절); 4) 이방나라들과 왕들이 하나님의 진노와 기쁨의 결과에 대해서 경고를 받는다(최후통첩-지상에서, 10-12절).

구약성경에서 시편 2편은 하나님의 아들(7절), 메시야(그리스도-2절), 왕(6절)을 동시에 언급하는 유일한 본문이며, 이 세 칭호는 예수에게 적용될 수 있다. 그러므로 이 시는 신약성경에서 아주 많이 인용된 구약본문 중의 하나였다. 시편 2편은 신약에서 1-2절이 사도행전 4장 25-26절(비교. 계 6:15; 11:15; 17:18; 18:19)에, 1절과 5절이 요한계시록 11장 18절에, 7절이 마가복음 1장 11절; 9장 7절, 마태복음 3장 17절; 17장 5절, 누가복음 3장 22절(침례 시에), 베드로후서 1장 17절(변화 산에서), 사도행전 13장 33절, 로마서 1장 4절, 히브리서 1장 5절; 5장 5절(부활에서), 8-9절이 요한계시록 2장 26-27절; 12장 5절; 19장 15절(어린 양 예수의 궁극적인 통치) 등에 인용되었다.

시편 2편을 해석하는 데는 세 가지 관점이 있다:[6] 1) 초대교회와 신약성경이 해석하는 대로, 정치적으로는 기름 부음 받은 다윗 왕이 시온에서 이스라엘을 통치하지만, 종교적으로는 하나님께서 하늘보좌에서 열방을 다스리신다고 신학적으로 해석하기; 2) 메시아 예언이 아니라 이스라엘의 역사적, 사회적, 종교 의식적 차원에서 다윗왕의 대관식 혹은 즉위 기념식에서 부른 노래로 해석하기; 3) 하나님의 주권 혹은 통치의 입장에서 해석하기 등이다. 신약에서는 이 중에서 첫 번째 해석적 입장을 취하면서, 복음서에서는 침례와 변화산 사건에서 지상의 예수에게 적용되고, 사도행전과 서신서에서는 부활하신 예수에게 적용된다.

2. 히브리서에서의 시편 2편의 기능과 해석: 높이 되신 예수에게 적용

시편 2편은 히브리서에서 두 절(7절과 8절)이 인용되고 있다. 이 구절들은 하나님께서 예수 그리스도를 만물의 상속자로 정하셨다는 주장의 근거가 된다. "이 아들을 만유의 상속자로 세우시고"(히 1:2중)라는 어구에는 히브리서에서 중요하게 사용되는 시편 2편 7절(히 1:5; 5:5)의 바로 다음 절인 8절("내게 구하라 내가 이방 나라를 네 유업으로 주리니 네 소유가 땅 끝까지 이르리로다")이 암시되고 있다. 하나님의 아들은 이 땅만이 아니라 온 우주와 특히 오는 세상까지 유업으로 받으신 왕이시다. 이 내용은 히브리서 2장 5-9절에서 다시 상술된다. 하나님의 아들은 성육신, 고난, 죽으심, 부활을 통과한 마지막 아담으로 모든 만물이 그 발아래 놓이게 되었다(비교. 고전 15:45; 20-28).

시편 2편 7절은 히브리서 1장 5절에서 사무엘하 7장 14절과 함께, 그리고 히브리서 5장 5절에서 시편 110편 4절과 함께 인용되면서 히브리서의 논리 전개에 핵심적인 역할을 하고 있다. 히브리서에서는 이 시편이 높이 되신 예수에게 적용된다. 시편 2편은 다윗 왕조의 대관식에 사용되는 시편이었으나, 초대교회는 유대 랍비들처럼 다윗의 혈통에서 나오는 메시아에 관한 예언으로 해설하여 예수에게서 이 시편이 성취된 것으로 믿었다(비교. 눅 1:32; 행 4:25-26; 13:33; 계 12:5; 19:15). 시 2:7의 전문은 신약에서 행 13:33과 히 1:5; 5:5에 인용되었고, 모두 부활 이후의 아들을 묘사하는 데 사용되었다. 그리고 시편 2편 7절의 앞부분은 예수님의 침례 시(막 1:11; 마 3:17; 눅 3:22)와 변화산사건(막 9:7; 마 17:5; 눅 9:35; 벧후 1:17)에서 나온 하늘의 음성에 암시되어 있다. 천사들은 "하나님의 아들들"(sons of God)이라고 집단적으로 지칭되었으며(욥 1:6; 2:1) 어디에서도 여기에서 예수님을 지칭하는 것처럼 "하나님의 아들"(son of God)이라고 단수로 특별하게 명명된 적은 없다. 이렇게 히브리서 기자는 시편 2편을 인용하고 해석할 때, 유대교 랍비들의 메시아적 해석의 입장에서와 신약의 다른 저자들처럼 기독론적으로 해석하여 이 시편의 왕(6절), 아들(7절), 메시아(2절)의 개념을 예수에게 적용하고 있다.

II. 시편 8편

시편 8편은 인간론을 가장 잘 말해주는 시편이다. 시편 8편 3절은 마태복음 21장 16절에 인용되었고, 6절은 고린도전서 15장 27절과 에베소서 1장 22절에 암시되었다. 히브리서 저자는 2장 5-18절에서 이 시편을 인용하고 해석함으로써 그의 첫 강해를 시작한다.

1. 시편 8편의 배경과 유대교/초기 기독교에서의 사용

원래 시편 8편의 언어와 주제는 창세기 1장 26-28절에 기반을 둔 창조의 시이다. 이 시는 하나님께서 인간을 향하여 말씀하시는 형태가 아닌 시인이 하나님을 향하여 말씀드리는 형식으로 되어 있으나, 창세기 1장 26-28절의 사상이 그대로 반복되고 있다. 그러므로 이 시는 전체적으로 첫 창조 안에서의 인간의 높은 지위에 대하여 하나님 앞에 드리는 놀라움과 감사의 찬양으로서 첫 사람 아담과 그 후손 인류에 관한 내용으로, 위대함과 동시에 죄 때문에 유발된 비천함을 지니고 있는 인간을 그리고 있다. 창세기 1장 26-28절의 핵심사상은 사람이 하나님을 대표하는 왕적 대리자로 창조되었다는 점이다. "인간은 하나님의 형상으로 창조되었기 때문에, 인간은 자연에 대한 왕이며 하나님을 대신하여 세상을 통치한다."7) 여기서 우리는, 하나님의 형상으로 창조되어서 창조의 최고봉이 된 인간은 첫째로, 하나님을 향하여 올바로 반응하고 응답하며 그분만을 가치 있게 여기는 경배자이며 둘째로, 동료인간에 대하여는 동반자로 인식하고 받아들여야 하며 셋째로, 창조된 우주에 대하여는 관리자요 청지기의 관계에 있음을 알 수 있다.8) 그러나 인간은 타락으로 말미암아 하나님의 자리를 우상으로 바꾸었고, 동료인간을 경쟁과 착취의 대상으로 보게 되었고, 자연만물을 욕심의 대상으로 보고 유린하게 되었다. 이렇게 타락한 인간은 그리스도를 통하여 자신을 창조하신 분의 형상을 따라 반드시 새롭게 될 필요가 있다(골 3:10). 이러한 관점에서 예수의 성육신, 고난과 죽으심, 부활과 승천, 최후의 승리로서의 하나님 나라의 완성은 하나님의 인간창조의 원래 의도를 회복하는 사역인 것이다.

시편 8편 4-6절은 신약성경에서 예언의 의미로 이해되고 있다. 4절에 나오는 "인자"(son of man)는 예수를 지칭하는 것으로 해석되고, 4-6절은 예수의 고난과 죽으심 그리고 부활과 승천을 의미하는 것으로 해석함으로써 하나님의 첫 "창조사역"(Creation)과 예수 그리스도를 통한 "구속사역"(Redemption)을 연관시키고 있다.9) 초대교회는 시편 8편에서 언급한 세상을 지배하는 인간의 역할(시 8:6-8)을 부활과 승천 안에서 예수 그리스도가 다스린다는 관점으로 대신하는 기독론적인 의미를 부여하였다(고전 15:27; 엡 1:22; 히 2:6-8). 시편 8편의 원래 의미와 문맥 가운데에서는 표현되지 않았기 때문에, 그렇게 해석하는 것은 아주 새로운 의미를 부여한 것처럼 보인다. 그러나 이 시편의 사상이 기독론적으로 발전되는 것이 자연스러운 면이 있기도 한데, 인간의 역사 속에서 이 일이 한 번도 이루어진 적이 없기 때문이다. 히브리서 저자나 바울의 글 속에서 표현된 대로 이것은 역사적으로 부활하신 그리스도에게서 성취되었다.10)

2. 히브리서에서의 시편 8편의 기능과 해석: 높이 되신 예수와 회복된 인간의 지위에 적용

히브리서 2장 5-9절은 유대교 회당 랍비설교의 전형적인 모델이다. 우선 서론적 명제설정(5절)에 이어서 중심되는 성경인용(6-8상절)이 이루어지고 그에 대한 해석(8하-9절)으로 이어진다. 히브리서 2장 6절하-8절상은 시편 8편 4-6절(8:5-7 LXX)의 인용이다. 시편 8편 5절의 히브리 성서(MT)와 칠십인 역(8:6 LXX)사이에는 중요한 차이점이 두 개 있다. 첫째는 "하나님"(MT) 대 "천사(들)"(LXX)이고, 둘째는 "조금"(MT) 대 "잠시 동안"(LXX)이다. 그리고 칠십인 역을 인용한 히브리서 본문이 칠십인 역과 히브리 성서 본문 모두와 다른 점은 "주의 손으로 만드신 것을 다스리게 하시고"라는 어구를 생략한 점이다. 이렇게 칠십인 역에서 시편 8편 5절에 나오는 "엘로힘"("하나님" 혹은 "신들"로 번역될 수 있는 히브리어)을 "천사"로 번역하고 이를 히브리서 2장 6-8절에서 인용함으로써 인간의 존엄성을 낮추게 하는 오해를 자아냈다.11) 그러나 시편 8편 5절의 의미는, 인간이 하나님의 형상으로 지음을 받은 유일한 피조물이며 인간보다 뛰어난 피조물이 없으므로 천사보다 낮은 존재가 아니라 하나님보다만 조금 낮은 존재로 영광과 존귀로 관을 씌워주신 존재라는 의미이다. 그러므로 시인은 인간이 하나님의 왕적인 대리자로 모든 창조된 세계를 다스리는 존재로서 지음을 받았다고 찬양한다(시 8:6-8).

히브리서 저자는 시편 8편의 "사람"과 "인자"(사람의 아들)를 "예수"로 보면서(히 2:8-9), 인용한 시편과 맞추어 그 생애를 성육신과 죽으심(7상절의 "그를 잠시 동안 천사보다 못하게 하시며"), 부활과 승천(7하절의 "영광과 존귀로 관을 씌우시며"), 그리고 최후의 승리인 하나님 나라의 종말론적인 완성(8상절의 "만물을 그 발아래에 복종하게 하셨느니라")의 세 단계로 나눈다. 그는 8절하에서 곧바로 이 세 번째 단계는 아직 이루어지지 않았다고 밝히고, 9절에서는 처음의 두 단계를 말한다. 히브리서 2장 9절은 히브리서에서 처음으로 "예수"라는 명사가 등장하는 곳이다. 죽음을 이겨내신 이 예수는 지극히 높은 곳으로 올려지셔서 모든 반역하는 것이 종식될 때까지 기다리시며 다스리신다. 그래서 종말의 그날에는 온전한 굴복, 즉 복종이 이루어 질 것이다(빌 2:9).

히브리서 2장은 시편 8편에 대한 이러한 기독론적 해석의 대표적인 예이다. 히브리서 저자는 시편 8편을 첫 사람 아담 혹은 인간에게만 적용한 것이 아니라 인간되신 예수 그리스도에게도 적용하고 있다. 이미 밝힌 바와 같이, 히브리서 2장 5-9절은 시편 8편 4-6절의 인용과 그 해석이다. 그리스도의 사건은 히브리서 2장 9절과 구속받은 그리스도인들도 천사들보다 뛰어남을 암시하는 히브리서 2장 14-16절(특히 16절, "이는 확실히 천사들을 붙들어 주려 하심이 아니요 오직 아브라함의 자손을 붙들어 주려 하심이라")와 더불어 인간의 회복을 말하고 있다. 히브리서 2장 5-9절은 고린도전서 15장 27-28절과 더불어 예수 그리스도의 성육신과 죽으심, 부활승리와 승천을 통하여 창세기 1장 26-28절이 완전히 이루어졌음을 말한다.[12] 즉, 히브리서 2장 5-9절은 "시편 8편이 전적으로 예수님을 새로운 인간의 원형으로 묘사하면서 바로 인간의 원초적 소명과 역할을 예수님께서 이루셨다고 선언하고"[13] 있다. 이로써 "첫 인간 아담"과 그 후손이 아담의 타락으로 말미암아 이루지 못하였던 창세기 1장의 지위와 소명이 "마지막 아담 예수"(고전 15:45; 롬 5:12-21)를 통하여 이루어졌다.[14]

III. 시편 95편

시편 95편은 신약의 다른 책에는 인용되거나 암시된 곳이 없다. 그러나 히브리서 저자는 히브리서 3-4장에서 시편 95편을 크게 의지하면서 그의 두 번째 강해를 수행한다.

1. 시편 95편의 배경과 히브리서 본문과의 차이점

시편 95편은 시편 50, 81편 등과 더불어 이스라엘의 절기의 배경을 반영하는 시이다. 이 시편의 전반부(1-7상)는 "하나님께 예배드리도록 초청"하는 내용이고, 후반부(7하-11)는 예언적 설교 같은 "불순종에 대한 경고"로 구성된다.[15] 히브리서에 인용된 시편 95편 후반부의 전체적인 배경은 민수기 14장에 나타난, 하나님께서 진노하시면서 결정적으로 출애굽 광야세대가 가나안 땅, 즉 하나님의 "안식"에[16] 들어오지 못할 것이라고 맹세하신 장면이다(민 14:30). 광야세대는 하나님께서 모세를 통하여 보여준 10대 재앙과 출애굽 사건을 위시하여, 기적적인 물 공급(출 15:22-26; 17:1-7; 민 20:2-13; 만나(출 16:13-26; 민 11:7-9), 메추라기(출 16:13; 민 11:31-33), 그리고 반역한 자들에 대한 심판(민 16:1-50) 등을 목도하였다(9절). 그럼에도 불구하고 이스라엘 백성은 그 사십년 동안 불평과 불만으로 일관하여 하나님의 진노를 사고 급기야는 가나안 땅, 즉 하나님의 안식에 들어오지 못하리라고 하나님께서 맹세하시는 데까지 이르게 되었다(10-11절). 그들은 마치 광야에서 길을 잃고 헤매다가 멸망하는 짐승처럼 늘 마음이 미혹되어 "하나님의 길"을 알지 못하고(10절), 죄의 길에 들어갔다.

히브리서 3장 7절하-11절은 시편 95편 7-11절(94:7-11 LXX)을 칠십인 역으로부터 인용한 본문이다. 히브리어 본문(MT)과 칠십인 역의 본문(LXX) 간의 차이는 다음과 같다:

	MT(95:7하-11)		LXX(94:7하-11)
7하절	기원문		조건문
8절	"맛사"	"므리바"	"시험" "반역"
10하절	"백성"		"그들"

여기에서 마소라 본문(MT)과 칠십인 역 간의 차이들은 대부분 미미한 것이지만, 시편 95편 8절에서 칠십인 역에는 히브리 성경(MT) 본문의 지명들은 음역되지 않고 그 지명의 뜻을 살려 "맛사"를 "시험"으로, "므리바"를 "거역"(반역, 다툼)으로 번역하였다. 이스라엘 백성은 르비딤에서는 물이 없다고 하나님께 대항하여 거역하고(출 17:7; 민 20:13), 맛사에서는 하나님께서 광야에서도 식탁을 준비하실까 하면서 시험하였다(출 17:7; 시 78:18-20). 그리고 칠십인 역과 히브리서 본문간의 차이는 9절과 10절에서 동사나 어순에서 약간의 차이가 있는데, 특히 10상 절에서 히브리서는 칠십인 역의 "저 세대" 대신에 "이 세대"라고 함으로써 히브리서저자 당대의 사람들에게 이 본문을 적용하고 있다. 이렇게 히브리어 본문과 칠십인 역과의 차이도 있지만, 칠십인 역과 히브리서 본문도 차이가 나는 것으로 볼 때, 히브리서 저자가 암송한 내용을 인용한 것으로

추측된다.

2. 히브리서에서 시편 95편의 기능과 해석: 히브리서의 청중들에게 적용함

히브리서 3장 7-11절에 시편 95편 후반부(7하-11절)를 인용하고 나서, 저자는 히브리서 4장 13절까지 그에 근거한 해석과 권면을 한다. 히브리서 3장 7절-4장 13절은 "그리스도를 거역하는 것이 모세를 거역하는 것보다 더 심각한 결과를 가져온다"는 경고(3:7-19)와 "하나님의 백성을 위한 참된 안식의 약속"(4:1-13)이다. 여기서 저자는 동일한 시편 95편을 두 번 해석한다. 첫 번째로 시편 인용(히 3:7-11)후에, 저자는 민수기 14장의 관점에서 시편을 해석하여 이스라엘 백성이 믿지 않아서 약속의 땅에 들어가지 못한 점을 강조하면서 청중들에게 불신앙에 대하여 날카로운 경고를 준다(히 3:12-19). 두 번째로 저자는 동일한 시편을 창세기 2장 2절의 관점에서 참된 안식에 대한 약속의 말씀으로 해석하여 청중들에게 소망을 준다(히 4:1-13). 저자는 마치 좌우에 날 선 양날 검(히 4:12)처럼 시편 95편을 활용한다.

히브리서 3장 7-19절은 불신앙의 위험에 대한 일종의 경고이다. 7-11절에서 인용한 시편 95편 후반부를 인용하면서, 민수기 14장과 더불어 출애굽기의 르비딤 사건(출 17:1-7)과 민수기의 가데스 사건(민 20:2-13)을 상기시킨다. 히브리서 3장 7절상에서 성령께서 말씀하신다고 할 때, 히브리서 구약인용의 특징 중의 하나인 현재형 동사가 사용되고 있는데, 이것은 구약을 통하여 지금도 살아있는 하나님의 말씀(히 4:12-13)으로 말씀하시는 성령의 활동을 보여주는 예이다(비교. 히 10:15). 이스라엘 백성이 모세를 따라 애굽을 탈출하였으나, 광야에서 반역한 무리들은 가나안에 들어가지 못했다. 히브리서 저자는 이 출애굽과 광야세대의 이야기를 암시하면서 후대들에게 경고로 주어진 시편 95편을 다시 인용하여 자기 시대의 하나님 백성들에게 경고하고 있다. 하나님의 말씀을 들을 때에 거역한 세대들이 어떠했는지를 보고 지금 그런 실수를 반복하지 말라는 경고이다. 9절과 17절에서 반복적으로 나오는 40년의 기간은 예수님의 승천 후(예수님이 예루살렘에서 새로운 출애굽을 이룬 지) 약 40년이 되고 있는 시기였다. 이스라엘 백성에게 약속된 최종 목적지 가나안 땅은 하늘의 안식에 대한 예표인데, 이것이 히브리서 3장 7절-4장 13절(특히 4:1이하)에서 히브리서 저자가 주장하는 핵심이다.

히브리서 4장 1-13절은 시편 95편에 대한 히브리서 저자의 두 번째 해석이다. 첫 번째(히 3:7-19)는 민수기 14장을 배경으로 청중들에게 주는 불신앙에 대한 경고였다. 그러나 두 번째 해석(히 4:1-13)은 동일한 시편이 창세기 2장 2절의 관점에서 안식에 대한 약속의 말씀으로 해석되어 청중들에게 이제 소망을 주는 메시지가 된다. 실로 히브리서 저자는 본 문단에 나오는 대로(히 4:12) 동일한 시편 95편을 양날 검으로 휘두르는 해석의 대가이다. 히 4:1-13은 하나님의 안식에 들어감의 약속(1-5절), 이스라엘의 불신앙(6-11절), 하나님 말씀의 능력과 하나님 앞에서의 인간의 책임(12-13절)으로 구성되는데, 처음 두 부분은 구조적으로나 내용적으로 약속이라는 동일한 주제가 쌍을 이루면서 반복되는 구조이다.

출애굽 한 이들에게 주어졌던 안식의 약속과 동일한 약속이 광야시대가 지난 수세기 후에도 여전히 하나님의 백성에게 열려 있다. 안식의 약속은 출애굽과 광야의 기간이 지난 "오랜 후에"도 여전히 유효하다. 즉, 히브리서 저자의 요점은 이 시편의 저자가 출애굽 세대가 아닌 그 이후의 세대를, 또한 히브리서의 청중까지도 포함하여, 안식으로 초대하고 있다는 것이다. 그러므로 시편 95편 11절의 안식은 지리적인 가나안의 안식이 아님이 분명하다(8절). 그 안식은 여호수아의 영도 하에 광야의 제 2세대가 이미 들어가 성취하였기 때문이다(수 21:44; 22:4). 시편 95편의 사람들은 그 이후의 세대이다. 여기서는 예수가 아니라 여호수아이어야 하나, 헬라어 단어로는 둘 다 동일하게 예수이며, 구원자라는 의미가 있다(마 1:21). 히브리서 저자는, 바울처럼, 예수 그리스도(메시아)를 모세(여호수아) 시대와 연관시킨다(히 11:26; 고전 10:4). 그러므로 여기에서 우리는 다음과 같은 평행적인 사항들을 발견할 수 있는데, 이는 또한 초대교회 모형론의 중요한 주제이기도 했다:

- **여호수아**: 옛 언약 하에서 지상의 가나안으로 그 백성을 인도해 들임. 잠정적인 안식.
- **예수**: 새 언약 하에서 천상의 안식처로 그 상속자들을 인도해 들임. 진정한 안식.

이 안식은 하나님 자신의 안식에 참여하는 것이며, 이 약속의 성취는 아직도 하나님의 백성들에게 남아 있다. 하나님은 자신의 창조사역을 완성하신 후 안식에 들어가셨다. 이와 같이 그의 백성들도 이 땅에서 그들의 사역을 마친 후에 하나님의 안식에 들어갈 것이다(9-10절). 그들을 기다리고 있는 하나님의 안식은 이 땅위에서는 이루어질 수 없고 유업으로 받게 되는 것이지만, 지금 여기서도 그것과 동일한 느낌 속에서 살아갈 수 있다(히 11:10, 16). 믿음으로 다가갈 수 있는 모든 영광과 불신앙이 유발하는 재앙을 생각할 때, 히브리서 저자는 독자들에게 다시금 하나님의 백성의 영원한 본향을 얻기 위하여 최선의 노력을 하도록 독려한다(11절). 광야의 이스라엘 백성의 경우처럼 불순종함으로 그것을 잃는 일이 없도록 당부하면서, 자신의 청중들에게 열심과 인내를 호소하고 있다.

IV. 시편 110편

시편 110편 1절과 4절이 히브리서의 서론과 중심부에서 각각 인용되었고, 특별히 4절은 히브리서 논의의 가장 중요한 구절이다. 그래서 G. W. Buchanan 같은 학자는 히브리서가 70년 이전에 작성된 "시편 110편에 기초한 한편의 설교적 미드라쉬(homiletical midrach)"이며, 13장은 차후에 '서신'으로서 정경에 포함시키기 위하여 첨가되었다고까지 주장하였다.[17]

1. 시편 110편의 배경과 신약에서의 사용

시편 110편도 시편 2편과 같이 왕의 대관식에 사용되던 제왕시이다. 이 시는 즉위하는 왕을 하나님의 대리권자로 임명하는 것(1절)과 그 통치자에게 제자장권을 부여하는 것(4절)에 관해서 말하고 있기 때문이다.[18] 표제가 다윗의 것으로 돌리고 있는 시편 110편은 유다의 왕들이 통치하고 있고 민족적 영광주의가 강하던 시절에 저작된 것 같다.[19] 이 시의 1절은 마태복음 22장 44절; 26장 64절; 마가복음 12장 36절; 14장 62절; 누가복음 20장 42-43절; 22장 69절; 사도행전 2장 34-35절에 인용되었고, 4절은 히브리서 5장 6절; 7장 17절, 21절에 인용되었다. 또한 시편 110편은 신약의 다른 책에 여러 곳이 암시되었다. 1절은 마가복음 16장 19절; 로마서 8장 34절; 고린도전서 15장 25절; 에베소서 1장 20절; 골로새서 3장 1절; 히브리서 1장 3절; 8장 1절; 10장 12절, 13절, 12장 2 절 등에 암시되어 있고, 4절은 요한복음 12장 34절; 히브리서 5장 10절; 6장 20절; 7장 3절 등에 암시되어 있다.

2. 히브리서에서의 시편 110편의 기능과 해석: 예수 그리스도의 대제사장직에 적용

신약에서 시편 110편 1절("내가 네 원수로 네 발등상이 되게 하기까지 너는 내 우편에 앉아 있으라")은 거의 예외 없이 시편 8편 6하절("만물을 그 발아래에 복종하게 하셨느니라")과 함께 인용되거나 암시되었는데(고전 15:25-27; 엡 1:20-22; 빌 3:21; 벧전 3:22), 이는 신약의 기자들이 공통된 해석전승을 지니고 있었다는 증거이다. 히브리서에서도 히브리서 1장 13절에서 이미 시편 110편 1절이 인용되었다. 히브리서 1장 13절에 "어느 때에 천사 중 누구에게"라는 어구와 함께 인용된 마지막 인용문은 시편 110편 1절이다. 히브리서 1장의 첫 번째 인용문인 시편 2편과 같이 마지막 인용문인 시편 110편도 왕의 대관식에서 사용되는 시이다. 위에서도 논의하였듯이, 신약에서는 이 두 시편이 모두 일관되게 메시야적으로 해석되어 그리스도에게 적용되고 있다.

히브리서 7장은 이미 제시된 주제 구절(히 5:6-시 110:4)에 대한 본격적인 해석으로, 바로 앞 구절(히 6:20, 비교. 히 5:10)에서 다시 한 번 이 주제구절이 암시되면서 시작된다. 히브리서 7장은 "멜기세덱의 반차를 좇은 대제사장"으로서의 "아들"이 레위계통의 제사장보다 우월하다는 점에 집중되어 있다. 아들의 우월성은 "왕 같은 제사장 멜기세덱"(1-10절)과 "멜기세덱과 같은 영원한 제사장 예수"(11-28절)로 그려진다. 히브리서 7장 1-10절은 시편 110편 4절의 빛 안에서 창세기 14장 17-20절에 대한 해석을 제공하고, 히브리서 7장 11-28절은 시편 110편 4절에 언급된 각 부분들의 중요성에 주의를 집중한다.

신구약 중간기에는 왕권과 대제사장권이 통합되어 문란한 상태에 있었다. 이에 대한 반발로 주전 2세기 경에 쿰란공동체가 일어났는데, 이들은 정치적 메시아(=다윗 집안의 왕, kingly Messiah)와 제사장적 메시아

(=아론 집안의 메시아, priestly Messiah)를 구별하는 두 종류의 메시아 관을 견지하였다. 창세기 14장 8절에 등장하는 멜기세덱은 살렘의 왕(예루살렘의 왕)이며 동시에 높으신 하나님의 제사장이었다. 히브리서 저자는 여기서 예수께서 하나님에 의하여 세워지신 다윗 집안의 메시아(시 2:7)일 뿐만 아니라 제사장적인 메시아(시 110:4)임을 말한다. 그러나 그리스도인들은 두 종류의 메시아를 인정한 것이 아니라, 오히려 예수님 안에서 이 둘이 다 이루어진 것을 믿었다. 히브리서 저자는 이 두 종류의 종말론적인 인격을 시편 110편 4절의 신적인 성취로 본 최초의 사람이다.

히브리서 7장의 처음 열 개의 절(7:1-10)은 시편 110편 4절의 빛 가운데서 이루어지는 창세기 14장 18-20절의 해석이고, 나머지 부분(7:11-28)은 시 110:4에 대한 모형론적 해석(typological exegesis)이다. 히브리서 7장 1-10절은 창세기 14장 18-20절에 대한 유대 랍비들의 설교, 즉 미드라쉬(midrash)의 뛰어난 예이다. 역으로, 히브리서 7장 전체가 창세기 14장 18-20절에 대한 미드라쉬인데 시편 110편 4절이 부수적으로 사용하고 되었다고 보는 견해도 있다. 그러나 히브리서 5-7장의 전체적인 구도 속에서 보면, 히브리서 7장은 전체적으로 창세기 14장 18-20절의 도움을 받아 시편 110편 4절을 해석하는 쪽으로 보는 편이 적절하다.

히브리서 7장에서 저자의 주된 관심사는 예수의 제사장직의 본질을 알리고 레위계통의 제사장직보다 낫다는 것을 증명하는 것이다. 멜기세덱이 아니라 그와 같은 제사장이 약속되었다는 것이 저자의 초점이다. 그가 풍유(allegory)를 사용하였다고 주장하는 학자도 있지만,[20] 히브리서에서 적용된 해석방법은 풍유라기보다는 모형론적인 해석이다. 멜기세덱은 모든 제사장의 원모형(archetype)이다. 멜기세덱은 구원론적 중요성보다는 예언적 중요성을 지니고 있다. 신학적 연관성을 통하여 예수님과 멜기세덱이 관계를 맺고 있다는 것이 히브리서의 관심사이다.[21]

히브리서 7장 11-28절에서 저자는 시편 110편 4절을 역순으로 해석-적용하면서 멜기세덱의 반차를 따른 예수 그리스도의 대제사장 직분이 모세의 율법에서 말하고 있는 레위계통의 제사장직보다 우월함을 논의한다. 히브리서 7장 11-28절은 구조적으로는 크게 두 부분으로 나눌 수도 있는데, 11-19절은 레위계통 제사장제도의 불완전성을, 20-28절은 새로운 제사제도의 완전함과 영원성, 그리고 그 효력을 강조한다. 이렇게 히브리서 저자는 이 주제를 접근함에 있어서, 시편 110편 4절의 관점으로부터 창세기 14장 17-20절의 본문을 모형론적으로 해석함으로써 그 목적을 달성하였다. 즉, 히브리서 저자는 시편 110편의 1절과 4절을 인용하고 해석하되, 이 시를 예수 그리스도의 메시아직과 대제사장직에 적용하고 있다.

V. 시편 40편

히브리서의 네 번째 강해는 히브리서의 중심부(히 8:1-10:25)를 형성하며, 예레미야서 31장을 인용하고 해석함으로써 이루어진다. 여기에 중요한 보조 본문으로 시편 40편이 인용되고 해석된다.

1. 시편 40편의 배경

시편 40편은 다윗 왕이 하나님께 드린 왕의 기도로서, 과거의 하나님의 구원 행위에 대한 개인적인 감사(1-10절)와 또 다시 자신과 나라를 위협하는 위기로부터의 구원을 호소하는 개인적인 애가(11-17절)로 구성된다.[22] 유대교는 시편 40편을 다윗의 노래로 보았고, 원시 그리스도교는 부분적으로만 그리스도에게 연결시켰다.[23] 본 시편은 신약에서 요한계시록 5장 9절과 14:3(3절), 에베소서 5장 2절과 히브리서 10장 8절(6절), 누가복음 7장 19절과 히브리서 10장 9절(7절)에서 암시되었고, 히브리서

10장 5-7절(6-8절)에도 인용되고 있다.

2. 히브리서에서의 시편 40편의 기능과 해석: 왕, 대제사장, 제물이신 예수께 적용

히브리서 저자는 대체적으로 칠십인 역 본문(시 39:7-9)을 인용하지만, MT도 아니고 LXX도 아닌 자신만의 방식으로 본문을 바꾸기도 하였다. 예를 들면, 시편 40편 6절하의 인용인 히브리서 10장 5절에는 "귀"(אָזְנַיִם, MT=LXX, ὠτία)대신 "몸"(σῶμα)이 선택되었다. 원래는 히브리서에서 "몸"이라고 먼저 쓰고, 후에 역으로 LXX에 전이되었다는 주장이 있으나,[24] 사본적 증거는 그렇지 않은 것 같다. LXX의 더 믿을 만한 전승(א A B)은 "몸(σῶμα)"으로 되어 있기 때문이다. 귀는 전체인 몸을 대표하는 부분이라고 보아, LXX의 일부 사본과 MT 본문은 제유법(提喩法, synecdoche)을 사용하였다고 볼 수도 있다. 이는 일면에서 하나님의 명령의 목소리에 민감하고 들어야 하기 때문에, 여호와의 종의 전체 몸을 대표하는 귀를 강조했다고 볼 수 있다.[25]

이외에도 MT에는 시편 40편 7절에 "두루마리 책"으로 되어 있지만, LXX와 히브리서 본문에는 "책머리"로 되어 있는 부분이나, 시편 40편 6절에서 MT와 LXX에는 "요구하시다"이지만 히브리서에서는 "기뻐하시다"로 되어있는 부분(시 51:16, 19의 영향인 듯), MT와 LXX의 시편 40편 7절의 당신의 뜻 행하기를 "내가 원한다(기뻐한다)"라는 어구가 히브리서에서는 동사가 생략된 부분 등에서 저자가 본문을 바꾼 흔적이 보인다. 이렇게 되면 히브리서의 경우는 그리스도가 하나님의 뜻을 행하기를 단순히 원하시는 것이 아니라 행하기 위하여 오셨다는 표현이 된다.

원 문맥 속에서 시편 40편 6-8절은 고대 이스라엘 희생제사에 대한 비난이라기보다는 왕들의 율법인 신명기 17장 14-20절을 바탕으로 해석되어야 한다. 본 문단에서 우리는 히브리서 저자의 또 다른 구약성경에 대한 재기 넘치는 기독론적인 해석을 접하게 된다. 이전에 그랬던 것처럼(히 2:6-9; 3:7-4:10) 저자는 우선 구약을 인용하고 이어서 미드라쉬 혹은 연이은 주석을 해나간다. 히브리서에서 주안점은 레위제사의 잠정성과 그리스도께서 하신 것의 영원성을 대비하는 것이다. 저자는 자신의 목적에 맞는 이상적인 본문을 발견하였다. 저자는 자신의 해석학적인 열쇠인 그리스도를 통하여, 즉 그리스도를 통한 성취의 관점에서 구약본문의 더 깊은 의미를 이끌어낸다. 히브리서 10장 5절의 "그러므로 세상에 임하실 때 가라사대"라는 도입부는 예수 그리스도의 성육신을 말하면서 시편 인용구를 기독론적으로 해석하기 시작한다. 이 도입부는 7절 후반부의 "하나님이여 당신의 뜻을 행하러 왔나이다"와 짝을 이루어 예수 그리스도의 생애와 사역을 요약하면서 하나님께서 기뻐하시는 참된 희생 제사를 표현하고 있다.

그 당시의 역사적 배경 안에서의 시편이 말하는 내용은 자명하다. 하나님이 관심을 두시는 것은 제사가 아니라 순종이라는 것이다: "나의 하나님이여 내가 주의 뜻 행하기를 즐기오니 주의 법이 나의 심중에 있나이다 하였나이다"(시 40:8). 그래서 하나님은 듣고 순종하는 귀들을 주셨다. 기독론적인 관점에서 저자는 그리스도가 이 시의 화자인 것으로 이해하고 있다. 히브리서 저자에게 있어서 그리스도는 구약의 목적이었다. 그리스도에 의하여 성취된 것이 구약을 기독론적으로 해석하는 것을 정당화해준다. 히브리서 저자는 시편 40장 5-7절을 인용하여 왕과 대제사장이시며 동시에 제물이 되신 예수 그리스도에게 적용하고 있다.

VI. 시편 104편, 45편, 102편, 22편, 그리고 118편

위에서 논의한 것 이외에도 다섯 편의 시편이 히브리서에 더 인용되었다. 시편 104, 45, 102편은 히브리서 1장에, 22편은 히브리서 2장에, 그리고 118편은 히브리서 13장에 각각 인용되고 있다. 각각을 살펴보면 다음과 같다.

1. 시편 104편, 45편, 102편, 그리고 118편

시편 104, 45, 102편은 히브리서 1장 7-12절에서 예수 그리스도의 신성과 능력을 설명하기 위하여 연쇄적으로 인용되었다. 이 세 편의 시편은 모두 신약의 다른 책에는 직접 인용된 곳이 없고, 시편 102편은 야고보서 1장 10-11절(4, 11절)에 시편 104편은 디모데전서 6장 16절(2절)과 마태복음 13장 32절(12절)에 암시되어 있다.

히브리서 1장 7절에 나오는 인용문인 시편 104편 4절(LXX 103:4)의 내용은, 하나님께서 천사를 바람(영)과 사역자로 삼으셨기 때문에 천사들은 하나님께 종속된 존재임을 밝힌다. MT에는 이 구절이 "바람(영)을 자신의 심부름꾼으로, 불꽃을 자신의 시종으로 삼으신다"는 내용이지만, LXX에서는 "천사들을 자신의 바람(영)으로, 일꾼들을 자신의 불꽃으로 삼으신다"로 번역하였다. 하지만 LXX의 목적어는 MT와 동일하게 바뀔 수도 있다. 아무튼 이 구절은 바람의 빠름과 불의 능력을 천사의 어떠함과 견주어 말한 것일 수도 있다.

"아들에 관하여"라는 언급과 함께 히브리서 1장 8-9절에 인용된 시편 45편 6-7절은 기본적으로 하나님과 동일하신 아들에 관한 내용이다. 즉, 아들은 하나님과 동등하며, 영원한 존재이지만, 천사는 잠정적인 존재임을 부각시킨다. 모든 것, 천사까지도 창조된 것이며 시간에 매여 있고 낡

아지는 것이지만 하나님의 아들의 보좌는 영원하다. 원래 시편 45편은 왕실의 결혼식을 묘사한 시편이었는데 후대에 와서 메시아에 관한 노래로 받아들였다. "그리고"라는 접속사만 하나 더해지면서 히 1:10-12에 인용된 시편 102편 25-27절은 히브리서 1장 8-9절의 인용(시 45:6-7)과 흡사하게 아들이 영원하신 하나님과 동등 되시며 창조주이심을 선언한다. 요약하자면, 이 세 인용문들의 요지는 천사들은 잠정적인 피조물일 뿐만 아니라 하나님의 심부름꾼으로서 그분께 종속된 존재임에 반하여 아들은 하나님과 동등한 능력과 신성을 지닌 분임을 논증하면서 아들의 우월성을 부각시키고자 하는 것이다.

히브리서의 결론부(13장)는 세 군데의 구약인용으로 이루어졌는데(5, 6, 11절), 히브리서 13장 6절은 두 번째 인용으로서 시편 118편 6절의 LXX(시 117:6)을 축어적(verbatim)으로 인용한 것이다: "주는 나를 돕는 자시니 내가 무서워 아니하겠노라 사람이 내게 어찌 하리요." 시편 118편은 로마서 8장 31절(6절); 고린도후서 6장 9절(18절); 요한복음 10장 9절(20절); 베드로전서 2장 4절(22절) 등에도 암시되어 있다. 시편 118은 하나님께서 베풀어 주신 도움과 자비를 찬양하도록 공동체를 일깨우는 축제의 시이다. 히브리서 저자는 이 시를 자신과 자신의 청중이 고백하는 형식으로 인용한다. 하늘의 대제사장께 도움을 얻기 위하여 나가라고 권했던 저자는(히 2:18; 4:16), 이 결론부에서도 하나님의 도우심으로 두려워하지 않을 것을 언명한 시편 기자의 선언을 자신과 청중들의 확신으로 받아들인다.

2. 시편 22편

시편 22편은 다윗의 시로서 고난과 고통을 겪는 의인이 하나님께 구원을 청하고(전반부-숨어계신 하나님) 그 구원을 노래하는 공적인 감사의 시이다(후반부-신원하시는 하나님).26) 초대교회는 예수 그리스도의 수난서사(막 15:34; 마 27:35, 39, 43, 46)에서 이 시편을 예수님에 대한 예언으로 받아들이고 있는데, 히브리서 저자도 동일한 전승과 해석의 연장선상에 있다.

시편 22편은 히브리서 2장 12절에 22절이 인용된 것 이외에, 마태복음 27장 46절과 마가복음 15장 34절에 1절이, 그리고 요한복음 19장 24절에 18절이 인용되었다. 그리고 시편 22편은 그 내용이 신약에 가장 많이 암시되어 있는 시편 중에 하나이다. 베드로전서 1장 11절에는 22편 전체가, 마가복음 9장 12절과 누가복음 24장 47절에는 1-18절이 암시되었으며, 그 외에 5절은 로마서 5장 5절에, 7절은 마태복음 27장 39절과 15장 29절에, 7-8절은 누가복음 23장 35-36절과 마태복음 27장 39-43절에, 8절은 마태복음 27장 43절에, 15절은 요한복음 19장 28절에, 16절은 빌립보서 3장 2절에, 16-18절은 마태복음 26장 24절에, 18절은 마태복음 27장 35절과 마가복음 15장 24절, 누가복음 23장 34절에, 20절은 빌립보서 3장 2절에, 21절은 디모데후서 4장 17절에, 23절은 요한계시록 19장 5절에, 28절은 요한계시록 11장 15절과 19장 6절에도 각각 암시되어 있다.

시편 22편 22절(21:23 LXX)("내가 주의 이름을 내 형제들에게 선포하고 내가 주를 교회 중에서 찬송하리라")은 히브리서 2장 12절에 인용되었는데, 이 구절은 예수께서 죽음에서 부활하시고 나서 "내 형제들에게" 이 사실을 알리라고 하신 말씀(마 28:10; 요 20:17)과 흡사하다. 여기서는 예수 그리스도께서 화자이신데, 십자가에 못 박혔던 동일한 화자가 이제는 존귀하게 되신 그리스도이심이 분명하다. 시편 8편의 인용과 강해를 마치고 이 구절을 인용하면서, 히브리서 저자는 시편 22편 1-21절에 기록된 고난을 인하여 주님은 이제 새로운 인류의 수장이 되셨다고 해석하고 있다.

결 론

　지금까지 히브리서에 인용된 시편들의 배경과 신약에서의 사용, 그리고 히브리서에서의 기능과 해석 등을 살펴보았다. 이상에서 우리는 몇 가지 결론을 내릴 수 있다. 첫째로, 히브리서 기자는 구약, 특히 시편을 자신의 설교를 이끌어 나가는 데 핵심적이고 중요한 본문으로 사용하고 있음이 분명하다. 시편은 히브리서 내의 일곱 편의 구약 강해 중에서 네 편의 주요 본문의 위치를 차지하고 있으며, 히브리서의 서론과 결론의 주요 구약 본문의 역할도 하고 있다. 특히 시편 2편과 110편은 단 한 두 절의 인용이지만, 히브리서 전반의 신학적 주제인 예수 그리스도의 메시아, 아들, 대제사장직에 대한 논의의 핵심구절 역할을 한다.

　둘째로, 히브리서 저자는 시편들을 인용하고 해석함에 있어서 그 배경과 문맥의 중요성을 인식하고 있었음이 확실하다. 특별히 인간의 위치에 대한 이해와 그 회복의 성취를 염두에 둔 시편 8편의 인용과 해석인 히브리서 2장과 광야세대의 반역과 신앙의 실패를 염두에 둔 경고인 히브리서 3-4장이 그 대표적인 예이다. 또한 의인의 고난과 하나님의 구원을 노래하는 시편 22편을 인용하며 예수 그리스도에게 적용시킨 히브리서 2장 12절도 그러하다.

　셋째로, 시편들을 해석함에 있어서 기독론적인 해석이 두드러진다. 대표적으로 시편 8편, 95편, 110편, 40편 등을 기독론적으로 해석하되 모형론적 해석방법을 활용하고 있다. 물론 시편 22편, 104편, 102편, 45편, 118편 등을 인용한 것과 같은 축자적 인용도 있지만, 히브리서에 인용되고 해석된 시편은 거의 다 그리스도와 그의 생애를 의미한다.

　마지막으로, 히브리서 저자가 사용한 구약성경은 히브리어 성경인 MT가 아니라 그 번역 성경인 LXX이었음이 그의 시편 인용에서 분명하게 드러난다. 그러나 그는 이 LXX를 암송하여 인용하기도 하고, 우리가 가지고 있는 전승과는 다른 것을 따르기도 한 것 같다. 이 모든 현상은 히브리서 저자가 청중을 설득하기 위한 그의 필요에 영향을 받은 경우가 많다.

주(註)

1) 히브리서에서의 구약인용 방식과 해석 그리고 구약인용이 히브리서의 신학과 구조에 그 미치는 영향 등에 관하여는 필자의 논문, 장동수, "히브리서의 구약인용과 해석,"「복음과 실천」, 35 (2005년 봄), 41-67을 참조하기 바람.
2) Barbara Aland, Kurt Aland, Johannes Karavidopoulos, Carlo M. Martini, and Bruce M. Metzger, eds., *The Greek New Testament*, 4th rev. ed.(Stuttgart: Deutsche Bibelgesellschaft, United Bible Societies, 1993), 890(직접인용구절); 891-901(암시구절); 이와 유사한 분석에 대하여는, George Guthrie, "Old Testament in Hebrews," *Dictionary of the Later New Testament & Its Development* ed. Ralph P. Martin and Peter H. Davids (Downers Grove: InterVarsity Press, 1997), 846-9; Gleason L. Archer, and Gregory Chirichigno, *Old Testament Quotations in the New Testament*(Chicago: Moody Press, 1983); George Howard, "Hebrews and the Old Testament Quotations," *Novum Testamentum* 10 (1968), 208-16; J. C. McCullough, "The Old Testament Quotations in Hebrews," *New Testament Studies* 26 (1979-80), 363-79 등을 보라.
3) Kistemaker, S. *The Psalm Citations in the Epistle to the Hebrews* (Amsterdam: Van Soest, 1961), 12, 129-31; G. W. Grogan, "The New Testament Interpretation of the Old Testament: A Comparative Study," *Tyndale Bulletin* 18 (1967), 62-4.
4) 히브리서의 설교적 구조와 구약인용과의 관계에 대하여는 장동수, "히브리서의 구약인용과 해석," 55-9; J. R. Walters, "The Rhetorical Arrangement of Hebrews," *The Asbury Theological Journal* 51 (1996), 59-70; R. T. France, "The Writer of Hebrews as a Biblical Expositor," *Tyndale Bulletin* 47.2 (1996), 255-60 등의 논의를 참조하라. 히브리서는 다음과 같이 일곱 개의 구약인용과 강해로 이루어진 것으로 볼 수 있다(굵은 글씨체로 표시된 시편 인용현황을 보면 히브리서에서 시편의 영향이 감지된다):
　　서론: 1:1-2:4 (일곱 말씀의 연쇄인용을 통하여)-**시편 2, 104, 45, 102, 110편**
　　제 1 강해:　　2:5-18 (**시편 8:4-6**에 대하여-**시 22:22**; 사 8:17-18과 함께)
　　제 2 강해:　　3:1-4:16 (**시편 95:7-11**에 대하여-창 2:2와 함께)
　　제 3 강해:　　5:1-7:28 (**시편 110:4**에 대하여-창 14:17-20과 함께)
　　제 4 강해:　　8:1-10:25 (예레미야 31:31-34에 대하여-**시 40:6-8**과 함께)
　　제 5 강해:　　10:26-11:40 (하박국 2:3하-4에 대하여)
　　제 6 강해:　　12:1-13 (잠언 3:11-12에 대하여)
　　제 7 강해:　　12:14-29 (출 19:12-13을 중심으로 시내 산에 대하여)
　　결론: 13:1-23 (두 말씀의 인용과 암시들을 통하여)-**시편 118편**포함
5) 시편 2편에 대한 연구로는 Hans-Joachim Kraus, *Psalms 1-59*, trans., Hilton C. Oswald (Minneapolis: Augsburg, 1988), 125-6; A. 바이저,「시편(I)」, 김이곤 역 (서

울: 한국신학연구소, 1992), 142-51; Peter C. Craigie, *Psalms 1-50*, WBC, WBC 번역위원회 역 (서울: 임마누엘, 1991), 84-5; 권오현, 「시편 탐구」 (서울: 대한기독교서회, 2004), 144-159; Gert J. Steyn, "Psalm 2 in Hebrews," *Noetestamentia* 37(2) (2003), 262-282 등을 참조하라.

6) 권오현, 「시편 탐구」, 139-144.
7) Gordon J. Wenham, *Genesis 1-15*, WBC (Waco: Word Books, 1983), 33.
8) 류호준, 「우리와 같은 그분이 있기에: 히브리서」 (서울: 크리스챤다이제스트, 1998), 81-2.
9) Weiser, *The Psalms*, 145.
10) Craigie, *Psalms 1-50*, 110.
11) King James Version, New International Version, New American Standard Bible, New Revised Standard Version, New Jerusalem Bible 등 유수의 영어번역들과 표준새번역개정판, 공동번역개정판, 개역개정판 등의 한글 번역들은 이 구절을 모두 "천사"가 아닌 "하나님"으로 번역하였다. 그리고 Craigie, Kidner, Weiser 등과 같은 시편 주석가들도 이렇게 번역하며 주석하고 있다: Peter C. Craigie, *Psalms 1-50*, WBC (Waco: Word Books, 1983), 104-10; Derek Kidner, *Psalms 1-72*, TOTC (Downers Grove: Inter-Varsity Press, 1973), 65-8; Arthur Weiser, *The Psalms*, OTL (London: SCM, 1962), 139-46.
12) William Lane, *Hebrews 1-8*, WBC (Waco: Word Books, 1991), 43-50; F. F. Bruce, *The Epistle to the Hebrews*. NICNT, rev. ed. (Grand Rapids: Eerdmans, 1990), 69-77; Donald A. Hagner, *Hebrews*. NIBC (Peabody: Hendrickson, 1990), 44-7; Harold W. Attridge, *Hebrews*, Hermeneia (Philadelphia: Fortress Press, 1989), 72-6; Donald Guthrie, *Hebrews*. TNTC (Leicester: Inter-Varsity Press, 1983), 83-7. Craig R. Koester, *Hebrews*, AB (New York: Doubleday, 2001), 218-23 등을 참조하라.
13) 류호준, 87-8.
14) 신약에서 소위 "아담 기독론(Adam Christology)"는 여러 곳에서 나타난다. 시편 2편을 인용하고 해석한 히브리서 2장을 위시하여 롬 5:12-21; 빌 2:6-11; 고전 15:45 등에서 찾을 수 있다. 첫 번째 사람(아담)과 그에 속했던 인류가 하나님의 대리자로서 왕적 권세를 누리지 못하고 오히려 만물에게 종노릇하며 죽음에 굴복하였다면(히 2:15), 마지막 사람(아담) 예수와 그에게 속한 인류는 하나님께 순종함을 통하여(히 5:8) 인간 원래의 지위와 소명을 온전히 완성시키게 되었다. 예수 그리스도가 천사보다 잠시 동안 못하게 되어 사람의 아들(son of man)로 오신 것은 죄 없는 인간이 되셔서 고난과 십자가 사건을 통하여 인간의 죄를 담당하시기 위함이었으며(히 2:7, 9), 인간 본연의 형상과 영광을 회복하고 그 사명을 회복하기 위함이었다. 그러므로 그리스도의 구속사건을 통하여 인간은 하나님의 왕적 대리자로서 창조의 면류관을 다시 쓰게 되었다. 아담은 옛 창조의 대표 인간이었으나 예수 그리스도는 새 창조의 수장이며 오는 세상의 통치자이시다(히 2:5, 8; 참조. 롬 5:12-21; 빌 2:6-11). 그러므로 예수 그리스도는 첫 사람 아담이 그르쳐 놓은 모든 것을

끝내버리시고 새로운 길을 여신 "마지막 아담"이시다(고전 15:45).
15) 시편 95편의 형식, 내용, 배경 등에 관한 더 자세한 것은 Derek Kidner, *Psalms 73-150*, TOTC (Downers Grove: Inter-Varsity Press, 1975), 343-6; Marvin E. Tate, *Psalms 51-100*, WBC (Dallas: Word Books, 1990), 496-500; Hans-Joachim Kraus, *Psalms 60-150*, trans., Hilton C. Oswald (Minneapolis: Augsburg, 1993), 244-6; A. 바이저,「시편(II)」, 김이곤 역 (서울: 한국신학연구소, 1992), 265-9 등을 참조하라.
16) "안식"이라는 용어는 신구약성경에서 상호연관성이 있는 다의적인 용어이다. 첫째로, 안식은 하나님께서 모세를 통하여 출애굽 한 이스라엘 백성들에게 약속하신 가나안 땅을 의미한다(신 12:10; 출 33:14; 수 1:13). 히 3:18-19와 4:8에서 이를 전제로 하고 있으나, 가나안의 안식에 대한 약속이 완전히 성취되는 것은 하나님의 나라에서이다(히 12:22-24). 둘째로, 안식은 하나님의 언약궤가 안치된 성막/성전 혹은 시온 산을 의미한다(왕상 8:56; 시 132:8, 13-14). 히브리서에서도 그리스도인들이 하늘의 지성소에 들어감을 안식으로 언급하고 있다(히 4:9-10; 10:19). 셋째로, 안식은 시내 산 언약인 십계명에 나타나는 안식일을 의미한다(출 35:2). 이 안식(일)은 창조(창 2:2; 출 20:11), 노예상태로부터의 해방(신 5:12-15), 속죄일(레 16:31) 등과 연관되어 있는데, 히 2:10-18에서는 이 모두가 그리스도의 사역과 관련되어 있다. 그리스도인들이 소망하는 안식은 그리스도의 사역의 결과로 주어지기 때문이다; Koester, *Hebrews*, 272-3; Lane, *Hebrews* 1-8, 101-2; Otfried Hofius, "κατάπαυσις, καταπαύω," *EDNT*, II: 265-6 등을 참조하라.
17) G. W. Buchanan, *To the Hebrews*, AB (New York: Doubleday, 1972), XIX, 243-45.
18) 시편 110편에 대한 더 자세한 배경과 해석에 대하여는, 바이저,「시편(II)」, 360-1; Leslie C. Allen, *Psalms 101-150*, WBC (Waco: Word Books, 1983), 78-87; Kraus, Psalms 60-150, 343-54 등을 참조하라.
19) 바이저,「시편(II)」, 360.
20) Fitzmyer는 다음과 같이 주장한다: "구약에서 단 두 군데(창 14:18-20; 시 110:4)밖에 나오지 않는 이 구절에 대하여 그리스-로마시대의 유대교와 기독교권에서 생각을 더 첨가하여 읽어냈는데, 이 현상은 칠십인 역, 요세푸스의 글, 심지어 히브리서 등에서 이루어진 풍유화 현상(allegorization)에서 발견된다." Joseph A. Fitzmyer, "Melchizedek in the MT, LXX, and the NT," *Biblica* 81 (2000), 63-9를 참조하라.
21) 멜기세덱에 관한 여러 배경적 가설이나 해석에 대한 논의는 Attridge, *Hebrews*, 192-6; Bruce, *The Epistle to the Hebrews*, 15-160; Koester, *Hebrews*, 339-41; Lane, *Hebrews 1-8*, 160-3; Otto Michel, "Μελχισέδεκ," *TDNT* IV: 568-71; 오토 미헬,「히브리서」, 강원돈 역 (서울: 한국신학연구소, 1987), 353-7; 360-1; 771-2 등을 참조하라.
22) 시편 40편의 배경과 구조, 내용 등에 관한 설명은 Craigie, *Psalms 1-50*, 410-7; Kraus, *Psalms 1-59*, 423-4; 바이저,「시편(I)」, 445-59 등을 참조하라.
23) 미헬,「히브리서」, 463.
24) K. H. Jobes, "Rhetorical Achievement in the Hebrews 10 'Misquote' of Psalm 40,"

Biblica 72 (1991), 387-96을 참조하라.
25) Archer and Chirichigno, 69.
26) 시편 22편의 배경과 구조, 내용 등에 관한 설명은 Craigie, *Psalms 1-50*, 265-73; Kraus, *Psalms 1-59*, 293-4; 바이저, 「시편(I)」, 289-302 등을 참조하라.

참고자료

주석 및 연구서

게할더스 보스. 「히브리서의 교훈」. 김성수 역. 서울: 도서출판 엠마오, 1984.
고든 D 피. 「신약성경 해석방법론」. 장동수 역. 서울: 크리스챤출판사, 2003.
_____ and Douglas Stuart. 「성경을 어떻게 읽을 것인가」. 오광만 역. 서울: 한국성서유니온 선교회, 2001.
권오현. 「시편탐구」. 서울: 대한기독교서회, 2004.
로버트 L 레이몬드. 「개혁주의 기독론」. 나용화 역. 서울: 기독교문서 선교회, 2007.
로이드 존스, 마틴. 「로마서 강해 (VI): 성도의 견인(롬 8:17-8:39)」. 서문강 역. 서울: 기독교문서 선교회, 1983.
류호준. 「우리와 같은 그분이 있기에: 히브리서」. 서울: 크리스챤다이제스트, 1998.
_____. 「히브리서: 우리와 같은 그분이 있기에」. 서울: 크리스챤다이제스트, 1998.
린다스, 바나바스. 「히브리서의 신학」. 장동수 역. 서울: 한들, 2001.
미헬, 오토. 「히브리서」. 국제성서주석 43. 강원돈 역. 서울: 한국신학연구소, 1987.
바르트, 칼. 「로마서 강해」. 조남홍 역. 서울: 한들, 1997.
바이저, A. 「시편(I)」. 김이곤 역. 서울: 한국신학연구소, 1992.
_____. 「시편(II)」. 김이곤 역. 서울: 한국신학연구소, 1992.
박익수. 「로마서 주석 II」. 서울: 대한기독교서회, 2008.

뱅크스, 로버트.「바울의 그리스도인 공동체 사상」. 장동수 역. 서울: 여수룬 1991.

버나드 L 램.「복음주의 기독론」. 홍성훈 역. 서울: 소망사, 1995.

브루스 M 메쯔거.「신약그리스어본문주석」. 장동수 역. 서울: 대한성서공회 성경원문연구소, 2005.

서중석.「바울서신 해석」. 서울: 대한기독교서회, 2000.

에른스트 케제만.「로마서」. 국제성서주석 36. 서울: 한국신학연구소, 1982.

이한수.「복음은 구원을 주시는 하나님의 능력」. 서울: 이레서원, 2008.

_____.「복음은 구원을 주시는 하나님의 능력」. 서울: 이레서원, 2008.

장동수「히브리서 해석과 설교: 영문 밖으로 예수께 나아가자」. 대전: 침례신학대학교출판부, 2008.

_____.「신약성서 헬라어 문법: 어형론과 문장론」. 서울: 요단, 1999.

장동수 외 12인.「신약성서개론: 한국인을 위한 최신 연구」. 서울: 대한기독교서회, 2002.

전경연.「로마서 신학」. 서울: 대한기독교서회, 1999.

제임스 D. G. 던.「바울신학」. 박문재 역. 고양: 크리스챤다이제스트, 2003.

조지 E 래드.「신약신학」. 신성종, 이한수 역. 개정증보판. 서울: 대한기독교서회, 2001.

존 R. W 스토트.「로마서 강해」. 정옥배 역. 서울: IVP 1994.

차정식.「로마서 I」. 성서주석. 서울: 대한기독교서회, 1999.

크리소스톰, 존.「크리소스톰 로마서 강해」. 송종섭 역. 서울: 지평서원, 2005.

토마스 왓슨.「모든 것이 합력하여 선을 이룬다」(*A Divine Cordial*). 김기찬 옮김. 서울: 생명의 말씀사, 1997.

_____. 「안심하라」(*All Things for Good*). 조계광 역. 서울: 규장, 2009.
필립 H 타우너. 「목회서신: 우리에게 무엇을 교훈하는가?」. 이한수 역. 서울: 선교햇불, 2006.
홍인규. 「로마서 어떻게 읽을 것인가」. 서울: 한국성서유니온, 2001.
Achtimeier, Paul J. *Romans*. Interpretation. Louisville: John Knox Press, 1985.
Aland, Kurt and Barbara Aland. *The Text of the New Testament*. Translated by Erroll F. Rhodes. Grand Rapids: Eerdmans, 1987.
Allen, Leslie C. *Ezekiel 20-48*. WBC. Waco: Word Books, 1990.
_____. *Psalms 101-150*. WBC. Waco: Word Books, 1983.
Archer, Gleason L. and Gregory Chirichigno. *Old Testament Quotations in the New Testament*. Chicago: Moody Press, 1983.
Arnold, Clinton E. *Ephesians, Power and Magic: The Concept of Power in Ephesians in Light of Its Historical Setting*. Grand Rapids: Baker, 1992.
_____. *Ephesians*. ECNT. Grand Rapids: Zondervan, 2010.
Attridge, Harold W. *A Commentary on the Epistle to the Hebrews*. Hermeneia. Philadelphia: Fortress Press, 1989.
Balch, D. L. and E. Ferguson and W. A. Meeks (eds.). *Greeks, Romans, and Christians: Essays in Honor of Abraham J. Malherbe*. Minneapolis: Fortress Press, 1987.
Banks, Robert. *Paul's Idea of Community: The Early House churches in their Historical Setting*. Grand Rapids: Eerdmans, 1980.
_____. *Paul's Idea of Community: The Early House Churches in Their Historical Setting*. Grand Rapids: Eerdmans, 1981.

Barclay, William. *Flesh and Spirit: An Examination of Galatians 5.19-23*. London: SCM, 1962.

Barrett, C. K. *A Commentary on the Epistle to the Romans*. HNTC. SanFrancisco: Harper & Row, 1957.

_____. *The Holy Spirit and the Gospel Tradition*. London: SPCK, 1947.

Barth, Marcus. *Ephesians 1-3*. AB. New York: Doubleday, 1974.

_____. *Ephesians 4-6*. AB. New York: Doubleday, 1974.

_____. *The Broken Wall: A Study of the Epistle to the Ephesians*. London: The Judson Press, 1960.

Bauckham, Richard J. *Jude, 2 Peter*. WBC. Waco: Word Books, 1983.

Beasley-Murray, G. R. *John*. WBC. Waco: Word Books, 1987.

_____. *Baptism in the New Testament*. Grand Rapids: Eerdmans, 1962.

Beker, J. Christian. *Paul the Apostle: The Triumph of God in Life and Thought*. Philadelphia: Fortress Press, 1980.

Best, Ernest. *Ephesians*. ICC. Edinburgh: T & T Clark, 1998.

_____. *Essays on Ephesians*. Edinburgh: T & T Clark, 1997.

Betz, Hans Dieter. *Galatians*. Hermeneia. Philadelphia: Fortress, 1979.

Black, David Alan (ed.). *Scribe and Scripture*. Winona Lake: Eisenbrauns, 1992.

Black, Matthew. *Aramaic Approach to the Gospels and Acts*. Peabody: Hendrickson, 1998.

Bornkamm, Gunter. 「사도 바울」. 허혁 역. 서울: 이화여자대학교 출판부, 1978, 1991.

Brown, Raymond E. *An Introduction to New Testament Christology*. New York: Paulist Press, 1994.

_____. *An Introduction to the New Testament*. New York: Doubleday, 1996.

_____. *The Epistles of John*. AB. New York: Doubleday, 1982.

_____. *The Gospel according to John I-XII*. AB. New York: Doubleday, 1966.

_____. *Biblical Exegesis & Church Doctrine*. New York: Paulist Press, 1985.

Bruce, F. F. *Romans*. rev. ed. TNTC. Grand Rapids: Eerdmans, 1985.

_____. *The Epistle to the Galatians*. NIGTC. Grand Rapids: Eerdmans, 1982.

_____. *The Epistle to the Hebrews*. 2nd ed. NIGTC. Grand Rapids: Eerdmans, 1990.

_____. *The Epistles to the Colossians, to Philemon, and to the Ephesians*. NIGTC. Grand Rapids: Eerdmans, 1984.

Buchanan, George Wesley. *To the Hebrews*. AB. Edited by William Foxwell Albright and David Noel Freedman. Garden City: Doubleday, 1972.

Buckwalter, H. Douglas. *The Character and Purpose of Luke's Christology*. New York: Cambridge University Press, 1996.

Carson, D. A., Douglas J. Moo, and Leon Morris. *An Introduction to the New Testament*. Grand Rapids: Zondervan, 1992.

Casey, P. M. *From Jewish Prophet to Gentile God*. Cambridge: James Clarke & Co., 1991.

Charlesworth, James H. *The Old Testament Pseudepigrapha*. Vol. 1. Garden City: Doubleday, 1983.

Colson, F. H., and G. H. Whitaker (trans.). *Philo*. Vol. I. LCL 226. Cambridge: Harvard University Press, 1991.

Cooper, Lamar Eugene. *Ezekiel*. NAC. Nashville: Broadman & Holman Publishers, 1994.

Cosgrove, Charles H. *The Cross and Spirit: A Study in the Argument and Theology of Galatians*. Mercer: Mercer University Press, 1988.

Craigie, Peter C. *Psalms 1-50*. WBC. Waco: Word Books, 1983.

Cranfield, C. E. B. *The Epistle to the Romans*. ICC. 2 Vols. Edinburgh: T. & T. Clark, 1982.

Cullmann, Oscar. *The Christology of the New Testament*. London: SCM Press, 1983.

de Bruyn, Theodore (trans.). *Pelagius's Commentary on Saint Paul's Epistle to the Romans*. Oxford: Clarendon Press, 2002.

de Jonge, Marinus. *Christology in Context: The Earliest Christian Response to Jesus*. Philadelphia: The Westminster Press, 1988.

de Silva, David A. *Perseverance in Gratitude: A Socio-rhetorical Commentary on the Epistle to the Hebrews*. Grand Rapids: Eerdmans, 1993.

Delitzsch, Franz. *Commentary on the Epistle to the Hebrews*. Vol. 2. Translated by Thomas L. Kingsbury. Grand Rapids: Eerdmans, 1952.

Dibelius, Martin, and Hans Conzelmann. *The Pastoral Epistles*. Hermeneia. Philadelphia: Fortress Press, 1972.

Dodd, C. H. *The Epistle of Paul to the Romans*. London: Hodder & Stoughton and Brothers, 1947.

Donfried, Karl P (ed.). *The Romans Debate*. Revised. Peabody: Hendrickson 1997, 1991(2).

Dunn, James D. G. *Baptism in the Holy Spirit*. Philadelphia: The Westminster Press, 1970.

_____. *Christology in the Making*. Grand Rapids: Eerdmans, 1996.

_____. *Jesus and the Spirit*. London: SCM Press Ltd., 1975.

_____. *Romans 1-8*. WBC. Dallas: Word Books, 1988.

_____. *Romans 9-12*. WBC. Dallas: Word Books, 1988.

_____. *The Christ & the Spirit: Volume 2 Pneumatology*. Grand Rapids: Eerdmans, 1998.

_____. *The Epistle to the Galatians*. Peabody: Hendrickson, 1993.

_____. *Unity and Diversity in the New Testament: An Inquiry into the Character of Earliest Christianity*. London: SCM, 1993.

_____ and James P. Mackey. *New Testament Theology in Dialogue: Christology and Ministry*. Philadelphia: The Westminster Press, 1987.

Ehrman, Bart D. *The Orthodox Corruptions of Scripture: The Effect of Early Christological Controversies on the Text of the New Testament*. New York, Oxford: Oxford University Press, 1993.

Eichrodt, Walther. *Ezekiel*. OTL. London: SCM Press Ltd., 1970.

Eisenbaum, Pamela Michelle. *The Jewish Heroes of Christian History: Hebrews 11 in Literary Context*. Atlanta: Scholars Press, 1997.

Ellingworth, Paul. *Commentary on Hebrews*. NIGTC. Grand Rapids: Eerdmans, 1993.

_____. *The Epistle to the Hebrews: A Commentary on the Greek Text*. NIGTC. Grand Rapids: Eerdmans, 1993.

Elliott, Neil. *The Rhetoric of Romans: Argumentative Constraint and Strategy and Paul's Dialogue with Judaism*. JSNTSup. 45. Sheffield: Sheffield Academic Press, 1990.

Fee, Gordon D. *1 & 2 Timothy, Titus*. NIBC. Massachusetts: Hendrickson, 1988.

_____. *God's Empowering Presence: The Holy Spirit in the Letters of Paul*. Peabody: Hendrickson, 1994.

Fitzmyer, Joseph A. *Romans*. AB. New York: Doubleday, 1992.

Fowl, Stephen E. *Ephesians*. NTL. Louisville: Westminster John Knox Press, 2012.

Fuller, Reginard H. *The Foundations of New Testament Christology*. New York: Charles Scribner's Sons, 1965.

Gamble, Harry, Jr. *The Textual History of the Letter to the Romans*. Grand Rapids: Eerdmans, 1977.

George, Timothy. *Galatians*. NAC. Nashville: B&H, 1994.

Goppelt, Leonhard. *Theology of the New Testament*, vol. 2. *The Variety and Unity of the Apostolic Witness to Christ*. Translated by John E. Alsup. Grand Rapids: Eerdmans, 1982.

Grudem, Wayne A. *The Gift of Prophecy in 1 Corinthians*. Lanham: University Press, 1982.

Gundry, Robert H. *Sōma in Biblical Theology*. Cambridge: Cambridge University Press, 1976.
Guthrie, G. H. *Hebrews*. TNTC. Leicester: Inter-Varsity Press, 1983.
_____. *Structure of Hebrews*. Grand Rapids: Baker, 1998.
Haenchen, Ernst. *John 1*. Hermeneia. Philadelphia: Fortress Press, 1984.
Hagner, Donald A. *Hebrews*. NIBC. Peabody: Hendrickson, 1990.
Haines, C. R (ed./trans.). *Marcus Aurelius*. LCL 58. Cambridge: Harvard University Press, 1999.
Harnack, Adolf. *Militia Christi: The Christian Religion and the Military in the First Three Centuries*. Philadelphia: Fortress Press, 1981.
Harris, Murray J. *Jesus as God: The New Testament Use of "Theos" in Reference to Jesus*. Grand Rapids: Baker, 1992.
Hays, R. B. *The Faith of Jesus Christ*. Chico: Scholars Press, 1983.
Hengel, Martin. *Studies in Early Christology*. Edinburgh: T & T Clark, 1995.
Hill, David. *New Testament Prophecy*. Atlanta: John Knox Press, 1979.
Hodge, Charles. *Commentary on the Epistle to the Romans*. Grand Rapids: Eerdmans, 1955.
Hughes, Philip E. *A Commentary on the Epistle to the Hebrews*. Grand Rapids: Eerdmans, 1977.
Jeremias, Joachim. *New Testament Theology: The Proclamation of Jesus*. New York: Charles Scribner's Sons, 1971.

Jervis, Ann L. *The Purpose of Romans: A Comparative Letter Structure Investigation*. JSNTSup. 55. Sheffield: Sheffield Academic Press, 1991.

Jewett, Robert. *Romans*. Hermeneia. Minneapolis: Fortress Press, 2007.

Johnson, Luke Timothy. *Hebrews*. NTL. Louisville: Westminster John Knox Press, 2006.

_____. *The Writings of the New Testament: An Interpretation*. Rev. ed. Minneapolis: Fortress Press, 1985, 1999(2).

Josephus, Flavius. *Josephus*. Translated by H. St. J. Thackery, Palph Marcus, Allen Wickgren, and L. H. Feldman. LCL 8 Vols. London: William Heinemann; New York: G. P, G. P. Putnam's Sons, 1926-30.

Käsemann, Ernst. *The Wandering People of God: An Investigation of the Letter to the Hebrews*. Augsburg: Minneapolis, 1984.

Kidner, Derek. *Psalms 1-72*, TOTC. Downers Grove: Inter-Varsity Press, 1973.

_____. *Psalms 73-150*. TOTC. Downers Grove: Inter-Varsity Press, 1975.

Kistemaker, S. *The Psalm Citations in the Epistle to the Hebrews*. Amsterdam: Van Soest, 1961.

Knight, George W., III. *The Pastoral Epistles: A Commentary on the Greek Text*. NIGTC. Grands Rapids: Eerdmans, 1992.

Koester, Craig R. *Hebrews*. AB. New York: Doubleday, 2001.

Koester, Helmut. *Introduction to the New Testament*. Vol. 2: History and Literature of Early Christianity. New York: Walter De Gruyter, 1982.

Kraus, Hans-Joachim. *Psalms 1-59*. Translated by Hilton C. Oswald. Minneapolis: Augsburg, 1988.

_____. *Psalms 60-150*. Translated by Hilton C. Oswald. Minneapolis: Augsburg, 1993.

Krieg, Robert A. *Story-Shaped Christology*. New York: Paulist Press, 1988.

Kümmel, Werner. *Introduction to the New Testament*. Nashville: Abingdon, 1973, 1975(2).

Lane, William L. *Hebrews 1-8*. WBC. Waco: Word Books, 1991.

_____. *Hebrews 9-13*. WBC. Waco: Word Books, 1991.

Lee, Jae Hyun. *Paul's Gospel in Romans: a Discourse Analysis of Rom. 1:16-8:39*. Leiden: Brill, 2010.

Morris, Leon. *The Apostolic Preaching of the Cross*. 3rd revised. Grand Rapids: Eerdmans, 1965.

Lightfoot, J. B. *Saint Paul's Epistle to the Galatians*. London: Macmillan, 1986.

Lincoln, Andrew T. and A. J. M. Wedderburn. *The Theology of the Later Pauline Letters*. Cambridge: Cambridge University Press, 1993.

_____. *Ephesians*. WBC. Dallas: Word Books, 1990.

_____. *Paradise Now and Not Yet*. Cambridge: Cambridge University Press, 1981.

Longenecker, Richard N (ed.). *Contours of Christology in the New Testament*. Grand Rapids: Eerdmans, 2005.

_____. *Galatians*. WBC: Word Books, 1990.

_____. *Biblical Exegesis in the Apostolic Period*. Grand Rapids: Eerdmans, 1975.

Lull, David John. *The Spirit in Galatia: Paul's Interpretation of Pneuma as Divine Power*. Eugene: Wipf & Stock, Publishers, 1980.

Manson, T. W. *Studies in the Gospels and Epistles*. Edited by Matthew Black. Manchester: Manchester University Press, 1962.

Marshall, I. H. *The Pastoral Epistles*. ICC. London: T & T Clark, 1999.

_____. *The Origins of New Testament Christology*. Downers Grove: IVP, 1990.

Martin, Ralph P. *Ephesians, Colossians, and Philemon*. Interpretation. Louisville: John Knox Press, 1991.

Martyn, J. Louis. *Galatians*. AB. New Haven: The Anchor Yale Bible, 2004.

Matera, Frank J. *New Testament Christology*. Louisville: Westminster /John Knox Press, 1999.

McLay, R. Timothy. *The Use of the Septuagint in New Testament Research*. Grand Rapids: Eerdmans, 2003.

Metzger, Bruce M. *A Textual Commentary on the Greek New Testament*. 2nd ed. Stuttgart: Deutsche Bibelgesellschaft, 1993.

_____. *The Canon of the New Testament: Its Origin, Development, and Significance*. New York: Oxford University Press, 1992.

_____. *The Early Versions of the New Testament: Their Origin, Transmission, and imitations*. New York: Oxford University Press, 1977.

_____. *The Text of the New Testament: Its Transmission, Corruption, and Restoration*. 3rd ed. New York, Oxford: Oxford University Press, 1992.

_____(ed.). *The Oxford Annotated Apocrypha.* New York: Oxford University Press, 1977.

Meyer, Marvin and Charles Hughes (eds.). *Jesus Then and Now: Images of Jesus in History and Christology.* Harrisburg: Trinity Press, 2001.

Moffatt, James. *A Critical and Exegetical Commentary on the Epistle to the Hebrews.* ICC. Edinburgh: T & T Clark, 1924.

Montefiore, Hugh. *A Commentary on the Epistle to the Hebrews.* HNTC. New York, Evanston: Harper & Row, Publishers, 1964.

Moo, Douglas. *The Epistle to the Romans.* NICNT. Grand Rapids: Eerdmans, 1996.

Morris, Leon. *The Gospel according to John.* NICNT. Grand Rapids: Eeerdmans, 1984.

Moulton, J. H., and G. Milligan, *Vocabulary of the Greek Testament.* Peabody: Hendrickson, 1997.

_____. *The Vocabulary for the Greek New Testament Illustrated from the Papyri and Other Non-Literary Sources.* London: Hodder and Stroughton, 1914.

Mounce, Robert H. *Romans.* NAC. Nashville: Broadman & Holman Publishers, 1995.

Mounce, William D. *Pastoral Epistles.* WBC. Nashville: Thomas Nelson, 2000.

Murray, John. *The Epistle to the Romans.* NICNT. Grand Rapids: Eerdmans, 1982.

Newman, Paul W. *A Spirit Christology.* N.P.: Univ. Press of America, 1987.

Neyrey, Jerome H. *2 Peter, Jude*. AB. New York: Doubleday, 1993.

Nygren, Anderson. *Commentary on Romans*. Philadelphia: Muhlenburg Press 1949.

Oden, Thomas C. *First and Second Timothy and Titus*. Interpretation. Louisville: John Knox Press, 1989.

Omanson, Roger L. *A Textual Guide to the Greek New Testament*. Stuttgart: Deutsche Bibelgesellschaft, 2006.

Ottley, Richard R. *A Handbook to the Septuagint*. London: Methuen & Co. Ltd., 1920.

Piper, John. *The Justification of God: An Exegetical & Theological Study of Romans 9:1-23*. Grand Rapids: Baker, 1993.

Pokorny, Petr. *The Genesis of Christology: Foundations for a Theology of the New Testament*. Translated by Marcus Lefebure. Edinburgh: T & T Clark, 1987.

Powell, Mark Allan and David R. Bauer (eds.). *Who Do You Say That I Am: Essays on Christology*. Louisville: Westminster John Knox Press, 1999.

Quinn, Jerome. D. *The Letter to Titus*. AB. New Haven: Doubleday, 1990.

Robertson, A. T. *A Grammar of the Greek New Testament in the Light of Historical Research*. Nashville: Broadman Press, 1934.

Russell, Walter Bo. *The Flesh/Spirit Conflict in Galatians*. Lanham: University Press of America, 1997.

Sanday, William, and A. C. Headlam. *A Critical and Exegetical Commentary on the Epistle to the Romans*. ICC. 5nd ed. Edinburgh: Clark, 1962.

Schnackenburg, Rudolf. *Ephesians: A Commentary*. Edinburgh: T & T Clark, 1991.

_____. *The Church in the New Testament*. London: Burns & Oates, 1974.

Schwarz, Hans. *Christology*. Grand Rapids: Eerdmans, 1998.

Simpson, E. K. *Words Worth Weighing in the Greek New Testament*. London: The Tyndale Press, 1946.

Stott, John R. W. *The Message of 2 Timothy*. BST. Downers Grove: IVP, 1973.

_____. *The Message of Romans*. BST. Downers Grove: IVP, 1994.

Strecker, Georg. *The Johannine Letters*. Hermeneia. Minneapolis: Fortress Press, 1996.

Sturch, Richard. *The Word and the Christ*. Oxford: Clarendon Press, 1991.

Tate, Marvin E. *Psalms 51-100*. WBC. Waco: Word Books, 1990.

Towner, Philip H. *The Letters to Timothy and Titus*. NICNT. Grand Rapids: Eerdmans, 2006.

Turner, Nigel. *Grammatical Insights into the New Testament*. Edinburgh: T&T Clark, 1983.

Vos, Geerhardus. *The Pauline Eschatology*. Grand Rapids: Eerdmans, 1930.

Wall, Robert W. *1 & 2 Timothy and Titus*. Grand Rapids: Eerdmans, 2012.

Warfield, B. B. *The Inspiration and Authority of the Bible.* Philadelphia: Presbyterian and Reformed Publishing, 1948.

Wedderburn, A. J. M. *The Reasons for Romans.* Minneapolis: Fortress Press, 1991.

Weiser, Arthur. *The Psalms.* OTL. London: SCM, 1962.

Wenham, Gordon J. *Genesis 1-15.* WBC. Waco: Word Books, 1983.

Westcott, Brooke F., *The Epistle to the Hebrews.* London: MacMillan and Company, 1903.

_____ and Fenton J. A. Hort. *The New Testament in the Original Greek.* New York: Macmillan, 1951.

_____. *The New Testament in the Original Greek: Introduction and Appendix.* New York: Harper & Brothers, 1882.

Westcott, Brooke F., *The Epistle to the Hebrews.* London: MacMillan and Company, 1903.

Wink, Walter. *Naming the Powers: The Language of Power in the New Testament.* Philadelphia: Fortress Press, 1986.

Witherington, Ben, III. *Grace in Galatia: A Commentary on Paul's Letter to the Galatians.* Grand Rapids: Eerdmans, 1998.

_____. *Paul's Letter to the Romans: a Socio-Rhetorical Commentary.* Grand Rapids: Eerdmans, 2004.

_____. *The Christology of Jesus.* Minneapolis: Fortress Press, 1990.

_____. *The Many Faces of the Christ: The Christologies of the New Testament and beyond.* New York: The Crossroad Publishing Company, 1998.

Zerwick, Maximilian. *Biblical Greek*. Rome: Scripta Pontificii Instituti Biblici, 1963.

Zimmerli, Walther. *Ezekiel 2*. Hermeneia. Philadelphia: Fortress Press, 1983.

Zuntz, G. *The Test of the Epistles: A Disquisition upon the Corpus Paulinum*. London: Oxford University, 1953.

정기간행물 및 연구서에 포함된 연구논문

장동수. "목회서신의 성령론."「복음과 실천」, 41 (2008 봄): 361-80.

_____. "에베소서의 교회론."「복음과 실천」, 27 (2000): 103-44.

_____. "히브리서 기독론의 성격과 목적."「복음과 실천」, 33 (2004, 봄): 33-57.

_____. "히브리서의 구약인용과 해석."「복음과 실천」, 35 (2005, 봄): 41-67.

조병수. "히브리서에 나타난 구약성경 인용에 대한 연구."「그말씀」, 127 (2000, 1): 82-8.

최갑종. "로마서의 중심주제: 이신칭의."「신약신학저널」, 3 (2000): 303-22.

Anderson, H. "The Jewish Antecedents of the Christology in Hebrews." In *The Messiah: Developments in Earliest Judaism and Christianity*. Edited by James H. Charlesworth. Minneapolis: Fortress Press, 1987: 512-35.

Ballenger, Isam E. "Ephesians 4:1-16." *Interpretation* 51 (1997): 292-5.

Balz, H. "πρόθεσις." *EDNT*. Vol. 3. Edited by Horst Balz and Gerhard Schneider. Grand Rapids: Eerdmans, 1993.

Barrett, C. K. "The Christology of Hebrews." Edited by Mark Allan Powell and David R. Bauer. *Who Do You Say That I*

Am: Essays on Christology. 110-127. Louisville: Westminster John Knox Press, 1999.

Batey, Richard. "Jewish Gnoticism and the 'HIEROS GAMOS' of Eph. V:21-33." *NTS* 10 (1963): 121-7.

_____. "The Μια Σαρξ Union of Christ and the Church." *NovTSup* 13 (1966-67): 270-81.

Beare, Frank W. "The Text of the Epistle to the Hebrews in P46." *JBL* 63 (1944): 379-96.

Bergmeier, R. "περιπατέω." *EDNT*. Vol. 3. Edited by Horst Balz and Gerhard Schneider. Grand Rapids: Eerdmans, 1990.

Black, C. Clifton. "The Rhetorical Form of the Hellenistic Jewish and Early Christian Sermon: A Response to Lawrence Wills." *HTR* 81:1 (1988): 1-18.

Black, Matthew. "The Interpretation of Romans viii 28." 166-72. *Noetestamentica et Patristica: Eine Freundesgabe, Herrn Professor Dr. Oscar Cullmann*. NovTSup. Leiden: Brill, 1962.

_____. "Additional Note on Heb. 11.11 and the Circumstantial Clause in Hebrews." *Aramaic Approach to the Gospels and Acts*. 3rd ed. Oxford: The Clarendon Press, 1967; reprint, Peabody: Hendrickson Publishers, Inc., 1998.

Bornkamm, Günter. "The Letter to the Romans as Paul's Last Will and Testament." 16-28. Edited by Karl P. Donfried. *The Romans Debate*. Peabody: Hendrickson 1997, 1991(2).

Cadwallader, Alan H. "The Correction of the Text of Hebrews towards the LXX." *NovTSup* 37 (1992): 266-92.

Cahill, M. "A Home for the Homily: An Approach to Hebrews." *ICQ* 60 (1994): 141-8.

Caird, G. B. "Exegetical Method of the Epistle to the Hebrews." *CJT* 5 (1959): 44-51.

Cambell, William S. "Romans III as a Key to the Structure and Thought of Romans." In *The Romans Debate*. Revised. Edited by Karl P. Donfried, Peabody: Hendrickson Publishers, 1991.

Charles, J. Daryl. "The Angels, Sonship and Birthright in the Letter to the Hebrews." *JETS* 33. (June 1990): 171-8.

Cranfield, C. E. B. "Romans 8.28." *SJT* 19 (1966): 204-15.

Croy, N. Clayton. "A Note on Hebrews 12:2." *JBL* 114 (1995, Spring): 117-9.

Dabelstein, R. "ἐνοικέω." *EDNT*. Vol. 1. Edited by Horst Balz and Gerhard Schneider. Grand Rapids: Eerdmans, 1990.

Dodd, C. H. "Hilaskesthai, Its Cognates, Derivatives, and Synonyms in the Septuagint." *JTS* 32 (1931): 352-60.

Dunn, James D. G. "Romans, Epistles to the." 838-50. Edited by Gerald F. Hawthorne, Ralph P. Martin, and Daniel G. Reid. *Dictionary of Paul and His Letters*. Downers Grove: Inter-Varsity Press 1997, 838-50.

Ellingworth, Paul. "New Testament Text and Old Testament Context in Heb. 12.3."*Studia Biblica*. Edited by E. A. Livingstone. JSNTSup 3. Sheffield: JSOT Press, 1980: 89-96.

Elliott, J. K. "When Jesus Was apart from God: An Examination of Hebrews 2.9." *The Expository Times* 83 (1971-72): 339-41.

Epp, Eldon Jay. "Textual Criticism (NT)." ABC. Vol. 6. Edited by David Noel Freedman. New York: Doubleday, 1992.

Erickson, Millard J. "Evangelical Christology and Soteriology Today." *Interpretation*. 49 (1995. 7): 255-67.

Erickson, Richard J. "Oida and Ginosko and Verbal Aspect in Pauline Usage." *WTJ* 44 (1982): 110-22.

Fitzmyer, Joseph A. "Melchizedek in the MT, LXX, and the NT." *Biblica* 81 (2000): 63-9.

France, R. T. "The Writer of Hebrews as a Biblical Expositor." *Tyndale Bulletin* 47.2 (1996): 245-76.

Fryer, Nico S. L. "The Meaning and Translation of Hilasterion in Romans 3:25." *Evangelical Quarterly* 59/2 (1987): 99-116.

Glasswell, M. E. "ἐκδέχομαι, ἀπεκδέχομαι." *EDNT*. Vol. 1. Edited by Horst Balz and Gerhard Schneider. Grand Rapids: Eerdmans, 1990.

Greenlee, J. Harold. "Hebrews 11:11: 'By Faith Sarah Received Ability.'" *ATJ* 54/1 (Spring 1999): 67-72.

Grogan, G. W. "The New Testament Interpretation of the Old Testament: A Comparative Study." *Tyndale Bulletin* 18 (1967): 245-76.

Guthrie, George. "Old Testament in Hebrews." *Dictionary of the Later New Testament & Its Development*. Edited by Ralph P. Martin and Peter H. Davids. Downers Grove: Intervarsity Press, 1997.

Haykin, M. A. G. "The Fading Vision? The Spirit and Freedom in the Pastoral Epistles." *Evangelical Quarterly* 57 (1985): 291-305.

Hiebert, D. Edmond. "Romans 8:28-29 and the Assurance of the Believer." *Bibliotheca Sacra*, 148 (1991): 170-83.

Holman, Charles L. "Titus 3.5-6: A Window on Worldwide Pentecost." *JPT* 8 (1996): 53-62.

Horstmann, A. "οἶδα." *EDNT*. Vol. 2. Edited by Horst Balz and Gerhard Schneider. Grand Rapids: Eerdmans, 1991.

Howard, George. "Hebrews and the Old Testament Quotations." *Novum Testamentum* 10 (1968): 208-16.

_____. "The Head/Body Metaphors of Ephesians." *NTS* 20 (1974): 350-6.

Hutaff, Margaret D. "The Epistle to the Hebrews: An Early Christian Sermon." *The Bible Today* (December, 1978): 1816-24.

Irwin, Joyce. "The Use of Hebrews 11:11 as Embryological Proof-Text." *HTR* 71 (1978): 312-6.

Jervell, Jacob. "The Letter to Jerusalem." Edited by Karl P. Donfried. *The Romans Debate*. 53-64. Peabody: Hendrickson 1997, 1991(2).

Jewett, Robert. "Following the Argument of Romans." Edited by Karl P. Donfried. *The Romans Debate*. 265-77. Peabody: Hendrickson 1997, 1991(2).

_____. "Romans as an Ambassadorial Letter." *Interpretation* 36 (1982): 5-20.

Jobes, K. H. "Rhetorical Achievement in the Hebrews 10 'Misquote' of Psalm 40." *Biblica* 72 (1991): 387-96

Kilpatrick, George D. "The Text of the Epistles: the Contribution of Western Witnesses." Edited by M. Becht. *Text-Wort-Glaube: Studien zu Überlieferung, Interpretation und Autorisierung biblischer Text*. 46-68. Berlin, New York: de Gruyter, 1980.

Kim, Young Kyu. "Palaeographical Dating of P^{46}." *Biblica* 69 (1988): 248-57.

Klein, Günter. "Paul's Purpose in Writing the Epistle to the Romans." Edited by Karl P. Donfried. *The Romans Debate*. 29-43. Peabody: Hendrickson 1997, 1991(2).

Koester, Craig R. Charles H. "Hebrews, Rhetoric, and the Future of Humanity." *CBQ* 64 (January 2002): 103-23.

Lincoln, A. T. "A Re-examination of 'the Heavenlies' in Ephesians." *NTS* 19 (1973): 468-83.

Lindars, Banabars. "The Rhetorical Structure of Hebrews." *NTS* 35 (1989): 382-406.

Manson, T. W. "St. Paul's Letter to the Romans-and Others." Edited by Karl P. Donfried. *The Romans Debate*. 3-15. Peabody: Hendrickson 1977, 1995 (2).

_____. "The Argument from Prophecy." *JTS* 46 (1945): 129-36.

Martin, Francis. "Pauline Trinitarian Formulas and Church Unity." *CBQ* 30 (1968): 199-219.

Martin, J. Louis. "Apocalyptic Antinomies in Paul's Letter to the Galatians." *NTS* 31 (1985): 410-24.

McCullough, J. C. "The Old Testament Quotations in Hebrews." *NTS* 26 (1979-80): 363-79.

McEleney, Neil J. "Conversion, Circumcision and the Law." *NTS* 20 (1974): 319-41.

Metzger, Bruce M. "The Punctuation of Rom. 9:5." Edited by Barnabas Lindars and Stephen S. Samalley. *Christ and Spirit in the New Testament: Studies in honour of C. F. D. Moule*. 95-112. Cambridge University Press, 1973.

Migliore, Daniel L. "Doctrinal and Contextual Tasks of Christology Today." *Interpretation* 49 (1995. 7): 242-54.

Moltmann, Jurgen. "The Way of Jesus Christ: Christology in Messianic Dimensions." *Interpretation* 46 (1992. 10): 407-9.

Morris, Leon. "The Meaning of HILASTHRION in Romans III.25." *NTS* 25 (1955): 33-43.

Motyer, Stephen. "The Psalm Quotations of Hebrews 1: A Hermeneutic- free Zone?" *Tyndale Bulletin* 50.1 (1999): 3-21.

Müller, P. G. "ἐπιφάνεια." *EDNT.* Vol. 2. Edited by Horst Balz and Gerhard Schneider. Grand Rapids: Eerdmans, 1990.

Munro, Winsome. "Col. III.18-IV.1 and Eph. V.21-VI.9: Evidences of a Late Literary Stratum?" *NTS* 18 (1972): 434-47.

Myers, Charles D., Jr. "Romans, Epistles to the." Edited by David Noel Freedman. AB. Vol. 5. 816-30. New York: Doubleday, 1992.

O'brien, Peter. "Ephesians I: An Unusual Introduction to a New Testament Letter." *NTS* 25 (1979): 504-16.

Ollrog, Wolf-Henning. "συνεργός, συνεργέω." *EDNT.* Vol. 3. Edited by Horst Balz and Gerhard Schneider. Grand Rapids: Eerdmans, 1991.

O'Neill, J. C. "Hebrews 11.9." *JTS* 17 (1966): 79-82.

_____. "The Rules Followed by the Editors of the Text Found in the Codex Vaticanus." *NTS* 35 (1989): 219-28.

Osborne, Grant R. "The Christ of Hebrews and Other Religions." *JETS* 46 (June 2003): 249-67.

Osburn, Carroll D. "The Interpretation of Romans 8:28." *WTJ* 44 (1982): 99-109.

Overfield, P. D. "Pleroma: A Study in Content and Context." *NTS* 25 (1979): 384-96.

Quinn, Jerome D. "The Holy Spirit in the Pastoral Epistles." Edited by D. Durken. *Sin, Salvation and the Spirit*. 345-68. Collegeville: Liturgical Press, 1979.

─────── . "The Last Volume of Luke: the Relation of Luke-Acts to the Pastoral Epistles." Edited by C. H. Talbert. *Perspectives on Luke-Acts*. 62-75. Edinburgh: T & T Clark, 1978.

Rhee, Victor. "Christology and the Concept of Faith in Hebrews 5:11-6:20." *JETS* 43 (March 2000): 83-96.

Robbins, Charles J. "The Composition of Eph 1:3-14." *JBL* 105.4(1986): 677-87.

Sänger, D. "μεσίτης." *EDNT*. Vol. 2. Edited by Horst Balz and Gerhard Schneider. Grand Rapids: Eerdmans, 1990.

Schelkle, K. H. "σωτήρ." *EDNT*. Vol. 3. Edited by Horst Balz and Gerhard Schneider. Grand Rapids: Eerdmans, 1990.

Selwyn, E. C. "On ΨΗΛΑΦΩΜΕΝΩ in Heb. 12.18." *JTS* 12 (1910-11): 133-34.

Stanley, Steve. "The Structure of Hebrews from Three Perspectives." *Tyndale Bulletin* 45.2 (1994): 245-71.

Stegner, William Richard. "The Ancient Jewish Synagogue Homily." Edited by E. D. Aune. *Greco-Roman Literature and the New Testament: Selected Forms and Genres*. 51-69. Atlanta: Scholars, 1988.

Steyn, Gert J. "Psalm 2 in Hebrews." *Noetestamentia* 37.2 (2003): 262-82.

Swetnam, James. "On the Literary Genre of the "Epistle" to the Hebrews." *Novum Testamentum* 11 (1969): 261-9.

Tasker, R. V. G. "The Text of the Corpus Paulium." *NTS* 1 (1954-55): 180-91.
Thistlethwaite, Susan Brooks. "Christology and Postmodernism." *Interpretation*. 49 (1995, 7): 267-81.
Tov, Emmanuel. "The Nature and Background of Harmonizations in Biblical Manuscripts." *JSOT* 31 (1985): 3-29.
_____. "The Use of Concordances in the Reconstruction of the *Vorlage* of the LXX." *CBQ* 40 (1978): 29-36.
Towner, P. H. "Pauline Theology or Pauline Tradition in the Pastoral Epistles: the Question of Method." *Tyndale Bulletin* 46.2 (1995): 287-314.
_____. "Christology in the Letters to Timothy and Titus." Edited by Richard N. Longenecker. *Contours of Christology in the New Testament*. 219-44. Grand Rapids: Eerdmans, 2005.
Vennum, Eileen. "Is She or Isn't She?: Sarah as a Hero of Faith." *Daughters of Sarah* 13.1 (January/February 1987): 4-7.
Walker, William O. "The "Theology of Woman's Place" and the "Paulist" Tradition." *Semeia* 28 (1983): 101-12.
Walters, J. R. "The Rhetorical Arrangement of Hebrews." *ATJ* 51 (1996): 59-70.
Wedderburn, A. J. M. "Purpose and Occasion of Romans Again." Edited by Karl P. Donfried. *The Romans Debate*. 195-202. Peabody: Hendrickson 1997, 1991(2).
Wild, Robert A., S. J. "The Warrior and the Prisoner: Some Reflections on Ephesians 6:10-20."*CBQ* 46 (1984): 284-98.
Williams, S. K. "Justification and the Spirit in Galatians." *JSNT* 29 (1987): 91-100.

_____. "The Hearing of Faith: ΑΚΟΗ ΠΙΣΤΕΟΣ." *NTS* 35 (1989): 82-93.

Wills, Lawrence. "The Form of the Sermon in Hellenistic Judaism and Early Christianity." *HTR* 77.3-4 (1984): 277-99.

Wilson, J. P. "Romans viii.28: Text and Interpretation." *Expository Times* 60 (1948-49): 110-11.

Witherington, Ben, III. "Jesus as the Alpha and Omega of New Testament Thought." Edited by Richard N. Longenecker. *Contours of Christology in the New Testament*. 25-46. Grand Rapids: Eerdmans, 2005.

Wolmarans, Johannes L. P. "The Text and Translation of Hebrews 8.8." *Zeitschrift für die Neutestamentliche Wissenschaft* 75 (1984): 139-44.

Young, Frances M. "Christological Ideas in the Greek Commentaries on the Epistle to the Hebrews." *JTS* 20 (1969): 150-63.

번역성경

편위익. 「신약젼셔」. 서울: 침례회출판사, 1983.

Mays, Hervert, and Bruce Metzger (eds.). *The New Oxford Annotated Bible*. Revised Standard Version. New York: Oxford University Press, 1973.

Metzger, Bruce and Roland E. Murphy (eds.). *The New Oxford Annotated Bible*. New Revised Standard Version. New York: Oxford University Press, 1989.

The New American Standard Bible. Nashville: Holman Bible Publishers, 1985.

The Amplified Bible. Grand Rapids: Zondervan Bible Publishers, 1965.

The Holy Bible. King James Version. Cambridge: Cambridge University Press, no date.

The Holy Bible. New International Version. International Bible Society, 1973, 1978.

비평본

Aland, Barbara, Kurt Aland, Johannes Karavidopoulos, Carlo M. Martini, and Bruce M. Metzger (eds.). *The Greek New Testament.* 4th revised. Stuttgart: Deutsche Bibelgesellschaft, United Bible Societies, 1993.

_____. *Novum Testamentum Graece.* 27th ed. Stuttgart: Deutsche Bibelgesellschaft, 1993.

Holmes, Michael W. *The Greek New Testament.* SBL Edition. Atlanta: Society of Biblical Literature, 2010.

Maius, Angelus (ed.). *Vetus et Novum Testamentum ex Antiquissimo Codice Vaticano.* Tom. V. Rome: Josheph Spithoever, 1857.

Rahlfs Alfred (ed.). *Septuaginta.* Stuttgart: Württembergische Bibleanstalt/Deutsche Bibelgesellschaft, 1935.

사전

Balz, Horst, and Gerhard Schneider. *Exegetical Dictionary of the New Testament.* Vol. 2. Grand Rapids: Eerdmans, 1991.

Bauer, Walter. *A Greek-English Lexicon of the New Testament and Other Early Christian Literature.* Translated and revised by William F. Arndt and F. Wilbur Gingrich. Chicago: University of Chicago Press, 1957.

Brown, Francis, S. R. Driver, and C. A. Briggs. *The New Brown-Driver-Briggs-Gesenius Hebrew and English Lexicon.* Peabody: Hendrickson Publishers, 1979.
Kittel, Gerhard, ed. *Theological Dictionary of New Testament.* Vol. 3. Translated by Geoffrey W. Bromiley. Grand Rapids: Eerdmans, 1965.
Liddell, H. G., and R. Scott. *A Greek-English Lexicon with Revised Supplement.* Oxford: Clarendon Press, 1996.
Moulton, J. H., and G. Milligan. *The Vocabulary for the Greek New Testament Illustrated from the Papyri and Other Non-Literary Sources.* London: Hodder and Stroughton, 1914.

사전과 백과사전에 수록된 논문/에세이

Arnold, Clinton E. "Letter to the Ephesians." *Dictionary of Paul and His Letters.* Edited by Gerald F. Hawthorne, Ralph P. Martin, Daniel G. Reid. Downers Grove: InterVarsity Press, 1993.
Attridge, Harold W. "Hebrews, Epistle to the." *ABD.* Vol. 3. Edited by David Noel Freedman. New York: Doubleday, 1992.
Bachmann, H. and W. A. Slaby, eds. *Computer-Konkordanz zum Novum Testamentum Graece.* Berlin: Walter de Gruyter, 1980.
Baumgarten, J. "καινός, ἀνακαίνωσις." *EDNT.* Vol. 2. Edited by Horst Balz and Gerhard Schneider. Grand Rapids: Eerdmans, 1990.

Büchsel, Friedrich. "ἱλαστήριον." *TDNT.* Edited by Gerhard Kittel. Translated by Geoffrey W. Bromiley, Vol. 3. Grand Rapids: Eerdmans, 1965.

Dunn, James D. G. "Christology(NT)." *ABD.* Vol. 1. Edited by David Noel Freedman. New York: Doubleday, 1992.

Furnish, Victor Paul. "Epistle to the Ephesians." *ABD.* Vol. 2. Edited by David Noel Freedman. New York: Doubleday, 1992.

Guthrie, George. "Old Testament in Hebrews." *Dictionary of the Later New Testament & Its Development.* Edited by Ralph P. Martin and Peter H. Davids. Downers Grove: InterVarsity Press, 1997.

Hofius, Otfried. "κατάπαυσις, καταπαύω." *EDNT.* Vol. 2. Edited by Horst Balz and Gerhard Schneider. Grand Rapids: Eerdmans, 1990.

_____. "καταβολη." *EDNT.* Vol. 2. Edited by Horst Balz and Gerhard Schneider. Grand Rapids: Eerdmans, 1990.

Holtz, T. "ἀποκαλύπτω." *EDNT.* Vol. 1. Edited by Horst Balz and Gerhard Schneider. Grand Rapids: Eerdmans, 1990.

Howard, James E. "The Wall Broken: An Interpretation of Ephesians 2:11-22." Edited by F. Furman Kearley, Edward P. Myers, and Timothy D. Hadley. *Biblical Interpretation: Principles and Practice.* 296-306. Grand Rapids: Baker, 1986.

Kellermann, U. "ἀρχιερεύς." *EDNT.* Vol. 1. Edited by Horst Balz and Gerhard Schneider. Grand Rapids: Eerdmans, 1990.

Kellermann, U. "σπέρμα." *EDNT.* Vol. 3. Edited by Horst Balz and Gerhard Schneider. Grand Rapids: Eerdmans, 1990.

Krämer, H. "γωνία, ἀκρογωνιαῖος." *EDNT*. Vol. 2. Edited by Horst Balz and Gerhard Schneider. Grand Rapids: Eerdmans, 1990.

Kuhli, H. "οἰκονομία." *EDNT*. Vol. 2. Edited by Horst Balz and Gerhard Schneider. Grand Rapids: Eerdmans, 1990.

Lattke, M. "κεφαλη." *EDNT*. Vol. 2. Edited by Horst Balz and Gerhard Schneider. Grand Rapids: Eerdmans, 1990.

Michel, Otto. "Μελχισέδεκ." *TDNT*. Vol. 4. Edited by Gerhard Kittel. Grand Rapids: Eerdmans, 1964.

Müller, P. G. "ἀρχηγός." *EDNT*. Vol. 1. Edited by Horst Balz and Gerhard Schneider. Grand Rapids: Eerdmans, 1990.

O'Brien, P. T. "Church." *Dictionary of Paul and His Letters*. Edited by Gerald F. Hawthorne, Ralph P. Martin, Daniel G. Reid. Downers Grove: InterVarsity Press, 1993.

Roloff, J. "ἐκκλησία." *EDNT*. Vol. 1. Edited by Horst Balz and Gerhard Schneider. Grand Rapids: Eerdmans, 1990.

_____. "ἱλαστήριον." *EDNT*. Vol.2. Edited by Horst Balz and Gerhard Schneider. Grand Rapids: Eerdmans., 1991.

Sand, A. "ἀρραβών." *EDNT*. Vol. 1. Edited by Horst Balz and Gerhard Schneider. Grand Rapids: Eerdmans, 1990.

Schramm, T. "σφραγίζω, σφραγίς." *EDNT*. Vol. 3. Edited by Horst Balz and Gerhard Schneider. Grand Rapids: Eerdmans, 1990.

Schweizer, E. "σῶμα." *EDNT*. Vol. 3. Edited by Horst Balz and Gerhard Schneider. Grand Rapids: Eerdmans, 1990.

Trummer, P. "παλινγγενεσία." *EDNT*. Vol. 3. Edited by Horst Balz and Gerhard Schneider. Grand Rapids: Eerdmans, 1990.

_____. "παραθήκη, παρατίθημι." *EDNT*. Vol. 3. Edited by Horst Balz and Gerhard Schneider. Grand Rapids: Eerdmans, 1990.

Untergassmair, F. G. "ἐκχέω, ἐκχύννω." *EDNT*. Vol. 1. Edited by Horst Balz and Gerhard Schneider. Grand Rapids: Eerdmans, 1990.

Völkel, M. "λουτρόν, λούω." *EDNT*. Vol. 2. Edited by Horst Balz and Gerhard Schneider. Grand Rapids: Eerdmans, 1990.

학위논문

Buck, Daniel E. "The Rhetorical Arrangement and Function of OT Citations in the Book of Hebrews: Uncovering Their Role in the Paraenetic Discourse of Access." Dissertation, Dallas Theological Seminary, 2002.

Choi, Gab Jong. "*Living by the Spirit: A Study of the Role of the Spirit in Paul's Letter to the Galatians*." Dissertation, The Iliff School of Theology and the University of Denver, 1998.

Rand, Thomas Alden. "The Rhetoric of Ritual: Galatians as Mystagogy." Dissertation, Northwestern University, 2000.

Rayborn, Timothy. "The Meaning of ἱλαστήριον in the New Testament." Dissertation, New Orleans Baptist Theological Seminary, 1980.

컨코던스

Bachmann, Horst and H. Slaby, eds. *Computer-Concordance of the Greek New Testament According to Nestle-Aland, 26th*

Edition, and of the Greek New Testament. 3rd ed. Berlin/New York: Walter de Gruter, 1980.

Hatch Edwin, and Henry A. Redpath. *A Concordance to the Septuagint and the Other Greek Versions of the Old Testament.* 3 Vols. Grand Rapids: Baker Book House, 1987.

Moulton, William F., and A. S. Geden. *A Concordance to the Greek Testament According to the Texts of Westcott and Hort, Tischendorf and the English Revisers.* 5th revised. By H. K. Moulton, with a supplement. Edinburgh: T. & T. Clark, 1978.

"주 여호와께서 학자들의 혀를 내게 주사 나로 곤고한 자를 말로 어떻게 도와 줄 줄을 알게 하시고 아침마다 깨우치시되 나의 귀를 깨우치사
학자들 같이 알아듣게 하시도다."
(이사야 50:4)

바울서신과 히브리서

지 은 이	장동수
발 행 인	배국원
초 판 발 행	2016년 2월 15일
등 록 번 호	출판 제6호(1979. 9. 22)
발 행 처	침례신학대학교 출판부(하기서원)
주　　소	대전광역시 유성구 북유성대로 190(34098)
전　　화	(042)828-3255, 3257 / E-mail:public@kbtus.ac.kr
팩　　스	(042)828-3256　홈페이지 http://www.kbtus.ac.kr

값 14,000원

ISBN 978-89-93630-66-4 93230